Johann Gottlieb Mischke

Das Markgraftum Ober-Lausitz

Johann Gottlieb Mischke

Das Markgraftum Ober-Lausitz

ISBN/EAN: 9783743383173

Hergestellt in Europa, USA, Kanada, Australien, Japan

Cover: Foto ©ninafisch / pixelio.de

Johann Gottlieb Mischke

Das Markgraftum Ober-Lausitz

Das

Markgrafthum Ober-Lausitz,

Königlich Preußischen Antheils,

in

geschichtlicher, statistischer und topographischer Hinsicht.

Für Freunde der Vaterlandskunde

bearbeitet und herausgegeben

von

Johann Gottlieb Mischke,

Lehrer, Gerichtsschreiber und Schiedsmann zu Schadewalde (Kr. Lauban).

Görlitz.

Im Selbstverlage des Verfassers und in Kommission der G. Köhler'schen Buchhandlung zu Görlitz und Lauban.

1861.

Seiner Hochgeboren

Herrn

Grafen Albrecht Edmund von Loeben

auf Nieder-Rudelsdorf,

Ritter des rothen Adlerordens II. Klasse mit Eichenlaub und des St. Johanniter-Ordens,
Mitgliede des Herrenhauses,
Landesältesten des Markgrafthums Ober-Lausitz,
(Königl. Preuß. Antheils),
Präsidenten der Oberlausitzischen Gesellschaft der Wissenschaften,
Ehrenmitgliede der naturforschenden Gesellschaft zu Görlitz,
Präsidenten des landwirthschaftlichen Central-Vereins ꝛc. ꝛc.

und

Seiner Hochwürden

dem Königlichen Superintendenten und Kreis-Schulen-Inspektor
der Diöcese Lauban II.

Herrn

Carl Wilhelm Franz,

Pastor zu Schwerta,
Ritter des rothen Adler-Ordens IV. Klasse,

aus vorzüglicher Hochachtung und Dankbarkeit

gewidmet von

dem Verfasser.

Höchstverehrungswürdige!

Ew. Hochgeboren und **Ew. Hochwürden** haben in den Ihnen anvertrauten Wirkungskreisen des Guten und Segensreichen ungemein viel geschaffen, was allgemein mit Dankbarkeit erkannt wird. Indem ich meine Arbeit in so würdige Hände niederlege, spreche ich den innigen Wunsch aus, daß die göttliche Vorsehung Sie noch recht lange unter uns in Segen wirken lassen möge!

Der Verfasser.

Vorwort.

Zu verschiedenen Malen wurde bei Hauptversammlungen der Oberlausitzischen Gesellschaft der Wissenschaften der Wunsch ausgesprochen, daß sich Männer finden möchten, welche die Topographie der Ober-Lausitz bearbeiteten. Dies und vorzüglich die Anhänglichkeit an die preußische Ober-Lausitz, der ich durch die Geburt angehöre, brachten mich zu dem Entschlusse, eine Beschreibung derselben in geschichtlicher, statistischer und topographischer Hinsicht zu versuchen. Während meiner 29jährigen Amtswirksamkeit an hiesigem Orte sammelte ich das Material. Vieles davon beruht auf eigener Bekanntschaft mit meinem Geburtslande; Manches schöpfte ich aus vorhandenen Hilfsquellen, die zum Theil gehörigen Orts angegeben sind; die statistischen Angaben vom Jahre 1858 verdanke ich der Güte der Königlichen Landrath-Aemter; mehrere Spezial-Topographien der Freundlichkeit meiner Herren Kollegen; einen großen Theil der Beschreibung der Görlitzer Heide der Güte des Herrn Magister Trabert zu Nauscha, und so entstand allmählich das Ganze. Vaterlandsfreunden wird es umsomehr eine willkommene Gabe sein, da Gleiches über die preußische Ober-Lausitz im Druck nicht erschienen ist. Diese Schrift wird ihnen über Manches Aufschluß geben, worüber vorhandene geschichtliche Darstellungen, die preußische Ober-Lausitz betreffend, ganz schweigen, oder was aus Werken geschöpft werden müßte, die theils schwer zugänglich, theils nur zu hohen Ladenpreisen zu haben sind. Das Büchlein hat aus naheliegenden Gründen keinen Anspruch auf Gelehrsamkeit; es ist hauptsächlich zum Handgebrauche für Lehrer, sowie für den schlichten Bürger und Landmann geschrieben, der Interesse für die engere geliebte Heimath hat, oder von dem zu erwarten steht, daß dadurch in ihm die Liebe für das Ländchen, worin er geboren und erzogen worden ist oder worin er lebt und wirkt, noch mehr angeregt werde. Ich verhehle nicht, daß mein Versuch noch viele Mängel hat und daß noch hie und da die bessernde Hand an dasselbe gelegt werden möchte. Eben deshalb lag es auch anfänglich gar nicht in meiner Absicht, ihn der Oeffentlichkeit zu übergeben. Männer der Wissenschaft, denen das circa 80 Bogen umfassende Manuskript zu Gesichte kam, ermuthigten mich jedoch, es zu einem Gemeingute zu machen, und so entschloß ich mich zur Herausgabe durch den Druck. Wenn ich die verehrlichen Subskribenten länger, als ich wollte, auf das Erscheinen meiner Arbeit habe warten lassen, so lag dies in Umständen, die zu beseitigen nicht in meiner Macht stand. Möge sie überall eine freundliche Aufnahme finden. Allen, die mein Vorhaben mit Rath und That unterstützt haben, spreche ich schließlich meinen besten, aufrichtigsten Dank aus.

Schadewalde, 18. Juni 1861.

Mischke.

§ 1.

Geschichte der Lausitz, insbesondere der Preußischen Ober-Lausitz.

Um Christi Zeiten sollen Deutsche die Lausitz (latein. Lusatia) bewohnt und namentlich die Semnonen und Silinger ihren Sitz hierin gehabt haben. Sie waren kriegslustige Männer und führten oft mit ihren Nachbarn Krieg. Grundeigenthum oder abgetheiltes Feld war ihnen unbekannt; ihre Nahrung nahmen sie mehr von der Viehzucht, als vom Ackerbau. Ihre Religion war Götzendienst.

Bei der allgemeinen Völkerwanderung im 5. Jahrhundert zogen die Semnonen und die am rechten Elbufer wohnenden Longobarden gleich ihren Bruderstämmen aus ihrem Vaterlande in die wärmeren und gesegneteren Länder von Italien, Frankreich, Spanien; jedoch läßt sich annehmen, daß nicht alle Deutschen aus der Lausitz auswanderten.

In die verlassenen Wohnsitze der Ausgewanderten kamen slavische Völker, die von ihren östlichen Nachbarn aus Rußland und Polen verdrängt wurden. Die Slaven theilten sich in 6 Völkerschaften, nämlich in die

Sorben, welche an der Saale,
Wilzen, die im Brandenburgischen,
Lusitzier, die in der Nieder-Lausitz (Gau Diedesi),
Obotriten, welche in Mecklenburg und Pommern und
Czechen, die in Böhmen und Mähren,
die Polen, die in Polen und Schlesien

ihre Wohnsitze aufschlugen. Die Sorben theilten sich wieder in kleinere Stämme. Derjenige, welcher den Lusitziern in der Nieder-Lausitz zunächst wohnte, nannte sich Milzener. Sie hatten die Gaue oder Landstriche Milczsane oder Milska, den nördlichen, und Zagost*), den kleineren, südlichen Theil der Lausitz, von Friedeberg und vom vormaligen Queißkreise an bis sächsisch Bernstadt, oder das südöstliche Gebirgsland der Ober-Lausitz sammt den Herrschaften Friedland, Gräfenstein, Reichenberg und einen Theil des oberen Gebietes des oberen Queißes inne. Nach ihnen erhielt das Land zuerst den Namen Milzane, oder man nannte es Milzener Land.

Später wurde es, nach dem Hauptorte desselben, das Land Budissin und nachdem 1268 in Folge der Ländertheilung zwischen den Brüdern

*) za gost, d. h. jenseit des Waldgebirges. So nannten die Böhmen die Lausitz jenseit des Wohl'schen Kammes, des heutigen Lausitzer Gebirges.

Johannes I. und Otto III., Markgrafen von Brandenburg, u. A. jenem der Budissiner, diesem der Görlitzer Kreis zufiel, so hieß es von da ab nicht mehr Land Budissin, sondern Land Budissin und Görlitz. Zittau mit seinem Gebiete gehörte damals noch nicht dazu, wohl aber Sorau, das jetzt zur Nieder-Lausitz gehört, sowie Priebus, das nun schlesisch ist und die Herrschaft Friedland, die nachher (1264) zu Böhmen gekommen ist. Als 1346 die Sechsstädte zu gegenseitiger Hilfe sich verbanden, bekam das Land den Namen die „Sechslande und Städte“ oder „Land der Sechsstädte.“ Erst im Jahr 1466 erhielt es den Namen Lausitz,*) wahrscheinlich von den in der Nieder-Lausitz wohnenden Lusitziern.

Die in die von Deutschen verlassenen Wohnsitze eingewanderten Slaven waren starke Leute, hatten langes, schwarzes Haar, schwarze Augen, hervorstehende Backenknochen und beschäftigten sich mit Ackerbau und Viehzucht. Sie führten kein so herumschweifendes Leben, wie die alten Deutschen, sondern legten zu Wohnsitzen Städte und Dörfer, und letztere gewöhnlich in die Nähe der Flüsse, an. Trefflich verstanden sie sich auf die Bienenzucht, auch waren ihnen Künste und Handwerke, wie z. B. Eisengießerei und Weberei, nicht fremd. Sie waren fleißig, gastfrei, treu, ehrlich und der Handschlag galt ihnen statt eines Eides. Nur zur Zeit des Krieges, den sie liebten, hatten sie einen Fürsten, Krol genannt. In Friedenszeiten gehorchten sie einsichtsvollen, alten Männern: Knees, Pan, Supan genannt, daher kam es auch, daß ganze Distrikte mit dem Namen Sudpane belegt wurden. Gericht wurde unter freiem Himmel vor versammeltem Volke vom Knees oder Pan gehalten; der Platz solcher Versammlungen hieß Kretscham. Die Slaven, von denen unsere Sorben, gewöhnlich Wenden genannt, Abkömmlinge sind, waren Götzendiener. Vorzügliche Verehrung erwiesen sie dem Bielbog, d. i. dem weißen oder guten Gott und dem Czernibog, d. h. dem schwarzen oder bösen Gott, sowie dem Radegast, d. i. dem Rath gebenden, dem Kriegsgotte und dem Malabog, d. i. dem kleinen Gotte.**) Ihre Todten verbrannten sie, sammelten hiebei deren Asche in Krüge oder Urnen und begruben sie gewöhnlich auf Sandplätzen. Ebenso sammelten sie die um den Todten vergossenen Thränen und brachten die Thränenkrüge ebenfalls unter die Erde. An vielen Orten der Ober-Lausitz sind dergleichen Urnen, Thränenkrüge, Nadeln und heidnische Opfergefäße ausgegraben worden und in der Regel auf etwas hochgelegenen Sandplätzen, etwa 4 Fuß tief, unter Decksteinen liegend.

Unter den vielen slavischen Völkerschaften, die sich zur Zeit der großen Völkerwanderung in die verlassenen Wohnsitze der alten Deutschen drängten, zeichneten sich die Kroaten aus, die längs der Sudeten wohnten und ein großes Reich, das große kroatische, bildeten, zu dem auch die Lausitz gehörte. Es bestand nur bis 640, als in welchem Jahre die Lausitz unter das groß mährische Reich, das aus Böhmen, Mähren, Polen, Schlesien und einem Theile von Ungarn bestand, kam. Die Mähren, aus den Donauländern ausgewandert, behaupteten ihr Reich nur bis zum Jahre 900, als

*) Lausitz vom wend. luza (sprich: Luscha) bedeutet soviel als Sumpfland.

**) Die Namen der Dörfer Ober- und Nieder-Biele und Czernoke bei Creba im Rothenburger Kreise, Tzschirna, zum Bunzlauer Kreise geschlagen, Radmeritz bei Görlitz, Radisch, Kreis Rothenburg, Mühlbock in der Görlitzer Halde, weisen auf den Dienst dieser slavischen Götzen hin.

in welchem Jahre es von den Deutschen und Ungarn zerstört wurde. Aus ihm erstanden drei neue Reiche: Böhmen, Polen und Ungarn. Bei dieser Gelegenheit kam die Lausitz an Polen oder zum großpolnischen Reiche.

Die Sorben und Milzener überzogen oft die benachbarten Sachsen und Franken mit Krieg, wurden aber von dem deutschen Kaiser Heinrich dem Vogelsteller überwunden; er gestattete ihnen daher ihre Verfassung auch nur gegen Erlegung eines gewissen Tributs. Allmählich wurden die Sorben durch Uebermacht völlig niedergedrückt, sie und ihr Land dem deutschen Reiche einverleibt; die Folge davon war, daß die deutschen Kaiser deutsche Ansiedler in die Lausitz zogen und diese die Sorben und Wenden zurückdrängten. Im Jahre 922 legte Heinrich Meißen an, setzte dahin einen Mark-, d. h. Grenzgrafen, Namens Gero, der auf die angrenzenden, unruhigen, kriegslustigen Milzener Acht geben mußte, ihr Eindringen in Sachsen verhindern, überhaupt aber sie schwächen und den Sächsischen Herzogen unterthänig machen sollte. So geschah es denn, daß die Ober-Lausitz unter die Markgrafen von Meißen kam und zu einer Grenz-Provinz gemacht wurde. Die Nieder-Lausitz, damals aus den Gauen Lusizi, Selpoli und Zaro (Sorau) u. s. w. bestehend, wurde von Heinrich I. ebenfalls zu einer Mark erhoben und zur Unterscheidung von der Meißnischen „die östliche Mark" genannt; sie war eine Vormauer wider die Schlesier und Polen. Markgraf Gero war ein grausamer Mann; er suchte die Lausitzer Wenden gewaltsam zu unterdrücken und ließ einst 30 wendische Fürsten oder Gauherren bei einem Gastmahle auf seiner Burg Geronsstadt, als sie beim fröhlichen Mahle im Weine sich berauscht hatten, ums Leben bringen. Gero starb 965 und liegt im Kloster Gerenrode bei Quedlinburg begraben.

Heinrich's Sohn, Otto I., stiftete das Bisthum Meißen, d. i. einen geistlichen Bezirk, innerhalb welchem die Geistlichkeit das Christenthum verbreiten sollte. Die Lausitz wurde mit in diesen Bezirk gezogen, daher auch hier nach und nach der Götzendienst dem Christenthume weichen mußte. Die Wenden widersetzten sich übrigens gar sehr der Einführung des Christenthums, die nicht ohne Blutvergießen abging. In der Görlitzer Gegend geschah die Einführung des Christenthums schon im 9. Jahrhundert durch den griechischen Bischof Methud oder Methodius, der aus Mähren kam. Die Bewohner jener Gegend kehrten sich aber bald wieder dem Heidenthume zu, obgleich die deutschen Kaiser die Gegenden der Ober-Lausitz mit Kriegsmacht überschwemmten und das Volk zur Annahme des Christenthums zwingen wollten; sobald der Feind ihm den Rücken gekehrt hatte, so hatte es sich auch schon wieder dem Götzendienste zugewendet. Es verstrichen noch an 200 Jahre, ehe die Religion Jesu hier feste Wurzel faßte.

Ein Enkel Heinrich's, Otto III., machte im Jahre 1000 eine Wallfahrt durch die Ober-Lausitz nach Polen zum Grabe des heiligen Adalbert, der als Bischof 997 von den heidnischen Preußen, die er bekehren wollte, erschlagen und zu Gnesen begraben ward, da ihn der Herzog Boleslaus Chobri mit so viel Silber auslöste, als er schwer war. Dieser polnische Herzog zog dem Kaiser Otto bis Eilau*), in der Nähe Sprottau's, entgegen;

---

*) In der Geschichte Sagans, S. 7. hält dies Worbs für Halbau; im neuen Archiv, S. 248, versteht er darunter Eilau bei Sprottau. Auch Pfister, Gesch. d. Teutschen, Th. II. S. 89, hat Halbau aufgenommen.

dies nahm Otto so wohlgefällig auf, daß er jenem den Königstitel gegen Entrichtung eines jährlichen Tributs ertheite. Boleslaus hielt aber sein Versprechen nicht. Nachdem Otto III. gestorben und sein Urenkel, Heinrich II., deutscher Kaiser geworden war, fiel Boleslaus in die Nieder-Lausitz, welche die Deutschen seinem Vater entrissen hatten, eroberte dieselbe wieder und auch den Gau Budissin. Der fromme Heinrich ließ sich dies von dem herrschsüchtigen Boleslaus gefallen und gab ihm die Lausitz als deutsches Lehn. Da dieser aber die Pflichten eines Lehnsmannes nicht erfüllte, so ergriff Heinrich, in Verbindung mit den Böhmen, die Waffen gegen ihn. Der Krieg ward mit abwechselndem Glücke geführt, bis 1018 zu Budissin Friede geschlossen und Boleslaus abermals als Lehnsherr der gedachten Länder bestätigt ward. Sein Sohn Miesko II. blieb abermals den Tribut schuldig. Hierüber gerieth er mit dem deutschen Kaiser Konrad II. in Krieg, welcher über ihn siegte und ihn nicht nur zwang, den Königstitel abzulegen und gleichwohl den Tribut zu zahlen, sondern ihm auch die Lausitz, die nun wahrscheinlich wieder unter die Markgrafen von Meißen kam, nahm. Nach Besiegung der Polen (1030) faßten die Deutschen festen Fuß in der Lausitz.

Der Enkel Konrad's, Heinrich IV., führte Krieg mit mehreren sächsischen Fürsten. Der Markgraf Eckbert von Meißen hielt es mit den Feinden des Kaisers. Letzterer verband sich mit den Böhmen, fiel in das Meißnische und entriß 1084 dieses sowohl, als die dazu geschlagene Ober-Lausitz und den Gau Nisin (die Gegend um Dresden) dem Markgrafen. Der böhmische Herzog Wratislav erhielt die Ober-Lausitz für treu geleistete Kriegsdienste.

Bei Böhmen blieb nun die Ober-Lausitz bis in die Mitte des 13. Jahrhunderts, doch darf nicht unerwähnt bleiben, daß Wratislav zu Ende des 11. Jahrhunderts die Ober-Lausitz dem Grafen Wiprecht von Groitsch, der dessen Tochter heirathete, als Mitgift gab. Dieser verlor sie zwar eine Zeit lang, erwarb sie aber wieder und besaß sie bis an seinen Tod 1124. Sein Sohn Heinrich v. Groitsch vermachte dieselbe als Pathengeschenk dem Sohne des böhmischen Herzogs Sobieslaus I., insofern er, Heinrich, ohne Leibeserben stürbe. Da dies letztere auch der Fall war, so fiel die Lausitz Böhmen wieder anheim.

Die Lausitz hatte nun eine Menge Regenten aus dem böhmischen Hause, bis sie Wenzel II. seiner Tochter Beatrix, die sich mit dem Markgrafen Otto III. von Brandenburg vermählte, theilweise als Heirathsgut oder aber für treu geleistete Kriegsdienste 1231 pfandweise gab, sich jedoch die Landeshoheit über die Lausitz bis an sein Ende (1249. 1253.) vorbehielt.*)

Dem Könige Wenzel folgte 1252 sein Sohn Ottokar II. Dieser rief seinen Schwager Otto III. von Brandenburg in einem Kreuzzuge gegen die heidnischen Preußen (1254) zu Hilfe. Dieser hatte bereits seit seiner Vermählung einen Theil der Ober-Lausitz pfandweise inne und da er mit seinem Bruder durch den Feldzug von 1249 nach Böhmen, um Wenzeln gegen seinen Sohn Ottokar, der sich zum Könige von Böhmen hatte wählen lassen, beizustehen, neue und größere Rechte, wahrscheinlich den Pfandbesitz dieser Provinz, erhalten hatte, und da diese Rechte der Markgrafen durch

*) Die böhmischen Prinzessinnen bekamen gewöhnlich ihre Aussteuer durch Theile der Grenzprovinzen. Vergl. Worbs Archiv I. 14—17. Laus. Mag. 1829, S. 349.

den Beistand, den sie dem Könige Ottokar auch in seinen Kriegen mit den Ungarn leisteten, noch mehr vergrößert wurden, so ist es erklärlich, warum er ihnen die Provinz, auf die sie so viel Rechte erworben hatten, ganz abtrat. An den Kreuzzügen nahmen auch Lausitzer Ritter Theil.

Während des Zeitraums von 900 bis etwa 1250 verbreitete sich das Christenthum in der Lausitz jemehr und mehr. 1128 durchreiste Otto, Bischof von Bamberg, die Lausitz und es wurde durch ihn das Heidenthum in selbiger vollends vernichtet. Das Wesenhafte des eingeführten Christenthums bestand aber meistens nur in Beobachtung äußerer Ceremonien; der Besuch der Messe, in lateinischer Sprache gelesen, war Hauptsache. Die Bibel durften die Laien nicht lesen; der Kelch ward ihnen im heiligen Abendmahle entzogen, den guten Werken, als Almosengeben, Wallfahrten und dem Klosterleben legte man einen zu hohen Werth bei. Mit dem Fegefeuer schreckte man die Menschen so, daß sie Alles hingaben, ihre Seelen davon zu erretten. Die Päpste wußten sich ungeheure Macht und mächtigen Einfluß zu verschaffen und führten zum Theil, wie auch viele Glieder des Klerus, ein ärgerliches Leben.

Zur Beschützung des Landes wurden Burgen oder feste Schlösser erbaut, z. B. Görlitz, Muskau, Rothenburg, Tzschocha, Schwerta, Lesna u. m. a. Diejenigen, welche um die Burg als Beschützer wohnten, hießen Bürger, die aber, welche das Feld bauten, Bauern. Die Ritter wurden von dem Landesherrn auf Lebenszeit und unter der Bedingung, daß das nur geliehene Gut (Lehen) bei ihrem Tode wieder an den Lehnsherrn zurückfalle und gegen die Verpflichtung, selbst und in Begleitung einer bestimmten Anzahl Reißigen, Pferden, Knechten zur Zeit eines Krieges dem Fürsten zu Hilfe zu kommen, mit größerem oder kleinerem Güter-Komplex belehnt. Wie bei Regierungswechseln die Lehnsträger oder Vasallen selbst bei dem neuen Landesherrn, so mußten auch die Söhne der Vasallen bei dem Tode der Väter bittend um fernere Ueberlassung des Lehens einkommen, sich von Neuem b e l e h n e n lassen und wenn dies verabsäumt wurde, fiel gewöhnlich das Lehen an den Landesherrn. Die Vasallen desselben hatten nun aber unter sich wieder andere Ritter, an welche sie einen Theil ihres Lehngutes austhaten. Solche Untervasallen saßen gewöhnlich auf einzelnen Gütern der Herrschaft und auch sie thaten wieder einzelne Ländereien an freie oder leibeigene Leute gegen bestimmte Zinsen, Abgaben und Frohndienste aus; denn von Bezahlung mit Geld, also vom Verkauf solcher kleiner Grundstücke an die Dienstleute, war keine Rede. Die Gutsherren behielten sich das Besitzrecht über die so verliehenen Grundstücke vor und die Inhaber waren nur Nutznießer bis zu ihrem Tode. Nach selbigem fiel die Laßnahrung wieder an die Gutsherrschaft zurück; in der Regel wurde sie aber dem Sohne oder den Erben des Verstorbenen gegen die fernere Uebernahme der bisherigen Lasten überlassen.

Um das Jahr 1000 verlor die Ober-Lausitz den Namen Milzane, Milzavia und wurde nunmehr das L a n d B u d i s s i n genannt. Unter der Regierung der böhmischen Herzoge findet man, daß schon ein Richter über das ganze Land gesetzt gewesen sei (L a n d v o g t); auch kommen schon berühmte adlige Geschlechter vor.

Des Markgrafen von Brandenburg, O t t o's III., Bruder, J o h a n n e s I. regierte, wie schon gedacht, mit jenem gemeinschaftlich über die Lausitz. Nach beiderseitigem Ableben, resp. 1266 und 1267, theilten ihre Nachkommen die bisher gemeinschaftliche Besitzung unter sich (1268) und so entstanden zwei Linien, die Johann'sche, welche über den Budissiner, und die Otto'sche, welche über den Görlitzer Kreis (Milzener Land) regierte.

Nach dem Aussterben beider Linien oder des Askanischen Fürstenhauses, unterwarf sich die Ober-Lausitz, um des besseren Schutzes willen, freiwillig dem damaligen böhmischen Könige Johann (1319) unter besonderen festgesetzten Bedingungen, z. B. der Steuerbewilligung und der Steuervertheilung (Steuerfreiheit) und gegen Aufrechterhaltung der den Ständen zustehenden Rechte; somit wurde die Ober-Lausitz der Krone Böhmen einverleibt.

Die Nieder-Lausitz verkaufte der Markgraf Diezmann, der sie vom Kaiser Rudolph als Reichslehn verreicht erhalten hatte, 1301 an den Erzbischof Burchard von Magdeburg um 6000 Mark Silber und erhielt sie sodann von demselben wieder als Lehen verreicht, wobei er versprach, das Lehen dem Kaiser zu Händen des Erzbischofs jeder Zeit wieder aufzulassen, sobald es verlangt würde. Diezmann starb 1307. Da dieser Verkauf eines Reichslehens ohne Genehmigung des Kaisers vollzogen worden war, so wurde er für rechtsbeständig nicht anerkannt, obgleich der Erzbischof die 6000 Mark Silber wirklich erlegt hatte. Dagegen betrachtete der Kaiser die Nieder-Lausitz nunmehr als ein verfallenes Reichslehen und belehnte damit die Markgrafen Herrmann und Woldemar von Brandenburg zu Fulda. 1306.

Nach dem Tode Markgraf Waldemar's (1319) setzte sich der Herzog Rudolph von Sachsen in den Besitz der Nieder-Lausitz. 1324 trat dieser dieselbe an den Markgrafen Ludwig von Baiern ab. Im Jahre 1355 wurde sie an die Markgrafen von Meißen verpfändet und 1363 fiel sie an Böhmen, kam vom deutschen Reiche ab und wurde von da ab der Krone Böhmen inkorporirt.*)

Unter der Regierung der brandenburgischen Markgrafen erweiterten sich die Städte und steigerten ihren Wohlstand; auch bildeten sich geistliche Inspektionen oder erzpriesterliche Stühle. Der Erzpriester beaufsichtigte die Geistlichen seines Sprengels. Solche Stühle waren zu Bautzen, Görlitz, Löbau, Lauban, Kamenz, Reichenbach, Seidenberg. Zittau, damals noch zu Böhmen gehörend, stand unter dem Erzbischof zu Prag.

Bei dem Aussterben des askanischen Fürstenstammes machte Herzog Heinrich von Jauer, ein naher Anverwandter des Markgrafen Otto des Langen, Erbansprüche auf die Ober-Lausitz, erhielt vom Könige Johann aber nur den Görlitzer Kreis und den Queißkreis mit den in ihm gelegenen Burgen Leßna (auf dem Zangenberge bei Marklissa), Tzschocha und Schwerta. Der Burgen in der Lausitz waren gegen 30. 1329 verkaufte Heinrich dem Könige Johann von Böhmen Görlitz; Lauban und der Queißkreis fielen vermöge eines Vertrages ihm aber erst nach Heinrich's 1346 erfolgtem Tode zu. Aus Dankbarkeit überhäufte Johann die Stadt Görlitz mit allerhand Freiheiten und Privilegien, besonders mit dem Privilegio der Waid-Niederlage, bestätigte ihr auch die aus der brandenburgischen Zeit schon herrührenden Privilegien wegen der Straße; vor Allem aber verpflichtete er sich, von den Ständen der Ober-Lausitz nicht mehr als von jeder Schoßhufe 6 Prager Groschen, 1 Scheffel Korn und zwei Scheffel Hafer zu erheben und

*) N. L. M. 21. n. F. 8. B. S. 69 ff.

sonst nur die gewöhnlichen Ritterdienste zu beanspruchen. Weitere Abgaben sollten von ihnen nicht gefordert werden und dürfen; sollte mehr gefordert werden, so hätten dies nach den Verträgen die Stände zu verwilligen und dann unter sich auch selbstständig zu vertheilen.

Im letzten Jahre der Regieruug des Königs Johann, 1346, schlossen die größten und blühendsten Städte der Ober-Lausitz ein Schutz- und Trutzbündniß wider die Wegelagerer und Fehder und hießen nun „Sechsstädte“; es waren dies Budissin, Görlitz, Löbau, Kamenz, Lauban, Zittau (das erst 1348 zur Lausitz kam). 1398 vereinigten sich die Sechsstädte und Lande mit den Städten Meißen, Dresden und Hayn wider die Landesbeschädiger. Wie arg diese ihr Wesen trieben, mag u. A. daraus hervorgehen, daß laut den Bautzener Annalen Hans von Kottbus, Herr der Herrschaft gleiches Namens, 1401 Bautzen anfiel, 800 Pferde bei sich hatte, 22 Dörfer abbrannte und der Stadt so nahe kam, daß er die Leinwand von den Bleichen nahm.

Unter den Nachfolgern Johann's von Böhmen haben sich in geschichtlicher Hinsicht besonders merkwürdig gemacht Wenzel und sein Bruder Sigismund. Während ihrer Regierung wüthete der verderbliche Hussitenkrieg (1418—1436). Hussiten wurden die Anhänger des Professor Huß zu Prag genannt, welcher wie Luther in Sachsen, aber 100 Jahr früher, die Reformation in Böhmen begann. Der deutsche Kaiser Sigismund schrieb dieserhalb 1415 eine Kirchenversammlung zu Kostnitz am Bodensee aus, auf welcher Huß und sein Freund und Gehilfe Hieronymus von Prag widerrufen sollten. Da sie aber ihren besseren Glaubensansichten, religiösen Meinungen und Lehrsätzen treu blieben, so wurden sie zu Kostnitz verbrannt. Ueber die grausame Todesart dieser Glaubenshelden wurden die hussitisch gesinnten Böhmen schrecklich erbittert, verwarfen Sigismund, als dieser nach seines Bruders Wenzels Tode, 1419, König von Böhmen werden wollte, griffen 1418 zu den Waffen, durchzogen in verschiedenen Haufen, deren jeder einen tüchtigen Heerführer hatte, Böhmen, Schlesien, die Lausitzen, Brandenburg und Sachsen, hausten wie Unholde, und wo sie hinkamen, ließen sie greuliche Spuren von Mord und Brand zurück. Am schrecklichsten litten Lauban, Marklissa, Görlitz, Reichenbach, Kamenz und Löbau. Am 15. Mai 1427 erschienen sie vor Lauban und mordeten, was ihnen in den Weg kam; den Pfarrer ließen sie mit vier Pferden zerreißen und das Nonnenkloster steckten sie in Brand. Sie kamen mehr als einmal an die Orte, wo sie schon früher verheerende Spuren hinterlassen hatten. 1428 kamen deutsche Ordensritter aus Preußen nach Görlitz, um der Ober-Lausitz gegen die Hussiten beizustehen.*) Erst 1436 ward Friede, nachdem die Hussiten unter sich selbst uneins und ihnen verschiedene Zugeständnisse, wie z. B. Gebrauch des Kelches im heiligen Abendmahle, gemacht worden waren.

Sigismund's Nachfolger hieß Albert, der aber frühzeitig starb. Nach seinem Tode ward ihm ein Sohn, Ladislaus, geboren, der aber, man sagt an beigebrachtem Gifte, 1457 starb. Die Böhmen verwarfen diesen jungen, unmündigen König und wählten zwei Gubernatoren. Einer derselben, Georg von Podiebrad, brachte es sogar dahin, daß nach Ladislaus Tode die Böhmen keinen auswärtigen König verlangten, sondern ihn als König wählten. Ein großer Theil der Böhmen, die Schlesier und Lausitzer,

---

*) S. N. L. M. 1841. S. 207.

waren mit der Wahl dieses hussitisch gesinnten Königs unzufrieden; doch huldigten ihn die Lausitzer, wurden aber vom Papst Paul II. angegangen, dem von ihm 1467 in den Bann gethanen König Georg den Gehorsam zu verweigern.

Georg's Gegenpartei in Böhmen und Schlesien wählte auf Veranlassung des Papstes den ungarischen König Matthias zu ihrem Könige; dies hatte zur Folge, daß beide Könige einander bekriegten. In diesem Kriege 1468 ward das Schloß zu Hoyerswerda zerstört, weil dessen Besitzer es noch mit Georg hielt. 1469 ward Matthias in Olmütz zum Könige gekrönt und von den Ständen, wie auch von den Ober-Lausitzern gehuldigt. Um diese Zeit erhielt das Land den Namen Ober- und Nieder-Lausitz. 1466.

Nicht alle Böhmen waren mit der Wahl des Matthias zufrieden, daher trugen die Unzufriedenen einem polnischen Prinzen Wladislaw auf Zureden des abgesetzten Georg von Podiebrad die Krone an; übrigens setzte auch der letztere durch seine zwei Söhne, die Herzoge von Münsterberg, den Krieg mit Matthias fort, in welchem auch die Lausitz, namentlich Lauban, Schönberg und Seidenberg, viel zu leiden hatten. 1471 starb Georg. — Auch Matthias und Wladislaw führten Krieg, in welchem es die Lausitz mit Ersterem hielt. 1479 erfolgte der Friede zu Olmütz. Hierin ward festgesetzt, daß beide Könige den Titel eines Königs von Böhmen führen, Wladislaw Böhmen, Matthias dagegen Mähren, Schlesien und die Lausitz behalten sollte, so wie, daß, wenn Wladislaw diese Länder nach Matthias Tode wieder zu Böhmen haben wollte, so sollte er oder seine Erben dafür 400,000 Dukaten zahlen. Da indeß nach des Matthias 1490 erfolgtem Tode die Ober-Lausitzer und die Ungarn den König Wladislaw zu ihrem Oberherrn wählten, so durfte derselbe jene stipulirte Summe nicht zahlen. Die Lausitz gehörte aber von jetzt ab wieder zu Böhmen, denn die Ober-Lausitzer beriefen sich auf ein vom König Johann von Böhmen ertheiltes Privilegium, wonach die Lausitz von der Krone Böhmen nicht getrennt werden sollte.

1476 wurde die Ober-Lausitz ein Markgrafthum. In Religionssachen sah es um diese Zeit gar traurig aus. Manche Geistliche führten ein ärgerliches Leben, mehrere trieben öffentliche Schankwirthschaft, z. B. der Pfarrer in Friedersdorf an der Landeskrone und in den Klöstern wurde oft Zucht und gute Sitte verletzt. 1453, Mittwoch nach Ostern, kam der Bernhardinermönch Johann Capistrano nach Görlitz und predigte 15 mal auf dem Salzhause lateinisch; sein Begleiter, der Bernhardinermönch Georg, verdolmetschte nachher dem Volk die Predigt. Er verbot Karten- und Würfelspiel, das Tragen langer Haare, ließ Karten und Würfel verbrennen und die Spitzen von den Schuhen abhauen.

Der vom Papst Leo X. herumgeschickte Ablaßkrämer Johann Tetzel kam 1508 mit seinem Gehilfen Jakobus in die Ober-Lausitz und verkaufte an vielen Orten, wie z. B. zu Budissin, Görlitz, Lauban, Gebhardsdorf Vergebung der Sünden für Geld. Kein Wunder also, daß die Entsittlichung der Menschen zunahm. Die Verständigeren und Bessergesinnten trugen ein Verlangen nach einer Verbesserung der Kirche an Haupt und Gliedern und dieser fromme und gerechte Wunsch ward durch Dr. Martin Luther, geb. den 10. November 1483 zu Eisleben unter dem böhmischen Könige Ludwig, erfüllt. Am 31. Oktober 1517 schlug Luther seine 95 Sätze wider den Ablaß an die Thür der Schloßkirche zu Wittenberg und hiemit wurde der Anfang der Kirchen-Reformation gemacht.

König Ludwig ertheilte den Sechsstädten das Privilegium, daß eine Meile um die Sechsstädte herum kein Bier gebraut werden durfte, außer was die Ritter zu ihrem Tischtrunke brauen ließen; nach einem andern Privilegio von demselben Könige durften sich keine Handwerker, ausgenommen Schmiede und Leinweber, innerhalb einer Meile (Bannmeile) um die Sechsstädte niederlassen. Den Zinsfuß erniedrigte er auf 5 Prozent. Das Werk der Reformation erfreute sich unter Ludwig eines willigen Eingangs. 1524 nahm Schönberg, 1529 Marklissa, 1521 (1522?) Görlitz und Zittau, 1525 Lauban, 1527 Kamenz, 1522 und 1523 Löbau, 1525 (1534) Seidenberg die gereinigte Lehre des Evangelii an. 1581 trat der Bischof von Meißen zur evangelischen Kirche über.

Ludwig zog 1526 gegen die in sein Land eingedrungenen Türken zu Felde und verlor in diesem Feldzuge sein Leben in einem Sumpfe zu Mohacz in Ungarn.

Sein Nachfolger war sein Schwager Ferdinand I., Erzherzog von Oesterreich. Er wurde Oberherr über Böhmen, Mähren, Ungarn, Schlesien und die Lausitz. Auf sein Verlangen gingen, 1529, 400 Mann Hilfstruppen aus den 6 Städten der Ober-Lausitz der von den Türken belagerten Stadt Wien zu Hilfe.

Unter seiner Regierung wurde ihm von den Protestanten 1530 zu Augsburg in Baiern das Glaubensbekenntniß derselben, die Augsburgische Konfession genannt, übergeben. Ein anderes wichiges Ereigniß war der Pönfall der Sechsstädte. Pön heißt Strafe. Der deutsche Kaiser Karl V. hatte den Kurfürsten von Sachsen, Friedrich den Großmüthigen und den Landgrafen Philipp von Hessen in die Acht erklärt, weil sie thätige Beförderer und eifrige Vertheidiger der lutherischen Lehre waren. Er trug dem Könige Ferdinand von Böhmen den Feldzug gegen die Geächteten auf. Die Lausitzer mußten hiezu 1500 Mann auf 2 Monate stellen. Ferdinand verlangte sie aber nach Ablauf jener Frist noch länger. Das platte Land ließ sich dieses noch gefallen, nicht aber die reich und mächtig gewordenen Sechsstädte. Diese riefen ihre Hilfstruppen zurück und dafür traf sie 1547 der Pönfall. Es wurden aus jeder Sechsstadt in Allem 81 Deputirte zur Verantwortung nach Prag gefordert; man steckte sie in Gefängnisse, mochte sie gar nicht hören und befreite sie erst dann aus ihrer Gefangenschaft, als sie sich verstanden, ihr hartes Urtheil zu unterschreiben. Alle ihre Privilegien, Satzungen und Statuten mußten sie dem Könige ausliefern, von denen sie nur sehr wenige wieder erhielten. Sie verloren ferner Geschütze, Pulver, Munition und alle ihre Güter, sowie alle Kirchenkleinodien und Dokumente über milde Stiftungen. Görlitz mußte überdies 40,000, Lauban 10,000 Gulden Strafe geben. Wie mit Einem Schlage war nun der Wohlstand der Sechsstädte vernichtet; der Pönfall wirkte so sehr nachtheilig auf sie, daß dieselben sich nachher nie wieder zu ihrem früheren Flor haben emporheben können.

In den Jahren 1540—1566 ereigneten sich Bauernaufstände in der Lausitz, z. B. zu Petershayn, Neundorf an der Landeskrone, Sohra, Sohr-Neundorf, Holtendorf, Deutsch-Ossig, Schönbrunn, Leschwitz, Köslitz u. a. m. a. O. Die Bauern weigerten sich, Hofedienste zu leisten, gingen nach Prag und supplizirten an die Königliche Majestät, die ihnen einen Tag zur Verhörung (12. Juni 1567) ansetzte. Mittlerweile sollten sie die Dienste, wie zuvor, leisten. Dieser Bescheid gefiel ihnen nicht und sie kamen demselben nicht nach. Die Folge davon war, daß sie gefänglich eingezogen, lange im Kerker verwahrt und mit Geld- und Leibesstrafen belegt wurden. So wurden 3 Schönbrunner und 1 Petershayner Bauer zu Görlitz hingerichtet. Die übrigen Aufrührerischen mußten der Exekution zur Warnung beiwohnen und ihren Herrschaften aufs Neue schwören *)

Ferdinand erwählte den ersten Landeshauptmann, Ritter Ulrich von Nostitz, welchem er die Verwaltung und Aufsicht über die landesherrlichen Einkünfte anvertraute.

Ferdinand's Nachfolger war sein Sohn Maximilian. Er führte 1567 (1568?) die Rauchsteuer ein und ertheilte 1575 den Ständen das wichtige Privilegium, daß die Lehngüter nicht an den Landesherrn fallen sollten, so lange noch männliche Anverwandte bis in den siebenten Grad vorhanden seien. Sein Sohn und Nachfolger Rudolph II. führte 1583 den vom Papst Gregor XIII. verbesserten Kalender ein.

In Hinsicht der Religion schlichen sich zu seiner Zeit verschiedene Sekten, als Schwenkfelder, Wiedertäufer, Kalvinianer ein.

Rudolph ertheilte 1609 den evangelischen Schlesiern den Majestätsbrief, worinnen er ihnen freie Religionsübung versprach, ihnen auch erlaubte, neue Kirchen zu bauen. Wie wenig sein Nachfolger Matthias die Heilighaltung desselben beachtete, beweist der Umstand, daß 1618 der Abt des Klosters zu Braunau in Böhmen den Evangelischen daselbst den Weiterbau der evangelischen Kirche verbot und ihnen die zu Klostergrab wegnahm. Diese Vorgänge gaben das Signal zu dem greulichen dreißigjährigen Kriege von 1618—1648.

Nach dem Tode des Königs Matthias, 1619 den 20. März, erhielt die Lausitz wieder einen Oberherrn aus dem erzherzoglich österreichischen Hause, den deutschen Kaiser Ferdinand II., welcher der Jungfrau Maria das Gelübde gethan hatte, nicht eher zu ruhen. bis er den Glauben der Evangelischen ausgerottet haben würde.

Die Böhmen verwarfen ihn; die Lausitzer anfänglich nicht. Als aber die Prager Direktoren den Lausitzern versprachen, ihnen auch zur Erlangung eines Majestätsbriefes behilflich zu sein, so ließen sie sich doch bereden, mit ihnen gemeinschaftliche Sache zu machen. Zu Prag erschienen nun böhmische, schlesische, österreichische und lausitzische Stände, und auf ihrer Versammlung ward Ferdinand II. verworfen; dagegen wurde dem Kurfürsten Friedrich V. von der Pfalz die böhmische Krone übertragen. 1620 am 5. November wurde er zu Prag feierlichst gekrönt und am 1. September von den Lausitzer Ständen gehuldigt.

In dieser Verlegenheit rief der Kaiser Ferdinand den Kurfürsten Johann Georg I. von Sachsen zu Hilfe und trug ihm auf, die unruhigen, widerspenstigen Lausitzer und Schlesier zum Gehorsam gegen ihn zurückzuführen. Georg rückte in die Lausitz ein, stellte in kurzer Zeit die Ruhe wieder her und verpflichtete sie zu neuer Treue und neuem Gehorsam gegen Ferdinand.

Der Kurfürst verlangte nach beendigtem Feldzuge 72 Tonnen Goldes als Entschädigung für gehabte Kriegskosten. Ferdinand, der schon ohnehin

---

*) Ein Mehreres s. w. u. bei Schönbrunn und Petershayn.

des Kurfürsten Schuldner war, hatte nicht Geld, zu bezahlen, und verpfändete deswegen dem Kurfürsten 1620 beide Lausitzen mit allen Einkünften. 1623 den 23. Juni wurde der Rezeß wegen pfandweiser Ueberlassung der Lausitz an Kursachsen unterzeichnet.

Durch englische Hilfstruppen König Friedrich V. von der Pfalz wurde 1620 das Tabakrauchen in der Lausitz eingeführt; 1651 wurde es bei 5 Thlr. Strafe das erstemal verboten.

Von 1626 ab wanderten an 12,000 Evangelische aus Böhmen in die Lausitz, um dem Glaubensdrucke zu entgehen.

Im Jahre 1629 erließ der Kaiser eine Verordnung, daß die Güter der protestantischen Geistlichen den katholischen herausgegeben werden sollten. Der Kurfürst von Sachsen war hierüber sehr unzufrieden; indeß kam der Schwedenkönig Gustav Adolph und stand den bedrängten evangelischen Schlesiern und Lausitzern wider den Kaiser und zur Aufrechterhaltung ihrer Rechte und Religionsfreiheiten bei. 1631 brach der völlige Krieg zwischen dem Kaiser und dem Kurfürsten aus. 1633 haus'te der grausame Waldstein, Generalissimus der kaiserlichen Armee, in Görlitz und Budissin; Georg wußte sich aber wieder in ihren Besitz zu setzen.

Waldstein hatte unterm 16. Juli 1622 die Herrschaft Friedland und Reichenberg für 150,000 Gulden vom Kaiser Ferdinand, welcher sie von dem geächteten Herrn Christoph von Rädern eingezogen, erkauft und bewirkte mit eiserner Strenge, unter Anwendung militärischer Maaßregeln, die Gegenreformation in seiner Herrschaft; Tausende von Evangelischen ergriffen deshalb den Exulantenstab und fanden in der Ober-Lausitz eine freundliche Aufnahme.

1635 den 30. Mai ward der Friede zu Prag unterzeichnet, in welchem Ferdinand beide Lausitzen mit allen Rechten und Gerechtigkeiten dem Kurfürsten gegen eine Rechnung von 6 Millionen Gulden erb- und eigenthümlich abtrat.

Die förmliche Uebergabe der Lausitzen erfolgte den 24. (29.?) April 1636, jedoch unter der Bedingung, daß sie Lehen von Böhmen blieben. Diese Tradition wurde am 1. Mai von den Kanzeln verkündigt, ein Te Deum gesungen und mit allen Glocken geläutet.

Johann Georg ließ sich 1637 den 8. Oktober zu Görlitz huldigen, weil Budissin noch seit 1633 in Schutt und Asche lag.

Jetzt gerieth Georg in einen neuen Krieg und zwar mit Schweden, weil er ohne Vorwissen Schwedens Friede mit dem Kaiser geschlossen hatte. Die Schweden nahmen Görlitz ein; der Obrist-Lieutenant Wanke mußte es aber den 30. Septbr. 1641 dem Kurfürsten wieder übergeben. Das Jahr 1648 machte endlich dem verheerenden dreißigjährigen Krieg ein Ende; er wurde zu Münster und Osnabrück verhandelt resp. abgeschlossen und am 6. Dezember (2. Advent) wurde das Friedensfest kirchlich gefeiert. Nach demselben begannen in Böhmen die Verfolgungen der Protestanten von Neuem.

In diesem Friedensschlusse ward dem Kurfürsten von Sachsen aufs Neue der Besitz der Lausitzen zugesichert.

Da 1652 der Evangelismus in der Herrschaft Friedland und Reichenberg so gut wie ausgerottet war, so waren nicht weniger als 3180 Personen aus derselben in die Lausitz übergetreten.

Im 16. Jahrhunderte, nach Andern im dreißigjährigen Kriege, kamen die Mundgutsteuern, welche noch von den Ober-Lausitzer Dominien an die Landsteuer-Amts-Kasse zu Görlitz gezahlt werden, auf.*)

1663 verordnete ein kurfürstliches Mandat die Feier von 7 Bußtagen im Lande.

Unter den Nachfolgern J. Georg's verdient besondere Erwähnung der Kurfürst Friedrich August I. oder der Starke, welchem 1697, nachdem er die katholische Religion angenommen hatte, die polnische Königskrone übertragen ward. Hierdurch wurde er 1700 in einen Krieg mit Schweden verwickelt. Er wurde genöthigt, den Schweden die einst zu Polen gehörende Provinz Liefland wieder zu entreißen; der junge, aber sehr tapfere König Karl XII. schlug ihn, stürzte ihn mit Hilfe der Polen 1704 vom Thron und drang 1706 im September in Sachsen ein. Erst 1729 kam es zum förmlichen Frieden, worinnen Friedrich August abermals als König von Polen anerkannt wurde. Unter Friedrich August's Regierung kam 1705 die Accise, 1709 die Stempelsteuer, 1714 der Kartenstempel, 1724 der Kalenderstempel auf. Durch die ganze Lausitz bis Warschau, der damaligen Haupt- und Residenzstadt Polens, wurden Post- oder Meilensäulen errichtet.

Ihm folgte sein prachtliebender Sohn Friedrich August II. Während seiner Regierung fielen die drei schlesischen Kriege zwischen Preußen und Oesterreich vor. Friedrich der Große, König von Preußen, suchte nämlich gleich zu Anfange seiner Regierung (1740) seine Rechte auf Schlesien, vornämlich auf die Fürstenthümer Liegnitz, Brieg und Wohlau zufolge einer zwischen dem Herzoge Friedrich II. von Liegnitz und Joachim II., Kurfürsten von Brandenburg, 1537 geschlossenen Erbverbrüderung geltend zu machen, und da Maria Theresia, Kaiserin von Oesterreich, weder in die Abtretung der schönen Provinz für Geld willigte, noch die dargebotene Hilfsleistung des Königs von Preußen wider ihre Feinde annahm, so ließ ihr dieser auf der Stelle den Krieg erklären.

Im Dezember 1740 begann der Feldzug. Friedrich's Truppen drangen siegreich in Schlesien und Böhmen vor. Maria Theresia sah nach der Schlacht bei Chotusitz (in Böhmen), den 17. Mai 1742, wohl ein, daß sie diesen siegreichen Feind vor allen Dingen vom Kriegsschauplatze entfernen müsse und bat um Frieden, dessen Bedingungen am 11. Juni 1742 zu Breslau unterzeichnet wurden. In diesem Friedensschlusse fiel fast ganz Schlesien und die Grafschaft Glatz Preußen zu. 1745 ging der Krieg auf's Neue an und da es Sachsen jetzt mit der Kaiserin hielt, so fiel Friedrich der Große im zweiten schlesischen Kriege in die Lausitz ein, wo es zu Hennersdorf bei Lauban (23. Nov. 1745) zu einem Treffen kam, das die Preußen gewannen. Hierauf wurde die Lausitz gar arg von ihnen gebrandschatzt. Dresden wurde ebenfalls von ihnen eingenommen, woselbst denn auch 1745 am 25. Dezember Friede gemacht wurde.

Im dritten schlesischen Kriege, auch der siebenjährige Krieg genannt (1756—63), und zwar im September 1757, drangen 4000 Mann Preußen in 2 Abtheilungen in Sachsen ein, deren eine der Prinz v. Bevern, die andere der General Winterfeld befehligte. Die letztere stand diesseits, die erstere jenseits der Neiße in der Nähe von Görlitz. Winterfeld hatte am 6. September 1757 den Jäkels- oder Holzberg bei Moys besetzt. Diesen erstürmten im

*) Mundgutsteuer von munt, Schutz.

dichten Frühnebel die Oesterreicher unter Nadasdy mit 40 Bataillonen am 7. September und veranlaßten ein schreckliches Blutbad, in welchem die Preußen unterlagen. Winterfeld, welcher wegen einer Unterredung mit dem Prinzen von Bevern nicht anwesend war, eilte nach erhaltener übler Kunde sogleich auf Moys zu, um den Berg wieder zu nehmen, ward aber, noch ehe er denselben erreichte, von einem Kroaten mit einer Musketenkugel tödtlich verwundet, so daß er am folgenden Tage zu Görlitz seinen Geist aufgab. 1758 den 14. Oktober wurden die Preußen bei starkem Frühnebel zu Hochkirch bei Bautzen geschlagen. 1763 den 15. Februar kam auf dem sächsischen Schlosse Hubertusburg der Friede zu Stande und Friedrich August kehrte nun von seiner Flucht aus Polen wieder nach Dresden zurück.

Wie in den ersten beiden Friedensschlüssen, so erhielt Friedrich der Große auch in dem letzten Frieden Schlesien zugesichert. Sachsen und die Lausitzen wurden während dieser Kriege hart heimgesucht, da es hier viel zu leben gab.

Friedrich August III. oder der Gerechte, welchem am 15. Mai 1769 gehuldigt ward, nahm Antheil am baierischen Erbfolgekriege (1778) und verband sich mit Friedrich dem Großen. Zu einem Haupttreffen kam es nicht, doch wurden die Ober-Lausitzer Grenzdörfer von den Kaiserlichen heimgesucht. 1779 wurde zu Teschen der Friede unterzeichnet, in welchem der Kurfürst von Sachsen für seine Erbansprüche von Baiern 6 Millionen Thaler zugesichert erhielt.

Dieser Fürst bestätigte 1784 die von den Landständen des Markgrafthums eingerichtete Kriminalkasse und 1788 die von ihnen errichtete Feuer-Sozietät. 1789 trat letztere, wie die Numerirung der Häuser in's Leben.

1805 und 1806 drückte das Land eine große Theuerung, in der man für den Scheffel Korn 16—20 Thaler zahlen mußte. Der Kurfürst schenkte in dieser bedrängten Zeit dem Ober-Lausitzer Armuth 2000 Scheffel Korn und ließ es für dasselbe backen.

Der König von Preußen, Friedrich Wilhelm III., ließ in gedachtem Jahre seine Armee gegen Frankreich marschieren, weil es die mit Preußen kurz vorher geschlossenen Verträge nicht achtete und weil Preußen nicht länger ertragen konnte, von Frankreich mit höhnender Gleichgiltigkeit nur zur Erreichung der Privatabsichten Napoleon's gemißbraucht zu werden. Der Kurfürst Friedrich August verband sich mit Preußen. Bei Jena kam es den 14. Oktober zu einer Schlacht, in welcher die vereinigte preußische und sächsische Armee dem Feinde gänzlich unterlag. Der Kurfürst schloß hierauf mit Napoleon Friede und bedingte sich, die ihm auch zugestandene Neutralität. Er trat dem Rheinbunde bei, bewilligte 20,000 Mann zu selbigem, sowie 6000 Mann zur Fortsetzung des Krieges gegen Preußen und Rußland. Deswegen erhielt er den Kottbusser Kreis und den Königstitel.

Zu Anfange 1807 stießen 6000 Mann Hilfstruppen zu den Franzosen, die nach Preußen zogen, Glogau und mehrere andere feste Plätze Schlesiens, sowie auch Breslau einnahmen. Darauf zog sich der Krieg nach Polen und Ostpreußen. Bei preußisch Eilau und Friedland wurden sehr unglückliche Schlachten für Preußen geliefert. Rußland schloß am 7. Juli mit Frankreich Friede und Preußen sah sich nothgedrungen, am 9. Juli zu Tilsit ebenfalls Friede zu schließen, der für dasselbe sehr unglücklich ausfiel, indem es die Hälfte seiner Länder verlor, 140 Millionen Francs Kriegs-Kontribution aufbringen, einen großen Theil französischer Truppen im Lande verpflegen und noch andere lästige Bedingungen eingehen mußte.

Der König von Sachsen erhielt im Tilsiter Frieden einen Theil von Polen unter dem Namen eines Großherzogthums Warschau.

Nicht lange genoß Sachsen der Ruhe. Im Jahr 1809 den 24. April erklärte der König Friedrich August Oesterreich den Krieg, welches Anfangs April ein Gleiches gegen Frankreich gethan hatte. Am 5. und 6. April wurde die denkwürdige Schlacht bei Wagram in Oesterreich geliefert, in welcher Napoleon vorzüglich durch die Sachsen siegte. Auch während dieses Krieges mußte die Lausitz viel Lieferungen an Geld und Lebensmitteln nach Bautzen besorgen. Am 14. Oktober ward Friede und den 12. November wurde in allen Kirchen der Lausitz ein sehr feierliches Friedens- und Dankfest gefeiert.

Im Jahr 1810 kamen zufolge landesherrlicher Verordnung die in der Lausitz häufig coursirenden Kaisersilbergroschen außer Cours.

Im Frühjahr 1812 zündete Frankreich die Kriegsfackel gegen Rußland an, und Sachsen, Preußen, Holland, Oesterreich, Italien und überhaupt die Fürsten des Rheinbundes waren seine Verbündeten. Mit beinahe einer halben Million Krieger zog Napoleon dorthin, sein Verderben nicht ahnend. Im März schon ging die französische Armee durch die Lausitz, die durch diesen Feldzug außerordentlich hart mitgenommen wurde. Am 14. September zog Napolen mit seinen Heerschaaren in Moskau ein, das größtentheils von seinen Einwohnern verlassen war. Hier wollten nun die Franzosen, wie ihnen Napoleon versprochen hatte, ihre schönen Winterquartiere machen und eine Zeit lang von dem beschwerlichen Feldzuge ausruhen. Doch schon in der ersten Nacht wurden sie in ihren Erwartungen getäuscht, als sie die weltberühmte Stadt in Feuer und Flammen aufgehen sahen; binnen 24 Stunden lagen 6000 Häuser in Asche. Die Franzosen sahen sich daher genöthigt, die Stadt alsbaldigst wieder zu verlassen. Wo sie hinkamen, fanden sie leere Orte und keine Lebensmittel. Zu der furchtbaren Kälte gesellte sich ein anderer empfindlicher Feind, der Hunger; es blieb den Franzosen nichts übrig, als ihren Rückzug anzutreten, um so mehr, als sie sich auf allen Seiten von den Russen angegriffen sahen. Nun hörte fast alle Ordnung im Bundesheere auf und Jeder suchte nur sich zu retten. Von jenen 500,000 Kriegern kamen kaum 40,000 wieder zurück; die meisten starben vor Hunger und Kälte. Ueber 100,000 Pferde und 1200 Kanonen gingen verloren.

Die Preußen verbanden sich jetzt mit den Russen und es erschien nun für Preußen die längst ersehnte Erlösungsstunde. Die Franzosen wurden von den Verbündeten nach Sachsen zu gedrängt und im März 1813 erfolgte die große französische Retirade durch die Ober-Lausitz. Sowohl Franzosen als Russen brachten hieher ein sehr bösartiges Nervenfieber, welches Tausende von Menschen hinraffte oder um Kräfte und gesunde Sinne brachte.

Es stand zu erwarten, daß nun das schöne, von der Natur so reich bedachte Sachsen der Schauplatz des Krieges werden würde. Mitte März rückten die Verbündeten in Dresden ein. Friedrich August verließ jetzt sein Land, begab sich erst nach Regensburg, dann nach Prag und beabsichtigte, sich Oesterreich anzuschließen, da er der Intriguen des Kaisers Napoleon überdrüssig war. Am 8. Mai war Napoleon, der im April schon wieder ein Heer von 120,000 Mann um Erfurt beisammen und am 2. Mai den vereinigten Russen und Preußen bei **Lützen** eine Schlacht geliefert hatte, in Dresden und verlangte des Königs Friedrich August's Rückkehr aus Prag, sowie die Erfüllung seiner Verpflichtungen als Mitglied des Rheinbundes. Da Napoleon schon jetzt Sachsen als ein von ihm erobertes Land betrachtete, so eilte auf jene Aufforderung der König unverzüglich zurück. Am 12. Mai war er wieder in Dresden und noch einmal verstand er sich dazu, für das französische Interesse zu kämpfen.

Die Verbündeten gingen über die Elbe zurück, nahmen neue Stellungen in der Ober-Lausitz ein und zogen bedeutende Verstärkungen an sich. Es wurde heiß und tapfer gekämpft bei **Bischofswerda** (den 12. Mai), das zu jenen Stunden größtentheils in Feuer aufging; ingleichen bei **Königswartha** und den 20. und 21. Mai bei **Wurschen** und **Bautzen**. Die vereinigten Russen und Preußen zogen sich nach der verlorenen Schlacht bei Bautzen nach Schlesien zurück.

Während des am 5. Juni zu **Poischwitz** abgeschlossenen Waffenstillstandes verstärkten sich beide Heere. Nach Beendigung desselben griff Napoleon das schlesische Heer am 21. August 1813 bei **Löwenberg** an; Blücher zog sich hinter die **Katzbach** in die Goldberger Gegend zurück, wo er am 26. August einen glänzenden Sieg über die Franzosen errang. Der Rest der französischen Armee ergriff nun die Flucht nach der Lausitz. Bei **Plagwitz** und **Löwenberg** kam's am 29. August noch zu einem Treffen, worin die Verbündeten abermals Sieger blieben. Tausende von Franzosen blieben in der *Katzbachschlacht* auf dem Kampfplatze oder wurden gefangen genommen; Tausende, von den Verbündeten gedrängt, stürzten sich über die steilen und hohen Felswände der Katzbach und des Bobers in diese damals Strömen gleichenden Flüsse und fanden darin ihr Grab.

Am 1. September war Schlesien vom Feinde befreit, der sich nun über den Queiß zurückgezogen hatte. Napoleon war schon früher nach **Dresden** geeilt, das am 26. August von einer anderen Heeresabtheilung Russen und Preußen angegriffen wurde; er erfocht hier seinen letzten großen Sieg. Es folgten in wenig Tagen die Niederlagen bei **Groß-Beeren** (23. August), bei **Nollendorf** (30. August) und **Dennewitz** am 6. September.

Als Ende September Benningsen mit einer Reserve von 50,000 Mann in Sachsen eingebrochen war, beschlossen die vereinigten Russen und Preußen abermals offensiv gegen Frankreich aufzutreten. Es wurden unter abwechselndem Glücke mehrere Schlachten geliefert, wie die bei **Liebertwolkwitz** den 14. Oktober, **Wachau** und **Möckern** den 16. Oktober. Am 7. Oktober ruhten die Waffen, um Unterhandlungen mit dem Feinde anzuknüpfen, die jedoch erfolglos waren. Nun waren die Waffen zu einem großen, entscheidenden Kampfe gerüstet. Er erfolgte den 18. Oktober; eine Schlacht ward an ihm geliefert, wie noch nie; mit Recht verdient sie den Namen der großen **Völkerschlacht** bei **Leipzig**. 800,000 Mann kämpften wie Löwen mit einander, wovon auf den Feind die Hälfte kam. Noch vor Ausgang der Schlacht gingen die Sachsen zu den Verbündeten über. Das französische Heer ward vollständig geschlagen und ergriff die Retirade in's Thüringische. Am 19. Oktober zogen die Alliirten als Sieger in Leipzig ein und Friedrich August, König von Sachsen, ward hier zum Gefangenen gemacht und nach dem Lustschlosse Friedrichsfelde bei Berlin gebracht. Die Verbündeten ernannten am 12. Oktober 1814 den russischen General, Fürst von Repnin, zum Generalgouverneur von Sachsen, der es den 8. November an Preußen übergab.

Der König Friedrich August enthielt sich aller Klagen und Verwendungen, so viel er auch die verbündeten Monarchen von der Aufrichtigkeit seiner Gesinnungen zu überzeugen sich bemühte; auf die von den Ständen und dem Volke gethanen Schritte wurde nicht gerücksichtigt.

Die Verbündeten verfolgten nun die Franzosen bis in's Innere von Frankreich und nach mehreren blutigen Schlachten zogen erstere am 31. März 1814 zu Paris als Sieger ein. Napoleon ward entthront und Ludwig XVIII. als König gewählt. Jener ward nach der Insel Elba im mittelländischen Meere verwiesen. Am 30. Mai erfolgte der Friede zu Paris. Am 1. November 1814 wurde der Wiener Kongreß eröffnet, der bis 10. November 1815 dauerte. Er sollte das durch Napoleon gestörte Gleichgewicht der europäischen Staaten wieder herstellen und das Schicksal der Staaten regeln und ordnen. Auf ihm gab man dem unglücklichen Friedrich August, der kein anderes Land statt des seinigen annehmen mochte, den kleineren südöstlichen Theil desselben zurück, während die größere, fruchtbarere, aber weniger stark bevölkerte westliche Hälfte und die heutige Ober- und Nieder-Lausitz an Preußen kamen.

Während des Kongresses entfloh Napoleon von Elba und erschien unvermuthet am 1. März 1815 auf Frankreich's Boden, wußte noch einmal die Franzosen für sich und seine ehrgeizigen Pläne zu gewinnen und führte die schnell geworbenen Truppen noch einmal gegen die Verbündeten bei Belle-Alliance (18. Juni) in die Schlacht.

Friedrich Wilhelm III. von Preußen erließ unterm 7. April 1815 von Wien aus einen Aufruf an Sein Volk zur Theilnahme am Kampfe gegen Napoleon.

Die Preußen unter Blücher und Ziethen und die Engländer unter Wellington erfochten nach harten Kämpfen einen glänzenden Sieg und jagten den Feind bis Paris. Hier hielten die Verbündeten am 7. und 8. Juli das zweitemal Einzug als Sieger. Der abermals entthronte Kaiser Napoleon ward als Gefangener auf die wüste Insel St. Helena im stillen Ozean gebracht und den 20. November der zweite Pariser Friede geschlossen, der Frankreich ungeheure Opfer an Geld und Land kostete. Hierauf marschierten die Verbündeten in ihre Heimath.

Am 18. Mai 1815 unterzeichnete Friedrich August die Theilungsakte, entließ unterm 22. Mai von Laxenburg aus die Bewohner des abgetretenen Theils des Königreich Sachsens an Preußen ihres Eides und kehrte am 7. Juni zur großen Freude seiner ihm treu gebliebenen Unterthaner nach Dresden zurück. Den 18. Januar 1816 fand die Feier des Friedensfestes nach dem drangsalsvollen Kriege statt.

Am 11. Juni 1816 ward von allen Kanzeln der an Preußen abgetretenen Lausitz die Besitznahme derselben von Sr. Majestät dem Könige Friedrich Wilhelm III. proklamirt und den 3. August, dem Geburtstage Sr. Majestät, die Huldigungsfeier kirchlich begangen. Während der Proklamation der Besitzergreifung Preußens von der Lausitz durchzog ein furchtbares Gewitter einen Theil der Ober-Lausitz, daher kommt das Sprichwort: „Wir Ober-Lausitzer sind unter Donner und Blitz preußisch geworden.“

Der Krieg 1813 und 1814 hatte die preußische Ober-Lausitz sehr hart mitgenommen. Lieferungen, Einquartirungen, Erpressungen, Drohungen und Mißhandlungen Seitens der Soldaten waren an der Tagesordnung. Traurig sah es um die Landstraßen, die ganz zerfahren waren, aus; das Vieh war größtentheils abhanden gekommen, die Kassen waren ziemlich allerwärts erschöpft. Viele Edelhöfe und Privatwohngebäude der Städte und Dörfer lagen in Asche. So z. B. waren im Görlitzer Kreise nur allein vom 16—27. Mai 1813 ohne herrschaftliche Gehöfte 213 Privatwohngebäude abgebrannt; im Bautzner Kreise lagen außer 3 ganzen Dörfern 51 herrschaftliche und 290 Privatwohngebäude in Asche. Die Städte Görlitz, Zittau und Lauban hatten an Kriegsschulden 6 Millionen 548,765 Thaler.

Ein mehr als 40jähriger Friedenszeitraum hat die Wunden, welche der Krieg geschlagen, größtentheils geheilt. Unter Friedrich Wilhelm III. und Friedrich Wilhelm IV. segensreicher Regierung ist wahrhaft väterlich für des neuerworbenen Landes Wohlfahrt gesorgt, manches Lästige abgeschafft, dagegen Zweckmäßiges, Zeitgemäßes, Heil- und Segenbringendes eingeführt worden.

Die Hebung und Förderung des Schulwesens ließ sich Friedrich Wilhelm III. besonders angelegen sein, da von ihm ein großer Theil der Volkswohlfahrt abhängig ist. Die Schulen erhielten 1816 Schulvorstände und erstere wurden unter Aufsicht der Regierungen und Superintendenten gestellt. Es wurde auf regelmäßigen Schulbesuch gedrungen und die Dauer der Schulzeit auf 8 Jahre bestimmt. Für Bildung tüchtiger Volksschullehrer ward durch Errichtung eines Seminars zu Bunzlau 1816 gesorgt. 1817 ward das Blinden-Institut und 1821 die Taubstummen-Unterrichts-Anstalt, beide zu Breslau, gegründet. Die Allerhöchste Verordnung vom 20. März 1817 verkündigte die Einführung des Staatsrathes — die für den König höchste, berathende Behörde — an. Derselbe bestand bis zum Jahre 1848 und zählte einige 60 Personen.

Unterm 16. Mai 1816 erschien die Maaß- und Gewichtsordnung für die preußischen Staaten.

1817 den 23. November fand das erstemal in der Ober-Lausitz die Gedächtnißfeier der Verstorbenen statt. Das Todtenfest wurde Sonnabends zuvor bei Sonnenuntergang eingeläutet.

Im Jahre 1817 wurden in Folge Verordnung vom 20. Juni die Generalkommissionen zur Regulirung der gutsherrlichen und bäuerlichen Verhältnisse und für Gemeinheitstheilungen eingerichtet. Die bisher geleisteten Hofedienste wurden abgelöst oder in jährlich zahlbare Renten verwandelt. Hin und wieder erhielten die Gemeinden von den Dominien für aufgehobene Gerechtigkeiten, wie z. B. für die Berechtigung, in den herrschaftlichen Waldungen Raff- und Leseholz, Streu &c. zu holen, auf herrschaftlichem Territorio das Vieh mit zu weiden, Gemeindewaldungen und Gemeindehutungsplätze. — Die Generalkommissionen sollen auf Hebung und Beförderung der Landeskultur hinwirken. Viele neue Besitzungen sind durch dieses Institut entstanden, viele Schulstellen verbessert, viel unfruchtbares, bisher wüste gelegenes Land kultivirt worden.

1820 ward die Erbunterthänigkeit und der Dienstzwang in der preußischen Ober-Lausitz aufgehoben. Unter jener verstand man das Verhältniß, wonach die Bewohner eines Dorfes als zum Rittergute Gehörige angesehen wurden. Kein Erbunterthan durfte ohne Wissen und Willen der

Herrschaft den Ort verlassen und sich an einem anderen ansäßig machen, ohne sich vorher von seiner Herrschaft losgekauft zu haben. Ein Losbrief kostete bis 10 Thaler. Wollten die Söhne der Unterthanen studiren, ein Handwerk oder eine Kunst lernen, so mußten deren Eltern deswegen sich erst mit der Gutsherrschaft abfinden. Der Dienstzwang bestand darin, daß jeder Unterthan, wenn er Vater war, gezwungen war, seine Kinder, wenn sie von der Gutsherrschaft in Dienst verlangt wurden, 2 Jahre lang auf dem Dominio gegen ganz geringen Lohn und geringe Kost dienen zu lassen. Ein Knecht erhielt, wie beispielsweise in Uhsmannsdorf 6 Thaler, ein Ochsenjunge 2 Thaler, eine Magd 4 Thlr. Lohn; in Schadewalde erhielt dagegen ein Knecht jährlich nur 20—24 Kaiserböhmen (à 1 Sgr.), ein Ochsenjunge 10—12, eine Magd 12—16 Kaiserböhmen. Bisweilen befreite Geld die Wohlhabenden vom Dienstzwange und es mußten dann für einen Knecht 21 Thaler und noch mehr, für eine Magd 16—18 Thaler bezahlt werden.

Durch das Gesetz vom 30. Mai 1820 ward eine neue Abgabe statt der früheren Personensteuer unter dem Namen „Klassensteuer" (4 Klassen mit 23 Stufen) eingeführt, gleicherweise ordneten die Gesetze vom 30. Mai desselben Jahres die Entrichtung der Mahl- und Schlachtsteuer und Einführung der Gewerbesteuer an.

Im Jahre 1822 wurde eine neue Scheidemünze (Silbergroschen und Gröschel) in Umlauf gesetzt. Im folgenden Jahre wurde das Hypothekenwesen eingeführt.

Unterm 27. März 1824 wurden die Provinzial-Landstände für Schlesien und die Lausitz angeordnet und 1825 den 2. Oktober wurde der erste schlesische Provinzial-Landtag zu Breslau eröffnet. Dieses Institut bildet eine berathende Versammlung für provinzielle Gesetzentwürfe. Bitten und Beschwerden (Petitionen), welche das Wohl der Provinz oder eines Theiles derselben betreffen, werden hier zur Sprache gebracht und dem Könige zur Prüfung und Entscheidung vorgelegt. Bis 1848 wurden alle 3 Jahre die Landstände zu Breslau versammelt; der Landtag dauerte 4—6 Wochen. Aus allen vier Ständen erscheinen Volks-Deputirte; die Lausitz sendet deren zwölf.

1825 den 1. Advent wurde die neue Kirchen-Agende eingeführt.

Im Jahre 1827 erschien eine Kreisordnung für das Herzogthum Schlesien, die Grafschaft Glatz und das Markgrafthum Ober-Lausitz. Die Kreis-Versammlung hat den Zweck, die Kreisverwaltung des Landraths in Kommunal-Angelegenheiten zu begleiten und zu unterstützen. Die Kreisstände vertreten die Kreis-Korporation in allen, den ganzen Kreis betreffenden Kommunal-Angelegenheiten. Die Kreis-Versammlung besteht aus allen qualifizirten Besitzern von Fürstenthümern, Standesherrschaften, aus einem Deputirten von einer jeden im Kreise belegenen Stadt und aus 3 Deputirten des bäuerlichen Standes. Der Landrath beraumt den Kreistag an und leitet die Verhandlungen.

Ein anderes wichtiges Institut, verliehen vom Könige Friedrich Wilhelm III., ist die Städteordnung vom 19. November 1808 (die alte) und vom 17. März 1831 (die neue). Sämmtliche Städte der preußischen Ober-Lausitz haben die Städte-Ordnung dankbarlichst angenommen. Durch ihre Einführung erhielt die gesammte Bürgerschaft eine größere Einwirkung auf das Gemeindewohl und auf die Verwaltung des Stadtvermögens. Die Stadtverordneten-Versammlung vertritt die Bürgerschaft in allen städtischen

Gemeinde-Angelegenheiten und versammelt sich wenigstens monatlich einmal zu Rathhause.

1831 und 1832 näherte sich ein furchtbarer Feind unserer Provinz — die asiatische Cholera —, welche auch hier Opfer forderte. Durch Befolgung der deshalb erlassenen Gesetze und Instruktionen wurden ihr Grenzen gesetzt. Im Jahre 1833 wurden in Schlesien und der Ober-Lausitz die Schiedsgerichte eingeführt. Durch sie werden eine Menge Prozesse vermieden und die Ausgleichungen der streitenden Parteien rasch und ohne Kosten bewerkstelligt. Jeder mittelmäßig große Ort hat einen Schiedsmann. Er sucht die streitenden Parteien in Güte zu vergleichen. In der neueren Zeit ist ihr Wirkungskreis dadurch noch erweitert worden, daß nach dem Gesetze vom 14. April 1851 Klagen über Beleidigungen und leichte Mißhandlungen von den Gerichten nicht eher eingeleitet werden dürfen, als bis der Kläger nachgewiesen hat, daß die Vermittelung des Schiedsmannes vergeblich nachgesucht worden ist. Nach den vorhandenen Uebersichten sind in den Provinzen Preußen, Brandenburg, Schlesien, Sachsen, Pommern und Posen jährlich im Durchschnitt 70—80,000 Streitsachen vor ihnen anhängig gewesen und davon etwa ⅚, d. i. jährlich zwischen 60—65,000, verglichen, die übrigen aber theils zurückgenommen, theils an die Gerichtsbehörden verwiesen worden. Die Zahl sämmtlicher Schiedsmänner beläuft sich auf 5—6000; davon sind in Schlesien allein circa 3000 und in der preußischen Ober-Lausitz 162.

1834 trat der große preußisch-deutsche Zoll-Verein ins Leben, der seine Entstehung und Früchte Preußen verdankt und unter des Königs Protektorat steht. Die zwischen den verschiedenen Ländergebieten, die jetzt zu ihm gehören, bestehenden Zolllinien, die den freien Verkehr beschränkten und erschwerten und durch das Pascherwesen viele Menschen sittlich verdarben und die deutschen Völker von einander entfremdeten, wurden aufgehoben. Am 1. Januar 1834 sahen sich 22 Millionen Menschen auf einem Flächenraum von 10,000 Quadrat-Meilen zu einem Zoll- und Handelsvereine verbunden; 1841 umfaßte er schon 27,142,323 Köpfe und 1846 29,460,846, also nahe an 30 Millionen Menschen, worunter sich allein 16 Millionen 452,526 Preußen befanden. Er umfaßt die meisten Staaten Deutschlands.

Im Jahre 1835 erschien unterm 8. Juni eine Allerhöchste Verordnung, die Einführung des Königl. Kredit-Instituts für Schlesien und die Allerhöchste Kabinets-Ordre vom 28. Dezember desselben Jahres spricht sich über die Anwendbarkeit dieser Verordnung auf die preußische Ober-Lausitz aus. Den 25. September 1835 hatte die preußische Ober-Lausitz das längst ersehnte Glück, den allgeliebten Landesvater, als solchen zum ersten Male, in dem Bereiche ihrer Grenzen zu sehen und zu begrüßen. Se. Majestät waren an diesem Tage früh von Breslau abgereist und trafen in Begleitung Sr. Königl. Hoheit des Kronprinzen und Ihrer Königl. Hoheit der Frau Fürstin von Liegnitz gegen 6 Uhr Nachmittags in Görlitz ein. Freudiger, lauter Hurrahruf des aus allen Gegenden der Ober-Lausitz zusammengeströmten Volkes empfing die hohen Gäste. Abends ward die Stadt illuminirt. Am Morgen des folgenden Tages nahmen die Königlichen Hoheiten die Kirche zu St. St. Peter und Paul, sowie das heilige Grab in Augenschein, worauf Sie Ihre Reise nach Teplitz unter den herzlichsten Segenswünschen und unter dem Jubelrufe der versammelten Menge fortsetzten.

Am 7. Oktober 1835 wurde zu Görlitz in der Kirche zu St. St. Peter und

Paul unter Leitung des würdigen Herrn Musikdirektor Blüher das Ober-Lausitzische Gesangfest abgehalten, woran viele Hundert Sänger theilnahmen.

Die Verordnung vom 7. April 1838 bestimmte, daß innerhalb resp. 3 und 6 Jahren in der ganzen Provinz eine gleiche (breite) Wagenspur, 4' 4" Preuß., von der Mitte der Felge des einen bis zur Mitte der Felge des anderen Rades eingeführt sein müsse.

Im nämlichen Jahre erschien eine Kabinets-Ordre, die Bereitung und Feilstellung eines besonderen Viehsalzes betreffend, wodurch der Oekonomie ein billigeres Salz, als das Kochsalz, geboten wird.

Am 7. Juni 1840 verschied zu Berlin an der Grippe im 70. Jahre Seines Lebens und nach 43jähriger gesegneter Regierung, zum größten Schmerze aller Seiner, Ihm mit inniger Liebe, Dankbarkeit und Treue zugethanen Landeskinder, Friedrich Wilhelm III., von Seinem Volke mit Recht der Gerechte, Fromme, Milde genannt. Er erhielt uns unter allen Stürmen den theuern Frieden seit 1815, segnete Sein Land mit unzähligen Wohlthaten Seiner Regierung und hat Sich in den Herzen Seiner Unterthanen ein unvertilgbares Denkmal der Liebe und Verehrung gesetzt. Ganz Europa betrauerte seinen Hingang.

Sein Allerdurchlauchtigster Sohn, der Erbe der väterlichen Tugenden, bestieg am 7. Juni 1840 als König Friedrich Wilhelm IV. den Thron und wurde am 15. Oktober, Seinem Geburtstage, zu Berlin von den zum deutschen Bunde gehörenden Provinzen feierlichst gehuldigt. Die Lausitz sandte zu diesem feierlichen Akte 12 Huldigungs-Deputirte, als 6 vom Adel, 4 vom Bürger- und 2 vom Bauerstande. In den Kirchen wurde die Huldigung feierlichst begangen.

Der erste Akt Seines Regierungsantrittes war die Veröffentlichung zweier kostbaren Dokumente, vom hochseligen Königlichen Vater Ihm übergeben, und von denen das eine: „Mein letzter Wille", das andere: „An Dich, meinen lieben Fritz", überschrieben ist. Gemüthlichere, erhebendere, Liebe athmendere Worte, als die in jenen Dokumenten, hat wohl nie ein Regent gesprochen. In Millionen Abdrücken erschienen, sind sie in Paläste und Hütten gekommen und ein Jeder bewahrt sie als heilige, theure Vermächtnisse.

Friedrich Wilhelm IV. hat im Geist und Sinne des an Ihn gerichteten Dokumentes regiert und redlich Wort gehalten: „mit Gott in den Wegen seines Vaters zu wandeln."

Gleich nach dem Antritte Seiner Regierung amnestirte Er mehrere Personen, legte die Köllner Wirren bei, milderte die Censurgesetze und erhielt uns 1841 den Frieden, der von Frankreich bedroht wurde.

Schon im Jahre 1842 (Verordnung vom 21. Juni) wurde ein Ausschuß aus den auf dem Provinzial-Landtage versammelten Ständen des Herzogthums Schlesien, der Grafschaft Glatz und des Markgrafthums Ober-Lausitz gewählt, der sich auf Königlichen Befehl zu versammeln hatte, um Seiner Majestät Gelegenheit zu geben, auch zu der Zeit, wo die Provinzial-Landtage nicht versammelt waren, ständische Organe mit ihrem Gutachten zu hören. Derselbe bestand aus 12 Mitgliedern, wovon 6 aus dem Stande der Fürsten, Standesherrn und der Ritterschaft, 4 von den Städten und 2 von den Landgemeinden gewählt wurden.

1843 wurde am Trinitatisfeste die Feier des 1000jährigen Bestehens des deutschen Reichs kirchlich begangen.

Im folgenden Jahre fand eine reformatorische Bewegung im Schooße der römisch-katholischen Kirche statt. Tausende von Katholiken in unserem wie im deutschen Vaterlande sagten sich von der Herrschaft des Papstes los und bildeten Gemeinden, die sich die Namen „christ-katholische" oder „deutsch-katholische" gaben. Der aus der katholischen Kirche ausgeschiedene Kaplan Johannes Ronge zu Laurahütte in Ober-Schlesien gab den Impuls hiezu, indem er einen offenen Brief an den Bischof von Trier richtete, der sehr bald in ganz Deutschland und über seine Grenzen hinaus bekannt wurde. Viele katholische Geistlichen schlossen sich dieser kirchlichen Bewegung an und wurden die Prediger jener Gemeinden. Zu Görlitz und Lauban bildeten sich gleichfalls christ-katholische Gemeinden, von denen die zu Görlitz ihren eigenen Prediger hatte.

Im Frühlinge 1844 wiederfuhr der Stadt Görlitz die hohe Gnade, eines Besuches Sr. Majestät des Königs Friedrich Wilhelm IV., von Schloß Muskau kommend, gewürdigt zu werden. Er verweilte vom 31. Mai bis 2. Juni Mittags hier, nahm Görlitz und Umgegend mit ihren Merkwürdigkeiten in Augenschein, bestieg die Landeskrone, ernannte auf ihr den für das Wohl der Stadt sich unsterblich gemachten Bürgermeister Demiani zum Ober-Bürgermeister und erhob somit Görlitz zur Großstadt.

Am 26. Juli 1844 früh 8 Uhr schwebte das theure Leben des Königspaares in großer Gefahr. Zu jener Stunde wollten Ihre Majestäten eine Reise nach Erdmannsdorf in Schlesien antreten. Kaum hatten Höchstdieselben in Ihrem Reisewagen Platz genommen, als ein in sehr mißlichen Verhältnissen lebender Mensch, der ehemalige Bürgermeister Tschech zu Storkow in der Uckermark, von Privatrache und Eitelkeit bewegt, den entsetzlichen, schon seit mehreren Wochen genährten Mordplan auf das theure Leben Sr. Maj. des Königs in Ausführung brachte und in dem Augenblicke, als Ihre Maj. abfahren wollten, ein Doppelpistol in zwei nacheinander folgenden Schüssen auf den König abfeuerte. Die Kugeln drangen durch den Reisewagen, eine derselben verletzte Mantel und Uniform des Königs und streifte Ihm die Brust; auch zeigte sich's, daß der Hut der geliebten Königin von der Kugel durchbohrt war. So waltete denn der Schutz des Allmächtigen recht sichtlich über dem Leben des allgeliebten Königspaares und es bewahrheitete sich hier ganz besonders der preußische Wahlspruch: „rechtmäßige Könige regieren von Gottes Gnaden." Ihre Majestäten setzten unter den Segenswünschen der getreuen Berliner Ihre Reise fort. Sonntag, den 4. August, wurde in allen Kirchen des Landes ein feierliches Dankgebet dem König aller Könige für die wunderbare Erhaltung des Lebens des hochverehrten Königspaares verrichtet. Der Königsmörder, welcher durch seine abscheuliche That die preußische Geschichte auf's Aergste befleckt hat, wurde verhaftet und nach Urtel und Recht hingerichtet.

Unterm 17. Januar 1845 erschien für das gesammte Vaterland eine allgemeine Gewerbeordnung. Das in einzelnen Landestheilen der Monarchie mit Gewerbeberechtigungen noch verbundene Recht, Andern den Betrieb eines Gewerbes zu untersagen oder sie darin zu beschränken, wurde aufgehoben, ohne Unterschied, ob die Berechtigung an einem Grundstücke hafte oder nicht. Somit wurden auch alle Zwangs- und Bannrechte, dem

Fiskus, einer Kämmerei oder einer Gemeinde zuständig oder von einem dieser Berechtigten erst nach dem 31. Dezember 1836 auf einen Anderen übergegangen, aufgehoben, ingleichen der Mahlzwang, Branntwein- und Brauzwang, ebenso das den städtischen Bäckern, Fleischern 2c. zustehende Recht, die Einwohner der Stadt, Vorstädte oder der sogenannten Bannmeile zu zwingen, daß sie ihren Bedarf an Gebäck oder Fleisch von jenen ausschließlich entnehmen, jedoch nur dann, wenn das Zwangsrecht nicht auf einem Vertrage zwischen dem Berechtigten und Verpflichteten beruht. Für den Verlust der aufgehobenen Berechtigungen fand eine Entschädigung statt, wenn die Berechtigung zur Zeit der Publikation der Gewerbeordnung in rechtsgiltiger Weise für immer oder auf Zeit unwiderruflich bestand. Von Vielen wurde dieselbe mit Freuden begrüßt, von Andern, ihre Sonderinteressen gefährdet sehend, verwünscht, eine Menge Prozesse wurden hervorgerufen, die für den verlierenden Theil große Verluste zur Folge hatten.

Im Oktober 1845 fand eine sorgfältige Grenzregulirung zwischen Böhmen und Preußen statt, bei welcher österreichischer Seits der Kaiserl. Königl. Gubernial-Rath Herr Hans Jürgen aus Gitschin, preußischer Seits Herr Regierungs-Rath v. Merkel aus Liegnitz als Bevollmächtigte fungirten.

Am 18. Februar 1846 wurde die 300jährige Jubelfeier zum Andenken an den Todestag Dr. Martin Luthers in allen Kirchen feierlichst begangen.

Am 3. Februar 1847 erließ Se. Majestät der König ein hochwichtiges Patent, die ständischen Einrichtungen betreffend, wodurch den Ständen der Monarchie diejenige Wirksamkeit verliehen wurde, welche im Einklange mit den Rechten der Krone und den eigenthümlichen Verhältnissen der Monarchie dem Vaterlande eine gedeihliche Zukunft zu sichern geeignet sei. Dieses Patent setzte fest: so oft die Bedürfnisse des Staats entweder neue Anleihen oder die Einführung neuer oder eine Erhöhung der bestehenden Steuern erfordern möchten, werde Se. Königliche Majestät die Provinzialstände der Monarchie zu einem vereinigten Landtage um Sich versammeln; ferner, daß Se. Königliche Majestät den vereinigten ständischen Ausschuß fortan periodisch zusammenrufen und daß Se. Königliche Majestät dem vereinigten Landtage und in dessen Vertretung dem vereinigten ständischen Ausschusse in Beziehung auf den ständischen Beirath bei der Gesetzgebung diejenige Mitwirkung übertragen werde, welche den Provinzialständen durch das Gesetz vom 5. Juni 1823, so lange keine allgemeine ständische Versammlungen Statt fänden, beigelegt worden; ingleichen verhieß jenes Patent die durch das Gesetz vom 17. Januar 1820 vorgesehene ständische Mitwirkung bei der Verzinsung und Tilgung der Staatsschulden, sowie das Petitionsrecht über innere, nicht blos provinzielle Angelegenheiten.

Somit gingen die Zusagen Sr. Majestät des hochseligen Königs Friedrich Wilhelm III. in Erfüllung; ja, Se. Königl. Majestät Friedrich Wilhelm IV. gab Seinem Volke mehr, als es erwarten konnte.

Im Jahre 1847 wanderten auch aus der Ober-Lausitz viele Familien und Personen nach Nord-Amerika und Australien; nur die Wenigsten fanden das gehoffte Glück. Ihre Briefe, sowie die Zurückgekehrten schilderten die trostlose Lage der Getäuschten, riethen von der Auswanderung dahin dringend ab und mahnten, den Spruch zu beherzigen: „Bleibe im Lande und nähre dich redlich.“

1848 traten auf Grund der Verordnung vom 11. Februar im Vaterlande Handelskammern zur Beförderung des Handels und der Gewerbe ins Leben. Für jeden Ort oder Bezirk, wo wegen eines bedeutenden Handels oder gewerblichen Verkehrs ein Bedürfniß zu einer solchen obwaltete, wurde eine solche nach Einholung Königlicher Genehmigung errichtet, so u. a. auch zu Görlitz.

Eine ernste und schwere Zeit brach zu Anfange des Jahres 1848 über Deutschland und somit auch über unser geliebtes Vaterland herein. Gegen Ende Februar kam die erschütternde Nachricht zu uns, daß in Paris ein Aufstand ausgebrochen sei, der mit unaufhaltsamer Macht und reißender Schnelligkeit das französische Königshaus gestürzt habe. Ludwig Philipp, so hörten wir, sei verjagt und auf der Flucht nach England; seine Minister seien verschwunden; Frankreich habe sich zur Republik erklärt. Der Ruf nach Freiheit, der in Paris ertönte, fand einen Widerhall in Deutschland und der Sturm, der dort losgebrochen, rauschte gewaltig auch durch deutsche Gaue.

Der deutsche Bundestag suchte, wiewohl vergeblich, den Sturm zu beschwören und den Ausbruch einer Revolution in Deutschland zu verhindern, indem er Anfangs März einen Aufruf an die deutschen Regierungen und das deutsche Volk erließ, in welchem er zur Eintracht der Regierungen und Völker ermahnte, dem Volke die Preßfreiheit gewährte, eine Revision der Bundesverfassung beschloß und die Regierungen aufforderte, Männer des öffentlichen Vertrauens nach Frankfurt zu senden, um in Gemeinschaft mit denselben diese Revision zu berathen.

In Baden, Würtemberg, Hessen, Nassau, Baiern, Sachsen, Hannover machten sich die Volkswünsche bei der Landesregierung geltend und die Fürsten dieser Länder verhießen Erfüllung derselben. Am 13. März brach in Wien die Revolution aus und der greise Fürst Metternich wurde noch selbigen Tages seines Dienstes als Minister entlassen. Den 15. März erklärte Kaiser Ferdinand I. in einer Proklamation, daß er seinen Völkern Preßfreiheit und eine Constitution verleihen wolle; damit wurde die Ruhe wieder hergestellt.

Auch unser theures Vaterland sprach in jenen bewegten Tagen seine Wünsche gegen die Landesregierung aus. Da erschien nach leider unruhigen und blutigen Auftritten von Seiten Uebelwollender in der Haupt- und Residenzstadt Berlin am 14. März das Patent wegen Einberufung des vereinigten Landtags zum 27. April und am 18. März erließ der hochherzige, das Wohl Seiner Landeskinder im Auge habende König das Patent, daß eine Reorganisation der deutschen Bundesverfassung und eine konstitutionelle Verfassung aller deutschen Länder, somit auch für Preußen, angestrebt werden solle. Ebenso wurde in diesem Patente eine allgemeine deutsche Wehrverfassung, ein deutsches Bundesgericht, ein allgemeines deutsches Heimathsrecht, Aufhebung der Zollschranken für den Verkehr auf deutschem Boden, Preßfreiheit in nahe Aussicht gestellt. Behufs Berathung der Verfassung für unser Vaterland wurde die Einberufung des vereinigten Landtags auf den 2. April anberaumt. Zugleich verbreitete sich das Gerücht, daß der König sein Ministerium ändern wolle. Deputationen wurden an den König gesandt und diese brachten die freudige Nachricht, daß Se. Majestät sich an die Spitze der deutschen Bewegung im intelligentesten Sinne des Wortes stellen wolle. Mittlerweile wurde das erwähnte Patent durch Anschlag und Proklamation der Bevölkerung der Residenz kund. Schaarenweise zogen die Bürger nach dem Schloßplatz, laute Beifallsrufe erschollen zu Ehren der Regierung und man traf schon

Vorbereitungen zu einer allgemeinen Illumination der Stadt für den Abend. Doch zuvor wollte man Sr. Majestät dem Könige den tiefgefühlten Dank in einem Lebehoch darbringen. Se. Königliche Majestät erschien zweimal auf einem Balkon des Königlichen Schlosses und nahm den tausendstimmigen Jubelruf Seiner treuen Bürger entgegen.

Doch plötzlich verwandelte sich diese so beglückte Stimmung, dieser Jubel in die tiefste Trauer. Ein unseliger Zufall, wie man sich auszudrücken pflegt, wollte es, daß ein Gewehr eines der Soldaten, die zum Schutze des Königlichen Schlosses aufgestellt waren, losging, ohne jedoch irgend Jemanden zu verletzen, da die Mündungen der Gewehre nach Oben gerichtet waren. Durch Uebelwollende wurde der unbedeutende Vorfall arg verdächtigt und so erhob sich ein furchtbarer Kampf in den Straßen Berlins bis zum 19. März früh.

Am Morgen dieses Tages erschien wiederum ein Patent, worinnen Se. Majestät die Berliner beschwor, zum Frieden zurückzukehren, das Geschehene zu vergessen, wie Er es vergessen wolle und werde in Seinem Herzen. Mittags wurde das Militair aus der Stadt gezogen, die Ruhe war wieder hergestellt und der beklagenswerthe Aufstand hatte damit sein Ende erreicht.

Segen dem hochherzigen, milden Könige im Grabe, der es vorzog, auf die Stimme des Volkes zu hören, anstatt die Kraft und Gewalt Seines treuen Heeres zur Unterdrückung derselben anzuwenden. Er hatte die Macht, einen Aufstand zu unterdrücken, der von fremden Emissären, nicht vom Volke ausgegangen war; allein Sein edles, treues, für Volkswohl schlagendes Herz wollte kein Blutvergießen und keine Schutt- und Aschenhaufen, sondern Versöhnung.

Eine Menge Verordnungen, Gesetze und Erlasse folgten nun rasch aufeinander und man ersahe aus ihnen, daß es der Regierung Sr. Maj. des Königs ein Ernst sei, mancherlei Verbesserungen ins Leben treten zu lassen.

So erschien schon am 17. März 1848 das neue Preßgesetz, wonach die Censur aufgehoben wurde und die Entscheidung, ob in Druckschriften ein Verbrechen oder Vergehen verübt worden und wer dafür strafbar sei, den ordentlichen Gerichten übertragen wurde.

Am 8. April erschien das neue Wahlgesetz für die zur Vereinbarung der preußischen Staatsverfassung zu berufende Versammlung und am 11. April die Verordnung über die Wahl der Provinzial-Abgeordneten zur deutschen National-Versammlung zu Frankfurt a. M. Am 1. Mai fand die Wahl der Wahlmänner, am 8. Mai die Wahl der Abgeordneten der National-Versammlung, die den 22. Mai zu Berlin eröffnet ward, statt. Am 1. Mai wurde gleichfalls die Urwahl für die deutsche National-Versammlung zu Frankfurt a. M. und am 10. Mai die Abgeordnetenwahl für selbige abgehalten. Ihre Eröffnung erfolgte am 18. Mai in der Paulskirche zu Frankfurt.

Die Wahlen geschahen nicht ohne mancherlei vorhergegangene Wahlumtriebe; weshalb denn auch Männer in die National-Versammlung kamen, mit denen sich Wenig und Nichts vereinbaren ließ, da ihre Ansichten mit denen der Regierungen im schroffsten Widerspruche standen.

Am 19. April wurde eine Verordnung über Befugnisse der Bürgerwehr und am 17. Oktober das Gesetz über Errichtung derselben, Behufs Aufrechterhaltung der öffentlichen Ordnung und Sicherheit erlassen. In allen

Städten bildete sich eine Bürgerwehr, die wöchentlich mehreremale, hie und da unter Sang und Klang gegen Abend ins Freie zog, um unter den gewählten Führern Exerzitien anzustellen. In Ermangelung von Schießgewehren bediente man sich der Lanzen, nach Art der Hellebarden gearbeitet. Es war eine eigenthümliche Erscheinung, den Reichen und Vornehmen an der Seite seines ärmeren Mitbruders, den Arbeitgeber an der Seite des Tagarbeiters, den Meister neben dem Gesellen gemüthlich exerzieren und konversiren zu sehen. An manchen Orten erhielt die Bürgerwehr von der Behörde Gewehre aus den Festungen, die indeß wieder abgegeben werden mußten, noch ehe jenes neue Institut wieder aufgehoben wurde.

Am 6. August 1848 wurde die Huldigungsfeier des zum deutschen Reichsverweser erwählten Erzherzogs Johann von Oesterreich kirchlich begangen. (Am 6. August 1806 legte der deutsche Kaiser Franz I. die deutsche Kaiserkrone nieder.)

Am 12. August hörte der deutsche Bundestag zu tagen auf.

Das Gesetz vom 9. Oktober 1848 verordnete die Sistirung der Verhandlungen über die Regulirung der gutsherrlichen und bäuerlichen Verhältnisse und Ablösung der Dienste, Natural- und Geldabgaben. Alle über diese Gegenstände schwebenden Prozesse wurden sistirt. Gewisse Leistungen der Verpflichteten an die Berechtigten (Dominien), z. B. Jagdgeld, Spinngeld, Wachgeld 2c. fielen ohne Entschädigung. Nach Errichtung der Königlichen Rentenbanken in den einzelnen Provinzen (1850) hörte das Zinsen an die Berechtigten auf, dagegen wurde allvierteljährlich die Rente von den Ortserhebern mit den übrigen Königlichen Steuern an die Kreis-Steuer-Aemter zu weiterer Beförderung abgeliefert. Die Berechtigten wurden mit Rentenbriefen für die an die Rentenbank übergegangenen Renten schadlos gehalten. In circa 56 Jahren, von der ersten Rentezahlung an gerechnet, wird das Grundstück rentefrei. Diese Einrichtung ist eine der bedeutendsten der Märzerrungenschaften.

Das Gesetz vom 3. November 1848 hob das Jagdrecht auf fremdem Grund und Boden und die Ausübung der Jagd ohne Entschädigung auf.

Das Wild wäre gänzlich ausgerottet worden, wenn jedem Besitzer eines Grundstücks, wie geträumt wurde, erlaubt worden wäre, auf demselben das Jagdrecht auszuüben. Zum Glück erschien unterm 7. März 1850 das Jagd-Polizei-Gesetz, welches dem mit der Jagd getriebenen Unwesen eine Schranke setzte, indem nur der Besitzer zur Ausübung des Jagdrechts auf seinem Grund und Boden befugt sein soll, welcher einen land- oder forstwirthschaftlich benutzten Flächenraum von 300 Morgen, die in ihrem Zusammenhange durch kein fremdes Grundstück unterbrochen sind, besitzt. Alle übrigen Grundstücke des Gemeinde-Bezirks bilden einen gemeinschaftlichen Jagdbezirk. Jeder Jagdinhaber oder Pächter muß sich auf dem Königlichen Landrath-Amte einen Jagdschein lösen und mit diesem versehen sein, wenn er die Jagd ausübt. Die Jagdpachtgelder fließen in die Gemeindekasse und werden unter die Besitzer der Grundstücke nach Verhältniß des Flächeninhalts vertheilt.

Das große Werk, wozu die National-Versammlung zur Vereinbarung der Verfassung berufen war, konnte mit ihr ohne Verletzung der Würde der Krone und ohne Beeinträchtigung des davon unzertrennlichen Wohles des Landes nicht länger als bis 5. Dezember 1848 fortgeführt werden und es erfolgte durch Königl. Verordnung von gedachtem Tage deren Auflösung.

Um die Freiheit der Berathungen der National-Versammlung sicher zu stellen, wurde der Sitz derselben mittelst Allerhöchster Botschaft vom 8. November von Berlin nach Brandenburg verlegt und die Versammlung aufgefordert, den 27. November zusammenzutreten. Nur ein Theil der National-Versammlung fügte sich der Allerhöchsten Willensmeinung; der größere Theil tagte in Berlin fort, erklärte die Auflösung der Berliner Bürgerwehr für eine ungesetzliche Maßregel, forderte das Volk zur Steuerverweigerung auf und schleuderte die Brandfackel der Anarchie ins Land. Diesem Treiben konnte nicht länger Statt gegeben werden, und so erfolgte die Auflösung der National-Versammlung!

Am 5. Dezember erschien eine octroyirte Verfassungsurkunde, vorbehaltlich der Revision der zu berufenden Kammern. Noch am nämlichen Tage erschien ein Patent, betreffend die Zusammenberufung der Kammern zum 26. Februar 1849. Am 22. Januar erfolgten die Urwahlen, am 5. Februar die Wahl der Mitglieder der II. Kammer, am 29. Januar die Urwahlen für die I. Kammer und am 12. Februar die Wahl der Mitglieder der I. Kammer.

Zu Anfange des Jahres 1849 wurde die Privat- oder Patrimonial-Gerichtsbarkeit, sowie der eximirte Gerichtsstand aufgehoben. An die Stelle der ersteren traten die Königlichen Kreisgerichte. Die Königlichen Ober-Landesgerichte erhielten die Benennung „Appellations-Gerichte." Im Interesse der vom Sitze des Königlichen Kreis-Gerichts sehr entlegenen Ortschaften wurden Königliche Kreis-Gerichts-Kommissionen errichtet oder durch einen vom Königlichen Kreis-Gericht gesendeten Kommissarius jährlich eine bestimmte Anzahl Gerichtstage an einem bestimmten, vom Kreis-Gerichte mindestens 1 Meile entfernten, Orte für die umliegenden Ortschaften abgehalten.

Am 3. Januar 1849 erschien eine Verordnung über die Einführung des mündlichen und öffentlichen Verfahrens mit Geschworenen in Untersuchungssachen. Görlitz ist Sitz des Schwurgerichts in der Königl. Preuß. Ober-Lausitz.

Den 3. April 1849 wurde Sr. Majestät dem Könige durch eine Deputation der deutschen National-Versammlung die Botschaft von der auf Ihn gefallenen Wahl zum deutschen Kaiser überbracht. Friedrich Wilhelm IV. schlug aber die Annahme der deutschen Kaiserkrone aus in der Meinung, daß sie die entscheidendsten Folgen haben müsse, wenn hiezu das freie Einverständniß der Fürsten und der freien Städte Deutschlands fehle.

Die Hoffnung, daß die Verhandlungen der am 26. Februar 1849 berufenen Kammern zur Befestigung eines gedeihlichen inneren Zustandes führen würden, mußte bald aufgegeben werden, da die Ueberzeugung gewonnen wurde, daß die II. Kammer sich nicht immer in den Schranken ihrer Befugnisse hielt, und so wurde denn schon am 27. April die II. Kammer aufgelöst und die I. Kammer vertagt.

Nach wiederum erfolgter Urwahl wurde am 17. Juli zur Wahl der Abgeordneten für die II. Kammer geschritten; ihre Einberufung erfolgte am 7. August 1849.

Inzwischen erschien am 20. Juni eine Verordnung, die vorbereitenden Maaßregeln zur Aufhebung der betreffenden Grundsteuerfreiheiten. Diese stieß in der Folge auf so viel Schwierigkeiten, daß es bezüglich der Grundsteuer bis dato noch beim Alten geblieben ist.

Unterm 7. Dezember wurde das Gesetz wegen Aufhebung der Klassensteuer-Befreiungen erlassen, demzufolge Geistliche, Lehrer, Offiziere des stehenden Heeres und der Landwehr und Hebammen vom 1. Januar 1850 ab Klassensteuer zu entrichten hatten.

Am 31. Januar 1850 erschien die Verfassungs-Urkunde für den preußischen Staat, nachdem sie den Kammern vorgelegen, und bald darauf das Gesetz zum Schutz der persönlichen Freiheit (habeas corpus acte). —

Das Gesetz vom 2. März 1850 enthielt die Normen bei Ablösung der Reallasten und bei Regulirung der gutsherrlich-bäuerlichen Verhältnisse. Unter demselben Tage erschien das Gesetz über die Errichtung der Rentenbanken, das mit 1. Oktober gedachten Jahres in Kraft trat. Auf Grund des Gesetzes, betreffend die Schließung der Rentenbanken, vom 26. April 1858, ist der Schluß der Rentenbank für die Provinz Schlesien auf den 31. Dezember 1859 festgesetzt worden.

Ein wichtiges Gesetz wurde am 11. März 1850, die auf Mühlengrundstücken ruhenden Reallasten betreffend, erlassen. Dasselbe bestimmte, daß die auf Mühlengrundstücken ruhenden Abgaben, sofern sie Reallasten sind, sofort abgelöst werden konnten. Bei jeder Ablösung der auf einem Mühlengrundstück haftenden Reallasten war der Besitzer zu fordern berechtigt, daß ihm ein Drittel des Reinertrags des Grundstücks verbleibe. Da die Mühlen in der Regel sehr hoch mit herrschaftlichem Zinse belastet waren, so verringerte sich derselbe in Folge bewirkter Ablösung nicht unerheblich.

Am 22. Mai 1850 schwebte das Leben unseres theuren Monarchen abermals in Lebensgefahr. Als Se. Königl. Majestät Mittags 12 Uhr in den Eisenbahnwagen steigen wollte, um Sich nach Potsdam zu begeben, feuerte ein am 1. Oktober 1849 als Invalide entlassener Feuerwerker der Garde-Artillerie ein Pistol auf Allerhöchstdenselben ab. Der Verbrecher, Sefeloge mit Namen, wurde ergriffen und die Untersuchung sofort eingeleitet, wobei sich herausstellte, daß der Verbrecher irrsinnig sei.

Am 29. Juni 1850 erschien ein Allerhöchster Erlaß, betreffend die Grundzüge einer Gemeinde-Ordnung für die evangelischen Kirchengemeinden der östlichen Provinzen und die Einführung des evangelischen Ober-Kirchenraths. In Folge dieses Erlasses wurden in vielen Parochien Lokal-Statuten festgestellt und ein Gemeinde-Kirchenrath von den Gemeindegliedern gewählt, der feierlichst eingeführt ward und der zur Aufgabe hat, christliche Gesinnung und Sitte in der Gemeinde durch Ermahnung und Warnung zu befördern; Sorge zu tragen für die Erhaltung der äußern gottesdienstlichen Ordnung und Heilighaltung des Sonntags, und das Kirchenvermögen zu beaufsichtigen und zu verwalten.

Im Herbste des Jahres 1850 thürmten sich Ungewitter am politischen Horizonte auf und ein Krieg zwischen Oesterreich und Preußen stand in drohender Aussicht.

Am 6. November wurde deshalb auch Seitens Preußen die Mobilmachungs-Ordre erlassen. Die Landwehr folgte freudig dem Rufe zur Fahne und war bereit, Gut und Blut für das Wohl des Vaterlandes einzustellen. Mitte Dezember war indeß die Kriegsgefahr vorüber und die Einberufenen kehrten wieder zum heimathlichen Heerde zurück.

1851 den 18. Januar wurde die 150jährige Jubelfeier des Preußischen Königshauses kirchlich begangen.

Am 14. April 1851 erschien das neue Strafgesetzbuch für den Preußischen Staat.

Das bisher giltige Klassensteuer-Gesetz vom 30. Mai wurde durch Erlaß eines neuen Klassen- und klassifizirten Einkommensteuer-Gesetzes aufgehoben. Die Besteuerung der klassensteuerpflichtigen Bevölkerung geschieht diesem zufolge nach 3 Klassen oder nach 12 Stufen; in der niedrigsten zahlt man monatlich 1 Sgr. 3 Pf., in der höchsten 2 Thlr. Wer ein jährliches Einkommen von mehr als 1000 Thlr. bezieht, unterliegt der Einkommensteuer, wobei 30 Stufen in Anwendung kommen. In der ersten werden monatlich 2 Thlr. 15 Sgr., in der höchsten 600 Thlr. gezahlt. Aus einer Haushaltung, welche nach Klasse I., Stufe I. besteuert wird, dürfen niemals mehr als zwei Personen zur Klassensteuer herangezogen werden; demnach ist die dritte Person der Haushaltung steuerfrei, was seither nicht der Fall war.

Das Gesetz vom 7. Mai 1853 regelte die Bildung der Ersten Kammer, die von da ab aus Mitgliedern zusammengesetzt ist, welche Se. Majestät der König mit erblicher Berechtigung oder auf Lebenszeit beruft. Sie erhielt nun die Benennung „Herrenhaus“, wogegen die Zweite Kammer „Volkshaus“ oder „Abgeordnetenhaus“ benannt ward.

Auf Anordnung des evangelischen Ober-Kirchenraths zu Berlin fanden vom Jahre 1852 ab in manchen Ephorieen durch besonders hiezu bestimmte Kommissarien unter Leitung der Herren General-Superintendenten außerordentliche Kirchen- und Schulvisitationen statt; so u. a. auch in den Ephorieen Görlitz (1853) und Hoyerswerda.

1854 den 16. November wurde auf Veranlassung der verheerenden Oder-Ueberschwemmung in Schlesien und der Lausitz ein allgemeiner Buß- und Bettag für beide Konfessionen angeordnet.

1855 den 5. Juni feierte die evangelische Kirche das Andenken des vor 11 Jahrhunderten von den heidnischen Friesen erschlagenen Apostels der Deutschen, Winfried Bonifacius, kirchlich.

Das Gesetz vom 14. November 1856 enthielt eine Landgemeinde-Verfassung der 6 östlichen Provinzen; das vom 17. Mai die Einführung eines allgemeinen Landesgewichts (deutsches Zollgewicht), vom 1. Juli in Kraft tretend.

Anfangs Oktober 1857 erkrankte Se. Majestät Friedrich Wilhelm IV., und da die Aerzte Allerhöchstdesselben für nöthig erachteten, daß Se. Majestät Sich auf mehrere Monate von allen Regierungsgeschäften fern halte, so wurde unterm 23. Oktober die Stellvertretung in der obern Leitung der Staatsgeschäfte Sr. Königlichen Hoheit dem Prinzen von Preußen übertragen. Die Aerzte Sr. Majestät des Königs erachteten für den Winter eine Reise Allerhöchstdesselben in die südlicheren Gegenden für zweckdienlich, deshalb erschien am 7. Oktober 1858 ein Allerhöchster Erlaß an Se. Königliche Hoheit den Prinzen Friedrich Wilhelm von Preußen, die Regentschaft im Namen Sr. Majestät des Königs zu übernehmen. Die Kunde von der erfolgten Uebernahme der Regentschaft Sr. Königlichen Hoheit des Prinzen von Preußen stimmte die Herzen der Bevölkerung des Landes zu hoher Freude und gab sich auf mannigfache Weise kund.

Die nachgesuchte Entlassung der meisten Mitglieder des Ministeriums wurde vom Prinz-Regenten angenommen; ihre Stellen nahmen Männer ein, welche das Vertrauen und die Werthschätzung Allerhöchstdesselben wie des ganzen Landes besaßen. Der Fürst v. Hohenzollern-Sigmaringen wurde zum Minister-Präsidenten erwählt.

Der Weisheit, Festigkeit und Thatkraft des allverehrten Prinz-Regenten, des nunmehrigen Königs Majestät, verdankten wir nächst Gott die Erhaltung des europäischen Friedens, der im Jahre 1859 höchst gefährdet schien. Die Waffen Sardiniens und Frankreichs drangen siegreich in der Lombardei vor, erfochten einen Sieg nach dem andern über die Oesterreicher, so daß man für die deutschen Provinzen des Kaiserstaates besorgt wurde. Unterm 29. April erließ Se. Kgl. Hoheit der Prinz-Regent den Befehl zur Kriegsbereitschaft, um die Machtstellung zu wahren, welche dem preußischen Staate zukommt. Die Linien-Regimenter wurden auf Kriegsstärke gesetzt und die Reserven eingezogen. Dem Drange der Umstände folgend und ihnen eine andere Wendung gebend, erließ der Prinz-Regent im Juni die Mobilmachungs-Ordre, der zufolge die Landwehr 1. Aufgebots und die Landwehr-Artillerie 2. Aufgebots einberufen wurde. Alle Vorkehrungen zum Kriege waren getroffen, der Transport der Truppen per Eisenbahn angeordnet, ja, einzelne Regimenter befanden sich schon auf dem Marsche nach der Provinz Sachsen und der Rheinprovinz, als ein am 11. Juli zwischen Kaiser Louis Napoleon und Kaiser Franz Joseph eilig geschlossener Friede zu Villa Franca dem italienischen Kriege, der sehr viel Blut gekostet hat, ein Ende machte. Die Demobilisirung der preußischen Armee konnte deshalb bald darauf bewirkt werden.

Am 2. Januar 1861 wurde das Königliche Haus und das Vaterland in tiefe Trauer versetzt, indem es Gott gefiel, Se. Majestät den König Friedrich Wilhelm IV. nach jahrelangem Leiden zur ewigen Ruhe eingehen zu lassen; ein Lungenschlag machte Seinem segensreichen Leben ein Ende, nachdem Er 20 Jahre lang die Krone getragen hatte.

Der Prinz-Regent ergriff sofort als König „Wilhelm" die Zügel der Regierung und das Militair leistete Ihm unverweilt den Eid der Treue. Am 7. Januar fand die feierliche Beisetzung Sr. Königl. Majestät Friedrich Wilhelms IV. in der Garnisonkirche zu Potsdam statt. Noch an demselben Tage erließ Se. Königliche Majestät als nunmehriger König einen Aufruf, überschrieben: „An mein Volk", der in wenig Tagen zur Kenntniß aller Seiner Unterthanen gelangte und nicht nur Zeugniß von der hohen Achtung Sr. Königl. Majestät gegen des verklärten Königlichen Bruders Majestät ablegt, sondern auch die Grundsätze offen darlegt, die Ihn bei Uebernahme der Regierung beseelen und während derselben leiten werden.

Unterm 9. Jan. eröffnete er Seinem Volke einen Auszug aus dem zu Seinem Frieden eingegangenen Könige Friedrich Wilhelm IV. und unterm 6. August 1854 zu Charlottenhof errichteten Testamente: „Wie ich bestattet sein will", das Zeugniß von dem guten Bekenntnisse giebt, das der Heimgegangene bekannt hat, und aus Dessen anderweitigen Anordnungen Sein bescheidener, frommer, rechtschaffener Sinn hervorgeht.

Am 12. Januar c. erschien der gehoffte Allerhöchste Gnaden-Erlaß (Amnestie), Allen zu Gute kommend, die wegen politischer Verbrechen und Vergehen bereits rechtskräftig verurtheilt sind oder in Folge eingeleiteter Untersuchung noch verurtheilt werden möchten; er wird Vieler Thränen trocknen und das Gelöst'te wiederum in dankbarer Liebe und Treue zu König und Vaterland verbinden.

Auf Allerhöchste Anordnung wurde am 17. Februar in allen Kirchen des Landes in Folge Ablebens Sr. Majestät Friedrich Wilhelm IV. ein Trauergottesdienst gehalten; Abends zuvor wurde deshalb mit allen Glocken geläutet.

Gott erhalte uns den theuern Landesfrieden in der gefahrdrohenden, von Parteigeist zerrissenen Zeit; sein starker Arm beschütze ferner in Gnaden das geliebte Vaterland; er segne Preußenland mit einer Fülle von leiblichen und geistigen Gütern für und für. Mögen Preußens Regenten die Freude haben, daß das Vaterland unter Ihrem Schutze in jeglichem nützlichen Streben die möglichst höchste Stufe erreiche und daß das Volk in der Gottesfurcht, Treue zum Königshause und Intelligenz andern Völkern ein Muster sei. Den Königsthron wolle Gott in alle Zukunft mit einem Gliede aus dem mächtigen, ruhmreichen Hohenzollerngeschlechte zieren und uns unter Ihrem Scepter „ein geruhiges und stilles Leben führen lassen in Gottseligkeit und Ehrbarkeit."

§ 2.

Lage.

Die preußische Ober-Lausitz macht den nordwestlichen Theil der Provinz Schlesien aus, liegt zwischen dem Queiß und der Pulsnitz und hat ihre längste Ausdehnung von Südost nach Nordwest.

§ 3.

Bestandtheile.

Die preußische Ober-Lausitz besteht nicht aus einem zusammenhängenden Ganzen, sondern aus einem Haupttheile, aus 3 Gebietstheilen von schlesischem Boden umgeben, so wie aus einem Gebietstheile in der preußischen Nieder-Lausitz. Der Haupttheil enthält 4 Kreise, als den

Laubaner,
Görlitzer,
Rothenburger und
Hoyerswerdaer Kreis.

Die 7 Einschlüsse oder Enklaven sind Friedersdorf mit Pertinenzien, rechts über dem Queiße, $^3/_4$ Stunden von Greiffenberg; Wingendorf, auch über dem Queiße, $^3/_4$ Stunden oberhalb Lauban, in dessen Kreis beide gehören; Zibelle, Leinsdorf und Schönborn zwar im Saganer Kreise liegend, aber zum Rothenburger Kreise gehörig und Hasel und Zilmsdorf, in der Nieder-Lausitz, im Sorauer Kreise gelegen. Ein Theil der Ortschaften des Haupttheils liegt östlich über den Görlitzer Kreis hinaus und gehört theils zum Bunzlauer, theils zum Saganer Kreise. Das uralte ober-lausitzische

Dorf Günthersdorf unter Lauban gehört nicht mehr zur Ober-Lausitz, sondern in ständischer und provinzieller Beziehung als frühere böhmische Enklave zu Schlesien.

§ 4.

Grenzen.

Die Grenzen des Hauptheils sind gegen Osten Schlesien, von welchem es durch den Queiß und die Tschirne getrennt wird, gegen Süden die böhmische Herrschaft Friedland und die sächsische Ober-Lausitz, gegen Westen ebendieselbe und zum kleinen Theile die Provinz Sachsen, gegen Norden die preußische Nieder-Lausitz.

Die Grenzen der Enklaven sind die Territorien schlesischer und niederlausitzer Ortschaften.

§ 5.

Form.

Die Gestalt des Markgrafthums gleicht einem spitzwinklichen Dreieck, dessen Grundfläche nach Südosten oder nach dem Queiße zu gerichtet ist; man könnte es der Form nach mit einer Zipfelmütze vergleichen.

§ 6.

Größe und Eintheilung.

Der Gesammtflächeninhalt der preußischen Ober-Lausitz dürfte ca. 66 Quadratmeilen betragen. Davon kommen

a) auf den Görlitzer Kreis	ca.	16	Quadrat-Meilen,
b) „ „ Rothenburger Kreis	„	23	„
c) „ „ Hoyerswerdaer Kreis	„	16	„
d) „ „ Laubaner etwa		8	„
e) „ „ Bunzlauer ober-lausitzischen Kreis-Antheil		3	„
f) „ „ Saganer		0,8	„
Summa		66	Quadrat-Meilen.

Die größte Länge, von Thommendorf a. Q. bis Lindenau, dem westlichsten Orte der preußischen Ober-Lausitz, beträgt ca. 15 Meilen und die größte Breite, von Straßberg an der Tafelfichte bis Halbau, gegen 9 deutsche Meilen.

In Rücksicht auf die natürliche Beschaffenheit des Landes wird die preußische Ober-Lausitz in das „Oberland“ und in „die Heide“ oder das Tiefland, und jenes in den „gefildischen“ und „gebirgischen“ Kreis eingetheilt. Eine von Siegersdorf a. Q. bis Weigersdorf an der sächsischen Grenze gezogene gerade Linie würde die Grenze zwischen dem Oberlande und der Haide oder dem Tieflande bilden.

Früher wurde die Ober-Lausitz in den Bautzner und Görlitzer Kreis eingetheilt. Der erstere umfaßte die Städte Bautzen, Kamenz und Löbau mit ihren Landbezirken, die Standesherrschaften Hoyerswerda, Königsbrück, die übrige Landschaft auf der linken Seite der Spree, einen Theil der Landschaft zwischen der Spree und dem Löbauer Wasser und den sogenannten Queißkreis, welcher Oertmannsdorf, Schadewalde, Marklissa, Hartmannsdorf, Tzschocha mit Rengersdorf, Goldentraum, Hartha, Wiesa, die Herrschaft Gebhardsdorf, Meffersdorf, Schwerta, sowie die Ortschaften Wingendorf und Friedersdorf umfaßte.

Zum Görlitzer Kreise gehörten: Görlitz, Zittau und Lauban mit ihren Landbezirken, die Standesherrschaften Muskau und Seidenberg und der übrige Theil der Landschaft östlich des Löbauer Wassers resp. der Spree.

§ 7.

Des Landes Oberfläche.

A. Gebirge.

Das Innere des Markgrafthums durchstreifen keine eigentlichen Gebirge; nur Gebirgsausläufer vom Iser- und Lausitzergebirge durchziehen den Laubaner und Görlitzer Kreis und bilden die Vorhut der Lausitzer Sudeten. Nur ein kleiner Theil des Laubaner Kreises, die Herrschaften Meffersdorf und Gebhardsdorf werden vom Isergebirge begrenzt. Der höchste Berg desselben, die Tafelfichte, 3372', gehört zum Theil der ersteren an und ist somit der höchste Berg in der preußischen Ober-Lausitz.

Der Dreßlerberg bei Meffersdorf ist 2400' hoch.

Von Ober-Schwerta aus zieht sich ein Gebirgsausläufer zwischen Schwertbach und Queiß hin. Die höchsten Punkte sind der Klingenberg bei Gebhardsdorf, der Hasenberg bei Schwerta, der Zangen- und Galgenberg bei Marklissa. Von Heinersdorf in Böhmen und Ober-Schwerta aus, oder zwischen der Schwertbach und dem Heinersdorfer Wasser zieht sich eine beträchtliche Erhebung auf Marklissa zu, die hier ihre Endschaft erreicht. Auf ihr befinden sich der Döbschützwald und der Taubenberg bei Schadewalde.

Zwischen dem Hartmannsdorfer und Gerlachsheimer Wasser zieht sich, aus der böhmischen Herrschaft Friedland kommend, ein Höhenzug, dessen höchste Punkte der Hummel-, Hopf-, Wach-, Knapp- und Grellberg sind. Er verliert sich bei Schadewalde und Prettin.

Ein vierter Höhenzug, in der Herrschaft Friedland seinen Anfang nehmend, zieht sich zwischen dem Gerlachsheimer Wasser und dem Bache zu Linda hin. Von Nieder-Linda wendet er sich nordöstlich auf Lauban zu und führt hinter Holzkirch den Namen Hochwald. Dieser Zug bildet von hier aus ein Hochland, das durch viele Thäler durchschnitten wird. So liegen Lichtenau, Geibsdorf, Schreibersdorf in tiefen Thälern. Als Fortsetzung des

Hochwaldes sind wohl auch die Kieslingswalder Berge anzusehen. Namhafte Berge dieses Höhenzugs sind der Urberg, westlich von Gerlachsheim, der Silberberg bei Nieder-Linda, der Heidersdorfer Spitzberg, der Nonnenberg im Hochwalde und der Steinberg bei Lauban. Von den Kieslingswalder Bergen sind merkenswerth der Kiefer-, Kamm-, Gickels- und Gellersberg.

Zwischen dem Lindaer Bach und dem Rothwasser erheben sich der Küpper-, Stein-, Rauch- und Wachberg bei Linda und der Schöneberg beim Städtchen gleiches Namens.

Begrenzt von der Neiße und dem Ebersbacher Wasser erheben sich die Jauernicker Berge und die Landeskrone bei Görlitz; letztere ist der höchste Berg im Innern der Lausitz, indem sie 1304' Seehöhe hat.

Aus der sächsischen Ober-Lausitz kommend, ziehen sich zwischen dem Ebersbacher Wasser und dem schwarzen Schöps die Mengelsdorfer Berge bei Reichenbach und das interessante Königshainer Gebirge hin. Merkenswerthe Berge auf diesem sind: der Hochstein, Todtenstein, Schornstein, Kämpferberg und Limasberg.

Noch sind zu merken die Berge bei Kollm und Nadisch im Rothenburger Kreise.

Als eben kann man die Kreise Rothenburg und Hoyerswerda bezeichnen.

Von mehreren der genannten Berge, die theils kahl, theils mit Bäumen und Gesträuch bewachsen sind, hat man herrliche Fernsichten, wie z. B. von der Tafelfichte, der Landeskrone, vom Kreuzberge auf den Jauernicker Bergen, von dem Hochstein bei Königshain, dem Urberge bei Gerlachsheim, dem Steinberge bei Lauban, dem Spitzberge bei Heidersdorf und dem Knappberge bei Schadewalde.

B. Gewässer.

Die preußische Ober-Lausitz ist reich an fließenden und stehenden Gewässern.

I. Flüsse.

Sie führen ihr Wasser der Oder und Elbe zu, deshalb gehört die preußische Ober-Lausitz dem Oder- und Elbstromgebiete, sowie dem Ost- und Nordseegebiete an.

a) das Oderstromgebiet.

In dieses gehören durch das Flußgebiet des Bobers, eines linken Nebenflusses der Oder

1) der Queiß. Er ist der bedeutendste Nebenfluß des Bobers, entspringt im Löwenberger Kreise in der Schlucht, welche das Isergebirge vom Riesengebirge trennt, oder in der Nähe des weißen Flins, fließt anfänglich durch den Löwenberger Kreis, nachher zwischen dem Löwenberger und Laubaner Kreise hin. Vom Ursprunge bis Flinsberg ist sein Lauf westlich. Von hier bis Greiffenberg fließt er nördlich; von da bis Markliſſa abermals westlich und von Markliſſa aus ziemlich nördlich. In seinem Laufe unterhalb

Lauban berührt er den Bunzlauer und Saganer Kreis und vereinigt sich nach einem 16 Meilen langen Laufe bei dem Dorfe Silber mit dem Bober, den er bei seiner Mündung an Größe übertrifft. Er hat ein bedeutendes Gefälle, so z. B. bei Flinsberg 1484', bei Tzschocha 735', bei Lauban 662, und bei seiner Mündung 360' Seehöhe und wird bisweilen nach Wolkenbrüchen, bei schneller Schneeschmelze 2c. zum reißenden Strome. Bis Marklissa ist sein Bett steinig. Bis Flinsberg ist er von hohen Gebirgszügen eingeengt; ein Gleiches geschieht durch die einen großartigen Eindruck machenden Höhenzüge hinter Greiffenberg bis Goldentraum bei Tzschocha und im Josephsthale bei Marklissa, sowie bei Wehrau und Klitschdorf. Bei Wehrau bildet er einen interessanten Wasserfall, den größten, wenn auch nicht den höchsten in Schlesien. Er stürzt über eine Felsenschicht, die quer durch sein Bett läuft, 18' tief (Teufelswehr). Ehedem führte der Queiß kostbare Perlen bei sich und gegen Ende des 18. Jahrhunderts hielt sich noch zu Marklissa der kurfürstlich sächsische Perlenfischer, Namens Treublut, auf; selbst Goldsand soll er bei sich führen. Sein Wasser ist hell und klar, daher auch der ostgothische Name Qvietz, d. h. der weiße Fluß.

Er nimmt links auf:

a) die Schwarzbach, welche an der Tafelfichte entspringt und von hier aus bis Gränzdorf die Grenze zwischen der Lausitz und Schlesien macht; sie mündet unterhalb Friedeberg, nachdem sie vorher bei Gebhardsdorf die am Fuß des Drechslerberges entspringende Lausitzbach (beim Meffersdorfer Schlosse noch 1306' Seehöhe habend) aufgenommen hat. Richtung Nordost.

b) die Schwerta bei Ober-Schwerta entspringend, bei Marklissa mündend. Lauf Nord.

c) das Heinersdorfer, auch Hartmannsdorfer Wasser genannt, entspringt bei Dittersbach in Böhmen, tritt bei Hartmannsdorf in die Lausitz und verbindet sich in Schadewalde mit dem Queiß. Lauf reißend, Bett felsig. Bei Marklissa führt sie den Namen Baderbach.

d) das Gerlachsheimer Wasser, an der böhmisch-lausitzer Grenze, in der Nähe von Ober-Gerlachsheim entspringend, treibt in dem sechs Viertelstunden langen Dorfe 7 Wassermühlen und mündet unterhalb Schadewalde in den Queiß.

e) den alten Lauban, der bei Neu-Kretscham seinen Ursprung hat. Er durchfließt das große Geibsdorf und mündet bei Lauban. Richtung Südost.

f) den Schreiberbach, bei Schreibersdorf seinen Anfang nehmend. Er mündet oberhalb Wünschendorf im Laubaner Kreise. Richtung Osten.

2) Die große Tzschirne, oberhalb des Dorfes Tzschirna im Bunzlauer Kreise aus Dominial-Teichen entspringend, hat eine nördliche Richtung und mündet nach 6 Meilen langem Laufe beim Dorfe Luttrötha unterhalb Sagan in den Bober. Sie nimmt auf

a) die Ziwa (Ziebe), ein kleines Wasser der Görlitzer Heide, welches an eine wendische weibliche Gottheit, die Siewa oder Sieba, Göttin des Lebens und der Liebe, erinnert, entspringt aus dem Wohlen bei Kohlfurth und nimmt den Namen Ziebe an, sobald das Wasser aus dem Ziebebrunnen einfällt, fließt durchs Neuhammersche und Nauschaer Forstrevier, geht bei Neuhaus vorüber und mündet unweit der Grenze des Görlitzer mit dem Saganer Kreise bei Nicolschmiede in die große Tzschirne.

b) unter Halbau, bei Zehrbeutel, die kleine Tzschirne, welche unter dem Namen Hopfen-Tzschirne bei Taubentränke entspringend, die neue Tzschirne aufnimmt, die in der Görlitzer Heide aus zwei Teichen ihren Ursprung hat.

3) Die Lausitzer Neiße (wendisch Nice, böhmisch Nisey = niedrig). Sie ist der Hauptfluß der Ober-Lausitz und entspringt im böhmischen Isergebirge, namentlich im Jungbunzlauer Kreise, zwischen Neudorf und Morchenstern aus 3 Quellbächen, wovon der östliche die schwarze Neiße heißt, und am Mittagssteine entspringt. Die Hauptquelle befindet sich am 3000 Fuß hohen Schwarzbrunnenberge in einer Seehöhe von 1945'; unweit von ihr ist eine zweite, die 2331' Seehöhe hat. Die Neiße geht bei der großen Fabrikstadt Reichenberg vorüber, tritt unter Böhmisch-Kratzau in die sächsische Ober-Lausitz, fließt in der Nähe Zittau's vorüber, gehört von Radmeritz an der preußischen Ober-Lausitz an und durchfließt langsam und geräuschlos den Görlitzer und Rothenburger Kreis. Die an verschiedenen Stellen an ihren Ufern wagrecht ausgehenden Eichenstämme beweisen, daß sie einst furchtbare Verheerungen angerichtet haben mag. Ihre Hauptrichtung bis Priebus ist eine nördliche, dann bis Muskau eine nordwestliche. Von hier nimmt sie wieder eine nördliche Richtung an, tritt in die Nieder-Lausitz und mündet eine Meile unter Guben bei Ratzdorf in die Oder. Ihr Lauf beträgt 32 Meilen, wovon 11 Meilen auf Lausitzer Gebiet kommen. Reizend ist das Neißthal zwischen Ostritz und Hirschfelde.

Sie nimmt links auf:

a) die Pliesnitz, bei Herrnhut am Kottmar entspringend. Unterhalb Bertsdorf tritt sie in die preußische Ober-Lausitz und mündet bei Wendisch-Ossig. Richtung Nordost.
b) die Lucknitz, in der Standesherrschaft Muskau aus einem Teiche in der Nähe der Torfmoore Schamak und Welatsch entspringend, mündet beim Herrmannsbade vor Muskau.

Rechts münden in die Neiße:

a) die Wittich (Wüthig), unweit Haindorf im böhmischen Isergebirge hinter dem Siebengiebelsteine, unweit der Wittighäuser, entspringend, welche bei Friedland vorübergeht, eine Zeit lang die Grenze zwischen der sächsischen und preußischen Ober-Lausitz macht und bei Radmeritz mündet. Bei anhaltendem Regenwetter ist sie thatsächlich ein wüthendes Wasser.
b) das Rothwasser, entspringend an der Grenze des Laubaner Kreises und der böhmischen Herrschaft Friedland am Stadtwalde von Marklissa und mündet nach einem 3 Meilen langen nordwestlichen Laufe in Moys bei Görlitz. Küpper, Bellmannsdorf, Schönberg, Kuhna liegen am Rothwasser.
c) den Kiesel- oder Kesselbach; er hat seine Quelle bei Neukretscham, fließt in nördlicher Richtung bis Kieslingswalde und von hier nordwestlich über Gruna und Sohra. Beim Dorfe Lissa mündet der 3 Meilen lange Bach.
d) die Biele entspringt im Görlitzer Kreise bei Ober-Bielau, fließt durch Ober-Biela, Langenau, Penzig und mündet bei Nieder-Bielau nach fünfstündigem nordwestlichen Laufe.

c) den großen Schroot. Er hat seine Quelle im Saganer Kreise bei Ziebern, macht die Grenze zwischen der Enklave Zibelle oder zwischen dem Rothenburger und Saganer Kreise. Sein 3 Meilen langer Lauf ist nordwestlich.

b. Elbstromgebiet.

In dasselbe gehört durch das Flußgebiet der Havel:

1) Die Spree. Sie hat ihren Ursprung beim Vorwerke Ebersdorf, unweit Neu-Gersdorf an der böhmisch-sächsischen Grenze, im Spreeteiche oder Spreebrunnen, durchfließt 11 Meilen weit die sächsische Ober-Lausitz, tritt dann vor Hermsdorf in den Hoyerswerdaer Kreis, verläßt ihn bei Zera und tritt dann in die Nieder-Lausitz. 2 Meilen unter Berlin verbindet sie sich mit der Havel. Lauf 44 Meilen. Sie bildet den großen Bruch zwischen Kottbus und Lübben, der Spreewald genannt, der von mehr als 300 Armen durchflossen wird. Sie ist 21¼ Meilen schiffbar und durch den Friedrich-Wilhelms-Kanal mit der Oder verbunden. Bei Leichnam in der sächsischen Ober-Lausitz theilt sich die Spree in 2 Arme; der westliche geht unter dem Namen „große", der östliche unter der Benennung „kleine" Spree fort und diese verbindet sich bei Spreewitz im Hoyerswerdaer Kreise wieder mit der großen Spree.

In die kleine Spree ergießen sich:

a) das Löbauer Wasser, bei Löbau in der sächsischen Ober-Lausitz entspringend, bei Klein-Leichnam (sächsisch) mündend.

b) der Fließ, welcher bei Prauske, Rothenburger Kreises, entspringt, einen nordwestlichen Lauf nimmt und bei Merzdorf, Hoyerswerdaer Kreises, mündet. Auf seinem 3 Meilen langen Laufe berührt er die wendischen Dörfer Zimpel und Klitten.

c) der schwarze Schöps, wendisch cieplo (Warmwasser). Er hat seine Quelle bei Ober-Sohland in der sächsischen Ober-Lausitz, in einer Seehöhe von 953', tritt nach zweistündigem Laufe in den Görlitzer Kreis beim Dorfe Schöps, durchfließt den westlichen Zipfel desselben, eilt dann in den Rothenburger Kreis und verbindet sich zu Sprey mit der kleinen Spree. Er setzt das Eisenhüttenwerk zu Boxberg in Betrieb, nimmt auch das Ebersbacher Wasser oder den weißen Schöps, im Stenkerbrunnen bei Deutsch-Paulsdorf hinter Reichenbach entspringend, auf, durchfließt erst den Görlitzer, dann den Rothenburger Kreis. Dieser Bach theilt sich hier bei Särchen in 2 Arme, die sich nach einem 2 Meilen langen Laufe bei Rietschen wieder verbinden. Seine Mündung ist bei Eselsberg; Richtung anfänglich nordöstlich, dann nördlich und von Daubitz bis zur Mündung westlich.

In's Stromgebiet der Elbe gehört:

2) Die schwarze Elster. Sie hat ihren Ursprung in der sächsischen Ober-Lausitz beim Dorfe Rammenau an der Ostseite des Tannigst. Bei Solschwitz tritt sie in den Hoyerswerdaer Kreis, verläßt ihn aber zweimal, in die Nieder-Lausitz tretend und ist eine Strecke weit Grenzfluß zwischen dieser und der Ober-Lausitz. Aus dem Hoyerswerdaer Kreise begiebt sie sich in den Merseburger Regierungsbezirk. Länge 25 Meilen. Lauf bis Kamenz nördlich, dann bis Wittichenau nordöstlich, sodann bis Hoyerswerda nördlich, später wendet sie sich dem Westen zu und mündet bei Elster in die Elbe.

In ihr Flußgebiet gehören rechts:

a) das Klosterwasser, unweit des Klosters Marienstern entspringend. Vor Wittichenau mündet es.

b) das Godaische Wasser, in der sächsischen Ober-Lausitz entspringend, fließt in nördlicher Richtung über Königswartha Hoyerswerda zu, woselbst es mündet.

Links nimmt die schwarze Elster auf:

a) das Schwarzwasser, an der Südgrenze des Hoyerswerdaer Kreises entspringend und 1 Meile westlich von Ruhland mündend.

b) die Pulsnitz, unweit Pulsnitz in der sächsischen Ober-Lausitz entspringend, macht später die Grenze zwischen dem Hoyerswerdaer Kreise und der sächsischen Ober-Lausitz. Bei ihrer Vereinigung mit dem Grenzwasser verläßt sie das preußische Gebiet, tritt in den Merseburger Regierungsbezirk und ergießt sich bei Elsterwerda.

II. Teiche.

Daran ist die preußische Ober-Lausitz sehr reich. Die meisten Teiche hat der Hoyerswerdaer, und nächst diesem der Rothenburger, die wenigsten und kleinsten der Laubaner Kreis. Unter ihnen giebt es beträchtlich große, so daß man Stunden braucht, sie zu umgehen. So hat der lange Dammteich bei Weißkeißel in der Standesherrschaft Muskau über eine Meile im Umfange. Beinahe eben so groß ist der Großteich zu Kreba, Rothenburger Kreises; viel Teiche haben die Dominien Trebus, See, Wiesa, Spree, Daubitz, Lodenau im Rothenburger Kreise, die mehrsten sind in der Standesherrschaft Muskau. Nicht minder viele und große Teiche sind bei Hennersdorf und Hermsdorf im Kreise Görlitz, wie auch in der Görlitzer Heide. Der größte Teich in der gedachten Heide ist der Wohlen bei Kohlfurth; er ist 356 Morgen groß und hat 4 Stunden im Umfang. Andere nicht unbedeutende Teiche in der Görlitzer Heide sind der Scheibeteich (85 Morgen), Tzschaschelteich (68 Morgen), Kohlfurther Hammerteich (61 Morgen), Schönberger Hammerteich (40 Morgen) und der Schönberger Mühlteich 60 Morgen besäend. Viele Teiche sind in der Regel so angelegt, daß ein Teich dem andern seinen Abfluß zuführt. Sie liefern weit und breit wegen ihrer Größe und Güte geschätzte Karpfen, eine Menge Speisefische, als Weißfische, Barsche, Hechte, Aalraupen. Im Laubaner Kreise werden jährlich ca. 150—250 Ctr., im Görlitzer 400—480, im Rothenburger 14—1600 Ctr. Karpfen und 6—7000 Schock Saamen gefischt. Den Markt für die Ober-Lausitzer Karpfen bilden hauptsächlich Dresden, Frankfurt a. O., Berlin, Sagan, Liegnitz, Görlitz. Viele der Lausitzer Teiche werden nur 2 oder 3 Jahre lang bewässert, im Spätherbste gefischt und dann einige Jahre trocken gelegt, damit in sie, soweit es angeht, Hafer gesäet werden kann. Der Teichschlamm ist ein gutes Wiesendüngungsmittel. Die in den Teichen wachsenden Binsen, das Schilf und lange Gras werden nach der Fischerei abgehauen und als Stallstreu benutzt.

Auf den Teichen und in deren Nähe halten sich Sumpf- und Wasservögel auf, die dem Jäger eine gute Beute gewähren. Viele ansehnliche Teiche sind in neuerer Zeit trocken gelegt und in Acker- und Wiesenland verwandelt worden.

III. Mineralquellen.

Ihre Zahl ist geringe. Die vorhandenen sind theils benutzte, theils unbenutzte. Die ersteren liefern Trink- und Badewasser. Eigentliche Bäder sind zu Muskau, Schönberg und Schwarzbach.

Das Herrmannsbad zu Muskau befindet sich 10 Minuten südwestlich von der Stadt am Eingange des weltberühmten prinzlichen Parkes. Zwei Quellen, von denen die eine zum Trinken, die andere zum Baden benutzt wird, haben schon manchem der hier Hilfe suchenden Leidenden das kostbare Gut der Gesundheit wiedergegeben. Unweit vom Bade ist ein Moorsumpf, von einer Schwefelquelle durchfeuchtet, dessen Moorboden in's Bad gefahren und zu Moorbädern angewandt wird. Man kann hier auch russische Dampfbäder und Tuschbäder nehmen.

Zu Schönberg, Kreis Lauban, befinden sich auf den Dominialfeldern, eine halbe Stunde westlich vom Orte, 4 Quellen; die Hauptquelle, schon seit 100 Jahren bekannt, führt den Namen „Heilbrunnen“, die andern werden Gichtbrunnen, Augenbrunnen, Krampfbrunnen genannt. 1838 kam der in neuerer Zeit unbenutzt gebliebene Heilbrunnen wieder in Aufnahme. Mehrere Kranke zu Schönberg, welche sich im gedachten Jahr desselben bei äußeren Schäden bedienten, fanden Befreiung ihrer Leiden. Der Ruf von seiner außerordentlichen Wirksamkeit erscholl weit und breit, so daß zuweilen an einem Tage Tausend Menschen aus der Lausitz, aus Schlesien, der Mark, dem Großherzogthum Posen, Sachsen und Böhmen mit Fässern und Flaschen hierher kamen, um „Schönberger Wasser“ zu holen. Das Dominium Schönberg hat 1839 eine Bade-Anstalt beim Heilbrunnen gegründet, worinnen Badegäste auch Wohnung finden. Im Sommer 1840 zählte die Badeliste mehr als 100 Kurgäste.

Die Mineralquelle zu Schwarzbach bei Wigandsthal ist eisenhaltig und kommt der Flinzberger an Kraft gleich. 1858 wurde vom Eigenthümer ein neues Kur- und Brunnenhaus angelegt. Das Bad liegt im engen, reizenden Thale der Schwarzbach, am Fuß der Tafelfichte und des Heufuders und wird stark besucht.

Zu Schönbrunn, Laubaner Kreises, oder vielmehr im Schönbrunner Walde, eine halbe Stunde östlich vom Orte, giebt es 5 Mineralquellen, die unbenutzt liegen.

Vor mehreren Jahren entdeckte man in einem Moore bei Stenker in der Görlitzer Heide einen Mineralquell. Bei seiner chemischen Untersuchung fand es sich, daß er stärker sei, als die Quellen zu Flinsberg.

In Rauscha befindet sich eine Eisensalz enthaltende Mineralquelle, deren Reichhaltigkeit an dieser Substanz eine jede andere Quelle Deutschlands übersteigen soll.

Moore und Brüche.

Unter Moor versteht man ein sumpfiges Land mit schwarzem Boden, der Thon zur Grundlage hat, worüber sich eine Lage Torf befindet. Die Austrocknung der Moore geschieht durch Ableitung des Wassers in Gräben. Um den Moorboden zum Anbau von Kraut, Kartoffeln &c. fähig zu machen, wird er im Sommer gebrannt, vorher aber gestürzt, geeggt oder gerührt. Der brennende Moor wird mit Schaufeln zerstreut, damit das ganze Stück Land brenne; er verlischt von selbst. Hierauf wird es gedüngt, geackert und im ersten Jahre mit Kraut, Kohlrüben und Kartoffeln bepflanzt, im zweiten Jahre mit Gerste, im dritten, vierten Jahre mit Hafer besäet. Die preußische Ober-Lausitz besitzt namentlich im Rothenburger Kreise viele Torfmoore und Brüche. Die ansehnlichsten sind der Torfmoor Schamack und Welatsch und der Torfmoor zwischen Keula und Weißkeißel in der Standesherrschaft Muskau. Ferner sind bekannt der Viehainer, Kaltwasser, Ndr.-Neundorfer, Leipaer und Sagarsch'e Bruch und der bei Muskau gelegene Bruch Kocholk. Auch in der Görlitzer Heide befinden sich Moore.

§ 8.

Klima.

Es ist, wie überhaupt in der Provinz, gemäßigt und gesund; indeß ist's nicht überall von ein und derselben Beschaffenheit, da es von Gebirgen, Gewässern, Sümpfen, Waldungen &c. abhängig ist. Mild ist's namentlich im Rothenburger und Hoyerswerdaer und zum Theil im Görlitzer Kreise, so daß der Wein zur gehörigen Reife kommt. Im Laubaner Kreise, in welchem die Luft des nahen Iser- und Lausitzer Gebirges halber schon rauher ist, tritt der Winter etwas früher ein und ist andauernder, als in den übrigen Kreisen. Es ist nichts seltenes, daß die Tafelfichte von Michaelis an bis Ende Mai beschneet ist und so lange der Wind im Frühjahr noch über das beschneete Gebirge weht, so ist dies auch mehrere Meilen weit von ihm in den ebneren Gegenden zu spüren. Ueberhaupt nimmt der Winter im Laubaner Kreise eine ernstere Gestalt an, als in den anderen Gegenden der Ober-Lausitz, da er gebirgig ist, mehr Schnee und auch mehr Kälte hat, die durch die vielen Thäler, in welchen immer Zug ist, vermehrt wird. Nebel, Regen, Gewitter finden im südlichen Theile des Görlitzer und im Laubaner Kreise öfterer statt, als in den ebenen Kreisen und die Ernte trifft in ersterem 8—14 Tage bis 4 Wochen später, als im Flachlande. Die Gebirgsortschaften um Wigandsthal haben 14 Tage später Ernte als Marklissa; Gebhardsdorf, Gerlachsheim und Linda 8 Tage später als Marklissa. Ober-Schwerta (von der Kirche an) hat 8 Tage später Ernte als Nieder-Schwerta. Bei günstiger Witterung hat der Laubaner Kreis zwischen Jacobi (25. Juli) und 10. August Roggenernte. Im Laubaner und Görlitzer Kreise ist das Klima gesünder, als in den andern beiden Kreisen. Während im Rothenburger und Hoyerswerdaer Kreise die kalten Fieber einheimisch sind, so kennt man diese bösartige Krankheit in den andern Kreisen, namentlich im Laubaner Kreise, nur dem Namen nach. Die Luft ist hier reiner, das Wasser wohlschmeckender und gesünder. Im Allgemeinen hat die preuß. Ober-Lausitz mehr einen rauhen als milden Charakter, indem selbst das Flach- oder Tiefland (Heidegegend) sich mehr dem rauhen als dem milden Klima zuneigt. Die vielen und großen Schwarzholzwälder, die zahlreichen großen Teiche tragen hierzu wesentlich bei.

§ 9.

Des Landes Gebirgsarten und Bodenbeschaffenheit.

Die Gebirgsausläufer und Höhenzüge im Markgrafthum Ober-Lausitz bergen in ihrem Schooße Granit, Gneiß, Glimmerschiefer, Syenit und Quarz, wie z. B. Tafelfichte, Dreßlerberg, die Jauernicker Berge und das Königshainer Gebirge; auch Basalt, 63 Berge dieser Art in der preußischen Ober-Lausitz, z. B. Landeskrone, Knappberg, Spitzberg; Feldspath (Zangenberg bei Marklissa), Schiefer (Goldentraum, Heidersdorf), Sandsteinlager (Wehrau, Langenau, Waldau, Hochkirch, Penzighammer und Nieder-Bielau), Kalksteinlager hauptsächlich im Görlitzer Kreise, Braunkohlenlager bei Muskau, Moholz, Prauske, Seiffersdorf (Rothenburger Kreis), Hermsdorf (Görlitzer Kreis), Schönbrunn, Geibsdorf und Lichtenau (Laubaner Kreis), Eisensteinlager im Görlitzer und Rothenburger Kreise, Torflager im Laubaner, Rothenburger und Hoyerswerdaer, zum Theil auch im Görlitzer Kreise.

Den besten Boden (Weizenboden) hat der Laubaner und der südliche Theil des Görlitzer Kreises. Der Rothenburger und Hoyerswerdaer Kreis haben mit wenig Ausnahme einen mittelmäßigen und zum Theil schlechten oder Sandboden. Im Norden des Rothenburger Kreises findet man auch Moorboden.

§ 10.

Naturprodukte.

a) aus dem Mineralreiche.

An edlen Metallen ist die Lausitz arm. Die Versuche auf Förderung von Gold, Silber und Kupfer mußten bald wieder aufgegeben werden, da der Ertrag der Bergwerke nicht einmal die Kosten des Betriebes derselben deckte. (Reichenbach, Görlitz auf Gold, Marklissa auf Silber). Stollen und verfallene Schachte sind noch wahrzunehmen bei Goldentraum, Görlitz (Goldgrube), an der Nordlehne der Tafelfichte (auf Kupfer und Zinn) und sind Beweise ehemals betriebenen Bergbaues im Markgrafthum.

Entbehren wir gleich in unserm Vaterländchen der Gold- und Silberförderung, so mangelt es doch an einem andern äußerst wichtigen Metalle, dem Eisenstein, nicht. Er wird im Görlitzer, Rothenburger und Hoyerswerdaer Kreise gefunden und Raseneisenstein genannt, weil er einige Viertelellen unter Rasen auf Wiesen ꝛc. angetroffen wird. Obschon eine Menge Eisenhüttenwerke, z. B. Kreba, Spreehammer, Neuhammer, Hammerstadt, Nieder-Bielau im Rothenburger Kreise; Neuhammer, Kohlfurth im Görlitzer Kreise; Tiefenfurth im Bunzlauer Kreise; Halbau im Saganer Kreise ꝛc. eingegangen sind, so befinden sich zur Zeit immer noch sieben in Thätigkeit. Zwischen der Neiße und der Tzschirne waren früher über 30 Hammerwerke im Betriebe.

Blaue Eisenerde soll bei Reichenbach vorkommen.

An brennbaren Mineralien besitzt die Lausitz Braunkohle, namentlich zu Muskau (60—70,000 Tonnen), Radmeritz, Diehsa, Rauscha,

Lichtenau, Stannewisch, unterhalb Niesky, Prauske, Schönbrunn, Schönberg, Hermsdorf bei Görlitz, Rieda in der Görlitzer Heide und in Bienitz bei Siegersdorf. Steinkohlen wurden zu Siegersdorf und Bienitz, obschon nicht bauwürdig gefunden.

Torf findet man in allen Kreisen, namentlich in der Standesherrschaft Muskau, in der Görlitzer Heide, zu Heller, Geibsdorf, Lichtenau (Kreis Lauban, Horka (jährlich über 2 Millionen Stück), Särchen, Mückenhain, Kaltwasser, Viehain, Daubitz, Nietschen, Steinbach, Leipa (Kreis Rothenburg). Im Rothenburger Kreise werden jährlich mehr denn 40 Millionen Stück Torf verkauft. Auch im Hoyerswerdaer Kreise giebt es an mehreren Orten, wie zu Bernsdorf, Neudorf, große Torfstiche. Im Alaunbergwerk zu Muskau werden große Quantitäten Torf zur Gewinnung von Eisenvitriol benutzt, wozu ein in der Nähe von Keula befindlicher, an Schwefelkies sehr reichhaltiger Torf verwendet wird. An Eisenvitriol werden jährlich daselbst 5000 Centner gewonnen, wozu 5—6000 Tonnen Torf und 5—600 Centner Eisen gebraucht werden.

Auch sind zu Muskau Versuche zur Gewinnung von Photogen, Solar-Oel, Paraffin ꝛc. aus Torf gemacht worden.

Auch Bernstein wird vereinzelt in den Braunkohlenlagern zu Muskau gefunden. Man hat auch schon welchen in der Neiße und in dem Moore bei Stenker in der Görlitzer Heide und 1765 auf dem Rauschaer Forstreviere bei Lehmgraben ein Stück von der Größe eines mäßigen Apfels gefunden.

Schwefelkiese (Eisen mit Schwefel vermischt) kommen im Alaunbergwerk zu Muskau vor; aus ihnen wird Schwefel bereitet.

Von Salzen findet sich in der preußischen Ober-Lausitz nur Alaunerde vor, woraus der Alaun, ein in der Medizin und Färberei unentbehrliches Produkt, bereitet wird. Das Alaunbergwerk zu Muskau lieferte vor 20 Jahren jährlich 8—12,000 Centner Alaun.

Auch zu Moholz, Lodenau, Tormersdorf, Diehsa (Rothenburger Kreis), sowie zu Rauscha hat man Alaunerde entdeckt.

An Bau- und andern nützlichen Steinen hat die preußische Ober-Lausitz keinen Mangel. Man findet

Kalkstein, namentlich im Görlitzer Kreise. Brüche sind in Hennersdorf bei Görlitz, Ludwigsdorf, Sohra, Sohrneundorf, Kunnersdorf (Kreis Rothenburg); Wehrau (Kreis Bunzlau). Der zu Hennersdorf ist marmorhaltig. Die Zahl der Kalköfen beläuft sich in der preußischen Ober-Lausitz auf 13. Der Kalk wird theils als Baumaterial, theils als Düngungsmittel benutzt. Im oberlausitzer Theile des Laubaner Kreises wird Kalk nicht gefunden.

Sandstein wird gebrochen zu Waldau und Wehrau, Hochkirch, Schützenhain, Nieder-Langenau, Penzig, Tiefenfurth und Guteborn. Der Waldauer ist der schönste und steht dem Pirnaer nichts nach. Der Steinmetzger fertigt daraus Leichensteine, Thür- und Fenstergerüste, Wassertröge ꝛc. Der zu Penzig und Langenau befindliche ist gleichfalls von vorzüglicher Güte, fest, mittelfein und im Feuer beständig, eignet sich besonders zu Fußgestellen, Thür- und Fensterstöcken, Bildhauerarbeiten, Wassertrögen, Schleifsteinen und Werkstücken aller Art. Im Laubaner und Rothenburger Kreise giebt es keine derartigen Brüche, dagegen einige im Hoyerswerdaer Kreise.

Granitbrüche sind zu Königshain (sehr berühmter und stark begehrter Granit), Jauernick (röthlich), Schönberg, Schwarzkollm (Hoyerswerdaer Kreis). Man fertigt daraus Treppenstufen, Wassertröge, Krippen 2c.

Basaltbrüche sind zu Lauterbach bei Görlitz (der berühmteste aller Basaltbrüche im Markgrafthum wegen der regelmäßigen langen Säulen), zu Schadewalde, Heidersdorf am Spitzberge, Schreibersdorf.

Dachschiefer, und zwar von vorzüglicher Güte, im Queißthale zu Goldentraum; dieser soll nicht leicht im Feuer zerspringen.

Eine Menge Steinbrüche liefern Material zu Häuserbauten und Pflastersteine. Ein schöner Bruch dieser Art befindet sich am Zangenberge bei Marklissa.

An Erden findet man

Töpferthon bei Muskau, Rothenburg, Seidenberg, Görlitz und Reichenbach und a. a. O.

Pfeifenthon zu Muskau.

Lehm in allen Kreisen. Die beste Ziegelerde findet man zu Holzkirch bei Lauban, zu Stannewisch (Kreis Rothenburg) und zu Troitschendorf bei Görlitz. Die Ziegeln zu Stannewisch gehen bis in die sächsische Ober-Lausitz, die zu Holzkirch bis in's Gebirge (Hirschberg, Schmiedeberg).

Mergel, ein sand- und kalkhaltiger Thon, wird bei Kieslingswalde und Heidersdorf gefunden; man benutzt ihn als Düngungsmittel.

Gelbe Erde zu Wehrau am Queiß.

Rothe Erde in der Nähe von Viereichen (Standesherrschaft Muskau).

Blaue Eisenerde zu Muskau.

b) Produkte aus dem Pflanzenreiche.

a) Nahrungsstoffe.

1) Getreide aller Art, doch nicht hinlänglich für den Bedarf. Das wenigste, aber beste Getreide produziren die Sandgegenden des Rothenburger und Hoyerswerdaer Kreises. Es hat dasselbe nur eine dünne Hülse und giebt ein feines, weißes Mehl.

Haidekorn wird vorzüglich auf dem Sandboden des Görlitzer, Rothenburger und Hoyerswerdaer Kreises erzeugt. Als grüne Pflanze giebt es ein gutes Futtermaterial ab; aus seinen röthlichen Blüthen entnehmen die Bienen Honig; die Frucht giebt den Haidegrütze.

Wer Ueberfluß an Getreide hat, bringt dasselbe auf die Getreidemärkte. Der bedeutendste unter den Märkten der Provinz ist der zu Görlitz (Donnerstag). Die Ein- und Ausfuhr mag sich jährlich auf 1 Million Scheffel belaufen. Viel Getreide kommt mit der Eisenbahn an und geht meist nach Sachsen und Böhmen.

2) Hülsenfrüchte, als Erbsen, Wicken, Lupinen und Bohnen werden fast überall auf Feldern und Gärten angebaut. Hirse gedeiht vortrefflich in den Sandgegenden, zumeist im Wendischen.

3) Gemüse und Grünzeug werden mehr in Gärten als auf Feldern gebaut und es beschränkt sich derselbe meist nur auf Kohl, Salat, Gurken, Bohnen, Erbsen, Möhren, Zwiebeln. Um Görlitz und Hoyerswerda ist der meiste Grünzeugbau. Zu Nieder-Neundorf bei Rothenburg wurde früher der Möhrenbau im Großen betrieben. Zu Hennersdorf bei Lauban wird eine

ausgezeichnete Sorte Kraut erbaut, dessen kleine aber sehr feste Köpfe im Herbste auf die Wochenmärkte der nahgelegenen Städte gebracht werden.

4) Obst. An Obstbäumen ist die preußische Ober-Lausitz sehr reich und mancher Wirth gewinnt durch den Verkauf des Obstes eine gute Einnahme. Indeß wird dem Obstbau noch lange nicht die Aufmerksamkeit gewidmet, wie er es verdient. Am ausgedehntesten wird der Obstbau im Görlitzer, Laubaner und selbst im Rothenburger Kreise betrieben. Der Herr Superint. Neet zu Zibelle und der Herr Baron v. Bistram auf Siegersdorf nehmen als Beförderer des Obstbaues eine hervorragende Stelle ein. Ein Verdienst um die Hebung der Obstbaumzucht im Rothenburger Kreise hat sich der seit 8 Jahren zu Uhsmannsdorf verstorbene Lehrer Christian Mischke erworben. Er legte hier auf seinem Grund und Boden 1802 und 1803 eine Baumschule an, die mehrere Tausend Bäumchen zählte, verkaufte jährlich mehrere Schock Obst- u. a. Bäume, legte auf mehreren Dominien Baumschulen an und hatte sie nebst den Wein- und Hopfengärten in Pflege. Um seinen Obstgarten legte er eine Buchenhecke an und wurde dafür wie für seine Obstbaumzucht von der sächsischen Regierung mit je 20 und 40 Thlr. prämiirt.

Unter den 48 Obstbaumschulen der Ober-Lausitz sind die zu Görlitz (die Richtsteig'sche ist die größte in der Lausitz), Lauban, Lodenau (Kr. Rothenb.) die namhaftesten. Die fiskalischen Kunststraßen (die Görlitz-Prager, die Breslau-Görlitz-Dresdner) sind meist mit Obstbäumen bepflanzt. Der Nußbaum gedeiht überall. Zu Görlitz, Rengersdorf a. Q., Gebhardsdorf werden sie scheffelweise gewonnen. Die Zahl der Obstbäume in der preußischen Ober-Lausitz beträgt ca. 277,000.

5) Der Weinbau wird in der preußischen Ober-Lausitz nur noch in Kollm (3 Morgen), Kreis Rothenburg, und Guteborn, Kreis Hoyerswerda, betrieben. Früher wurde derselbe auch zu Görlitz (Weinberge südlich vor der Stadt), wahrscheinlich auch in Horka (ein Berg heißt noch der Weinberg), Rothenburger Kreises, betrieben. Der älteste der Weinberge in der preußischen Ober-Lausitz zu Nardt, Kreis Hoyerswerda, wird schon 1694 erwähnt.

Futterstoffe für das Vieh bieten Wiesen, Brachäcker, Kleebrachen, Lupinenfelder und einige Arten von Laubbäumen dar. Vorzüglich schöne Wiesen hat das Neiß- und Queißthal. Durch künstliche Bewässerung wird der Ertrag gesteigert. Der Görlitzer Kreis hat 500 Morgen, der Rothenburger Kreis 700 Morgen, der Hoyerswerdaer Kreis 400 Morgen, der Laubaner Kreis dagegen nur ca. 20 Morgen Rieselwiesen. Zu Janowitz im Hoyerswerdaer Kreise wurde der Kunstwiesenbau theoretisch und praktisch gelehrt. An unzähligen Orten sind die Wiesen in neuester Zeit mit bedeutenden Kosten kultivirt worden. Kunstwiesen von großem Umfange finden wir in Janowitz und Weiß-Kollm im Hoyerswerdaer Kreise, sowie zu Dobers, Kreis Rothenburg. Die Wiesen in den Gebirgsgegenden sind kräuterreicher als die in den flachen Gegenden. In den letzteren erbaut man als Herbstfutter den Knörich und als Winterfutter für Pferde und Schafe die Lupine. Zu den wichtigsten Futtergewächsen gehören die Kartoffeln, seit 120 Jahren in der preußischen Ober-Lausitz heimisch. Zu Siegersdorf wurden 1742 Anbau-Versuche damit gemacht, 1764 auf dem Schloßvorwerke zu Muskau.

Nächst den Kartoffeln nehmen die Rüben, namentlich Runkelrüben, Kohlrüben, Wasserrüben, Mohrrüben eine vorzügliche Stelle ein. Kraut wird fast überall, wo es nur irgend die Güte des Bodens zulässig macht, gebaut.

b) Heil-, Arznei- oder Gewürzstoffe.

Die wildwachsenden, als Tausendgüldenkraut, Kamille, Bärenklau, Stiefmütterchen, werden gesammelt, auch an Apotheker verkauft. Manche werden in Gärten angebaut, z. B. Salbei, Krausemünze *rc.* In den Heidegegenden wächst Wachholder, dessen Reiser zum Räuchern und dessen Beeren zur Bereitung eines schweißtreibenden Mittels, zu Wachholdersaft, verwerthet werden. Aus den Beeren bereitet man auch Wachholderliqueur.

c) Brenn- und Baustoffe.

An ihnen hat die preußische Ober-Lausitz einen großen Reichthum und vor Jahrhunderten war hier Alles mit Wald erfüllt. Einwanderung von Ackerbau treibenden Völkerschaften, namentlich deutschen Kolonisten, lichtete und verringerte die Urwälder der Ober-Lausitz. Die Verringerung derselben fand aber meist in den Gegenden statt, wo der Boden von guter Beschaffenheit war. Der Ackerbau erhebt erst da sein Haupt, wo schlechter oder Waldboden aufhört und eben deshalb, weil in dem Lausitzer Tieflande Sandboden vorherrschend ist, finden wir auch hier gerade die größten und zahlreichsten Waldungen, während das Lausitzer Hochland, als für den Ackerbau geeigneter, die wenigsten Waldungen aufzuweisen hat. Ob zwar im 19. Jahrhunderte viele Privatwaldungen, namentlich durch Güterschacher, verschwunden und in Ackerland verwandelt worden sind, so bestehen doch immer noch große Waldungen, die sich einer ganz besondern Kultur ihrer Eigenthümer erfreuen. Dahin gehören die Muskauer Heide, welche 124,000 Morgen umfaßt und einen Werth von 2 Millionen Thalern hat. Sie ist in 120 Schläge eingetheilt. Fast eben so groß ist die Görlitzer Heide, die für die Kämmerei zu Görlitz eine wahre Goldgrube ist. Sie umfaßt 7 Quadrat-Meilen und hat einen Flächenraum von 114,000 Morgen.

Von bedeutendem Umfange sind ferner die Hoyerswerdaer, Klitschdorfer und Wehrauer (105,000 Morgen), Halbauer Heide (4000 Morgen Waldboden). Auch viele Dominien besitzen sehr ansehnliche Waldungen, z. B. Rothenburg (1971 Mgn.), Särchen (726 Mgn.), Rietschen, Daubitz, Spree (3300 Mgn.), Trebus, Kreba im Rothenb. Kr. In den genannten Heiden, sämmtlich dem Ober-Lausitzer Tieflande angehörend, ist die Kiefer vorherrschend. Der Laubauer Kreis hat die wenigsten Waldungen; die größten Forsten darin sind der Meffersdorfer (1325 Morgen), Tzschochaer, Gebhardsdorfer, Lindaer (ca. 2000 Mgn.), Laubaner (Hochwald, über 2000 Mgn.), Marklissaer und Schönbrunner Forst. Gemeinde- und Bauernwaldungen kommen weniger zahlreich vor, auch ist ihr Umfang unbedeutend. Sie bestehen meist aus Nadelhölzern, namentlich aus Fichten, Tannen und Kiefern, obschon letztere im Laubaner Kreise eine untergeordnete Stelle einnehmen. Der Hochwald hat auch noch einen Reichthum an großen, starken Buchen. Der Riese unter den Waldbäumen der Ober-Lausitz ist wohl „Märzes Tanne“ im Ober-Gerlachsheimer Walde. Das Scheitholz geht in Menge nach Sachsen; Stabholz ging sonst auf der Neiße bis Berlin. Den besten Waldboden haben die Forsten im Laubaner Kreise, namentlich im Hochwalde, der Nieder-Lindaer Wald, die Viehweide bei Marklissa, der Schönbrunner Wald und einige Theile des Königshainer Gebirges.

Behufs Erzielung besserer Forst-Kultur-Zustände sind in neuerer Zeit die Forstservituten (Holz-, Streu-, Kien-, Waldbeeren-, Pilz-, Hutungsgerechtigkeiten), die meist von den großen Waldeigenthümern Kolonisten zugestanden wurden, um die Waldungen nutzbarer für sich zu machen oder jene zu vermögen, ihnen Hofedienste zu verrichten oder Getreide zu zinsen, der Ablösung unterworfen worden, die hin und wieder Seitens der Verpflichteten nur mit großen Opfern bewirkt werden konnte, besonders da, wo die Forstservituten in erheblichem Umfange, wie beispielsweise in der Muskauer und Görlitzer Heide, ausgeübt worden waren. Zu Ende des vorigen Jahrhunderts waren die Holzpreise in der Lausitz noch beispiellos niedrig. So kostete in der Heidegegend die Klafter kiefernes Scheitholz 10—15 Sgr. und vor 100 Jahren zahlte man selbst im Laubaner Kreise für 1 Klafter weiches Scheitholz etwa 14 Groschen. In den Heidegegenden gab es Dörfer, wo die Holzberechtigten für einen 4/4 starken Bauholzstamm 4 Groschen, für eine 12/4 starke Kiefer 12 Groschen zahlten.

Beim Bau der Orgel zu Daubitz (Kreis Rothenburg) im Jahr 1735 kostete 1 Schock fichtene Bretter 4 Thaler, 10 Stück eichene Bretter 1 Thlr. 12 Gr., 5 Stück lindene eben so viel, 1 Mandel kieferne Spindebretter 2 Thlr. Im 19. Jahrhunderte stiegen die Holzpreise allmählich und haben zur Zeit eine Stufe erreicht, daß Scheitholz von armen Leuten fast nicht mehr gekauft werden kann. Im Laubaner Kreise zahlt man pro Klafter weiches Holz 4—6 Thaler und für eine Klafter hartes 5—8 Thaler. Ein großes Glück bei zunehmender Steigerung der Holzpreise ist das Vorhandensein von mächtigen Torf- und Braunkohlenlagern in der Lausitz und daß uns die Eisenbahn aus Schlesien große Transporte von Steinkohlen zuführt.

d) Fabrikstoffe.

1) **Flachs.** Der Anbau desselben ist sehr in Abnahme gekommen. Den besten Flachs baut man im Laubaner und theilweise im Görlitzer Kreise. Kein Dominium der preußischen Ober-Lausitz hat wohl in neuerer Zeit den Flachsbau so im Großen und nach so verbesserter Methode (der belgischen) betrieben, als das Dominium Ober-Gerlachsheim, dem Herrn Baron von Huhn gehörig. Er baute im Jahr 1860 185 Morgen mit Flachs. Flachszufuhr geschieht aus Schlesien und der Nieder-Lausitz.

2) **Rübs, Raps, Awehl,** seit ca. 50 Jahren in der Lausitz angebaut. Der ausgepreßte Saamen liefert gutes Brennöl; die Blüthe setzt die Bienen in emsige Thätigkeit. Diese Oelfrüchte werden in allen Kreisen der preußischen Ober-Lausitz angebaut, Rübsen dagegen meist nur im Rothenburger und Hoyerswerdaer Kreise.

3) **Kardendisteln,** den Tuchfabrikanten zum Rauhen der Tuche unentbehrlich, wurden sonst zu Rothenburg und Niesky angebaut. Viel Zufuhr erfolgt aus Frankreich. In der Umgebung von Görlitz und Hoyerswerda werden noch Versuche auf Kardenbau gemacht.

4) **Hopfen.** Viele brauberechtigte Dominien hatten in früherer Zeit eigne Hopfengärten. Er gedeiht gut im Rothenburger Kreise. Zufuhr erfolgt aus Böhmen und dem Großherzogthum Posen.

5) **Tabak** wurde früher an mehreren Orten, am stärksten in Ullersdorf bei Niesky, getrieben, wo man 1779 noch 33 Centner Blätter verkaufte.

e) Produkte aus dem Thierreiche.

Die Thiere gewähren uns mannigfachen Nutzen; so geben uns manche von ihnen Nahrungs- und Kleiderstoffe; andere verrichten oder erleichtern uns unsere Arbeiten, beschleunigen die Bewegung ꝛc. Die schädlichen vertilgt der Mensch, auch hat das Lichten der Waldungen viel beigetragen, daß wilde Thiere, die ehemals hier ein Schrecken waren (Wölfe), verschwunden sind. An wilden Thieren sind in der preußischen Ober-Lausitz noch vorhanden:

Wilde Schweine in der Görlitzer, Klitschdorfer, Muskauer und Hoyerswerdaer Heide. Sie geben ein wohlschmeckendes Fleisch. Marder, Wiesel, Iltis; in den Waldungen Hirsche, Rehe, Hasen, Füchse, Dachse; in Flüssen und Teichen Fischottern, ihres Pelzwerkes wegen geschätzt. Im 17. Jahrhundert gab es in der Görlitzer Heide noch Wölfe und 1790 wurde noch eine wilde Katze in selbiger geschossen.

An wildem Geflügel, als an Enten, Gänsen, Störchen, Fischreihern, Schnepfen, Wasserhühnern, Kibitzen ꝛc. haben die Teiche keinen Mangel. In den Waldungen sind Birk-, Hasel- und Auerhühner anzutreffen; die Teiche geben gute Karpfen; die schwarze Elster Aale, der Queiß schöne Forellen und große Barben, die Neiße und Spree große Krebse, Aale, Barsche und Hechte.

Ueber die Hausthiere und gepflegten Thiere merken wir uns Folgendes:

1) die Rindviehzucht ist nicht ganz unbeträchtlich und eher im Zu- als im Abnehmen, da es an vielen und guten Wiesen nicht fehlt. In den Heide- und wendischen Gegenden ist jedoch das Rind klein und mager, dagegen in dem Oberlande größer, stärker und schöner. Die Kreuzung der Oldenburger, Allgauer und Holländischen Race mit gutem Landviehe hat auch in der Ober-Lausitz recht erfreuliche Resultate gehabt. Die Zahl der Ochsen hat sich in Folge veränderter Agrargesetzgebung vermindert. Gutes Mastvieh findet bei ansehnlichen Preisen meist seinen Weg nach Sachsen; Kälber im Laubaner Kreise werden nach Böhmen ausgeführt.

Nach Einbringung der Ernte von Feldern und Wiesen wird das Vieh im Freien geweidet; nur vom kleinen Ackerbesitzer werden die Kühe als Zugvieh genutzt. Den meisten Vortheil von ihnen bringt die Milchnutzung. Seit einer Reihe von Jahren findet der Milchverbrauch im Großen an Käsefabrikanten statt, deren Zahl sich von Jahr zu Jahr mehrt.

Folgende Tabelle weist nach, wie viel die preußische Ober-Lausitz im Jahr 1858 bei Aufnahme der statistischen Tabelle Stiere, Ochsen, Kühe und Jungvieh gehabt hat.

Kreis, resp. Kreistheil.	Stiere.	Ochsen.	Kühe.	Jungvieh.	Summa.
Görlitz	298	1659	15,495	4589	22,041
Rothenburg . . .	182	3166	12,583	5646	21,577
Hoyerswerda . .	389	3128	10,153	5365	19,035
Lauban	163	864	10,058	2479	13,564
Bunzlau . . .	28	587	2509	965	4089
Sagan	—	48	327	127	502
Sorau	4	27	166	57	254
Summa	1,064	9,479	51,291	19,228	81,062

Ultimo Dezember 1840 stand es um die Rindviehzucht wie folgt:

Kreis, resp. Kreistheil.	Stiere.	Ochsen.	Kühe.	Jungvieh.	Summa.
Görlitz	212	2029	12,285	4018	18,544
Rothenburg . .	140	3967	9265	5662	19,034
Hoyerswerda . .	139	3620	8928	4887	17,574
Lauban	120	815	7540	1641	10,116
Bunzlau . . .	21	470	1557	694	2742
Sagan	4	106	350	179	639
Summa .	636	11,007	39,925	17,081	68,649

2) Die Pferdezucht hebt sich, da in mehreren Kreisen Beschälstationen errichtet worden sind; die Beschäler werden aus dem Königlichen Landgestüt der Provinz Schlesien gesendet. Die meiste Neigung, gute Fohlen zu züchten, zeigt sich im Görlitzer Kreise; an mehreren Orten sind Beschälstationen. Die Wenden haben kleine, aber brauchbare Pferde; größer, stärker und besser aussehend sind die in den Gebirgskreisen. Der Pferdehandel in der Ober-Lausitz ist nicht unbedeutend; zu Wittichenau, Rothwasser und Marklissa befinden sich die meisten Roßhändler. Die eingeführten Pferde kommen meistens aus Böhmen (Backofen), der Mark, aus Posen, Schlesien. Die Zahl der Pferde und Esel bei Aufnahme der letzten statistischen Tabelle weist folgende Uebersicht nach:

Kreis, resp. Kreistheil.	Füllen.	Pferde von 4—10 Jahren.	Pferde über 10 Jahr.	Stück in Summa.	Esel.
Görlitz	104	1209	1417	2730	8
Rothenburg . .	45	462	1079	1586	8
Hoyerswerda . .	153	697	784	1634	2
Lauban	107	765	954	1826	4
Bunzlau . . .	25	136	221	382	4
Sagan	—	7	30	37	—
Sorau	—	3	13	16	—
Summa .	434	3279	4498	8211	26

1840 war der Pferde-Stapel folgender;

Kreis, resp. Kreistheil.	Füllen.	Pferde von 4—10 Jahren.	Pferde über 10 Jahr.	Stück in Summa.	Esel.
Görlitz	128	950	1089	2167	4
Rothenburg . .	22	378	912	1312	7 u. 2 Maulesel.
Hoyerswerda . .	72	715	689	1476	2
Lauban	39	603	862	1504	4
Bunzlau . . .	4	98	106	268	3
Sagan	—	15	38	53	—
Summa .	265	2759	3756	6780	20 u. 2 Maulesel.

3) Die Schafzucht ist in Abnahme begriffen. Im Jahr 1840 betrug die Zahl aller Schafe 113,170 Stück, dagegen 1858 nur 76,911. Viele Dominien haben in Folge Ablösung der Schafhutungsgerechtigkeit auf den Grundstücken der Rustikalen ihre Heerden verringern müssen, da es ihnen nun an Weide für sie mangelt. Auch aus andern ökonomischen Gründen hält man nicht mehr so große Schafheerden, wie früher. Die Veredlung derselben hat aber zugenommen, wie nachstehende Tabelle im Vergleich mit der statistischen Tabelle von 1840 zeigen wird.

Die Wolle wird Anfangs Juni auf die Wollmärkte nach Breslau und Dresden oder auf die zu Görlitz, Muskau und Hoyerswerda zum Verkauf gebracht. Viele Wollzüchter setzen sie aber auch direkt an die Tuchmacher und Fabrikanten ab. In früheren Zeiten mußten die Mutterschafe auch zur Milchnutzung dienen; manche Dominien stellten auch Schafbutter und Käse zum Verkauf. Nach dem 7jährigen Kriege fand die Veredlung der Schafe in der Ober-Lausitz durch spanische Merinoschafe von Sachsen aus Eingang. Unter den Stammschäfereien der Ober-Lausitz zeichnen sich Arnsdorf, Holzkirch, Rothenburg, Döbschütz aus. Die feinen Fließe der Heerden zu Holzkirch, Tzschocha, Meffersdorf, Kodersdorf waren von jeher auf den Wollmärkten gesucht.

Am Schlusse des Jahres 1858 stand es um die Schafzucht also:

Kreis, resp. Kreistheil.	Merino's.	Halbveredelte Schafe	Unveredelte Schafe	Summa.
Görlitz	4552	12,584	2079	19,215
Rothenburg . .	3782	14,683	4672	23,137
Hoyerswerda . .	1801	6868	6218	14,887
Lauban	4681	13,398	746	18,825
Bunzlau . . .	54	520	7	581
Sagan	—	250	16	266
Sorau	—	640	1	641
Summa .	14,870	48,943	13,739	77,552

Am Schlusse des Jahres 1840 waren vorhanden:

Kreis, resp. Kreistheil.	Merino's.	Halbveredelte Schafe	Unveredelte Schafe	Summa.
Görlitz	550	24,395	3595	28,540
Rothenburg . .	1630	24,079	9661	35,370
Hoyerswerda . .	3005	8400	9715	21,115
Lauban	3209	18,363	873	22,445
Bunzlau . . .	375	2411	1850	4636
Sagan	—	1036	28	1064
Summa .	8769	78,684	25,722	113,170

4) Die Anzahl der Ziegen, welche der Milch der Käsebereitung, des Fleisches und Felles halber gehalten werden, belief sich incl. Böcke 1858 in

der preuß. Ober-Lausitz auf 7147 Stück; 1840 gab es nur 3572 Stück, mithin ist die Ziegenzucht in der Zunahme begriffen. Am stärksten wird sie im Laubaner Kreise betrieben. Alljährlich kaufen Händler aus Westphalen hiesige Ziegen auf und bringen sie heerdenweise nach Ostpreußen.

Nachstehende Tabelle zeigt die Vertheilung jener Summe auf die einzelnen Kreise und oberlausitzischen Kreistheile.

Kreise.	Ziegen und Ziegenböcke 1858	Ziegen und Ziegenböcke 1840
Görlitz	1533	834
Rothenburg . . .	1222	400
Hoyerswerda . . .	728	221
Lauban	3309	1845
Bunzlau	283	242
Sagan	72	30
Sorau	3	—
Summa	7150	3572

5) Die Schweinezucht ist nicht von besonderer Bedeutung; am stärksten wird sie im Hoyerswerdaer Kreise, wo die mehrsten Bauern Zuchtschweine halten, betrieben. Zur Mast werden Schweine aus dem Großherzogthum Posen eingeführt. 1840 gab es in der preuß. Ober-Lausitz 6453 Stück; im Jahr 1858 dagegen 14,395 Stück.

Diese Summe vertheilt sich folgendergestalt:

Kreis-, resp. Kreistheil.	1858 waren Schweine vorhanden.	1840.
Görlitz	3316	1599
Rothenburg . . .	3262	659
Hoyerswerda . .	5477	3644
Lauban	1841	461
Bunzlau	383	79
Sagan	116	11
Sorau	61	—
Summa	14,456	6453

6) Die Gänsezucht wurde vor der Ablösung von Servituten ꝛc. weit stärker als jetzt betrieben. Die Dorfgemeinden im Hoyerswerdaer und im nördlichen und westlichen Theile des Rothenburger Kreises hielten große Heerden von Gänsen und trieben sie durch einen Hirten am Morgen auf große Weideplätze und Teiche. Seit Ablösung der Servituten und durch Verminderung der Teiche hat sich der Umfang der Gänsezucht sehr vermindert; indeß sieht man in den genannten Kreisen immer noch ganze Heerden auf Teichen und Angern. In manchen Dörfern des Hoyerswerdaer Kreises beläuft sich die Anzahl der Gänse auf viele Hundert. Särchen hat mehr als 1000 Stück. Sie werden hauptsächlich der Federn wegen gehalten. Die

Wenden oder aber Federviehhändler bringen viele in die Städte, namentlich nach Berlin, Dresden, Bautzen, Görlitz ꝛc. zum Verkaufe.

7) Die Hühnerzucht hat namentlich durch den hühnerol. Verein zu Görlitz in neuerer Zeit einen Aufschwung erhalten, indem durch ihn eine große Anzahl ausländischer Hühner hier heimisch gemacht worden sind. Indeß hat die Erfahrung gelehrt, daß zwar die ausländischen Racen ein besseres Fleisch, unsere deutschen Hühner aber mehr und wohlschmeckendere Eier legen als die ausländischen.

8) Die Bienenzucht ist gegen früher im Abnehmen, obwohl die zahlreichen Waldungen, der Anbau des Heidekorns, des Raps, des weißen Klees und die Linden dieselbe immer noch sehr begünstigen. Am stärksten wird sie im Rothenburger und Hoyerswerdaer Kreise betrieben. Hier giebt es noch Bienenzüchter, welche ein Kapital von mehr als 100 Thlrn. in ihrem Bienenstande haben; manche haben 50—100 und noch mehr Bienenvölker in Körben, Beuten, Magazinkasten und Dzierzon-Wohnungen; letztere sind die besten. In neuerer Zeit wird die Bienenzucht rationeller als früher betrieben; der Pfarrer Dzierzon zu Karlsmark in Ober-Schlesien hat sich um die Verbesserung und Hebung der Bienenzucht sehr verdient gemacht. Ein großer Theil oberlausitzischer Bienenväter züchtet nach seiner Anweisung. Ehedem und schon im 13. Jahrhunderte wurde in der Muskauer und Hoyerswerdaer Heide die Waldbienenzucht gepflegt. Die Bienenvölker wohnten in hohlen Bäumen, aus denen die Zeidler zu seiner Zeit den Honig herausnahmen. Die Zeidler hatten besondere Statuten, Privilegien und Gerechtsame, die später zu Mißbräuchen führten und für die Waldeigenthümer eine wahre Last wurden. Der Schulze zu Siegersdorf wurde vom Landesherrn mit der Zeidelweide förmlich belehnt, demzufolge ihm das Recht zustand, in den landesherrlichen Waldungen zwischen Groß-Tzschirne und Queis die Waldbienenzucht zu treiben und auch berechtigt war, kleinere Distrikte an besondere Zeidler gegen Zinszahlung an ihn zu überlassen.

Später konstituirten sich die Zeidler der preußischen Ober-Lausitz zu Gesellschaften. Der Hoyerswerdaer wird im 16. Jahrhundert, der in der Herrschaft Wehrau 1698, derer in der Standesherrschaft Muskau 1718 gedacht. Die Zurichtung der Bäume bestand darin, daß eine geräumige Oeffnung in den Stamm gehauen, diese mit einem Vorsetzbrette verschlossen wurde und gleich einer Klotzbeute als Bienenwohnung benutzt werden konnte. Der Zeidler-Distrikt ging nach dem Tode auf seine Erben über. In Ermangelung derselben fiel er an den Lehnsherrn zurück. Den Windbruch durften die Zeidler gegen Entrichtung eines geringen Stammgeldes benutzen. Wenn ein von Bienen leerer Baum gefällt wurde, so verblieb dem Zeidler, dessen Zeichen sich am Stamme befand, der Theil, der zur Bienenwohnung bestimmt war. Bei Abholzung eines Zeidlerdistrikts mußte dem Zeidler ein neuer angewiesen werden. Für solche Berechtigungen zahlten die Zeidler alljährlich einen Honigzins.

In der Muskauer Heide belief sich ehedem die Zahl der Beutenbäume auf 5467 Stück. Erst im gegenwärtigen Jahrhundert hat die Waldbienenzucht ihre Endschaft erreicht; die Gartenbienenzucht war zwar schon im 15. Jahrhundert bekannt, verbreitete sich aber nur allmählich.

Zu Muskau bestand früher unter dem Vorsitze des nunmehr verstorbenen Superint. Vogel, später unter dem Präsidio der Reichsgräfin v. Pückler, eine

1769 bestätigte, 1797 reorganisirte Bienengesellschaft, die auch viel auswärtige Mitglieder zählte und auf dem Schlosse daselbst alljährlich Versammlungen hielt. Sie hatte zu Sagar einen Bienengarten mit 100 Bienenstöcken unter Aufsicht eines Bienenvaters. Seit 1854 hat sich ein Ober-Lausitzer Central-Bienen-Verein konstituirt, der es sich zur Aufgabe macht, den Sinn für Bienenzucht zu beleben und anzuregen. Der Verein tagt alljährlich in einer der Städte der preußischen Ober-Lausitz. Präsident desselben ist der Herr Regierungsrath Landrath Deetz zu Lauban; Stellvertreter desselben ist der Herr Graf von Fürstenstein, Landrath des Rothenburger Kreises. Lehrer Hofmann zu Neuhammer ist Schriftführer. Nachdem die auf der Tagesordnung stehenden Fragen erledigt und Erfahrungen in der Handhabung der Bienenzucht mitgetheilt, verbesserte Wohnungen, Geräthschaften zur Betrachtung gekommen sind, werden in einem Bienengarten praktische Versuche gemacht.

Nach amtlich ermittelter Zählung waren im Jahr 1855 Bienenstöcke vorhanden 12,387.

Der Rothenburger Kreis participirte dabei mit .	3841	Stöcken.
„ Hoyerswerdaer „ „ „ „ .	3455	„
„ Görlitzer „ „ „ „ .	2590	„
„ Laubaner „ „ „ „ .	1761	„
„ Bunzlauer „ „ „ „ .	583	„
„ Saganer „ „ „ „ .	157	„
	12,387	Stöcke.

Der Verkauf des Wachses und Honigs findet hauptsächlich in der Ober-Lausitz an einheimische Gewerbetreibende statt.

9) Seit einigen Jahren sind auch an mehreren Orten der Ober-Lausitz Versuche in der Seidenzucht gemacht worden, wie zu Görlitz, Lauban, Linda, Schadewalde, Gerlachsheim, Rengersdorf, Schwerta, Mengelsdorf 2c.

§ 11.

Des Landes Bewohner.

1) Hinsichtlich ihrer Anzahl.

Nach der letzten amtlichen Zählung ult. Dezember 1858 hatte die preußische Ober-Lausitz 216,274 Bewohner.

			1837 nur:
Der Görlitzer Kreis zählte nämlich	67,621	Einwohner,	51,907,
„ Laubaner Ob.-Laus. Kreistheil	54,848	„	51,350,
„ Rothenburger Kreis	49,312	„	39,254,
„ Hoyerswerdaer Kreis . . .	30,607	„	25,602,
„ Bunzlauer Ob.-Laus. Kreistheil	11,498	„	9,917,
„ Saganer „	2388	„	2,068,
„ Sorauer „	577	„	—
zusammen	216,851	Einwohner.	180,098.

Verhältnißmäßig hat der Laubaner Kreis, als der kleinste der Lausitzischen Kreise, die meisten Einwohner, was daher kommt, daß er 4 Städte, 2 stadtähnliche Marktflecken und eine Menge große, stundenlange Dörfer hat, die stark bevölkert sind.

Der Hoyerswerdaer Kreis, noch einmal so groß als der Laubaner, hat die wenigsten Einwohner.

Die Anzahl aller männlichen Einwohner der preußischen Ober-Lausitz ist 104,495, aller weiblichen 112,353.

Die Anzahl aller Kinder bis zum 5ten Lebensjahre ist 13,808 Knaben, 13,803 Mädchen.

Der Kinder von Anfang des 6ten bis zum vollendeten 7ten Lebensjahre sind 4643 Knaben, 4739 Mädchen.

Unter den Kindern vom Anfange des 8ten bis zum vollendeten 14ten Lebensjahre befinden sich 16,089 Knaben, 16,093 Mädchen.

Unter den Personen vom Anfange des 15ten bis zum vollendeten 16ten Jahre sind 4448 männliche, 4516 weibliche.

Personen vom Anfange des 17ten bis zum vollendeten 19ten Lebensjahre sind vorhanden 5383 männliche, 5948 weibliche.

Zwischen dem 20sten und dem vollendeten 24sten Lebensjahre befinden sich 6644 männliche, 9051 weibliche.

Zwischen dem 25sten und 32sten Lebensjahre giebt es 11,738 männliche, 13,525 weibliche.

Vom Anfange des 33sten bis zum vollendeten 39sten Jahre giebt es 11,906 männliche, 11,535 weibliche.

An Personen vom Anfange des 40sten bis zum vollendeten 45sten Jahre zählt man 8506 männliche, 8515 weibliche.

Zwischen dem 40sten und 60sten Lebensjahre sind 14,637 männliche, 15,731 weibliche.

An Personen über 60 Jahr sind vorhanden 7706 männliche, 8883 weibliche.

Die Anzahl der Familien beträgt 49,958.

In der Ehe leben 39,543 Männer, 39,787 Weiber.

2) Nach ihrer Dichtigkeit auf dem ganzen Raume.

Nehmen wir die Größe der preußischen Ober-Lausitz zu ca. 66 Quadratmeilen und die Gesammtbevölkerung auf 216,851 Menschen an, so kommen durchschnittlich auf 1 Quadratmeile 3285 Menschen.

Von den Kreisen ist in dieser Hinsicht der Laubaner der volksdichteste und der Rothenburger, als der größeste, der volksärmste.

Folgende Uebersicht weist die Volksdichtigkeit der einzelnen Kreise nach:

Der Laubaner Kreis mit 8 □M. und 54,848 Einw. hat ca. 6850 Einw. auf der □Meile.

„ Görlitzer Kreis „ 16 „ „ 67,621 „ „ „ 4226 „ auf der □Meile.

„ Rothenburger Kr. „ 23 „ „ 49,312 „ „ „ 2000 „ auf der □Meile.

„ Hoyerswerd. Kr. „ 16 „ „ 30,607 „ „ „ 1875 „ auf der □ Meile.

Der Bunzlauer Ober-Lausitzische Kreis-Antheil mit 3 □M. und 11,498 Einwohnern hat ca. 4000 Einwohner auf der □Meile.

3) Nach ihren Stämmen und Sprachen.

In dieser Hinsicht giebt es in der preußischen Ober-Lausitz Deutsche, Wenden und Juden.

1) Die Deutschen machen die Mehrzahl aus, daher auch die deutsche Sprache die vorherrschendste ist; sie sind in allen Kreisen verbreitet und im Allgemeinen die Nachkommen deutscher Kolonisten, die im 9., 10. und 11. Jahrhunderte in der Lausitz einwanderten und sich niederließen. Ein kleiner Theil der Deutschen sind germanisirte Wenden, deren Namen an ihren slavischen Ursprung erinnern.

Die deutschen Ober-Lausitzer sprechen die Obersächsische Mundart, doch nicht ohne besondere Eigenthümlichkeiten. Nicht nur ein Kreis, oft sogar ein Ort zeichnet sich vor dem andern durch einen eigenthümlichen Dialekt und durch andere fehlerhafte Bezeichnung der Wörter aus. Im Allgemeinen werden in der preußischen Ober-Lausitz folgende Sprachfehler begangen:

a) man verwechselt unter den Augenblickslauten die Stoßlaute mit den ihnen entsprechenden Drucklauten, z. B. p mit b, t mit d, k mit g; daher hört man statt Peitsche: Beitsche, statt Tisch: Disch, statt krank: grang sprechen.

b) der Blaselaut f wird zu gelinde, fast wie w ausgesprochen. Statt Stiefel spricht man: Stiewel.

c) die Stimmlaute und Umlaute werden mit andern ihresgleichen verwechselt. So spricht man statt Haare: Hore, auch Hur'; statt Leben: Laben; statt Korn: Kurn; statt kommt: kimmt; statt Kreis: Krees; statt Leute: Leite; statt Hühner: Hihner; statt König: Kin'ch ꝛc.

d) man lautet a wie ua, oa, z. B. statt Vater: Vuater, statt Lade: Loade.

e) pf wird am Anfange eines Wortes wie f, in der Mitte und am Ende der Wörter wie pp ausgesprochen, z. B. statt Pfeife: Feife, statt Zipfel: Zippel, statt Topf: Topp, auch Tob.

f) Mehrsylbige Wörter werden in Eine Sylbe gezogen. Man hört statt lernen, geben, Daubitz, Schule, Pferde, böse, Mittag, Morgen: larn, gahn, Daubz, Schul', Pfahr, bihs, Mittch, Murgst sprechen.

Viele mehrsylbige Wörter, namentlich Orts- und Familiennamen werden oft so kauderwelsch ausgesprochen, daß man ihre eigentliche Bedeutung kaum findet, z. B. statt Sonnabend: Simmt; statt Sonnabendabend: Simmtzobend; statt Freitag: Fretch; statt Kuhhirte: Kihrten; statt oberhalb: ub'ch; statt Schönberg: Schimmerch; statt Radmeritz: Roamerz; statt Thiemann: Timm; statt Trautmann: Treutm; statt Wiedmuth: Wiemt; statt voriges Jahr: fahrtn; statt Arbeit: Arbt, auch Art (um Marklissa).

Im Görlitzer und Rothenburger Kreise hört man ock oder ack für nur sprechen. Im Laubaner Kreise hört man das Wörtchen nu (nun) vom Angeredeten sprechen, wenn ihm ein Auftrag ertheilt wird.

Einen eigenthümlichen Dialekt haben die Bewohner von Schwerta im Laubaner Kreise. Sie sprechen das „ei" ganz gedehnt, nicht wie ai, sondern wie e—i aus. Noch sonderbarer ist der Dialekt der Hennersdorfer bei Lauban und der Bewohner von Penzig im Görlitzer Kreise.

Es haben sich unter den Deutschen auch wendische Wörter erhalten, die wir deutsch-wendische nennen, z. B. Kretscham, fideln (geigen), pietschen (trinken), Nusche (von Nož), schlecht Messer bedeutend, Miezel (Kalb) von Czel, Lusche (Pfütze).

2) Die Wenden oder Serben, wie sie sich in ihrer eignen Sprache nennen, dem slavischen Volksstamme angehörend, wohnen im nördlichen und westlichen Theile des Rothenburger Kreises und hauptsächlich im Hoyerswerdaer Kreise. Ihre Anzahl belief sich am 3. Dezember 1858 in der preußischen Ober-Lausitz auf 39,276, in der Nieder-Lausitz auf 69,723 und im Königreich Sachsen auf 53,829, wovon auf den Regierungsbezirk Bautzen 50,675 Personen kommen.

Die wendische Sprache hat auch mehrere Dialekte. So weicht der Bautzner wendische Dialekt gar sehr vom Muskauer, dem Spremberger und Kalauer ab und kommt ein Wende einige Meilen von seinem Wohnorte hinaus, so versteht er manche Wörter, wie sie hier gesprochen werden, nicht; überhaupt versteht der oberlausitzer Wende den niederlausitzer Wenden nur schwer. Der Wende lautirt sehr richtig, auch wenn er deutsch spricht. Seine Sprache spricht er mit bewundernswürdiger Geläufigkeit und hat für sie eine sehr große Vorliebe, so daß man sich sein Vertrauen und seine Freundlichkeit erwirbt, sobald man wendisch mit ihm spricht. Eben diese große Vorliebe wird ihr Verschwinden verhüten, mag immerhin der Unterricht in wendischen Schulen ganz deutsch oder mehr in deutscher, als wendischer Sprache ertheilt werden. Die gerichtlichen Verhandlungen werden in deutscher Sprache abgefaßt. Es wird wenig Wenden geben, die nicht Etwas Deutsch verständen. Aus mehreren einst wendischen Dörfern, z. B. Neu-Liebel, Kosel, Werda, Hammerstadt (im Rothenburger Kreise) ist seit einer Reihe von Jahren die wendische Sprache der deutschen gewichen. Seit sehr langer Zeit hat die wendische Sprache in den Orten Rieda, Wendischossig, Lissa, Radmeritz, Ndr.-Bielau, Horka, Gehege rc. aufgehört; gedachte Orte sind sämmtlich von Deutschen bewohnt. So wie es wendisch-deutsche Wörter im Deutschen giebt, so giebt es auch deutsch-wendische und namentlich da, wo die Wenden anfangen, deutsch zu sprechen, z. B. walkein (walkern), lasowacz (lesen).

3) Die Anzahl der Juden hat sich seit Einführung der Allgemeinen Gewerbe-Ordnung vom Jahr 1845, namentlich seit 1848 in der preußischen Ober-Lausitz, wo sie vordem nur zum Theil Staatsbürgerrecht besaßen, vermehrt. Im Jahr 1840 belief sich hieselbst die Anzahl der mit Staatsbürgerrecht versehenen Juden nur auf 8; 24 Israeliten besaßen es nicht. Jene hatten Grundstücksbesitz erlangt; diese hielten sich nur zeitweise gegen Ertheilung polizeilicher Erlaubnißkarten in der preußischen Ober-Lausitz auf. Der Handel ist ihr Nahrungszweig. Seit 1817 sind sie militärpflichtig. Außer der hebräischen Sprache sprechen sie deutsch.

	1858		1840
Im Görlitzer Kreise waren 1858 . . .	232	Juden, 1840 nur	23,
„ Rothenburger „ „ . . .	37	„ „ „	—
„ Hoyerswerdaer „ „ . . .	—	„ „ „	5
„ Laubaner oberlaus. Kreistheil . .	40	„ „ „	4
„ Bunzlauer „ „ . . .	4	„ „ „	—
„ Saganer „ „ . . .	18	„ „ „	—
	331		32

folglich hat sich die jüdische Bevölkerung seit 1840 bis 1858 um ca. 300 Seelen gehoben.

4) Nach ihrem kirchlichen Lehrbegriff.

Außer den Juden, von denen die zu Görlitz eine eigene Synagoge haben, leben nur Christen in der preußischen Ober-Lausitz. Sie gehören theils der evangelischen, theils der katholischen und nur 2 der griechischen Kirche an. Bei Aufnahme der statistischen Tabelle pro 1858 ergab sich's, daß im Markgrafthum auch 1 Mennonit vorhanden war und 10 Personen der freien oder der deutsch-katholischen Gemeinde angehörten.

a) Die evangel. Christen machen die Mehrzahl aus und leben in allen Kreisen gemischt; der Görlitzer zählt die meisten. Zu ihnen gehören die Mitglieder der Brüdergemeinde oder Herrnhuter zu Niesky (1025). Der Stifter der Brüdergemeinde war der selige Graf von Zinzendorf auf Berthelsdorf bei Herrnhut, welcher den bedrängten, aus Mähren und Böhmen sich hierher geflüchteten Glaubensbrüdern Schutz und Obdach gewährte. 1722 entstand Herrnhut und der Graf Zinzendorf ließ sich zum Bischof der Brüdergemeinde ordiniren. Auch außerhalb Niesky und unter anderen Religionsparteien wohnend, giebt es Viele, die in religiösen Dingen und Grundsätzen sich zur Brüdergemeinde halten; dies ist die sogenannte Diaspora.

b) Kathol. Christen leben in allen Kreisen; die meisten im Laubaner und nächst diesem im Hoyerswerdaer Kreise.

Die dem Kloster zu Lauban gehörigen 6 Dörfer sind meist von Katholiken bewohnt.

Im Görlitzer Kr. waren 1858 ev. Christen	65,506,	kath. Christen	1882.
„ Rothenburger Kreise	48,917,	„	356.
„ Hoyerswerdaer „	26,589,	„	4018.
„ Laubaner ober-laus. Kreistheile . . .	49,733,	„	5065.
„ Bunzlauer „ . . .	10,532,	„	962.
„ Saganer „ . . .	2,350,	„	20.
„ Sorauer „ . . .	575,	„	2.
Summa	204,202,	„	12,305.

1837 waren vorhanden

im Görlitzer Kreise evangel. Christen . .	51,240,	kath. Christen	654.
„ Rothenburger Kr. „ . .	39,077,	„	177.
„ Hoyerswerdaer „ „ . .	22,063,	„	3532.
„ Laubaner „ „ . .	46,511,	„	4831.
„ Bunzlauer „ „ . .	9,122	„	795.
„ Saganer „ „ . .	2047,	„	21.
Summa	170,060,	„	10,010.

5) Nach ihrem Charakter, ihrer Kleidung, ihren Sitten und Festen.

a) Der deutsche Ober-Lausitzer im Allgemeinen.

Er ist religiös, arbeitsam, genügsam, sparsam, freundschaftlich, dienstfertig, beharrlich, wohlthätig, zurückhaltend, hat Sinn für Ordnung, wenig Gemüthliches und Neigung zum Trotz, liebt Schnaps, Spiel und Tanz. In den Fabrikdistrikten ist der Ober-Lausitzer sorglos, leichtfertig, genußsüchtig

Die Kleidertracht ist in der preußischen Ober-Lausitz bei Männern und Frauen sehr verschieden; fast jede Gegend hat hierin ihre Eigenthümlichkeit.

Im Laubaner und Görlitzer Kreise kleidet sich meist der ärmere Landmann an Wochentagen mit einer langen Tuchjacke, die einen Stehkragen hat und mit einer langen Reihe von metallnen Knöpfen besetzt ist. Der Wochentagsbrustlatz, von Tuch oder gemustertem Manchester, ist ziemlich lang und mit einer Reihe blanker Knöpfe versehen. Seine pluderartigen, kurzen Lederhosen haben 2 Schlitztaschen; in einer derselben trägt der Raucher Tabackpfeife und Tabackbeutel mit Tabackräumer; in der andern den ledernen Geldbeutel und sehr oft auch sein Tischbesteck in lederner Scheide. Seine Kopfbedeckung besteht in einem schwarzmanchesternen Käppchen, einer Deckelmütze oder in einem niedrigen Hute mit aufgestülpter Krämpe. Die dreizipflichen Filzhüte sind seit 20 Jahren fast ganz verschwunden. Die Stiefeln reichen bis an die Knie, wohl auch bis über dieselben und können die Schäfte überschlagen werden. Um warm zu gehen, umflicht der Landmann seine Füße mit Stroh und bedient sich der Strümpfe in den Stiefeln selten. Im Rothenburger und Hoyerswerdaer Kreise tragen manche männliche Landleute noch rohleinene Röcke mit großen, blanken Knöpfen, Stehkragen und Aufschlägen. Die Leinwandhosen reichen bis an die Knie. Den Kopf kleidet eine weiße Zipfelmütze mit bunter Kante, ein Hut oder eine Deckelmütze. Sonntags trägt der Landmann, als Sonntagsstaat, einen meist langen Tuchrock. Die gelben Lederhosen wurden früher im Rothenburger Kreise häufig getragen. Im Winter tragen die Landleute nackte Schafpelze; in der Regel haben sie einen Ueberzug und einen Pelzkragen. Als Kopfbedeckung bedient man sich im Winter der Pelzmützen oder wattirter Mützen mit Pelzbesatz.

Wohlhabende männliche Landleute kleiden sich fast wie der Bürger. Der feine, kurze Tuchrock hat den langen, groben Tuchrock verdrängt. Die langen Tuch- und Zeughosen, die bauschigen Lederbeinkleider; die nette seidene oder bunte Zeugweste mit Klappen den langen Brustlatz; die netten, gewichsten Halbstiefel die langen mit Fett oder Thran geputzten Ueberschlagstiefeln. Den Kopf bedeckt ein feiner Pariser oder seidener Hut und die Brust ein feines Vorleibchen. Sonntags trägt der wohlhabende Landmann oder dessen erwachsener Sohn sein Halsbindchen eben so gut, wie der Bürger. Sein Bornus und Mantel geben an Feinheit und Nettheit dem des Städters nichts nach.

Eine größere Verschiedenheit herrscht in der Frauentracht der ländlichen Bevölkerung und es unterscheidet sich die Tracht der Jugend wieder wesentlich von der der älteren Personen. Diese kleiden sich und zumeist an Sonntagen oder in Winterwochentagen in Tuchröcke, die in der Regel unten mit einem breiten blauen Saume versehen sind. Die Tuchspenzer im Görlitzer Kreise, mit plattirter oder silberner Schnalle versehen, werden immer seltener. Im Laubaner Kreise werden von älteren Frauen noch Krepp-, Rasch- Messolan-, Quinett-Röcke mit Mieder oder mit Leibchen getragen. Im Görlitzer Kreise und in den westlichen Dörfern des Laubaner Kreises tragen die älteren, ärmeren Frauen Sonntags hohe Kopftücher (Sonntags gewöhnlich seidene), scherzweise „Staarmäste" genannt; damit sie straff stehen, erhalten sie eine Papiereinlage. In einem Theile des Laubaner Kreises tragen sie Wochentags sogenannte Mützchen, um die ein weißer Kopfstreifen mit langer Quaste gelegt wird. Sonntags werden hier noch Räderhauben getragen. In der Gebirgsgegend des Laubaner Kreises tragen bejahrte Frauen, wenn sie die Kirche besuchen, noch sogenannte Maschen, d. h. Hauben oder Mützchen mit

Spitzen besetzt. Diese Maschen haben einen breiten, steifen, sammetnen Deckel oder Teller, welcher mit Gold- und Silbertressen besetzt ist. — Die Zobelmützen, mit Pelz gefüttert und mit Gold- und Silberbrokat verziert, deren Preis vor 50 Jahren auf 7—10 Thlr. zu stehen kam, sind eine große Seltenheit geworden. Im Rothenburger Kreise tragen ältere Frauen noch Hauben und Kopftücher; letztere werden hinten gebunden und es ragen die Zipfel in den Nacken herab. Aeltere Frauen tragen noch lange, weite Schürzen von einfarbigem, auch buntem Stoffe. Die weißen Schürzen werden seltener und die gestickten oder mit Blumen genähten weißen Schürzen, welche 3—4 Thlr. kosteten und worin die Bräute einst viel Staat machten, werden, wie die Schleierschürzen, immer seltener.

Die Tracht der weiblichen ländlichen Jugend richtet sich nach der Mode. Im Sommer werden kattunene oder leichte schafwollene Kleiderstoffe, im Winter dagegen Kleider von deutscher Schafwolle, auch Pelzwerk getragen. Man trägt Aermelkleider, Leibelröcke von Kattun, Orleans, Thibet, Lama, Mix lustre, Merino, Poil de chèvres; Polkajacken, Sackkutten, niedliche Schürzen von gedrucktem Kattun, oder von Orleans, Thibet; Bänderhauben oder zierliche Blonden-, Spitzengrund- und Tüllhäubchen; im Winter wattirte Hauben (Orleans). Ueber den Leibchenrock oder über das Aermelkleid wird ein buntes Halstuch, um den Hals ein seidenes Knüpftuch getragen. In einem Polizeigesetze der oberlausitzer Stände, das sich über Gotteslästerung und deren Prangerstrafe, Zutrinken, Tanzen, Ehebruch, Bettelwesen, Gesindemiethung, Jagd, Fischfang 2c. (d. d. Budissin, Dinstag nach Felix 1538) verbreitet und noch ungedruckt, aber im 12. Bande der handschriftlichen oberlausitzischen Urkundensammlung, in der Bibliothek der Gesellschaft der Wissenschaften zu lesen ist, findet sich auch eine merkwürdige Stelle, wo der Kleiderluxus der Bauersleute scharf gerügt und bestimmt wird, was Bauern, ihre Weiber und Töchter an Kleidung und Schmuck nicht tragen durften und was ihnen nur vergönnt sein möchte.*)

Der Städter und die Städterin kleiden sich nach der herrschenden Mode größerer Städte. Der Luxus hat überhand genommen und hat sogar die unteren Schichten der Bevölkerung ergriffen. So trägt manche Frau und manches Mädchen vom Lande so gut ein seidenes Kleid, eine seidene Mantille, ein Falbenkleid, einen seidenen Hut, eine Krinoline, einen Shawl und ein nettes Spitzenhäubchen und im Winter einen kostbaren Tuchmantel, Pelzmuff und Boa, wie die Städterin.

Von den Sitten und Gebräuchen, welche an gewissen Tagen im Jahre oder bei Familienereignissen beobachtet werden, möge Folgendes hier Platz finden:

Am heiligen Abende ist es Sitte, den Seinigen, dem Gesinde 2c. einzubescheeren; gewöhnlich geschieht dies nach der Abendmahlzeit, die an diesem Festabende in einem Heringssalat oder in einem Gericht gebackener Pilze mit Pflaumen, Wurst mit Sauerkraut, Karpfen, Mohnmilch 2c. besteht. „Christkindel", weiß geputzt und verschleiert, und „Ruprecht", grausig vermummt, erfreuen oder erschrecken schon in der Adventzeit die Kleinen in den Stuben aufsuchend. Am heiligen Abende prangt in vielen Häusern ein Christbaum, der von seinem eßbaren Behange nach dem Neujahre befreit wird.

*) N.-Lauf. Magazin Jahrg. 1834., S. 473.

Im Laubaner Kreise wird in der Adventzeit von einer Truppe Kinder in den Häusern, wo es ihnen gestattet wird, ein Melodrama: „die Weisen aus dem Morgenlande", aufgeführt, dem die biblische Geschichte, Matth. 2., zu Grunde liegt. Die handelnden Personen: die heiligen drei Könige, König Herodes, sein Diener und der Tod mit der Sense, erscheinen kostümirt; erstere in weißen Gewändern und Kronen tragend, Herodes in Uniform mit Seitengewehr.

Am heiligen Abende, während des Läutens in die Christnacht, werden die Obstbäume mit einem Strohseil umwunden, damit sie im nächsten Jahre recht reichlich tragen.

Am Sylvester-Abende werden hin und wieder im Rothenburger Kreise sogenannte „Neujahrchen" gebacken. Es sind dies allerhand Figuren, meist Thiere vorstellend, aus Brotteig mit Anis, Syrup und Salz vermischt; das Gebäck wird in der Ofenröhre geröstet und dann gegessen. Die Erwachsenen treiben andere Kurzweil. Sie beschäftigen sich mit Bleigießen, Salzhäufchenmachen, Schuhwerfen, Zaunschütteln, Topfheben, um zu erfahren, was Einem im neuen Jahre begegnen werde, ob Leben oder Tod, Freude oder Verdruß, Glück oder Unglück. Einen ähnlichen Grund hat der Gang auf den Kirchhof in der Sylvesternacht um 12 Uhr mit einem Gesangbuch. Das hier aufgeschlagene Lied wird nachher zu Hause gelesen.

Am Sylvesterabende darf keine ungerade Anzahl von Personen über Tische sitzen, sonst stirbt im künftigen Jahre ein Familienglied. Auch findet man in manchen Gegenden der Ober-Lausitz die Sitte, das alte Jahr aus-, das neue Jahr einzublasen.

Am Neujahrsmorgen gratuliren Freunde und Hausgenossen mündlich oder schriftlich einander.

In der Gegend von Marklissa werden sogenannte „Zwölfnächte" (von Weihnachten bis heil. drei Könige) in Schankhäusern abgehalten. Sie schreiben sich aus uralten Zeiten aus Schadewalde her. Hier wurde im Richterhause, d. i. dem Gerichtskretscham, von Weihnachten an bis zum großen Neujahr, Abends Musik gehalten, wozu sich Tanzlustige aus dem Dorfe und den benachbarten Orten einfanden. Jeder der benachbarten Orte hatte an einem der Abende hier seine Zwölfnacht. Das Dominium verschänkte sein Bier durch den Richterhauswirth, wofür dieser die Neige eines jeden Fasses und ½ Stoß Stöcke zur Beheizung des Lokals erhielt. Während der Zwölfnächte wurde an einem der Tage bis zum Jahre 1785 der versammelten Gemeinde im Richterhause vom Justitiar im Beisein der Herrschaft die „Dreidingsordnung" vorgelesen, der eine Ansprache des mitanwesenden Frühpredigers zu Marklissa voranging. Hierauf wurde die jährliche Gemeinderechnung gelegt. Ferner wurden die im Laufe des Jahres im Orte vorgekommenen Kaufverträge gerichtlich rekognoszirt und vollzogen. Diesem Akte folgte nun das Leihkauftrinken und Tanzvergnügen. Eine eigenthümliche Sitte in Daubitz, Kreis Rothenburg und der vormals wendischen Umgegend ist, resp. war das Wurstkreisen, das früher oft vorkam, jetzt aber seltener und gewöhnlich nur von Nachbarskindern zum Spaß geschieht. Hat ein Hauswirth ein Schwein ins Haus geschlachtet, so kommen Abends die Kinder unter das Fenster, laufen auch wohl einige Male ums Haus, um sich bemerkbar zu machen und rufen dann mit halblauter Stimme: „'m'ä! eure neugebackne Wurst!" und fahren damit so lange fort, bis der Wirth vor die

Thür kommt, der gleichfalls mit dem qu. Kreisen empfangen wird und sie mit Wurst beschenkt.

Im Rothenburger Kreise war es seither an vielen Orten Sitte, daß junge Burschen an Fastnacht sich vermummten, unter Musikbegleitung von Haus zu Haus zogen, Gaben erbettelten, die dann Abends im Wirthshause gemeinsam verjubelt und verschmaußt wurden. Die Vornehmsten dieser lustigen Brüder waren der „Reermeister" und der „Kobermeister." Jener trug einen Christbaum mit seidenen Bändern geschmückt, welche junge Mädchen gespendet hatten, bot diese in den Häusern zum Verkauf an, nachdem die Musik ein „Bissel" oder ein „Stückel" gespielt hatte. Die Hausfrau, Tochter oder das Dienstmädchen suchten sich nun ein Band aus und erhielten das Versprechen, daß ihnen dasselbe auf den Abend im Kretscham zu Theil werden würde. Dafür oder vielmehr zum Fastnachtsvergnügen spendeten sie 4 Groschen bis einen Thaler.

Der Kobermeister trug auf einer Ofengabel eine Speckseite. Abends wurde im Kretscham von den zusammengetragenen Viktualien (Kartoffeln, Hierse, Grütze, Speck, geräuchert Fleisch) eine große Mahlzeit veranstaltet, die an langen Tafeln von der Reergesellschaft, den jungen Mädchen ꝛc. verzehrt wurde. Bier und Schnaps war vollauf vorhanden und jeder der Anwesenden erhielt am Faschingsfeste freien Trunk. Musik und Getränk wurden durch das einkollektirte Geld bezahlt. Der Reermeister hatte das Geschäft, die jungen Mädchen, die sich zum Fastnachtsschmause oder vielmehr zum Tanzvergnügen eingefunden hatten, über die Tafel zu heben und ihnen ihren Platz bei Tische anzuweisen. Dem lieben Essen erging es in der Regel übel. Nach der Mahlzeit wurde nach Violine, Klarinette und Zymbal getanzt. Der zweite Fastnachtstag wurde, wie der erste, fröhlich zugebracht; indeß war er vorzugsweise der Lust der Männer, Frauen und Kinder gewidmet. Für letztere wurden Nachmittags einige „Stückel" gespielt.

Zu Halbau gingen ehedem an Fastnachten die Gesellen auf's Land und trugen Speck und Eier zusammen. Wieder daheim angelangt, wurde nun von ihnen ein großer Eierkuchen, wozu der Speck mit verwendet wurde, bereitet und gemeinschaftlich verzehrt.

Die Landleute aus der Umgegend von Halbau kamen früher an Fastnacht in's Städtchen zum sogenannten „Wurstreigen"; sie sprachen bei ihnen bekannten Bürgern ein, erhielten auf Begehr Würste, die sie auf ein Stängel hingen, das von Zweien getragen wurde. Am Abende wurde in die Schänke in das Dorf Halbau (Schlesien) gezogen, woselbst die Würste gemeinschaftlich verschmaußt wurden. Hierauf wurde Tanzmusik gehalten.

Am Lätare-Sonntage war es bis vor wenig Jahren zu Halbau noch Sitte, daß zu Ehren des wiederkehrenden Frühlings die Kinder gesellschaftsweise „Sommersingen" gingen. Sie trugen mit Bändern, bunten Papierstreifen ꝛc. geputzte Sommerbäumchen und sangen vor der Thüre ein Liedchen, das eigentlich aus Knittelversen bestand und damit begann:

Stand der Sommer wohl auf der Erden,
Daß wir Alle fröhlicher werden,
Stand der Sommer stille,
Wer ist denn nu hier drinne? ꝛc.

Man schenkte den frohen Schaaren Bretzeln, Geld ꝛc.

Im Laubaner Kreise herrscht unter den Kindern die Sitte, am grünen

Donnerstage früh, zwischen 5 und 9 Uhr, im Orte „um den Gründurngst" zu gehen. In der Regel erscheinen mehrere Kinder zugleich vor der Hausthür und schreien aus Leibeskräften: „guten Morgen im an Grindurngst." Kaum sind sie mit Bretzeln, Pfefferküchlerwaaren ꝛc. abgefertigt worden, so erscheint eine ähnliche Gesellschaft. Diese Sitte läßt sich durch keine polizeiliche Maßregel verdrängen.

In der Ober-Lausitz ist es in der Osterwoche Sitte, daß Kinder von ihren Pathen mit einer Pathensemmel beschenkt werden.

Am grünen Donnerstage werden im Rothenburger Kreise Eier gebuntet, die dann an Kinder und Freunde verschenkt, oder nachdem ihr Inhalt verspeist worden ist, an die Stubendecke gehängt werden. Man braucht zum Eierbunten geronnenes Wachs, eine Stecknadel zum Zeichnen und Auftragen der Figuren, sowie siedendes Wasser, Zwiebelschalen, Brasilienholzspähne, grünes Korn ꝛc.

Am Osterabend geht man im Rothenburger Kreise hin und wieder „Ostersingen" und erhält dafür von den Hauswirthen Geld oder Kuchen.

Musikanten gehen „Osternblasen." Dazwischen hört man Freudenschüsse fallen.

Abergläubische schöpfen am Ostermorgen vor Sonnenaufgang Fließwasser; es soll getrunken, gegen das kalte Fieber und gegen andere Krankheiten mehr schützen; auch begießt man sich gegenseitig mit Osterwasser, wie dies um Sproitz noch vorkommt.

Am ersten Osterfeiertage Abends wird in vielen bäuerlichen Haushaltungen kein Licht angezündet; das Vieh wird vor einbrechender Dunkelheit gefüttert.

Am zweiten Osterfeiertage hielten bis in die neueste Zeit die Knaben zu Halbau die sogenannten „Schmeckostern." Versehen mit einer aus Weidenruthen zierlich geflochtenen Peitsche (eine Art Reitgerte), die unter Hersagen eines langen Reimes an den Stiefelschaft geschlagen wurde, kamen sie zu ihren Freunden und Bekannten und empfingen Backwerk oder Geld.

Am Pfingstabende werden Maien vor die Hausthüren, in die Stuben und Schlafkammern gesetzt. Hauptsächlich im Rothenburger Kreise setzt der „Liebhaber" seiner „Liebsten" am heiligen Pfingstabende eine hohe Maistange (der abgeschälte, glatte Stamm einer jungen Fichte) vor das Haus. Auf dem grünen Wipfel derselben wehen seidene Bänder oder bunte Tücher.

Am Walpurgisabende werden 3 Kreuze an die Stallthüren gemacht, damit das Vieh nicht behext werde. Auf Höhen und Bergen leuchten Abends Walpurgisfeuer. Letzteres geschieht auch am Johannisabende mit alten, abgenutzten und mit Theer getränkten Besen. Im Rothenburger Kreise macht man am Johannistage aus Feldblumen „Riechel" und steckt sie in die Spalten der Wände und Thürgerichte. In der Mittagsstunde werden Kräuter gesammelt; diese sollen absonderliche Heilkraft haben.

Wenn die Hirten das erstemal ihr Vieh austreiben, so begießt man sie mit Wasser, oder taucht sie gar unter das Bachwasser; auch bekommen sie hin und wieder einige Eier von der Hausfrau, die jedoch nicht eher gegessen werden dürfen, bevor sie nicht von den Hirten um die weidende Heerde gekollert worden sind.

Ueber die Sitten bei Kindtaufen, Hochzeiten und Begräbnissen sei hier Folgendes gesagt:

Das Gevatterbitten besorgt entweder die Hebamme, der Schullehrer oder der Hochzeitbitter. Die Gevattern legen hie und da zum „Eingebinde“ noch einen Pfennig. Der Küster findet im Taufwasser das Douceur für seine Bemühungen. Nach vollzogener Taufe fordert die Hebamme den Pathen des Kindes die „Pathenbriefel“ ab, zerknickt das Siegel über der Brust des Täuflings und steckt sie unter die Taufbettchen. Die jüngste Pathe besorgt die Taufdecke, welche beim Gange oder bei der Fahrt in die Taufe über das Kind gelegt wird. Kommen die Pathen wieder in die Wohnung des Täuflings zurück, so wird der Wöchnerin das Kind mit den Worten überreicht: „einen Heiden trugen wir fort, einen Christen bringen wir wieder.“ Die kleinen Geschwister des Täuflings erhalten von den Pathen ein Geldgeschenk, „Wiegengröschel“ genannt, oder es wird ihnen eine Tüte Konditorwaare verehrt. Zu dem Tauffessen werden an mehreren Orten der Lehrer und auch wohl der Ortsgeistliche gebeten. Vor und nach Tische wird ein Tischgebet vom Geistlichen oder vom Lehrer oder von der Hebamme gesprochen. Ueber Tische muß die „Jungferpathe“ beim Essen den Anfang machen; sie trägt im Haar einen Kranz oder eine Guirlande. Im Rothenburger und Görlitzer Kreise trug vor noch nicht langer Zeit die Jungferpathe noch ein Flitterkränzel auf dem Kopfwirbel. Bei einigermaßen wohlhabenden Landleuten werden als Speisen bei einer Kindtaufe aufgetragen: eine gelbe Suppe oder Reissuppe, ein Gericht Fleisch mit Reis, Bohnen, Rosinensauce, eine Kaldaunensuppe, ein Braten mit Zugemüse, Butterbrot und Käse und den Schluß macht ein Kaffee mit Kuchen. Bier und diverse Liqueure oder Schnäpse kommen als Getränke vor. Nach dem Gebet von Tische hält die Hebamme eine „Abdankung“ im Namen der „Kindeleltern.“ Jeder Pathe erhält noch beim Nachhausegehen „einen Paß“, d. i. einen Kuchen, und Das, was er bei der Mahlzeit nicht vernesen konnte, wird in einem Topfe mit nach Hause genommen.

Hochzeitsgäste werden nach dem ersten kirchlichen Aufgebot von Braut und Bräutigam gebeten und bald darnach vom Hochzeitbitter, der mit einem bebänderten Hute und einem spanischen Rohre erscheint und einen langen Vortrag in zum Theil veralteten Ausdrücken hält. Sind am Hochzeitstage die festlich geschmückten Gäste erschienen, so wird erst den Hochzeiteltern, dann dem Brautpaare und den übrigen Gästen gratulirt, Kaffee oder Chokolade getrunken und hierauf macht der Hochzeitbitter die „Auswerbge“, wobei in der Regel viel geweint wird, wenn der Hochzeitbitter versteht, zum Herzen zu sprechen oder wunde Stellen derselben zu berühren. An manchen Orten des Rothenburger und Görlitzer Kreises zieht man mit Musik in die Trauung. Am Kirchthore schweigt die Musik. Der Hochzeitszug, angeführt vom Hochzeitbitter und das Brautpaar an der Spitze, begiebt sich paarweise in die Kirche. Bei gewöhnlichen Trauungen vom Lande nehmen die männlichen Personen abgesonderte Plätze von denen der weiblichen Personen — in den sogenannten Brautbänken — ein. Sobald der letzte Vers des Brautliedes angestimmt worden ist, betritt der Geistliche das Altar und der Hochzeitbitter führt Braut und Bräutigam wieder einander zu und geleitet das Brautpaar zum Altare hin; die Hochzeitsgäste bleiben in ihren Ständen. Unter dem Gesange des letzten Verses des Liedes nach der Trauung begiebt sich das Braupaar mit den Gästen „zum Opfer“ (Offertorium) um das Altar und verläßt das Gotteshaus. An der „Brautthüre“ stehen zwei Chorschüler mit offenem Gesangbuche, worauf für sämmtliche Chorknaben geopfert wird. Bei der Rückkehr ins Hochzeitshaus wird in der Regel in die Schänke oder in ein am Wege stehendes Wirthshaus eingekehrt, woselbst Bier und Branntwein genossen und an die ihnen dahin folgenden weiblichen „Brautschauer", welche in „der Treue" (Trauung) aus Theilnahme, mehr aber der Neugierde halber sich mit eingefunden hatten, verabreicht wird. Im Hochzeitshause wieder angelangt, wird den Neuvermählten, auch deren Eltern, nochmals gratulirt.

Bei Tafel sitzt das Brautpaar im „Brautwinkel"; vor ihnen liegt das „Brautränftel", das über Tische nicht genossen, sondern nach der Hochzeit in der Lade sorgfältig aufgehoben wird. Eine gelbe Suppe und ein gelber Hierfebrei, mit Zimmt und Rosinen bestreut, fehlen selten unter den mancherlei Hochzeitsgerichten; der letztere wird in der Regel der Köchin gestohlen und irgendwo im Hause oder außerhalb desselben versteckt. Sowohl vor als nach Tische wird vom Hochzeitbitter, oder wenn der Ortsgeistliche oder der Ortslehrer Gast ist, von diesem ein Tischgebet gesprochen. Nach der Mahlzeit erfolgt „das Schänken." Schon Tags zuvor kommen von Freunden, Verwandten und Bekannten für das Brautpaar Geschenke an, deren Zahl am Hochzeitstage sich noch mehrt. Ehe jedoch diese vorgeführt und dem Brautpaare über Tische übergeben werden, nimmt der Hochzeitbitter die Geschenke der Hochzeitsgäste, in Geld oder Sachen bestehend, entgegen, überreicht ein jedes, wenn irgend thunlich, auf einem Präsentirteller „der Züchtfrau", die neben der Braut bei Tische sitzt, mit dem Bemerken: „ein kleines Geschenk von N. N. an das verehrte Hochzeitspaar und bittet, damit fürlieb und willen zu nehmen." Die Züchte übergiebt das Geschenk dem Brautpaare und dankt in dessen Namen unter Rückreichung des Präsentirtellers mit den Worten: „Braut und Bräutigam lassen sich zum Schönsten bedanken!" Während Abends die Hochzeitgenossen bei Tische sitzen, versammeln sich vornehmlich Weiber und Kinder draußen vor den Stubenfenstern, um zu „lückeien", (wahrscheinlich von dem alten deutschen „lugen, lauschen", herstammend). Theils geschieht das Lückeien aus Neugierde, theils aus Genußsucht, und deshalb reicht man den „Fenstergucker" Bier und Schnaps zu den Fenstern hinaus. Auch diejenigen werden damit regalirt, welche ein Hochzeitsgeschenk bringen. Nachdem noch die Auflagen für die Schul- und Armenkasse, für den Hochzeitbitter, die Köchin und Aufwäscherin gemacht worden sind, wird „abgedankt", und ein Vers aus dem Liede: Nun danket Alle Gott 2c. gesungen. Es tritt nunmehr eine feierliche Stille ein, indem sich der Hochzeitbitter anschickt, der Braut, wenn sie durch die Heirath aus dem elterlichen Hause scheidet, eine rührende Abschiedsrede zu halten. Gewöhnlich wird dieselbe mit heißen Thränen vom Brautpaare, von den Eltern desselben und Gästen begleitet. Nach der Abschiedsrede wird der Braut, trotz Widerstrebens, der Kranz, wenn sie einen solchen tragen durfte, abgenommen; selbige sucht ihn oder wenigstens einige Theile desselben zum immerwährenden Andenken zu retten. Die Züchte überreicht ihr nunmehr das Frauensymbol, die „Brauthaube." Jetzt begeben sich die Gäste, versorgt mit Kuchen und den Resten der Speisen, die sie nur theilweise genossen, nach Hause, oder, wenn das Brautpaar im Kretscham einen „Bierabend" veranstaltet hat, zum Tanze. Die Hochzeitgesellschaft wird mit Musik in den Saal begleitet (hereingeblasen) und unter den schmetternden Tönen der Musik verläßt dieselbe auch den Saal. Das Brautpaar hat den ersten Tanz, „Brauttanz" genannt, wofür die Musikanten ein anständiges Honorar erhalten. Den Hochzeiteltern wird zum „Großvatertanz“ aufgespielt. Aus der Schänke oder gegen den Schluß der Hochzeit zieht man in den „Lümmel.“ Braut und Bräutigam ziehen sich nämlich stillschweigend in eine verschließbare Kammer zurück, um den Braut- und Bräutigamsschmuck abzulegen und geringere Kleider anzuziehen. Das Brautpaar wird von den Gästen verfolgt und hat man es aufgefunden, so trägt man es ins „Brautbette“, was nicht ohne Zaudern und Widerstreben geschieht. Obschon das „Verschnüren“ der Hochzeitgesellschaft auf dem Wege in oder aus der Trauung polizeilich verboten ist, so unterbleibt es doch nicht ganz. Wohlhabende Landleute machen ihren Kindern 2—3 Tage Hochzeit und schlachten zu dieser Feier ein Rind, ein Schwein und einige Kälber.

Sonntags vor der Hochzeit kommt das „Brautfuder“, d. i. die elterliche Ausstattung, an. Die Züchte, welche im Hochzeithause die Betten einbetten muß und wofür sie vom Bräutigam 1 Thaler erhält, sitzt auf dem Brautfuder neben den künstlich zusammengelegten Betten und dem Flachsrocken. Die Pferde, welche das Brautfuder fortschaffen, sind am Kopfe mit einem bunten Tuche geschmückt, das der Kutscher, welcher reitet, erhält.

Nahet sich bei einem Kranken die Todesstunde, so ist es Sitte, ihn „auszubeten“ und „auszusingen.“ Zu diesem Behufe wird das Gesangbuch benutzt. Das Singen von Sterbeliedern wird im Rothenburger Kreise allabendlich bis zum Begräbnißtage fortgesetzt; Nachbarn und Freunde nehmen an dieser ehrwürdigen Sitte Theil.

Ehe der Todte auf den Kirchhof getragen oder gefahren wird, werden vor dem Sterbehause einige Lieder gesungen, während dem die „Grabeleute“ Bier und Schnaps geschenkt bekommen; die Frauen erhalten in der Regel eine Tasse Kaffee. Während des Gesanges des letzten Liedes wird der Sarg geschlossen, nachdem zuvor die Leidtragenden sich noch einmal die Leiche angesehen und von ihr Abschied genommen haben. An mehreren Orten im Rothenburger und Görlitzer Kreise ist es Sitte, den nach dem Kirchhofe sich begebenden Leichenwagen (ein gewöhnlicher Brettwagen mit Pferden oder Ochsen bespannt) auf einer bestimmten Stelle außerhalb des Dorfes halten zu lassen. Die Trauerleute und Leichenbegleiter bleiben dann stehen oder knieen nieder und beten ein Vaterunser; hierauf geht es weiter. Diese Sitte wird in Sercha, Trebus, Uhsmannsdorf, Spree (am Vaterunser-Bergel), Noes und and. Orten mehr befolgt. Bevor die Leidtragenden bei einem Begräbniß das Grab verlassen, werfen sie nach echt slavischer Sitte 3 Hände voll Erde ins Grab. Es ist nichts Ungewöhnliches, nach der Rückkehr vom Begräbniß den Trauerleuten eine Trauermahlzeit zu geben. Die Nachbarn werden mit „ins Leid“ gebeten und da es hierbei an Branntwein nicht gebricht, so ist das Sprichwort entstanden: „er hat das Leid vertrunken.“

An vielen Orten ist es Sitte, zu Ehren des Verstorbenen ein Bouquett von künstlichen Blumen oder einen Kranz, befestigt an ein hölzernes, den Namen der Leiche enthaltendes Täfelchen oder in einem Glasschränkchen angebracht, in die Kirche an die Emporen, Wände oder in die Halle hängen zu lassen. Diese Sitte findet man im Laubaner, Görlitzer und Rothenburger Kreise.

Früh, Mittags und Abends wird mit einer der Kirchenglocken geläutet. Das Frühläuten geschieht nicht überall zu gleicher Stunde; das Feierabendläuten geschieht an manchen Orten noch vor, an manchen Orten erst nach

Sonnenuntergang. Im Rothenburger Kreise werden nach dem Mittag- und Feierabendläuten dreimal drei Schläge in kleinen Pausen an die große Glocke (Betglocke) gethan; dasselbe geschieht Sonntags, wo Früh-, Mittag- und Abendläuten ausfällt, nach der Predigt, während des Gebetes des heiligen Vaterunsers. Im Laubaner Kreise wird unter dem Gebet desselben mit einer Glocke geläutet. Aeltere Personen, mögen sie auf der Straße, auf dem Felde oder im Hause sein, entblößen hiebei ehrfurchtsvoll das Haupt und beten das Vaterunser.

Auf dem Lande finden von Martini bis Ostern von Spinnern die sogenannten „Lichtengänge" statt. Das Gesinde versammelt sich nach dem Abendessen in einer der „Lichtenstuben" des Dorfes und spinnt bis 10, 11 Uhr. Am 21. Dezember wird die ganze Nacht — die lange Nacht — gesponnen. Den Beschluß der Lichtengänge macht „der Scheideweg", d. i. eine Mahlzeit auf gemeinschaftliche Kosten, wobei auch Branntwein getrunken und nachher, wenn es irgendwie sein kann, auch ein Tänzchen von Burschen und Mädchen veranstaltet wird. Spaßvögel erschrecken die Lichtengänger durch Aschtöpfe und Quietschteller. Dem hiebei Aufgegriffenen band man, z. B. in Schwerta die Hände über dem Rücken zusammen. Ein alter Topf wurde an den zusammengebundenen Händen befestigt und auf ihm trommelnd wurde er von andern lustigen jungen Leuten durch's Dorf geführt. Im Winter finden auch am Tage die Rockengänge statt. Sowohl auf dem Lande als in den Städten besuchen gute Freunde einander an langen Winterabenden; Speise und Trank finden bei dergleichen Lichtengängen regelmäßig statt.

Nach glücklich eingebrachter Ernte ist es Sitte, dem Dominial-Gesinde und Arbeitern ein „Erntebier" im Kretscham zu geben, wobei auch getanzt wird. Der herrschaftliche Beamte, der Vogt und der Vormäher machen die ersten Tänze. Ist auf den Dominien und bei Bauern und Gärtnern Alles ausgedroschen worden, so wird eine „Dreschermahlzeit" gegeben. Bei Grenzberainungen war es früher in der Ober-Lausitz Sitte, daß Kinder unter 14 Jahren bei diesem Geschäft zugezogen wurden. Damit das Grenzgeschäft sich dem Gedächtnisse derselben unverlierbar mache, erhielten sie von einem der beim Grenzgeschäft Betheiligten eine Ohrfeige.

Das Leih-, gewöhnlich Leinkauftrinken genannt, ist eine uralte Sitte. Ursprünglich war Wasser ein Zeichen der Treue, das man in der Folge mit anderen Getränken, in neuerer Zeit mit Bier und Branntwein, vertauschte. Sobald das Kauf- oder Handelsgeschäft abgeschlossen ist, so giebt in der Regel der Käufer zur Besiegelung desselben einige Flaschen Bier und Branntwein; nicht selten nehmen Nachbarn, Verwandte und Bekannte hieran Theil. Bei Punktationen, welche durch Ortsgerichte geschlossen werden, wird in der Regel auch noch Leihkauf getrunken. In manchen schriftlichen Verträgen wurde sogar ausdrücklich vermerkt: „und sie tranken auch dabei!"*)

Ein uralter Gebrauch in der Ober-Lausitz ist's, in Wäldern an der Stelle, wo Jemand seinen Tod, sei es frei- oder unfreiwillig, gefunden hat, Reiserhaufen zu errichten. Fast jeder Vorübergehende bricht von einem Bäumchen ein Aestchen ab und wirft es auf den nach und nach gebildeten Reiserhaufen, gewöhnlich „der todte Mann" genannt, damit die Seele des Verschiedenen sich einer besseren Ruhe erfreue. Dieser Gebrauch schreibt sich

*) Geschichte des Herzogthums Sagan von Worbs, S. 245.

aus vorchristlicher Slavenzeit her; diese verbrannten ihre Todten und begruben ihre Gebeine und Asche auch in Wäldern (Urnen).

Nachdem das Christenthum unter den heidnischen Slaven Eingang gefunden hatte, wurde nicht nur das Verbrennen der Todten, sondern auch die Beerdigung derselben in Wäldern und die Errichtung von Holz- oder Reiserhaufen verboten; der Verstorbene sollte auf die errichteten Kirchhöfe begraben werden.

Eigentliche Volksfeste hat der Ober-Lausitzer nicht; es wäre denn, daß das Königs- und Pfingstschießen, sowie die Maskeraden an Fastnacht und Kirmes und die Jahrmärkte hieher gezählt würden.

Der Laubtanz hat aufgehört, ein Volksfest zu sein, seitdem die Hofedienste abgelöst sind. Die Unterthanen brachten nämlich nach Beendigung der Ernte, geführt von dem Ortsgerichte und mit Musik begleitet, ihrem Gutsherrn schöngewundene Aehrenkränze oder Aehrenkronen und überreichten sie ihm an der Schloßthür mit einer Ansprache. Die Herrschaft schenkte hierauf den Unterthanen Bier, Branntwein und veranstaltete ihnen ein unentgeldliches Tanzvergnügen auf einem geebneten Platze des Dominialgehöftes, einer Wiese, dem Dorfanger oder im Kretscham. Nirgends wurde der Laubtanz wohl großartiger, als in Daubitz gefeiert. Dort wurden außer dem Tanzvergnügen noch Stangenklettern, Sacklaufen, Hahnschlagen 2c. veranstaltet.

Volksbelustigungen sind: Kegelschieben, Scheibenschießen, Hahnschlagen, Sacklaufen.

Die deutsche Jugend liebt folgende Spiele: Himmeln oder Häkeln, Anschmeißen (mit Blechmarken oder Knöpfen), Blindekuh, Plumpsack, Stübchenvermiethen, Wolf und Schaf, Leinwandmessen, Katze und Maus, Hasenjagen, Alte Saue, Verstecken, Legen mit Nadeln; Wintervergnügungen sind: Schlittschuhlaufen, Schlittenfahren, Schneeballen rollen, Schneemänner aufrichten.

b) Der Lausitzer Wende.

Hauptzüge seines Charakters sind: Stolz auf seine wendische Abkunft, Mißtrauen und eine gewisse Art Verächtlichkeit gegen den Deutschen, den er für schwelgerisch und lasterhaft hält und der seinen Vorfahren Eigenthum, Freiheit und Religion raubte und ihnen drückende Dienste, Lasten und Abgaben aufbürdete. Er ist religiös, kommt oft und von der größten Weite her in die Kirche, hält Gottes Wort hoch in Ehren und feiert oft das heilige Abendmahl. Der Wende hält Falschheit für Klugheit; ist kriechend, wo ihm Kraft entgegengesetzt wird; ist trotzig, wo er Schwäche bemerkt; ziemlich langsam im Entschlusse, aber ausdauernd in seinen Unternehmungen. Viele Unarten lernte er von solchen Deutschen, die als Auswürfe derselben in wendischen Städten und Dörfern sich niederließen. Seine Gutmüthigkeit und Leichtgläubigkeit zog ihm oft großen Schaden zu. Seine Gastfreiheit und Genügsamkeit sind bekannt. Mädchen, die in der Stadt gedient hatten, wurden sonst mit einer gewissen Verächtlichkeit betrachtet und nicht leicht ließ die Mutter ihre Tochter Dienst in einer Stadt nehmen. Der Wende ist gegen den Wenden aufrichtig, treu in der Noth und verträglich. Er ist ein großer Freund der Musik und des Gesanges und hält fest an den von den Eltern erlernten Liedern. Sein Anzug ist einfach, seine Speise ungekünstelt; ein dicker Brei von Mehl oder Hirse, Grütze, ein Gericht Kartoffeln und eine Suppe ist ihm das Liebste Das Hausgeräth ist dürftig, wenigstens nicht so kostspielig, wie das elegante Meubles der Deutschen. Dudelsack, dreisaitige Geige und Zymbal sind schon seit vielen Jahren nicht mehr im Brauche. Der Tanz, ein Hauptvergnügen des Wenden, ist von dem des Deutschen nicht mehr verschieden. Die wendischen Frauen haben meist vortreffliche Stimmen; ein wendischer Kirchengesang ist etwas Erhebendes. Er ist mild, langsam, einstimmig und wird mit sichtlicher Andacht verrichtet.

Der Deutsche sucht zur Erziehung seines Säuglings, wenn's irgend sein kann, eine wendische Amme, da sie in der Regel kerngesund ist und viel Nahrung in ihrem strotzenden Busen hat.

Die Kleidertracht weicht von Jahr zu Jahr vom Nationellen ab und es schleichen sich die Moden unter den Wenden eben so gut, als unter den Deutschen ein. Der rohe, auch blauleinene Alltagsrock des männlichen Wenden, versehen mit einem Steh- und Schulterkragen, und Aufschlägen an den Aermeln und bunter Paspelirung wird immer seltener. Der Brustlatz der Alten ist lang und mit breiten Knöpfen besetzt; ehedem nahm er unter den Kleidungsstücken den ersten Rang ein. Der Hut ist mit breiter, aufgestülpter Krempe versehen; die Zipfelmütze wird noch hie und da getragen. An die Stelle der Schnallenschuhe sind Stiefeln getreten. Die Beinkleider der älteren Wenden sind kurz, das Haar wird von ihnen noch lang, von einem Kamme zusammengehalten, getragen.

Mehr Nationelles findet man noch in der weiblichen Kleidertracht. Der Rock ist mit einer Menge Falten versehen und sitzt auf einem Schößeloder Wurstmieder. Der Rücken des letzteren besteht aus einem 2—3 querfingerbreiten Streifen, von dem aus ebenso schmale Streifen über die Schultern gehen. Ueber dem kurzen Hemde wird ein Kittlick (Kittelchen) oder eine Art leinene Jacke mit bunten Aermeln, die bis über die Ellenbogen reichen und mit Spitzen besetzt sind, getragen.

Vor die Brust kommt wohl noch, wie sonst allgemein, ein tüchtiger Latz von Pappe, mit Tuch oder buntem Zeuge überzogen, damit man nicht so „schwapprich" gehe, wie die Deutschen.

Die Jacken sind in der Regel schwarztuchen, Haube und Kopftuch, mit herabhängenden Zipfeln am Hinterkopfe, bilden die Kopfbedeckung. Ueber der Sonntagsjacke wird ein weisses, fein gesticktes Tuch getragen. Bei Leichenbegängnissen kleiden sich die Leidtragenden in ein weißleinenes, langes Tuch, das auf dem Rücken zusammengesteckt wird und bis auf die Füße reicht, so daß nur das Gesicht und die Schuhe unbedeckt bleiben. In diesem Anzuge erscheinen sie zum Gottesdienste während der Trauerzeit. Die rothen Strümpfe werden nicht mehr getragen.

Als Pathe wird der Jungfer um das zusammengewundene Haar ein grünes Band gewunden und mit Stecknadeln befestigt, so daß ein förmliches Nestchen oder Mützchen entsteht. Darauf wird ein Gold- oder Silberflitterkränzchen gesetzt. In der Muskauer Gegend trägt auch die Jungfrau Braut diesen Kopfputz, statt des Flitterkranzes aber einen Rauten- oder Myrthenkranz. Im Hoyerswerdaer Kreise kommt es noch zuweilen vor, daß die Braut und die Züchtjungfern in „Barten" zur Trauung gehen. Die Barte ist ein Kopfputz, hat die Form eines Kegels, der regelmäßig spitz zuläuft, am untern Ende paßt er gerade auf den Kopf, am obern Ende aber ist er abgestumpft; das Ganze besteht aus Pappe, mit schwarzem Sammet oder Manchester überzogen und mit Flittern verziert. Die meisten Bräute gehen jetzt im einfachen Kopfputze, im Kranze aus Flittern und künstlichen Blumen gefertigt.

Zwischen Ostern und Pfingsten gehen die wendischen Mädchen in der Muskauer Gegend des Sonntags auf den Dorfanger, um hier Lieder oder Arien zu singen. In der Osternacht singen sie vor den Hausthüren und erhalten Geld oder Kuchen. Am Ostermorgen wird Osterwasser geholt. Der das erstemal im Frühjahr an die Feldarbeit Gehende wird hie und da mit Wasser begossen oder gar untergetaucht, damit er im Sommer bei der Arbeit sich nicht verschlafen zeige; ein gleiches Geschick theilt der Kuhhirte, wenn er er das erstemal im Frühjahr 2c. austreibt.

Am Charfreitage, auch an manchen Orten einige Tage früher, werden Eier gebuntet, worin, was die Figuren und Zusammenstellungen anlangt, die Wenden eine größere Geschicklichkeit und Erfindungsgabe, als die Deutschen besitzen. Kinder werden bis nach erfolgter Konfirmation von ihren Pathen mit dergleichen Eiern alljährlich an Ostern beschenkt.

Am Walpurgis-Abende herrscht noch hie und da die Sitte, Fliederästchen auf den im Hofe liegenden Düngerhaufen zu stecken. An die Thüren werden mit Kreide, Kohle, auch mit Theer, drei Kreuze gemacht.

An manchen Orten werden auch Maistangen gesetzt. Eine lange, weiße Kieferstange wird mitten in's Dorf aufgestellt. Nachdem sie ein paar Wochen gestanden, wird sie wieder herunter genommen und diejenigen Mädchen, die den Maientanz mitmachen wollen, geben ein schönes Tuch her; so viel Theilnehmerinnen sind, so viel Tücher werden auf dem Tannenwipfel der Maie befestigt, so daß am Sonntage des Maienfestes die Tücher oben flattern. Dann wird um die Maie getanzt. Jedes Mädchen hat ihren Burschen, dem das von ihr gegebene Tuch angehört und sobald die Maie gefällt ist, heftet er sich dasselbe in's Knopfloch. Wer beim Fällen den Wipfel zuerst ergreift, resp. abbricht, erhält den Preis und wird als König eingeführt. Darauf folgt im Wirthshause ein Tanzvergnügen.

Am Johannistage werden viel Kräuter gesammelt.

Der heilige Andreas (am 30. November) ist Schutzpatron der Verliebten. Drei hölzerne Pantoffeln bilden ein Orakel. Es wird in jeden Etwas, z. B. Werg, Holz, ein Wirtel, gelegt. Der das Orakel Fragende tritt bei Seite und kehrt den drei Pantoffeln den Rücken zu. Nachdem durch eine Person ein Stellenwechsel derselben stattgefunden, wird jener angegangen, eine der drei Nummern namhaft zu machen, womit die Pantoffeln bezeichnet sind. Es bedeutet nämlich No. 1. ein junges Mädchen, resp. einen Junggesellen, No. 2. eine Wittwe, resp. einen Wittwer, No. 3. nichts. Die Nummer, die der Verliebte wählt, drückt also die Loosung aus, wozu der heil. Andreas im nächsten Jahre verhelfen werde.

Auf Rocken und Lichtengänge hält auch der Wende auf dem Lande viel. Den Beschluß macht der „Scheideweg", wobei ein Kaffee mit Zubiß gegeben und Branntwein getrunken wird. Manche peitschen beim Scheideweg den Stand- oder Spänleuchter der Lichtenstube mit einem Besen zur Thür hinaus.

Gevattern bittet in der Regel die Hebamme; das Kind hat gewöhnlich 3 Pathen; sonst hatten uneheliche Kinder 5 Pathen. Das „Eingebinde" beträgt oft nur wenige Groschen. Ehedem legte man auch neunerlei Saamen bei, damit das Getreide 2c. in des Täuflings künftiger Wirthschaft gerathe. In das „Taufbriefchen“ eines Mädchens legte man einige Körnchen Leinsaamen und eine Nähnadel, damit es einst viel Flachs erbaue und gut nähen lerne.

Bei Hochzeiten spielt der Druschba oder Braschka, d. i. Brautführer, Brautdiener, eine wichtige Rolle. Er ist schon bei der Anwerbung um die Braut thätig und muß Wortführer und Leiter bei der Verlobung sein. Es darf ihm also nicht an Worten fehlen, wenn Zweifel und Bedenken bei einem oder dem anderen Theile der „Liebesleute“ obwalten. Er ist also der erste Copulator. Für die Hochzeit hat er die Gäste zu bitten, was mit einer feststehenden Einladungsrede geschieht.

Die Braut schenkt dem Braschka ein langes, weißes, feines Tuch, welches er über die rechte Schulter nach der linken Hüfte wie ein Säbelgehenk umhängt und die beiden Enden bis an die Waden herabhängen läßt. In ein Knopfloch des Rockes wird ein buntes Tuch geknüpft. In dieser Tracht nimmt er die Braut bei ihrer Rechten und führt sie zur Trauung. Hinter ihm und der Braut folgt der Bräutigam mit dem zweiten Brautdiener und dann folgen die übrigen Gäste. Diese haben sich vorher alle im Brauthause versammelt. Dem Braschka und Bräutigam werden scheinbar anfänglich viel Umstände gemacht, in's Hochzeithaus gelassen zu werden. Der Letztere trägt im Muskan'schen einen Kranz auf dem Kopfe. Ehe zur Trauung gegangen wird, hält der Braschka eine rührende Rede (die „Auswerbge“) an die Versammlung, wobei viel Bibelsprüche benutzt werden und der alte Tobias und seine Sarah nicht fehlen dürfen. Ehe man das Hochzeitgehöfte verläßt, macht die ganze Hochzeitgesellschaft an manchen Orten mehreremale die Runde im Hofe, wobei in der Regel die Braut viel und laut weint. Ist die Kirche im Wohnorte der Braut, so geht man gewöhnlich in die Trauung; voran schreiten die Musikanten, wenn diese die Hochzeit verherrlichen müssen. In der Nähe der Kirche angekommen, schweigt die Musik. Kommen die Gäste aus der Trauung zurück, so wird alsbald zur Mahlzeit geschritten. Der Braschka oder Druschba ordnet die Gäste. Gelbe Suppe, „Schwarztunke“, Fleisch mit Gemüse, Hierseбrei sind in der Regel Hochzeitsgerichte; Bier und Branntwein Hochzeitsgetränke. Während der Mahlzeit finden sich noch hie und da junge Mädchen ein, welche wendische Volkslieder singen; die Spielleute begleiten den Gesang mit ihren Instrumenten. Die Sänger erhalten dann wohl auch Speisen und Getränke. Bezwingt ein Hochzeitsgast seine Portion nicht, so verschenkt er selbige an gute Freunde oder an Arme im Orte oder nimmt sie in einem Topfe und auf Tellern mit nach Hause.

Die Salzmeste oder Züchtfrau hat ihren Namen von der ihr obliegenden Verrichtung, Salz und Pfeffer in einer Meste, d. i. einem gläsernen oder hölzernen Näpfchen auf die Speisetafel zu bringen. Sie nimmt am Schlusse der Mahlzeit auch die Hochzeitgeschenke für das junge Ehepaar in Empfang und zwar mit den Worten: „ich danke, laßt euch wieder schenken!“ Nach der Mahlzeit wird, wo möglich, getanzt. Manche Hochzeit wird mehrere Tage gefeiert. Nach der Hochzeit erfolgt die Heimführung, d. h. die Braut folgt, wenn sie aus dem Hause in ein anderes Haus heirathet, ihrem Bräutigam. Die Ausstattung wird auf einen Wagen geladen, worauf sich schließlich auch die Braut setzt. Kommt sie an dem Orte ihrer Bestimmung an, so reicht sie nach Brauch und Sitte dem Ersten, der ihr im Hofe begegnet, ein Brot. Sonst ließ man auch eine schwarze Henne fliegen und gab acht, ob sie im Gehöfte blieb oder über dasselbe hinaus flog. Daraus wollte man einen Schluß ziehen, ob die junge Frau bei ihrem Manne bleiben werde oder nicht. Hochzeitgäste und Musici begleiten die Braut bei der Heimführung. Hier beginnen Essen, Trinken und Musik von Neuem.

Die Leichenfeierlichkeiten unter den Wenden sind fast ohne alles Gepränge. Dem Verstorbenen wird ein weißer Jenker oder irgend ein farbiger Stoff als Leichengewand angelegt. Der Sarg ist, namentlich bei Armen, sehr oft ohne Anstrich und ganz einfach. Vor der Abfahrt der Leiche nach dem Friedhofe labt sich die Trauerversammlung mit Speise und Trank und nachdem die Leiche das Gehöfte verlassen hat, werden Thüren und Thore geöffnet. Die Leichenwäscherin läßt sich gewöhnlich auf dem einfachen Leichenwagen bis auf den Abholungsplatz der Leiche befördern. Früher war es Sitte, die Leitern des Leichenwagens bei seiner Rückkehr an der Ortsgrenze sammt den Strohwischen, worauf der Sarg ruhte, auf einem bestimmten Platze wegzuwerfen und dem Schicksal zu überlassen; daher fand man an solchen Stellen einen Haufen von Leitern und Strohwischen. Nach dem Begräbniß kommen die Trauerleute wieder im Trauerhause zusammen; man sagt: „sie gehen in's Leid."

Zu den Lieblingsvergnügungen der Wenden gehören Hahnschlagen, Kegelschieben und Würfelspiel.

Vordem fand am Lätare-Sonntage das sogenannte Todaustreiben statt. Ein Strohmann wurde nämlich unter allgemeinem Jubel zum Flusse hingetragen und hineingestürzt. Es war dieses Fest bei den alten Wenden ein Frühlingsfest, an welchem man sich freute, daß der Winter, der Tod der Natur, dem Alles belebenden Frühlinge gewichen sei. Auch lag diesem Gebrauche eine christliche Tendenz zu Grunde. Man erinnerte sich, wenigstens in Schlesien, wo dieser Gebrauch auch stattfand, an diesem Tage der Einführung des Christenthums durch den Herzog Mizislav (965) und des Sturzes des Heidenthums.

Zu Anfange dieses Jahrhunderts wurde selbst noch in Königshain, einem deutschen Dorfe bei Görlitz, diese Sitte begangen. Es zog Jung und Alt aus Königshain mit Strohfackeln auf den Todtenstein und nachdem diese angezündet worden waren, sang man wiederholentlich die Worte: „den Tod haben wir ausgetrieben, den Sommer bringen wir wieder", bis man wieder das Dorf erreicht hatte. 1793 wurde auch noch in Görlitz von der Jugend ein Strohmann in die Neiße gestürzt. Ein Gleiches geschah um diese Zeit noch zu Daubitz.

Kinder und auch Erwachsene lieben das Walkeien, d. i. ein Spiel mit Eiern (Wahleiern, Dingeiern), Bohnen, runden Steinchen auf einer schiefen Ebene oder Fläche. Zu mehrerer Verständigung dieses interessanten Spieles diene folgende Figur und Beschreibung:

Es wird eine schiefe Ebene, d. die Wahlei, ausgesucht oder auf dem Erdreich eine Vertiefung, a. b. c. d., gemacht, deren Abdachung nach c. d. gerichtet ist. Die Grundfläche muß eben sein, die Senkung der Fläche ca. 1 Fuß betragen. Bei e. werden alle Eier der Spieler an ein Brettchen gelegt: nimmt man dasselbe weg, so kollern dieselben nach dem Rande c. d. hin. Hierauf wird mit einem Faden e. f. gemessen, welches der herabgerollten Eier am weitesten von c., dem Ablaufspunkte entfernt liegt. Wessen Ei nun am weitesten von e. weggerollt ist, ist der Erste beim Spiel. Derselbe nimmt nun dieses Ei und läßt es von dem Ablaufspunkte e. nach dem am Rande c. d. liegenden Eiern kollern. Trifft dasselbe eines von ihnen, so hat er dieses gewonnen oder er erhält dafür 1 Pfennig. Er bleibt so lange in ununterbrochenem Spiele, als er mit einem Ei andere Eier berührt. Trifft sein Ei kein anderes, so wird mit dem Faden ausgemittelt, wessen Ei nunmehr das vom Ablaufspunkte entfernteste ist. Der Eigenthümer verfährt nun ebenso, wie sein Vorgänger. Alle getroffenen Eier kommen aus der Vertiefung oder aus dem Spielraume und zahlen à 1 Pfennig oder das, was sonst als Zahlung festgesetzt worden ist. Ist das letzte Ei getroffen, so beginnt das Spiel von Neuem. Wer sein Ei verlor, darf nicht eher ein anderes an eine beliebige Stelle des untern Raumes c. d. setzen, bis *er selbst* gewahleit hat. Zu jeder Zeit können Spieler ab- und zutreten. Durch geschicktes Zielen räumt mancher Spieler die ganze Wahlei oder Walkei. Dieses Spiel, das auch in Böhmen bekannt ist, wird von der wendischen Jugend, wenn es sich nur irgend thun läßt, mit bunten Eiern am Osterfeste auf einem freien Platze veranstaltet. Mancher Spieler kann durch geschickte Wahl des Eies, durch geschicktes Zielen und Ansetzen die ganze Wahlei fast auf einmal ausräumen und es tragen Manche ganze Taschen voll Eier heim.

6) Des Volkes Stände.

Darunter versteht man das gegenseitige Verhältniß der Einwohner zu einander, gegründet auf Geburt oder freie Wahl. Man unterscheidet daher **erbliche** und **persönliche** Stände.

I. Erbliche Stände.

A. Der Adelstand.

Seine Vorfahren haben sich besondere Verdienste um Fürsten und Staaten erworben. Der Adel wird erlangt durch Erblichkeit, Annahme an Kindesstatt, Kauf oder Erhebung in denselben Seitens des Landesherrn. Daher spricht man von Geburts- und Briefadel, von hohem und niederem, von altem und neuem Adel. Er führt das Wörtchen „von" vor seinem Namen. Vor Ertheilung der Verfassung des Staates besaß er wichtige Standesvorrechte, z. B. nur von den höchsten Gerichten gerichtet zu werden, auf seinen Gütern eigene Gerichte (Patrimonial-Gerichte) zu halten &c. Der hohe Adel war grundsteuerfrei.

Zum hohen Adel gehören Herzoge, Fürsten, Grafen, Freiherren oder Barone. Dahin gehören u. a. in der Lausitz die Besitzer der Standesherrschaften Muskau und Seidenberg, erstere dem Prinzen Friedrich von der Niederlande, letztere dem Herrn Grafen von Einsiedel zu Reibersdorf bei

Zittau gehörig. Mehrere adelige Häuser haben durch Errichtung von Majoraten undÆllenioraten ihre Güter untheilbar gemacht, um dadurch den Glanz ihrer Häuser zu erhalten.

B. Der Bürgerstand.

Zu ihm gehören alle Bewohner eines Landes, die weder zum Adel noch zum Bauerstande gehören; im weitesten Sinne des Wortes aber die Bewohner der Städte. Sie treiben verschiedene Gewerbe. Die Zahl der Bürger oder Städtebewohner in den 12 Städten der preußischen Ober-Lausitz betrug ult. Dezember 1858 48,910. Sie sind entweder eigentliche Bürger oder Schutzverwandte. Das Bürgerrecht kann ein Jeder, der im Rufe eines unbescholtenen Lebenswandels steht, durch Ankauf eines städtischen Grundstücks oder Niederlassung in einer Stadt erlangen. Es wird nur nach abgelegtem Bürgereide ertheilt, das aber durch grobe Vergehungen und Verbrechen wieder entzogen werden kann. Zu den Rechten des Bürgers gehört die Befugniß, an den Wahlen der Stadtverordneten Theil zu nehmen.

C. Der Bauernstand.

Dazu gehören die Bewohner des platten Landes, welche sich mit dem Betriebe der Landwirthschaft beschäftigen; ein Theil beschäftigt sich nebenbei oder ausschließlich mit Weberei.

Nach der Beschaffenheit und Größe ihrer Besitzungen giebt es im Markgrafthum Ober-Lausitz Groß-, Klein- und Halbbauergüter, Hüfner, Halbhüfner, Großgärtner, Ueberschäre, Frei-, Mittel- und Kleingärtner, Freihäusler, Häusler, Leerhäusler. Früher gab es in der Lausitz viele Laßnahrungen. Sie wurden von den Dominien den Unterthanen erblich oder nicht erblich verliehen gegen die Verpflichtung, gewisse Natural- und Hofedienste zu leisten. Durch die Dienst-Ablösung ist dieses Verhältniß aufgehoben worden.

II. Die persönlichen Stände.

Hiezu sind der Nähr-, Lehr-, Wehr- und Beamtenstand zu rechnen.

A. Der Nährstand.

Er beschäftigt sich vorzugsweise mit Gewinnung und Veredlung der Natur- und Kunsterzeugnisse, sowie mit Verbreitung derselben durch den Handel.

Der Bergbau ernährt auch in der preußischen Ober-Lausitz eine große Anzahl Berg- und Hüttenleute, Torfstecher, Steinbrecher, Sand-, Thon- und Lehmgräber.

Die Landwirthschaft, der Obst- und Gartenbau, sowie die Fischerei beschäftigen viele fleißige Hände und verschaffen Nahrung und Geld.

Die Handwerker, Fabrikanten und Künstler in den Städten und Dörfern verarbeiten inländische und ausländische Rohstoffe und liefern Waaren nicht nur für den innern Bedarf, sondern auch zur Ausfuhr. Der deutsche Zollverband hat einen entschieden vortheilhaften Einfluß auf Fabrikthätigkeit und Handel.

1) Kunsterzeugnisse aus Thierstoffen.

In der Handelswelt und auf den Handelsmärkten sind mehrere preußisch-oberlausitzische Erzeugnisse berühmt und bekannt. Die zu Görlitz, Lauban und Seidenberg gefertigten Tuche, von denen die zu Görlitz und Seidenberg fabrikmäßig verfertigt und unter den Tüchern der Provinz für die schönsten und besten gehalten werden, erfreuen sich eines lebhaften Absatzes in Deutschland, ein großer Theil dieses Fabrikats geht in's Ausland; so werden z. B. Görlitzer Tuche nach Italien, in den Orient und nach Amerika versendet.

Die Kammgarn-Spinn- und Weberei zu Marklissa beschäftigt an 500 Personen; die hier gefertigten schafwollenen Kleiderstoffe finden ihrer Schönheit und Güte halber einen weitverbreiteten Absatz in Deutschland.

Die Hoyerswerdaer Schuhe und Stiefeln, wie nicht minder die Schönberger Damenschuhe erfreuen sich auf Jahrmärkten eines lebhaften Absatzes.

Die Seifensiedereien zu Görlitz machen erfreuliche Geschäfte.

2) Kunsterzeugnisse aus Pflanzenstoffen.

Garn wird namentlich auf dem Lande und vorzüglich schönes und feines im Laubaner Kreise zu Hennersdorf, Pfaffendorf, Schönbrunn, Schreibersdorf, so wie in Heidegersdorf, Bunzlauer Kreis-Antheil, gesponnen. Was davon nicht im Lande selbst verbraucht wird, geht theils roh, theils gebleicht nach Sachsen. 1859 belief sich die Zahl der Spinner im Laubaner Kreise auf 5400; ihr täglicher Verdienst besteht nur in wenigen Pfennigen.

Zwirn wird in vorzüglicher Güte im Laubaner Kreise zu Volkersdorf, Schwerta, Gebhardsdorf gefertigt und gefärbt und ungefärbt von Hausirern an Kauf- und Handelsleute in der Lausitz, in Schlesien und Sachsen abgesetzt.

Die Leinwandfabrikation im Laubaner Kreise wird zwar seit Jahrzehnten, ungünstigen Handelsverhältnissen zufolge, nicht mehr so lebhaft, wie früher, betrieben, indeß beschäftigen sich damit immer noch sehr viele Hände in und um Lauban, Marklissa, Hartmannsdorf, Friedersdorf a. Qu., Geibsdorf. 1858 gab es im ganzen Laubaner Kreise 1846 Leinweber. Das Fabrikat wird zum Theil auf den Messen zu Leipzig, Braunschweig und Frankfurt abgesetzt. Vor 1806 ging viel Leinwand, mit der schlesischen an Feinheit und Güte wetteifernd, in das spanische Amerika. Die schöne Weiße erhält die Leinwand durch die Gebirgs-Rasenbleichen zu Wigandsthal, Volkersdorf, Marklissa, Lauban. Seit einigen Jahren befindet sich zu Lauban auch eine Fixbleiche.

An die Stelle der gesunkenen Leinwandfabrikation trat die Baumwollenwaaren-Fabrikation. Am lebhaftesten wurde sie im Laubaner Kreise betrieben; 1858 zählte man im ganzen Laubaner Kreise 2181 Baumwollenweber; seit einigen Jahren hat namentlich die Handweberei eine Stockung erfahren und ihr Wiederemporkommen ist sehr zweifelhaft. Die Garne kommen von den Handlungshäusern (Berlin, Eilenburg, Zittau 2c.) an ihre Faktoreien im Laubaner Kreise. Diese geben die Garne den Webern, die um's Lohn die Waare fertigen und selbige ohne Appretur an ihre Arbeitgeber abliefern. Das Handlungshaus Löwe, Nauen u. Comp. errichtete im Jahr 1834 zu Marklissa eine Kattunfabrik, die durch Dampfkraft in Betrieb gesetzt wurde. Dasselbe unternehmende und gewissermaßen für Marklissa und Umgegend sich verdient gemachte Handlungshaus legte 1840 noch eine Kattunfabrik zu Beerberg an, die durch Dampf und Wasserkraft betrieben werden kann, worauf erstere außer Betrieb kam. Nach jahrelangem Stillstande wurde 1856 das Fabrikgebäude mit Dampfmaschine an den Fabrikbesitzer S. Woller zu Bradford verkauft, der in selbigem eine Kammgarn-Spinn- und Weberei einrichtete, das Etablissement bedeutend erweiterte und auch eine Dampffärberei mit Appretur in's Leben treten ließ. Hauptsitz der Kattunweberei ist zu Marklissa, Hartmannsdorf, Gerlachsheim, Linda, Heidersdorf, Küpper, Berna, Bellmannsdorf, Schadewalde, Oertmannsdorf. Die Baumwollen-Industrie in der preußischen Ober-Lausitz beschäftigte in der neuesten Zeit ca. 20,000 Menschen.

Vorzügliche Biere werden zu Görlitz, Muskau, Lauban, Seidenberg, Rothenburg, Schönbrunn, Jänkendorf, Trebus, Schwerta, Meffersdorf 2c. gebraut. Das Lagerbier zu Görlitz, Seidenberg und Muskau erfreut sich eines lebhaften Absatzes in weite Ferne. Die Anzahl der Brauereien beträgt gegenwärtig 103.

Der Görlitzer Kreis	hat deren	28.
„ Laubaner „	„ „	22.
„ Rothenburger	„ „	31.
„ Hoyerswerdaer	„ „	17.
„ Bunzlauer	„ „	4.
„ Saganer	„ „	1.
	zusammen . .	103.

Die Branntweinbrennerei wird an vielen Orten im Großen mittelst Dampfapparaten betrieben, z. B. in Rothenburg, Kodersdorf, Schönbrunn, Meffersdorf, Schwerta, Ober-Linda, Siegersdorf a. Qu. 2c. Die Zahl der Dampf-Brennereien beläuft sich gegenwärtig auf 68.

Im Görlitzer Kreise	befinden sich	19.
„ Laubaner „	„ „	5.
„ Rothenburger	„ „	28.
„ Hoyerswerdaer	„ „	14.
„ Bunzlauer	„ „	2.
	zusammen . .	68.

und somit kommt auf 1 Qu.-Meile 1 Brennerei.

Die Liqueurfabrikation wird in Görlitz, Marklissa, Grenzdorf, Seidenberg, Schönberg und Lauban betrieben.

Die Oelfabrikation findet man zu Görlitz, Schadewalde u. a. O. m. Sie wird in Mühlen, deren Zahl sich in der Ober-Lausitz z. Z. auf 290 beläuft, betrieben.

Das Holz beschäftigt eine Menge Brettmühlen, Zimmerleute, Drechsler, Holzschnitzer (Görlitz), Wagenbauer (Görlitz, Lauban, Marklissa), Tischler, Böttcher, Stellmacher, Theer-, Kohlen- und Rußbrenner. Die Anzahl der Theer- und Pechöfen hat sich seit 50 Jahren bedeutend vermindert; ihre Anzahl beschränkt sich zur Zeit unter 10.

Die Papierfabrikation wird nur noch zu Wingendorf, Wehrau, Sänitz und Köbeln betrieben.

3) Kunsterzeugnisse aus dem Mineralreiche.

Sie werden aus Metall, Steinen, Erden u. brennbaren Mineralien verfertigt.

Eisen, welches in den Eisenhüttenwerken (in der preußischen Ober-Lausitz giebt es deren 7), verfertigt wird. Zu Keula, Bernsdorf rc. sind Gießereien; zu Görlitz sind zwei Maschinenbauanstalten.

Porzellan und Steingut liefern in vorzüglicher Güte die Fabriken der Herren Matthiessen zu Tiefenfurth, Kreis Görlitz.

Gute Töpferwaaren werden zu Muskau, Rothenburg, Seidenberg, Reichenbach, Görlitz, Marklissa verfertigt. Das Muskauer und Rothenburger Gefäße geht über die Provinz hinaus. Die Ofenfabrikation wird vorzüglich in Görlitz, Reichenbach, Seidenberg, Muskau und Marklissa betrieben. Die Thonwaarenfabrik des Maurermeister Augustin zu Lauban liefert Ornamente zu Bauten, Drainröhren rc.

Die Ziegelfabrikation wird in der preußischen Ober-Lausitz lebhaft betrieben, da es an Material hiezu nicht mangelt und auf massive Bauart der Häuser möglichst gehalten wird. Die Ziegeleien zu Marklissa, Holzkirch, Troitschendorf, Stannewisch sind berühmt. Die Zahl der Ziegeleien ist bis auf 120 gestiegen.

Der Görlitzer Kreis hat	33	Ziegeleien.
„ Laubaner „ „	22	„
„ Rothenburger „	40	„
„ Hoyerswerdaer „	21	„
„ Bunzlauer und Saganer Kreis	4	„

Glas wird in den Glashütten zu Rauscha, Penzig, Wehrau, Leipa und Bernsdorf in Menge und von anerkannter Güte fabrizirt.

Die Steinmetz- und Bildbauerarbeiten zu Görlitz, Niesky, Rothenburg, Lauban, Schwerta, Geibsdorf, Gerlachsheim, Waldau, Troitschendorf, Königshain rc. sind gesucht.

Die 13 Kalkbrennereien liefern nicht nur Baukalke, sondern auch Ackerkalk, der bis über die Grenzen der preußischen Ober-Lausitz Absatz findet. In mehreren Brüchen sind Dampfmaschinen in Anwendung, wie z. B. in Ludwigsdorf.

Die Verbreitung dieser Erzeugnisse geschieht durch den Handel. Derselbe ist entweder Binnen-, auswärtiger, Durchfuhr- oder Speditionshandel.

a) Der Binnenhandel.

Durch ihn werden die einheimischen Produkte im Innern, auf den Märkten rc. verbreitet. Alle Städte der Lausitz und die Marktflecken halten jährlich mehrere Krammärkte, welche 1 Tag bis 4 Tage (Görlitz) dauern. Jene erlangten das Jahrmarktprivilegium früher als die Dörfer. Dasselbe wurde in der Regel von den Landesherren, mitunter auch von Edelleuten ertheilt. Wochenmärkte, auf denen vorzüglich Lebensmittel von den Landbewohnern verkauft werden, sind in den meisten Städten. Der Görlitzer Wochenmarkt (Donnerstags) übertrifft an Lebhaftigkeit nicht nur die Wochenmärkte der übrigen lausitzischen Städte, sondern auch die anderer großen Städte in Schlesien. Der Getreidemarkt verleiht ihm eine ganz besondere Bedeutsamkeit.

Der auswärtige Handel wird besonders begünstigt durch vom Staate mit anderen Staaten geschlossene Handelsverträge; er ist Land- und Seehandel.

Der Durchfuhrhandel ist nicht unbedeutend, da eine Eisenbahn und mehrere gute Chausseen die preußische Ober-Lausitz durchschneiden.

Speditionsplätze hat die preußische Ober-Lausitz außer Görlitz und Kohlfurth nicht.

Als Handelsstädte nehmen Görlitz und Lauban den ersten Rang unter den übrigen lausitzischen Städten ein.

Ausgefahren werden: Leinwand, baumwollene und schafwollene Stoffe, Garn, Wolle, Oelfrüchte, Eisen- und Thonwaaren; eingefahren werden: Kolonial- und Farbewaaren, Hopfen, Karden, englische Schafwolle, Baumwolle, Vieh ꝛc.

Den Handel erleichtern folgende Mittel:

1) Eisenbahnen.

1) Die sächsisch-schlesische Zweigbahn, von der sächsischen Grenze über Reichenbach, Görlitz, Penzig und durch die Görlitzer Heide nach Kohlfurth führend, woselbst sie sich an die niederschlesisch-märkische Bahn schließt. Ihre Länge von Görlitz bis Kohlfurth beträgt 3¾ Meilen. Unterm 26. Juni 1846 wurde Allerhöchsten Orts das Privilegium zu deren Anlage ertheilt. Nach mehrjährigem Bau wurde sie am 1. September 1849 dem öffentlichen Verkehr übergeben. Ueber die Neiße, sowie über das Dorfthal bei Hennersdorf und über den Queiß sind Viadukte errichtet.

2) Landstraßen.

Diese sind entweder Chausseen, Fahrpost- oder gewöhnliche Landstraßen. Die ersteren sind theils vom Fiskus, theils von Korporationen erbaut worden, weshalb an den Zollhäusern von jedem Pferde 1 Sgr. Zoll erhoben wird.

Zu den Kunststraßen der preußischen Ober-Lausitz gehören:

a) die Breslau-Leipziger Chaussee, welche Siegersdorf, Waldau, Görlitz und Reichenbach berührt; seit Anlage der Eisenbahn hat der Verkehr auf ihr sehr viel verloren.
b) Die Berlin-Prager Chaussee, welche von Görlitz über Seidenberg führt; sie ist 1833 und 1834 gebaut und 1835 dem Verkehr übergeben worden.
c) Die Hoyerswerda-Kottbusser Chaussee.
d) Die Görlitz-Zittauer Chaussee.
e) Die Lauban-Görlitzer Chaussee.
f) Die Hoyerswerda-Senftenberger und Hoyerswerda-Bautzener Chaussee.
g) Die Görlitz-Muskauer Chaussee.
h) Die Lauban-Kohlfurther Chaussee.
i) Die Niesky-Meuselwitzer Chaussee.
k) Die Schwerta-Greiffenberger Chaussee.
l) Die Marklissa-Lindaer Chaussee (1852).
m) Die Görlitz-Ludwigsdorfer und Görlitz-Biesnitzer Chaussee.

Die höchstgelegene Straße der preußischen Ober-Lausitz ist die, welche von Wigandsthal über die Lehne der Tafelfichte nach Böhmisch-Neustadtl führt; sie wird auch der Friedländer Paß genannt.

Der Hauptdurchschnittspunkt aller Hauptstraßen der Königlich preußischen Ober-Lausitz ist Görlitz, indem von hier aus Landstraßen nach Dresden, Prag, Breslau, Berlin, Zittau und Lauban führen.

In früheren Zeiten war der Verkehr mit Handelsartikeln an genau vorgeschriebene Handelsstaßen gebunden; die Inhaber der Zoll- und Straßen-Privilegien waren berechtigt, an bestimmten Plätzen einen Zoll zu erheben. Jede Abweichung von den Landstraßen wurde Gegenstand der Beschwerde und wurde fast immer zu Gunsten der Privilegirten entschieden. Die Straße von Zittau in's Brandenburgische war vorgeschrieben über Görlitz und Priebus; die von Görlitz nach Böhmen über Zittau; die von Görlitz nach Schlesien über Lauban und über Schönberg; die von Görlitz nach Sagan über Halbau. Die Passage über die Flüsse war auf ganz bestimmte Brücken beschränkt, bei der Neiße z. B. auf die Brücken in Görlitz, Nieder-Bielau, Podrosche und Muskau; beim Queiß auf die Brücken von Schönberg, Naumburg und Lauban.

Die Inhaber der Straßenprivilegien waren zum Bau der Straßen und Brücken verpflichtet, versäumten aber nicht selten die Instandhaltung derselben, so daß sich die Landesregierung 1781 genöthigt sah, ein Straßenbau-Mandat zu erlassen, das heutigen Tages in der preußischen Ober-Lausitz in mancher Hinsicht noch Geltung hat.

3) Das Postwesen.

Es hat durch den früheren General-Postmeister von Nagler und den General-Post-Direktor Schmückert eine musterhafte Ausbildung erlangt. Nach allen Richtungen hin durcheilen Posten aller Art mit Briefen, Packeten, Geldern und Reisenden das Land. Die preußische Ober-Lausitz gehört in postalischer Beziehung unter den Ober-Post-Direktions-Bezirk Liegnitz. Die Zahl der Postämter in der preußischen Ober-Lausitz beläuft sich auf 2 (Görlitz I. Klasse, Lauban II. Klasse). Das Postamt zu Görlitz führt den Namen Grenz-Postamt. Die Zahl der Post-Expeditionen ist in der preußischen Ober-Lausitz auf 25 angewachsen; hierunter befinden sich 3 Postexpeditionen I. und 22 Postexpeditionen II. Klasse. Im Juli 1844 wurden besondere Landbriefboten bei den Königlichen Post-Anstalten angestellt.

4) Maaße und Gewichte.

Im Handel soll Jeder nur des preußischen Maaßes und Gewichtes sich bedienen. Es muß, zum Zeichen der Richtigkeit, geaicht, d. h. mit dem Stempel versehen sein. Zu Görlitz ist ein Aichamt. Die Maße sind: Längen-, Flächen-, Körper- und Hohlmaße. Am 1. Juli 1858 trat das Zollgewicht im ganzen Lande in Kraft, demgemäß der Zentner 100 Pfund, das Pfund 30 Loth, das Loth 10 Quentchen, das Quentchen 10 Zent, das Zent 10 Korn hat.

5) Das Geld.

Im Handel wird nach Thalern, Silbergroschen und Pfennigen gerechnet. Der Münzfuß im preußischen, excl. der Hohenzollern-Lande, ist der 21. Guldenfuß; es werden aus der Mark feinem Silber 14 preußische Thaler geschlagen. Die preußischen Friedrichsd'ore und Kassen-Anweisungen à 1, 10, 50, 100 und 500 Thaler werden auch in anderen Staaten gern angenommen, ja sogar gesucht. Zu Berlin, Breslau, Düsseldorf sind Münzstätten. Das Recht, Münzen zu schlagen, steht dem Landesherrn zu. 1843 wurden Vereinsthaler à 2 Thaler geprägt. In früherer Zeit, als die Lausitz noch zu Böhmen gehörte, hatte auch Görlitz Münzrecht. König Johann ertheilte ihr 1330 das Münzprivilegium. Es wurden kleine Groschen und Pfennige gemünzt; die ersteren wurden „schwarze Groschen" genannt. Die Münzen nahm man, ehe sie durch Falschmünzer nachgemacht wurden, in allen angrenzenden Ländern gern und willig an.

In der preußischen Ober-Lausitz kursirt neben dem preußischen Gelde auch sächsisches, österreichisches ꝛc.; indeß ist Niemand gezwungen, ausländisches Geld bei Auszahlungen anzunehmen. In Königl. Kassen wird nur preußisches Geld angenommen.

B. Der Lehrstand.

Wie der Nährstand für leibliche Bedürfnisse, so sorgt der Lehrstand für die geistige Wohlfahrt des Landes, indem er sich bemüht, Verstand und Gemüth auszubilden. Der preußische Staat ist reich an wissenschaftlichen Anstalten, deren musterhafte Einrichtung das Ausland anerkennt und nachahmt.

Auch die Lausitz hat viele Gelehrte und tüchtige Männer zu verschiedenen Zeiten gehabt, die zum Theil in ihr geboren wurden, so u. A. den Philosophen Jakob Böhme, den Chemiker Walther v. Tschirnhausen, Mathematiker und Astronom Bartholomäus Scultetus, Naturforscher v. Gersdorf, Fürsten Pückler-Muskau, Geh. Ober-Regierungsrath v. Tschoppe, den Pädagogen Valentin Trotzendorf, den Organisten David Traugott Nicolai.

Der Lehrstand arbeitet in Schule und Kirche.

1) Der Lehrstand der Schule.

a) Das Schulwesen.

Man theilt die Schulen in gelehrte, Bürger- und Volksschulen.

1) An gelehrten Schulen besitzt die preußische Ober-Lausitz nur 2, nämlich die Gymnasien zu Görlitz und Lauban. Sie sind Vorbereitungsanstalten für die Universitäten, ingleichen für's bürgerliche Leben. Sie werden vom Staate und den Magisträten unterhalten.

2) Die höheren Bürger- oder Realschulen stellen sich zum Zwecke, recht brauchbare Subjekte für den Nähr- und niederen Beamtenstand zu bilden. Wer Kaufmann, Fabrikant, Künstler, Apotheker, Forstmann, Kunsthandwerker, Maurer, Zimmermann werden will, thut wohl, eine solche Schule zu besuchen, da sie auf seine erwählte Berufsthätigkeit einen entschiedenen Einfluß äußert. In der preußischen Ober-Lausitz besteht seit 1838 nur zu Görlitz eine höhere Bürgerschule.

3) Die Gewerbeschule zu Görlitz besteht seit Ostern (26. April) 1852 und soll dazu dienen, ihre Schüler für die Theilnahme am Unterrichte im Königl. Gewerbe-Institut zu Berlin vorzubereiten. Mit ihr ist die Handwerkerschule verbunden worden.

4) Die Volks- oder Elementarschulen sind entweder Stadt- oder Landschulen. Durch sie soll die allgemeine Bildung des Volks und die Erwerbung der für's gewöhnliche bürgerliche Leben nothwendigen Fertigkeiten gewonnen werden. Das Regulativ vom 3. Oktober 1854 bestimmt Maaß, Zweck und Ziel des Unterrichts.

Die Zahl der Schulen dieser Art beträgt in der preußischen Ober-Lausitz 253, wovon 17 der katholischen Konfession angehören. An ihnen arbeiteten 1858 280 evangel. Hauptlehrer, 33 evangel. Hilfslehrer, 17 kathol. Hauptlehrer und 3 Adjuvanten.

An sämmtlichen Volksschulen arbeiteten also 334 Lehrer. Folgende Uebersicht weist das Spezielle hierüber nach:

Im Kreise	Evang. Volks-schulen.	Haupt lehrer.	Ge-hilfen.	Kath. Schulen.	Haupt-lehrer.	Ge-hilfen.
Görlitz	56	75	12	2	2	—
Rothenburg . .	67	78	4	1	1	—
Hoyerswerda . .	50	53	—	5	8	—
Lauban	49	57	17	7	5	3
Bunzl. oberl. Krsth.	11	11	—	2	2	—
Sagan „ .	2	5	—	—	—	—
Sorau (Haasel) .	1	1	—	—	—	—
Summa .	236	280	33	17	18	3

An mehreren Orten bestehen für die erwachsene männliche Jugend, zumeist für Lehrlinge, Sonntags- oder Nachhilfe-Schulen, z. B. Lauban, Kunnerwitz 2c. Die evangelischen Lehrer werden meist im Seminario zu Bunzlau und in dem oberlausitzer Seminario zu Reichenbach zu ihrem Berufe vorgebildet. Der Aufnahme in's Seminar geht die Präparandenprüfung voran.

Die in mehreren Städten der preußischen Ober-Lausitz bestehenden Gewerbe-Vereine bezwecken die Belehrung und Fortbildung der einzelnen Gewerbetreibenden durch Vorträge, Vorzeigung und Erklärung von Modellen und Zeichnungen, durch Verbreitung nützlicher Schriften.

Die Taubstummen- und Blinden-Institute sind als Berufsschulen anzusehen. Die preußische Ober-Lausitz hat keins dieser Institute aufzuweisen, wohl aber eine Menge Unglückliche der Art.

Die Anzahl der Taubstummen und Blinden belief sich ult. Dezember 1858 auf resp. 138 und 148. Folgende Uebersicht weist ihre Anzahl in den einzelnen Kreisen nach:

Im Hoyerswerdaer Kreise waren . . .	41	Taubstumme	und	19	Blinde.
„ Rothenburger „ „ . . .	24	„	„	27	„
„ Görlitzer „ „ . . .	28	„	„	39	„
„ Laubaner „ „ . . .	41	„	„	47	„
„ Bunzlauer Ober-Laus. Kreisantheil .	4	„	„	16	„
„ Saganer „ „ .	—	„	„	—	„
„ Sorauer „ „ .	—	„	„	1	„
Sa.	138	Taubstumme	u.	149	Blinde.

Im jugendlichen Alter befinden sich 22 Taubstumme und 13 Blinde. Diejenigen Taubstummen und Blinden, welche noch im bildungsfähigen Alter stehen, finden Aufnahme in den Taubstummen- und Blinden-Anstalten zu Breslau und Liegnitz, oder werden von den Schullehrern in der Heimath, insofern sie sich mit der Unterrichtsmethode dieser Unglücklichen vertraut gemacht haben, unterrichtet. Damit sie sich nach ihrem Austritte aus den bezeichneten Instituten ihr Brot wenigstens theilweise verdienen können, werden sie in verschiedenen Gewerben und Handarbeiten unterwiesen, z. B. im Korbflechten, Stroh- und Stuhlflechten, in der Tischlerei, Seilerei, im Stricken, Nähen 2c.

Endlich ist noch der Ackerbauschule auf dem Dominio zu Zodel, Kreis Görlitz, 1853 errichtet, Erwähnung zu thun, die sich's zur Aufgabe macht, tüchtige praktische Landwirthe, namentlich tüchtige Wirthschafts-Vögte zu bilden. Die 1856 zu Siebenhufen gegründete Ackerbauschule, eine Filial-Anstalt des Rettungshauses zu Görlitz, hat zum Zweck, tüchtiges Gesinde für die Landwirthschaft auszubilden.

b) Erziehungswesen.

Lauban und Görlitz haben Waisenhäuser, Görlitz und Neuhof bei Niesky haben Rettungs-Anstalten für sittlich Verwahrloste; Görlitz hat auch eine Kleinkinder-Bewahranstalt für Kinder von 3—5 Jahren, so wie eine Knaben- und Mädchenbeschäftigungs-Anstalt.

c) Fördernde Gesellschaften und Anstalten.

Hieher sind zu zählen die naturforschende Gesellschaft zu Görlitz (seit 1811) und die 1779 durch Herrn v. Gersdorf auf Meffersdorf und Herrn von Meyer gestiftete oberlausitzische Gesellschaft der Wissenschaften. Ihre großartigen Sammlungen von Vögeln, Pflanzen, Insekten, Mineralien, Münzen und Büchern haben einen hohen Werth. Görlitz, Lauban, Niesky und Muskau haben nicht unbedeutende Bibliotheken. Ferner gehören hieher die Buchdruckereien, Buchhandlungen, Lesevereine und Leihbibliotheken. Sie befördern und verbreiten geistiges Leben. Die landwirthschaftlichen Vereine zu Schützenhain (1840), Rothenburg, Hoyerswerda, der Bauern-Verein zu Jänkendorf, der landwirthschaftliche Verein zu Penzig (1850), zu Görlitz (1854), zu Muskau (1856), Lichtenberg (1859), Marklissa und Geibsdorf (1860) bestreben sich, dahin zu wirken, daß ein rationeller Betrieb der Landwirthschaft sich mehr und mehr mehr verbreite.

2) Der Lehrstand der Kirche.

Er bereitet sich auf den Gymnasien und Universitäten zu seinem Berufe vor und bildet die Geistlichkeit der evangelischen und katholischen Kirche. In der ersteren leiten die Generalsuperintendenten, in der letzteren die Bischöfe die kirchlichen Angelegenheiten unter Leitung des Ministerii für den Kultus. Kleinere Kirchenkreise oder Bezirke stehen unter spezieller Leitung und Beaufsichtigung der Superintendenten und Erzpriester. Von Zeit zu Zeit halten diese Kirchen- und Schulvisitationen. In der preußischen Ober-Lausitz sind 8 Königliche Superintendenturen. Der Görlitzer Kreis zerfällt in 3 Diözesen, der Rothenburger in 2, desgleichen auch der Laubaner, der Hoyerswerdaer Kirchenkreis ist der ausgedehnteste. Die Ortschaften des oberlausitzer Antheils des Bunzlauer Kreises gehören zum Kirchenkreise Bunzlau und dessen zweiter Diözese (Tschirne). Der Saganer oberlausitzer Kreisantheil gehört zum Kirchenkreise Sagan.

Das katholische Kirchen- und Schulwesen steht theils unter der Erzpriesterei Lauban, wozu die Kreise Görlitz, Lauban und Hoyerswerda gehören, theils unter dem Archipresbyteriat Naumburg a. Q. (Bunzlauer oberlaus. Kreisantheil). Der Rothenburger Kreis gehört unter das Archipresbyteriat Sagan.

Die Zahl der Kirchen und Betsäle im Markgrafthum war 1858:

im Laubaner Kr.	. . . . .	23 ev. K., 4 kath. K., 2 Betsäle für Kathol.
„ Görlitzer „	. . . . .	48 „ 2 „ — „
„ Rothenburger Kr.	. . .	29 incl. Betsaal der Brüdergemeinde, 2 Betsäle für Katholiken.
„ Hoyerswerdaer Kr.	. .	21 ev. K., 3 kath. K., — Betsäle für Kathol.
„ oberl. Antheil d. Bunzl. Kr.		7 „ 1 „ — „
„ „ Saganer		2 „ — „ — „
	Summa	130 ev. K., 10 kath. K. 4 Betsäle für Kathol.

Im Laubaner Kr. amtirten 1858	. .	32 ev. Geistl.	und	4 kath. Geistl.
„ Görlitzer „	. .	44 „		2 „
„ Rothenburger „	. .	32 „		1 „
„ Hoyerswerdaer „	. .	16 „		2 „
„ Bunzlauer oberlaus. Antheil	. .	7 „		1 „
„ Saganer „	. .	2 „		— „
Summa		133 ev. Geistl.	und	10 kath. Geistl.

Die Prediger der Brüdergemeinde zu Niesky werden erst auf dem Pädagogio zu Niesky, dann auf dem theologischen Seminare zu Gnadenfeld in Oberschlesien weitergebildet und von den Unitäts-Aeltesten in Herrnhut ordinirt und eingesetzt.

Das Kloster zu Lauban wurde 1810 nicht mit aufgehoben, da sich die Nonnen unentgeltlich der Krankenpflege widmen.

Der Missions-Verein an der obern Neiße und am obern Queiß und die Bibelvereine zu Görlitz, Lauban und Seidenberg wirken auf Verbreitung des Christenthums unter Heiden, Juden und Muhamedanern und auf Verbreitung der heiligen Schrift unter Christen und Nichtchristen.

C. Der Wehrstand.

Er schützt, was der Nährstand erworben hat; beschirmt und bewacht das Vaterland nach Außen; bewahrt und erhält die Ruhe und Sicherheit im Innern. Der Staat hat fortwährend Wehrmänner oder Soldaten, welche unter den Waffen stehen und seine Heereseinrichtung ist musterhaft. Die Wehrpflicht jedes Preußen beginnt mit dem vollendeten 17. Lebensjahre und dauert bis zum vollendeten 49. Lebensjahre. Innerhalb dieser Zeit ist jeder Wehrpflichtige vom 20. bis 39. Lebensjahre zum Dienst im stehenden Heere und in der Landwehr 1. und 2. Aufgebots, vom 17. bis zum 20., sowie vom 39—49. Lebensjahre zum Dienst im Landsturm verpflichtet. Nach 5jährigem Dienste im stehenden Heere erfolgt der Uebertritt zum 1. Aufgebot der Landwehr, demnächst nach 7jährigem Verbleiben im 1. Aufgebot der Uebertritt zum 2. Aufgebot und nach 7jährigem Verbleiben im 2. Aufgebot, also nach einer Gesammtdienstzeit von 19 Jahren, die Entlassung aus dem Militärdienst. In der Regel bleibt jeder zum 5jährigen Dienst im stehenden Heere Verpflichtete 2—3 Jahre bei der Fahne und wird dann zur Reserve des stehenden Heeres beurlaubt.

Nach der Militär-Instruktion für die preußischen Staaten vom 9. Dezember 1858 wird das Staatsgebiet in Bezug auf Ersatz-Angelegenheiten in 8 Armee-Korps-Bezirke eingetheilt. Jeder Armee-Korps-Bezirk bildet einen besonderen Ergänzungsbezirk. Jeder der 8 Korpsbezirke zerfällt in die Bezirke der zum Korps gehörenden 4 Infanterie-Brigaden, und ein jeder dieser Bezirke der Infant.-Brigaden besteht aus den Bezirken der denselben zugehörigen Landwehr-Bataillonen, welche mehrere Kreise oder Kreistheile in sich schließen.

Das Garde-Korps, sowie die Seetruppen haben keinen besonderen Ergänzungsbezirk, sondern empfangen ihren Ersatz an Rekruten aus den Bezirken der 8 Provinzial-Armeekorps.

Die verschiedenen Truppen- und Waffengattungen, für welche Militärpflichtige ausgewählt werden, sind: die Garden, Kürassiere, Ulanen, Husaren und Dragoner, die Artillerie (Feld-, Fuß-, Festungs-, reitende und Handwerks-Artillerie), Pioniere, Infanterie, Jäger und Schützen (letztere nur beim Garde-Korps), Seemannschaften (das See-Bataillon, die See-Artillerie, die Matrosen- und die Werft-Division), Trainsoldaten, Militär-Krankenwärter.

Von der preußischen Ober-Lausitz gehören nach der neuesten Militär-Ersatz-Instruktion der Görlitzer, Rothenburger und Hoyerswerdaer Kreis, sowie die oberlausitzischen Ortschaften des Bunzlauer Kreises zum 4. Armeekorps, dessen 17. Brigade (Glogau), 1. niederschlesischen Landwehr-Regiment No. 6., 1. Bataillon (Görlitz).

Der Laubaner Kreis, sowie die oberl. Ortschaften des Saganer Kreises gehören dem 5. Armee-Korps, der 18. Brigade (Glogau) resp. Füsilier-Bataillon (Löwenberg), 2. Niederschlesischen Infanterie-Regiment No. 47. und der 17. Brigade, 2. Bataillon (Freistadt) 1. Niederschlesischen Landwehr-Regiment No. 6. an.

Zu Görlitz garnisonirt das 1. Schlesische Jäger-Bataillon No. 5., sowie der Stab und das 1. Bataillon des 2. Niederschlesischen Infanterie-Regiments No. 47., das 1. Bataillon 1. Garde-Grenadier-Landwehr-Regiments und das 1. Bataillon 1. Niederschlesischen Landwehr-Regiments No. 6.

Die Stärke des preußischen Heeres beträgt mehr als eine halbe Million.

Die Kadettenanstalten erziehen junge, adelige Söhne für den Offizierstand. Auch die Gemeinen erhalten beim Militair Schulunterricht. Das Heer hat seine besondere Geistlichkeit, seinen besonderen Gerichtsstand und besondere Medizinalbehörden.

Die Gensd'armerie zerfällt in Armee-, Land- und Grenz-Gensd'armerie.

Die auf Civil-Versorgung dienenden Soldaten erhalten nach abgelaufener Dienstzeit bei den Verwaltungsbehörden irgend einen ihren Fähigkeiten angemessenen Posten; die im Dienste verunglückten Krieger erhalten eine jährliche Pension vom Staate oder sie werden in's Invalidenhaus aufgenommen oder erlangen eine Civil-Versorgung.

D. Der Beamtenstand.

Zu ihm gehören Alle, denen ein öffentliches Amt anvertraut ist. Sie sind entweder Königliche, Gemeinde- oder herrschaftliche Beamte in Civil- und Militär-Aemtern. Sie berathen, verwalten, beaufsichtigen, sprechen und üben Recht aus. Eine Verbindung mehrerer Beamten über einen größeren oder kleineren Wirkungskreis nennt man eine Behörde.

§ 12.

Wohnplätze und Gebäude.

I. Wohnplätze.

a) Städte.

In der preuß. Ober-Lausitz sind 12 Städte. Nur eine, Görlitz, gehört unter die Großstädte; die übrigen gehören zu den Mittel- und Kleinstädten.

Der Laubaner Kreis zählt 4 Städte (Lauban, Marklissa, Seidenberg und Schönberg).
„ Görlitzer „ „ 2 „ (Görlitz und Reichenbach).
„ Rothenburger „ 2 „ (Rothenburg und Muskau).
„ Hoyerswerdaer „ 3 „ (Hoyerswerda, Wittichenau u. Ruhland).
„ oberlausitzer Theil des Saganer Kr. hat 1 Stadt (Halbau).
12 Städte.

Davon gehören zur

1. Klasse der Städte (über 10,000 Einwohner) 1 Stadt (Görlitz).
2. „ „ „ (zwischen 3500—10,000 Einwohner) 1 Stadt (Lauban).
3. „ „ „ (zwischen 1500—3500 Einwohner) 7 Städte (Hoyerswerda, Muskau, Wittichenau, Marklissa, Rothenburg, Ruhland, Seidenberg).
4. „ „ „ (bis 1500 Einwohner) 3 Städte (Schönberg, Reichenbach, Halbau.)

In sämmtlichen Städten wohnen 48,910 Menschen, mithin etwas mehr als ein Viertel der ganzen Bevölkerung.

Die größte Stadt ist Görlitz mit 24,556 Einwohnern, die kleinste ist Halbau mit 1171 Einwohnern.

Lauban ist noch durch Gräben, Mauern und Basteien befestigt, die übrigen Städte sind offene. Seidenberg, Rothenburg, Wittichenau und Halbau sind nach großen Bränden massiv erbaut worden. Marklissa hat noch hölzerne und steinerne Läuben.

Den Städten reihet sich an der Brüderort Niesky, der ein städtisches Ansehen hat.

Ein städtisches Ansehen haben auch die Ortschaften Goldentraum und Wigandsthal im Laubaner Kreise; beide Orte haben Marktgerechtigkeit.

b) Dörfer, Kolonien, Vorwerke.

1) Die Zahl der Dörfer in der preußischen Ober-Lausitz beträgt 380. Es kommen auf den

Görlitzer Kreis . . .	89.
Rothenburger Kreis .	127.
Hoyerswerdaer „ .	90.
Laubaner „ .	51. (ungerechnet die schlesischen zum Kreise gehörigen Dorfschaften)
Bunzlauer Kreisantheil	14.
Saganer „	7.
	378.

Transport 378.
Sorauer Kreis . . . 2. (die Enklaven Haasel u. Zilmsdorf).
380.

Das größte Dorf in der preußischen Ober-Lausitz ist Waldau, zum Bunzlauer Kreise gehörig, mit 527 Privat-Wohngebäuden und 2858 Einwohnern. Das kleinste Dorf dagegen ist Linda im Rothenburger Kreise mit 6 Häusern und 31 Einwohnern; nächst ihm folgt Nieda im Görlitzer Kreise mit 8 Häusern und 64 Einwohnern.

Große Dörfer sind im Laubaner und Görlitzer Kreise. So z. B.
Geibsdorf mit Neukretscham hat . . 473 Häuser und 2751 Einwohner.
Gerlachsheim mit Karlsdorf . . . . 493 „ „ 2721 „
Hennersdorf bei Lauban . . . . . 579 „ „ 2245 „
Rothwasser im Görlitzer Kreise . . . 377 „ „ 2216 „

Die am höchsten gelegenen Dörfer sind Bergstraß und Straßberg an der Lehne der Tafelfichte, ingleichen Gränzdorf, Schwarzbach, Gebhardsdorf, Schwerta im Laubaner Kreise, Jauernick und Kunnerwitz im Görlitzer Kreise. Einer der höchst gelegenen Wohnplätze ist die 1841 auf dem Gipfel der Landeskrone erbaute Tabagie.

Die schönsten Dörfer hat der Görlitzer und Laubaner Kreis; die schlechtesten findet man in dem Rothenburger und Hoyerswerdaer Kreise.

Merkwürdig ist die meilenlange Dörferreihe von Hartmannsdorf (an Böhmisch-Wünschendorf sich anschließend) bis Lauban, oder vielmehr bis Haugsdorf a. Q.

2) Die Anzahl der Kolonien beläuft sich auf 166.
Der Görlitzer Kreis hat deren 49.
„ Hoyerswerdaer „ 39.
„ Laubaner „ 37.
„ Rothenburger „ 30. (incl. Niesky.)
„ Bunzlauer Kreis-Antheil 11.
166.

II. Gebäude.

Die Zahl sämmtlicher Privat-Gebäude in der preußischen Ober-Lausitz war ult. Dezember 1858:

Kreis.	Privat-Wohnhäuser.	Fabrikgebäude, Mühlen, Magazine.	Ställe, Scheunen, Schoppen.
Lauban	10095	254	3981
Görlitz	8992	392	7912
Hoyerswerda	5178	153	12035
Rothenburg	8384	308	7559
Oberlaus. Anth. des Bunzl. Kr.	1950	62	1067
„ „ Saganer .	343	15	430
„ „ Sorauer .	96	5	70
Summa .	35,038	1189	33,054
1840: .	31,036	905	27,465

Die Zahl der öffentlichen Gebäude weist nachstehende Tabelle nach:

Kreis.	Kirchen- und Bet-häuser.	Schul-häuser.	Waisen-, Kranken- und Gemeinde-häuser.	Zur Versammlung und Geschäftsführung der Justiz-, Polizei-, Steuer-Behörden, Rathhäuser, Gerichts-kretschame.	Zu anderen Zwecken der geistlichen und weltlichen Civil- und Kommunal-behörden.	Militär-Gebäude.
Lauban	33	53	39	27	86	—
Görlitz	49	60	55	14	136	6
Hoyerswerda	24	58	59	4	28	—
Rothenburg	37	68	47	15	25	—
Bunzlauer Oberlausitzer Kreisantheil . . .	8	13	5	1	10	—
Saganer Oberlausitzer Kreisantheil . . .	2	2	2	1	3	—
Summa . . .	153	254	207	62	288	6

§ 13.

Verfassung.

Seine Majestät der König Wilhelm (Friedrich Wilhelm Ludwig) wurde den 22. März 1797 geboren, kam am 2. Januar 1861 nach dem Hinscheiden des hochseligen Königs Majestät, Friedrich Wilhelm IV., dem Er, in Folge Krankheit, seit 7. Oktober 1858 in der Regentschaft vertrat, zur Regierung. Durch Seine Gesinnungs- und Handlungsweise hat Seine Majestät sich nicht nur die Liebe, den Dank und die Ehrfurcht Seiner Unterthanen, sondern auch die Achtung des Auslandes in hohem Grade erworben. Seine durch Tugenden ausgezeichnete Gemahlin ist Marie Louise Auguste Katharina, Tochter des verstorbenen Großherzogs Karl Friedrich von Sachsen-Weimar, geboren den 30. September 1811. Brüder des Königs sind: Prinz Karl und Albrecht. Schwestern Sr. Majestät sind: die verwittwete Großherzogin von Meklenburg-Schwerin, Alexandrine, und die Gemahlin des Prinzen Friedrich der Niederlande, Louise. Schwester Seiner Majestät des jetzt regierenden Königs war auch die verwittwete Kaiserin von Rußland, Alexandra Feodorowna.

Die Verfassung ist seit dem Jahre 1848 eine konstitutionelle. Am 31. Jan. 1850 erschien die von den beiden Kammern berathene Verfassungsurkunde.

Ihr zufolge steht der König an der Spitze des Staates, Ihm allein steht die vollziehende Gewalt zu. Er ernennt und entläßt die Minister, befiehlt die Verkündigung der Gesetze und erläßt die zu deren Ausführung nöthigen Anordnungen. Er führt den Oberbefehl über das Heer, besetzt alle Stellen im Heere, sowie in den übrigen Zweigen des Staatsdienstes; Er hat das Recht, Krieg zu erklären und Frieden zu schließen, Verträge mit fremden Regierungen zu errichten, die jedoch zu ihrer Giltigkeit der Zustimmung der

Kammern (Herrenhaus und Haus der Abgeordneten), sofern es Handelsverträge sind, oder wenn dadurch dem Staate Lasten und Staatsbürgern Verpflichtungen auferlegt werden. Der König hat das Recht der Begnadigung und Strafmilderung; Ihm steht die Verleihung von Orden und andern mit Vorrechten nicht verbundenen Auszeichnungen zu; Er übt das Münzrecht nach Maßgabe des Gesetzes, beruft die Kammern und schließt ihre Sitzungen, kann sie entweder beide zugleich oder auch nur eine auflösen, auch kann Er sie vertagen. Die Krone ist erblich in dem Mannesstamm des Königlichen Hauses nach dem Rechte der Erstgeburt und der agnatischen Linealfolge. Die gesetzgebende Gewalt wird gemeinschaftlich durch den König und durch die beiden Häuser des Landtags ausgeübt. Die Uebereinstimmung des Königs und beider Häuser ist zu jedem Gesetze erforderlich.

Zur leichteren Verwaltung ist der Staat in Provinzen, diese in Regierungsbezirke und diese wieder in Kreise getheilt.

A. Provinzial-Verwaltung.

Die oberste verwaltende und beaufsichtigende Provinzialbehörde ist das Königl. Ober-Präsidium (für Schlesien und die Lausitz zu Breslau). Unter ihm steht das Provinzial-Schulkollegium und das Medizinalkollegium.

Neben ihm stehen das Provinzial-Steuer-Direktoriat und die Generalkommando's.

Für das Justizwesen sind besondere Bezirke abgetheilt. Die Obergerichte führen den Titel Königliche Appellationsgerichte, die in zweiter Instanz entscheiden. Die preußische Ober-Lausitz gehört zum großen Theil unter das Appellationsgericht zu Glogau; nur der Hoyerswerdaer Kreis ist dem Appellationsgerichte zu Frankfurt zugetheilt. Unter den Appellationsgerichten stehen die Königlichen Kreisgerichte und Kreisgerichts-Kommissionen, die in erster Instanz entscheiden. Der höchste Gerichtshof im preußischen Staate ist das geheime Ober-Tribunal in Berlin, welches in letzter Instanz entscheidet.

Die Provinzial-Steuer-Direktoriate verwalten die Eingangs-, Ausgangs-, Durchfahrts-, Branntwein-, Malz-, Wein-, Tabak-, Mahl-, Schlacht-, Salz- und Stempelsteuer. Ihnen untergeordnet sind die Hauptsteuerämter (Görlitz), die Nebenzollämter (in der preußischen Ober-Lausitz 3: Seidenberg, Schwerta, Straßberg), die Steuerämter (in der preußischen Ober-Lausitz 8: Hoyerswerda, Klitten, Lauban, Marklissa, Muskau, Reichenbach, Rothenburg, Ruhland).

An der Grenze sind Grenzaufseher und Ober-Grenz-Kontrolleure angestellt; im Innern Steueraufseher, die unter den Ober-Steuer-Kontrolleuren stehen, welche Brennereien und Brauereien revidiren und in den mahl- und schlachtsteuerpflichtigen Städten die Mahl- und Schlachtsteuer erheben.

Jede Verwaltung ist mit Ausgaben verknüpft, um diejenigen, welche derselben obliegen, zu besolden. Hiezu kommt noch die Tilgung der Staatsschulden, die zumeist im Kriege gemacht worden sind.

Diese Ausgaben machen Einnahmen nothwendig, welche zum Theil aus den Einkünften des Staatseigenthums (Domainen), zum Theil durch Königliche Regale (Post-, Salz-Regale), zum Theil durch Steuern, welche die Staatsbewohner entrichten, bewirkt werden.

Die direkten Steuern, als Grund-, Rauch-, Klassen- und Gewerbesteuer befördert die Regierung, die **indirekten** Steuern, als Mahl-, Schlacht-, Stempelsteuer 2c. befördern die Steuerämter durch's Provinzial-Steuer-Direktoriat weiter. Das Berg- und Hüttenwesen besorgen die Berg- und Hüttenämter. Das Ober-Bergamt für Schlesien und die Lausitz ist zu Breslau.

Die **Regierungen** sind dem Ober-Präsidio untergeordnete Behörden und verwalten einen gewissen Bezirk der Provinz. Die preußische Ober-Lausitz gehört unter den Liegnitzer Regierungsbezirk. Die frühere Verfassung der Ober-Lausitz war von der gegenwärtigen gar sehr verschieden.

Vor der großen Völkerwanderung wurde das Land von Gau- und Zentgrafen regiert. Unter dem Vorsitze eines Oberpriesters berathschlagten sie über das Beste des Landes; geschriebene Gesetze kannte man damals noch nicht. Das strafende Urtheil über Verbrechen oder das schiedsrichterliche Urtheil über Verbrechen sprach die Volksgemeinde aus. Die Rechtssachen wurden **mündlich** und **öffentlich** verhandelt. Der Volksversammlung saß der Graf, Fürst, König vor; er verkündigte den Urtheilsspruch der Richter. Richter war in den ältesten Zeiten die ganze Versammlung; später wurden besondere Urtheilsfinder — **Schöffen** oder **Geschworene** — genannt. In zweifelhaften Fällen entschied das Loos oder der gerichtliche Zweikampf. Die Gerichte (Things) wurden im Freien unter hohen Bäumen, auf Hügeln gehalten; die Gerichtsstätte war ein heiliger Platz.

Nachdem die Milcziener sich in der Ober-Lausitz niedergelassen, ausgebreitet, in den Schutz der böhmischen Landesherren begeben und ihr Land in die Distrikte Budesin, Kaminizi, Nisizi und Zagost getheilt hatten, wurden Burgen und feste Plätze zur Vertheidigung des Landes gegen eindringende Feinde angelegt. Häuptlinge aus den Eingeborenen hatten darin ihren Sitz und von diesen Burgen aus verwalteten und regierten sie die ihnen untergebenen Bezirke, unter dem Namen Sudpanien (Gerichtsbezirke) bekannt.

Nachdem die deutschen Eroberer sich die Milcziener unterwürfig gemacht hatten, vermehrten sie die schon vorhandenen durch Anlegung neuer Burgen, um eine Schutzwehr gegen ihre Feinde, die Sorben-Wenden, zu haben und um ihre Herrschaft in den eroberten Landestheilen mehr und mehr zu befestigen. Diese Burgen waren der Anfang der in ihrer Nähe nach und nach entstehenden Städte und waren Veranlassung, daß sich die Zahl der vorhandenen Dörfer mehrte. Mit den Burgen wurden edle, tapfere, in der Gunst des Schirm- und Schutzherrn des Landes stehende und um selbiges sich verdienstlich gemachte Männer, Ritter genannt, belehnt, die als Burggrafen die doppelte Pflicht hatten, die Burgen und deren Umgebungen zu vertheidigen und die Gerechtigkeit in den Burgwardiaten zu verwalten. Unter den Städten der Ober-Lausitz erhoben sich, namentlich unter der Regierung der Markgrafen von Brandenburg und den Nachfolgern derselben in der Herrschaft über die Lausitz, den Königen von Böhmen, Bautzen und Görlitz vorzüglich. Ihr gewaltiger Einfluß auf alle Landesangelegenheiten hatte zur Folge, daß gar bald alle übrigen Landestheile (Kaminizi, Gegend um Kamenz, Zagost, Queißkreis, in diesen hervorragenden Bezirken aufgingen und vereint mit ihnen nur die beiden Kreise Bautzen und Görlitz bildeten. Diese Eintheilung bestand bis zur Theilung der Ober-Lausitz 1816.

Die reichen Städte sowohl wie der Adel wußten sich zu gelegener Zeit in den Besitz bedeutender Vorrechte und Privilegien zu setzen und machten die Stände der Ober-Lausitz aus. Sie befreiten sich von der Oberherrlichkeit des Vogts, der nun nur noch den Vorsitz beim Gericht (Schöppengericht) über alle Verbrechen in der Stadt und Umgegend hatte. Der Bürgerstand wählte für alle Gegenstände der innern Verwaltung, Polizei-, Kriegs-, Steuer-, Bauwesen und für alle geringeren Rechtshändel Männer aus seiner Mitte, den Rath und einen Bürgermeister an die Spitze, der nunmehr der Oberste in der Stadt wurde. Der Rath besetzte alle städtischen Aemter aus seiner Mitte und machte sich nach Oben von landesherrlichen Beamten zuletzt ganz frei. Markgraf Herrmann von Brandenburg bestätigte diese Verfassung. 1282 ertheilten die Markgrafen Otto und Johann von Brandenburg Bautzen die Obergerichte über alle Verbrechen inner- und außerhalb der Stadt. Auch andere Städte erhielten späterhin diese Bevorzugung. Um das Jahr 1300 führte Görlitz das Magdeburger Recht ein. In sehr wichtigen Fällen holte man den Urtheilsspruch des Magdeburger Schöppenstuhles ein.

Außer der Eintheilung des Landes in die oben bezeichneten beiden Kreise, entstand auch noch die in Land und Städte.

Unter jenem verstand man die Besitzer der unmittelbar von dem Landesherrn oder einem Andern zur Lehn verreichten Landgüter, welche zu den Ritterdiensten verpflichtet waren; dazu gehörten Barone, Ritter, Edelleute, Vasallen oder rittermäßige Mannen, d. h. solche, die fähig waren, zu Rittern geschlagen zu werden.

König Johann machte 1341 und 1345 die Einrichtung einer feststehenden jährlichen Abgabe, welche vorher nur von dem Landesherrn gefordert wurde, wenn er derselben bedürftig war. Er forderte nun von jeder Hufe jährlich 2 Scheffel Korn, 4 Scheffel Hafer und 12 Groschen.*) In früheren Zeiten erhielt der Landesherr einen Tribut in Vieh, Pelzwerk, Getreide, Honig. Steuern oder bestimmte Geldabgaben kannte man damals nicht, denn die Landesherren besaßen so viel Land eigenthümlich, daß sie darauf verzichten konnten. Nachdem aber für den gewährten Landesschutz Kosten entstanden, so änderte sich die Sache; es wurden erst Beihilfen von den Ständen verlangt, so z. B. im Hussitenkriege der 10. Pfennig vom Vermögen oder Einkommen; auch mußten Beihilfen zu den Türkenkriegen gegeben werden. Auf dem 1567 in Prag abgehaltenen Landtage ließ Maximilian II. den Ober-Lausitzern den Vorschlag machen: die Steuern in der Lausitz nach einem festen Steuermaße, nach Häusern oder Rauchfängen aufzubringen. Die im Jahr 1568 ermittelte Zahl der Rauchfänge wurde maßgebend und am 19. Juni 1570 bewilligten die Stände die ersten Rauchsteuern.

Das Beitragsverhältniß der Städte zur Landschaft wurde auf 7 : 8 festgesetzt. Die aufs Land fallende Quote wurde wieder in $^{17}/_{17}$ getheilt, wovon der Budissiner Kreis $^{10}/_{17}$, der Görlitzer Kreis $^{7}/_{17}$ zu tragen hatte. Ursprünglich waren 13,623 Rauchfänge und 124 Pfarrlehne ermittelt. 1581 verglich man sich aber zur Feststellung der Rauche und ihrer Werthe dahin, daß 1 Hufe gleich 12 Ruthen auf einen Rauchfang gerechnet werden und daß demnach wieder 4 Gärtner oder 12 Häusler eine Hufe ausmachen sollen. Der Steuerwerth eines Rauchfangs wurde auf ein halbes Schock, d. i. 11 Groschen 8 Pfennige, festgesetzt. Die Rauchfangsteuer, die heute noch besteht, wurde auf Rustikalbesitz gelegt. Zu Ende des 16. Jahrhunderts hörte die Steuerfreiheit der Rittergüter auf und diese wurden mit Mundgutsteuer

*) Siehe die Ober-Lausitz von M. Sintenis, Seite 138.

belegt. Die Städte führten die eigentliche Rauchfangsteuer bei sich und ihren Mitleidenheitsdörfern aber nie ein, sondern brachten die auf sie fallende Steuerquote in Form der Fachgrundsteuer auf.

Außer der Rauch- und Mundgutsteuer haben das platte Land und die Landstädte auch noch die sogenannten Portions- und Rationsgelder zur Naturalverpflegung des stehenden Heeres aufzubringen.

Als städtische Abgaben sind auch das Geschoß (statt Lieferung von Eisen zur Anfertigung von Geschossen), bereits im 14. Jahrhundert erhoben, und die Accise-Grundsteuer.

Einzelne Ortschaften des platten Landes haben landvogteiliche Rente zu entrichten. Sie ist jedenfalls die älteste Grundabgabe in der Lausitz, da sie schon im 13. und 14. Jahrhundert als „Rente" vorkommt und dem Landesherrn gebührte.

Als sich die Ober-Lausitz 1319 unter den Schutz des Königs Johann von Böhmen begab, geschah dies unter der Bedingung, daß er ihre Landeseinrichtungen, Rechte und Privilegien nicht verändere, sie vielmehr erhalten und schützen wolle.

König Johann verpflichtete sich zur Erfüllung dieser Bedingungen. Seitdem betrachteten es die Stände als unerläßliches Erforderniß, daß bei jedem Regierungswechsel der neue Landesherr ihnen dieselbe Zusicherung gebe.

Die Rechte der Stände waren theils gemeinschaftliche, theils besondere.

Zu jenen gehörten:

a) die Befreiung von Steuern;
b) Befreiung von Kriegsdiensten außerhalb des Landes;
c) Ausübung der oberen und niederen Gerichtsbarkeit über ihre Untergebenen oder Hintersassen;
d) über Landesangelegenheiten gemeinschaftlich zu beschließen;
e) Besetzung der Landesämter durch Eingeborene.

Die Städte besaßen schon im 14. Jahrhundert als besondere Rechte:

a) das Recht der Bannmeile, wornach innerhalb derselben ohne Einwilligung des Rathes sich kein Gewerbetreibender niederlassen durfte, etwa ausgenommen Schneider, Schuhmacher und Schmiede;
b) das Recht zur Erhebung von Wegezöllen;
c) das Recht der Rathskür;
d) das Recht, Landgüter zu erwerben;
e) die ausschließliche Berechtigung zum Bierbrauen, Salzhandel, Markthalten.

Bautzen und Görlitz erhielten das Münzrecht.

Die Stände versammelten sich zu gewissen Zeiten des Jahres in Bautzen oder Görlitz, wovon sie den Landvoigt als Königlichen Statthalter in Kenntniß setzten und erwählten zur Leitung der Verhandlung die vier ältesten Mitglieder aus der Ritterschaft, die sich gegenseitig vertraten und als des Landes Aelteste bei den Versammlungen den Vorsitz hatten.

Im 16. Jahrhundert erhielt die ständische Verfassung die Form, die sie bis zur Theilung der Ober-Lausitz 1816 besaß.

Nach der früheren Verfassung erschienen die Stände der Ober-Lausitz auf Landtagen, die doppelter Art waren; es gab entweder solenne oder besondere (willkürliche).

a) Der solenne, auch große oder Bewilligungs-Landtag genannt, fand alle 5 Jahre und zwar auf dem Rathhause zu Bautzen statt. Zu diesem schickte der Landesherr 2 Kommissare mit Propositionen. Nach Eröffnung derselben berathschlagten die Stände, was sie dem Landesherrn auf 5 Jahre bewilligen wollten.

b) Die 3 gewöhnlichen oder willkürlichen Landtage wurden zu Bautzen auf dem Landhause an Oculi, Bartholomäi und Elisabeth abgehalten.

c) Außer ihnen wurde noch auf Trium Regum (Fest der heiligen 3 Könige) ein Landtag zu Görlitz auf dem Voigtshofe von den Landständen des Görlitzer Kreises Behufs Berathung der besonderen Angelegenheiten desselben, abgehalten.

Die Stände wurden, wie schon oben erwähnt, eingetheilt in die vom Lande und in die von den Städten (Rittertafel, Städtetafel). Auch bestand ein enger und ein weiter Ausschuß zur Vertretung der Stände in der Zeit zwischen den Landtagen. Später wurden noch den Besitzern der Standesherrschaften Muskau, Hoyerswerda, Seidenberg und Königsbrück besondere kleine Vorrechte bei den ständischen Versammlungen und den Klöstern Marienthal und Marienstern, sowie dem Domstift in Bautzen und dem Priorat des Klosters zu Lauban das Recht gewährt, sich auf den Landtagen vertreten zu lassen.

Die Besitzer der Güter Tzschocha, Schwerta, Schadewalde, Ruhland und noch einige andere hatten das Vorrecht erlangt, durch besondere Schreiben zu den Landtagen eingeladen zu werden.

Die Organe der Regierung waren der Landvoigt, der Landeshauptmann und die Amtshauptleute mit den Königlichen Aemtern, welche Rechtspflege und Verwaltung zugleich besorgten.

Der Landvoigt war oberster Statthalter des Landesherrn. Er wurde vom Landesherrn unmittelbar ernannt und mußte bei seiner Installation durch besondere Kommissarien den Ständen einen Revers zur Handhabung ihrer Rechte ausstellen, bewohnte die Ortenburg in Bautzen, verreichte die Lehen an Ritterschaft und Städte, berief die Landes-Versammlungen, entschied wichtige Streitigkeiten, berathschlagte sich mit den Ständen wegen der Heerfahrten und führte bisweilen im Kriege die Königlichen Truppen an. 1777 starb der letzte Landvoigt, Herr von Stammer. Seine Stelle versah nun der Oberamts-Verwalter und seit 1802 der Oberamtshauptmann.

Zur Verwaltung und Aufsicht über die landesherrlichen Einkünfte war der Landeshauptmann gesetzt. Er war zugleich Stellvertreter des Landvoigts. Ihm zur Seite stand der Gegenhändler. Unter ihm stand der Zollbeamte, der Inspektor, die Zolleinnehmer und Zollbereiter.

Zur Führung der fiskalischen Prozesse war ein Kammer-Prokurator verordnet.

Die Aemter zu Bautzen und Görlitz bildeten die Obergerichte für die beiden Kreise und zugleich den Gerichtshof für die Ritterschaft und für sonstige eximirte Personen.

Die Amtshauptleute wurden wie der Landeshauptmann aus der inländischen Ritterschaft gewählt.

In jedem Kreise befanden sich 2 Landesälteste. Sie hatten das Landes-Archiv unter sich, nahmen die eingehenden Landtagssachen an, brachten selbige in der Landes-Versammlung zum Vortrage und sammelten die Stimmen.

Der Landesbestallte war diejenige adelige Person, welche bei den

Landesversammlungen das Protokoll zu führen hatte; er wurde nach Vacanzen abwechselnd aus einem der beiden Kreise gewählt.

In jedem Kreise waren 2 adelige Landeskommissarien, welche das Einquartierungswesen, die Marsch- und Transportsachen zu besorgen hatten.

Der Landsyndikus bearbeitete die nöthigen Schriftsachen für die Stände. Die Medizinalpflege eines jeden Kreises war einem Landphysikus anvertraut.

Nach der Theilung der Ober-Lausitz im Jahr 1816 erlitt die Verfassung derselben eine wesentliche Veränderung, da sie für das ganze Land und nicht für einen Theil desselben berechtigt war. Die im Jahr 1825 vom versammelten Provinziallandtage zu Breslau berathenen und dem Könige zur Wahl, resp. zur Bestätigung vorgelegten zwei Entwürfe einer Kommunal-Landtags-Verfassung erhielten die landesherrliche Bestätigung nicht, jedoch wurde gestattet, daß vorläufig die Kommunal-Landtage in der preußischen Ober-Lausitz nach dem einen dieser Entwürfe abgehalten werden dürfen.

Außer den Landtagen besteht für die ständische Vertretung und Wirksamkeit der engere und weitere Ausschuß. Der Vorsitzende auf dem Landtage ist der Landesälteste, der von den Ständen gewählt und vom Könige bestätigt wird; ihm ist die gesammte ständische Verwaltung anvertraut. Der Landesbestallte führt die Protokolle auf den Landtagen und bei den Ausschußverhandlungen.

Im sächsischen Theile der Ober-Lausitz erlitt die Verfassung derselben schon 1821 eine Umgestaltung, indem sie der Verfassung der Erblande näher gebracht und ihre Theilnahme an den allgemeinen Landesversammlungen angestrebt wurde. Seit 1830 ist den Ständen nur noch die Selbstverwaltung ihrer Stiftungen belassen worden.

B. Kreis- und Bezirks-Verwaltung.

Unter Aufsicht der Regierungen stehen die Landrath-Aemter, denen die Kreisverwaltung anvertraut ist. Dem Landrath stehen ein Kreis-Sekretair, ein Privat-Sekretair, mehrere Kanzlisten, ein Exekutor und mehrere Gensd'armen zur Seite.

In jedem Kreise giebt es eine oder mehrere Superintendenturen, welche die Aufsicht über evangelische Kirchen und Schulen führen. Die Erzpriestereien beaufsichtigen das katholische Kirchen- und Schulwesen.

Auch ist in jedem Kreise ein Kreisphysikus, der im Kreise für den allgemeinen Gesundheitszustand Sorge zu tragen und bei ansteckenden Krankheiten die nöthigen Vorsichtsmaßregeln anzuordnen hat, angestellt. Ihm zur Seite stehen ein Kreischirurgus und ein Kreis-Thierarzt.

In jedem Kreise ist ein Kreis-Steueramt, an welches die Klassen- und Gewerbesteuer, Rente rc. zur festgesetzten Zeit durch die Ortserheber abgeführt werden. Zu Görlitz besteht für die Einnahme der Rauch- und Mundgutsteuern, Rationsgelder und Feuer-Versicherungs-Beiträge der preußischen Ober-Lausitz ein Land-Steueramt. Besondere von der Kreiseintheilung verschiedene Bezirke haben die Verwaltung der indirekten Steuern (Steuer-Aemter), die Domainen- und Rentämter, Forst-, Bauverwaltungs- und Aichämter. Ein Königl. Domainenamt ist zu Rietschen, Kr. Rothenburg.

Domainen-Rentämter nehmen die grundherrlichen Einkünfte und Abgaben an Orten ein, wo keine Domainenpacht-Aemter sind. Ein solches ist in der preußischen Ober-Lausitz zu Hoyerswerda. Die Forst-Inspektoren beaufsichtigen die Königlichen Oberförstereien. Im Markgrafthum Ober-Lausitz sind nur 3 Königliche Oberförstereien, nämlich zu Rietschen, Kreis Rothenburg, zu Hoyerswerda und Kollmen.

Das öffentliche Bauwesen ist in kleineren Bezirken den Königl. Baubeamten übergeben.

Die Land- und Wasserbauten sind im Görlitzer Kreise dem Königl. Baurath Hamann zu Görlitz, im Laubaner Kreise dem Königl. Kreisbaumeister Mutzschel in Lauban, im Hoyerswerdaer Kreise dem Königl. Kreisbaumeister Schodtstedt zu Hoyerswerda, im Rothenburger Kreise, bis auf die in der Standesherrschaft Muskau, die dem Kreisbaumeister Schodtstedt mit übertragen worden sind, dem Königl. Baurath Hamann, im oberlausitzer Theile des Bunzlauer Kreises dem Königl. Kreisbaumeister Held in Bunzlau und im oberlausitzer Theil des Saganer Kreises dem Königl. Kreisbaumeister Werder in Sagan überwiesen.

Die Aichungs-Aemter sind den Provinzial-Aichungs-Aemtern untergeordnet. Für die preußische Ober-Lausitz befindet sich ein Aich-Amt zu Görlitz.

C. Kommunal-Vertretung und Verwaltung.

a) Kommunal-Vertretung.

1) Provinzial-Landstände.

Durch ein Gesetz vom 27. März 1824 wurden die Provinzial-Landstände im Herzogthum Schlesien und Markgrafthum Ober-Lausitz angeordnet und 1825 traten dieselben zu Breslau das erstemal berathend zusammen. Dieses Gesetz wurde durch ein Gesetz vom 11. März 1850 über die neue Kreis-, Bezirks- und Provinzial-Ordnung wieder aufgehoben. Ein Gesetz vom 24. Mai 1853 hob diese wiederum auf und setzte die früheren Gesetze und Verordnungen über die Provinzial-Verfassung wieder in Kraft. Von 1825—1842 wurde alle 3 Jahre, seit 1843 an alle 2 Jahre die Provinzial-Versammlung einberufen. Aus allen Ständen gehen zu selbiger Deputirte ab. Der Königl. Ober-Präsident, als Königl. Kommissar, eröffnet den Landtag und theilt diejenigen Gegenstände von provinzialem Interesse mit, worüber des Königs Majestät das berathende Gutachten der Stände verlangt. Vom Stande der Fürsten und Herren erscheinen überhaupt 10 Stimmen. Die freien Standesherren der Provinz (7) haben 3 Kuriatstimmen; unter diese gehört auch der Besitzer der Standesherrschaft Muskau.

Der Stand der Ritterschaft hat 36 Stimmen, wovon auf das Markgrafthum Ober-Lausitz 6 Stimmen oder Abgeordnete kommen.

Der Stand der Stadtgemeinden zählt 30 Stimmen. Die Städte der preußischen Ober-Lausitz senden 4 Abgeordnete und zwar Görlitz 2, Lauban 1 und die übrigen kleinen Städte gemeinschaftlich 1.

Der Stand der Landgemeinden hat 16 Stimmen. Die Lausitz bildet nur einen Wahlbezirk (Görlitz) und wählt nur 2 bäuerliche Abgeordnete.

2) Kommunal-Landstände.

In der preußischen Ober-Lausitz bestehen noch besondere jährliche Kommunal-Landtage zur Wahrnehmung der besonderen Verbandsangelegenheiten, besonders des Schuldenwesens und der ständischen Institute (milde Stiftungen, worüber die Landstände zu verfügen haben).

3) Kreisstände (seit 1827 für Schlesien und die Lausitz).

Dies sind Mitglieder, welche die Kommunal-Verfassung mit der provinzial ständischen verbinden.

Der Vorstand der Kreis-Verwaltung ist der Landrath. Alle Rittergutsbesitzer, sofern sie sich nicht entehrender Handlungen schuldig gemacht haben, Deputirte der Städte und Landgemeinden sind Mitglieder. Sie berathen gemeinschaftlich. 24jähriges Alter, christliche Konfession und unbescholtener Ruf sind nöthige Erfordernisse zur Ausübung des persönlichen Stimmrechts.

Die städtischen Abgeordneten müssen wirklich fungirende Magistratspersonen, die Abgeordneten des Bauernstandes aber wirklich im Dienste befindliche Schulzen oder Dorfrichter sein, welche das zur Qualifikation eines bäuerlichen Abgeordneten zum Provinzial-Landtage erforderliche Grundeigenthum besitzen. Der Landrath oder der erste Kreis-Deputirte beruft die Kreisstände zum Kreistage. Dergleichen Kreistage werden jährlich mehrere abgehalten.

b) Kommunal-Verwaltung.

Die Kommunen sind Stadt- und Landgemeinden und Korporationen.

1) Die Städteordnung erließ Seine Majestät der König Friedrich Wilhelm III. unterm 19. November 1808. 1831 erschien die revidirte (neue) Städteordnung. Die städtische Behörde oder der Magistrat wird von den Bürgern selbst gewählt und von der Königl. Regierung bestätigt. Jeder Bürger ist wahl- und stimmfähig. Die Stadtverordneten-Versammlung vertritt die Bürgerschaft; ihre Glieder, sowie ihren Vorsteher wählen die Bürger. An der Spitze des Magistrats steht der Bürgermeister; die Verwaltung des Stadtvermögens besorgt der Kämmerer. Alljährlich scheidet der dritte Theil der Stadtverordneten aus, weshalb sich alljährlich Ersatzwahlen nöthig machen.

Die Rathmänner (Stadträthe) sind entweder besoldet oder unbesoldet.

Den 11. März 1850 erschien eine neue Kreis-, Bezirks- und Provinzial-Ordnung für den preußischen Staat, die jedoch unterm 19. Juni 1852 mittelst Allerhöchsten Erlasses wieder sistirt wurde.

Unterm 30. Mai 1853 wurde die Städteordnung für die 6 östlichen Provinzen erlassen. Die Städte Seidenberg, Ruhland, Görlitz, Hoyerswerda, Reichenbach, Schönberg, Marklissa, Muskau, Rothenburg, Wittichenau, Lauban machten von ihr Gebrauch.

2) Die Dorfgemeinde-Verwaltung wird durch das Ortsgericht unter Aufsicht des Landraths besorgt; es besteht aus dem Ortsrichter und den Gerichtsschöppen. Das Ortsgericht macht die Gemeinde von Zeit zu Zeit im Gerichtskretscham mit den erschienenen Gesetzen und Verordnungen der Behörden bekannt, erhebt die Steuern, leitet öffentliche Bauten, vertheilt Einquartierung, hält auf Beobachtung der innern Polizeiordnung. Der Ortsrichter verwaltet das Gemeinde-Vermögen und legt alljährlich darüber Rechnung. Das Dominium ist Inhaber der Polizei. Es verwaltet sie entweder selbst oder überträgt sie einem seiner Beamten.

Die Landgemeinde-Verfassung im Herzogthum Schlesien und dem Markgrafthum Ober-Lausitz vom 29. Oktober 1855 enthält Alles, was das Ortsgericht zu beobachten hat. Unterm 14. April 1856 erschien das Gesetz über die Landgemeinde-Verfassung in den 6 östlichen Provinzen der preußischen Monarchie.

Die Zahl der Ortsrichter im Markgrafthum Ober-Lausitz Königlich preußischen Antheils betrug 1858 397; die Zahl der Gemeinden aber 436.

Kreis Görlitz hatte	100 Gemeinden	und 97	Ortsrichter.
„ Rothenburg	157 „	„ 127	„
„ Hoyerswerda	90 „	„ 90	„
„ Lauban	69 „	„ 64	„
„ Bunzlau (Ober-Lausitz)	14 „	„ 14	„
„ Sagan „ .	6 „	„ 5	„
„ Sorau „ .	2 „	„ 2	„
	438 Gemeinden	u. 399	Ortsrichter.

3) Verwaltung und Verfassung von Korporationen.

Dieses sind freiwillig zusammengetretene Vereine zur Erreichung eines gemeinsamen Zweckes. Hierher gehören die land- und ritterschaftlichen Kredit-Vereine, das Kredit-Institut für Schlesien und die Lausitz, die Feuer- und Hagelschäden-Versicherungsgesellschaften.

Für die preußische Ober-Lausitz besteht die Görlitzer Fürstenthums-Landschaft. Die Rittergutsbesitzer können bei der Fürstenthums-Landschafts-Kasse Kapitalien bis zum halben Werth ihrer Güter aufnehmen, für deren, Sicherheit nicht der Einzelne haftet, sondern Alle haften und worüber man dem Darleiher Pfandbriefe ausstellt, die mit 3½ Prozent verzinst werden die Zinsen werden halbjährig ausgezahlt. Jedes Fürstenthums-Landschafts-Kollegium besteht aus einem Fürstenthums-Landschafts-Direktor (in der Görlitzer Fürstenthums-Landschaft Herr Lieutenant von Gersdorf auf Kosel), zwei, auch mehreren Landesältesten, aus einem Syndikus, welcher die Korrespondenz, Protokolle 2c. führt und aus einem Kalkulator.

Die 1786 errichtete, von der Fürstenthums-Landschaft verwaltete Brand- oder Wurzelkasse, wurde durch die am 1. Januar 1843 für das platte Land der Provinz Schlesien und die Ober-Lausitz preußischen Antheils gegründete Land-Feuer-Sozietät aufgelöst. Am 1. Januar 1855 trat jedoch die neuerrichtete Feuer-Sozietät der preußischen Ober-Lausitz in's Leben. Die Gebäude sind in 3 Klassen gebracht. Die Assekuranz-Beiträge stehen in dem Verhältnisse wie 1 : 2 : 5.

Je 10 Thaler der Versicherungssumme werden mit dem Ausdruck „Wurzel" bezeichnet, daher sagt man, ein Gebäude ist mit 5, 10, 30 2c. Wurzeln versichert. Die Sozietät steht den Bewohnern des platten Landes, wie denen der Städte, den Dominien wie den Rustikalen zum Beitritt offen.

Pro 2. Semester 1858 waren von 80,717 Wurzeln in der 1. Klasse à 2 Pf., von 47,844 Wurzeln in der 2. Klasse à 4 Pf., von 183,979 Wurzeln in der 3. Klasse à 10 Pf. Assekuranz-Beiträge zu zahlen.

Bibelgesellschaften bestehen zu Görlitz (1816), Lauban und Seidenberg; sie feiern ihre Jahresfeste kirchlich; ebenso die Missions-Vereine zu Lauban (gestiftet 1842), am linken Ufer der Neiße (1843), im Kreise Hoyerswerda (1843), am obern Queiß (1850) und der 3. Görlitzer Diözese (1852). Der erste Missionsverein der preußischen Ober-Lausitz war der 1820 zu Seidenberg gestiftete.

Gustav-Adolph-Vereine haben sich zu Görlitz und Lauban gebildet; ebenso zu Görlitz ein Verein zur Erziehung sittlich verwahrloster Kinder. Begräbnißkassen-Vereine existiren zu Görlitz, Lauban, Rothenburg, Reichenbach, Meffersdorf ꝛc. Am 16. Januar 1860 bildete sich zu Marklissa ein landwirthschaftlicher Verein, der im Winterhalbjahr alle 14 Tage, im Sommerhalbjahr alle 4 Wochen Sitzungen hält. Aehnliche Vereine bestehen im Görlitzer und Rothenburger Kreise schon längst. Zur Beförderung der Bienenzucht hat sich vor mehreren Jahren der oberlausitzer Central-Bienen-Verein gebildet, der jährlich Wandersitzungen hält.

§ 14.

Allgemeine Anstalten zur Wohlfahrt und Sicherheit des Landes.

1) Hospitäler und Krankenhäuser giebt es fast in allen Städten; Görlitz und Lauban haben deren mehrere, die zum Theil gut dotirt sind. Hiezu tritt das Kloster der Magdalenerinnen zu Lauban, das jährlich an 100 Kranke unentgeldlich verpflegt.

2) Die Irren-Anstalten zu Plagwitz (späterhin Bunzlau) und Leubus nehmen auch lausitzer Irre auf.

3) Verbrecher männlichen Geschlechts müssen ihre Strafe in der Straf- und Arbeitsanstalt zu Görlitz (Zuchthaus genannt), weibliche Verbrecher dagegen zu Sagan verbüßen. Vergehungen und Uebertretungen werden mit Gefängnißstrafe belegt und in jedem Kreise befindet sich ein Kreisgefängniß.

4) Die Haupt-Sparkasse der preußischen Ober-Lausitz, die von den Landständen derselben zu Görlitz verwaltet wird und die Einlagen mit 3⅓ Prozent verzinst, hatte 1858 einen Bestand von 1,075,871 Thlr. 25 Sgr. 2 Pf. excl. der Kautionen der Neben-Sparkassen-Rendanten.

§ 15.

Topographie.

I. Der Görlitzer Kreis.

Er grenzt östlich an den Bunzlauer und Laubaner Kreis, südlich und westlich an die Sächsische Ober-Lausitz und den Rothenburger Kreis, nördlich ebenfalls an diesen und den Saganer Kreis; ist 15¼ Quadratmeilen groß und hat seine größte Ausdehnung von Süden nach Norden. Er wird von der Neiße, Tschirne, dem schwarzen Schöpse mit dem Ebersbacher Wasser durchflossen. Im Süden ist seine Oberfläche gebirgig. Zwischen Neiße und Schöps ziehen sich die Jauernicker und Friedersdorfer Berge mit der Landeskrone, die Mengelsdorfer und Königshainer Berge hin. Das Königshainer Gebirge zeichnet sich durch merkwürdige Burgtrümmer, ähnliche Felsen und Höhlen aus. Hauptsächlich ist der Kreis im Norden, rechts von der Neiße, bewaldet. Die Görlitzer Heide, meist aus Kieferholz bestehend, ist eine der größten der Provinz. Der Boden ist im Süden des Kreises besser, als im Norden desselben, da hier schon Sand vorherrschend ist. Flachsspinnen, Steinebrechen, Kalkbrennen, Holzschlagen, Kohlenbrennen, Torfstechen beschäftigen außer dem Betriebe der Landwirthschaft viele fleißige Hände des platten Landes.

Der Kreis zählt 2 Städte, 2 Marktflecken (dorfartig) und 87 andere Dörfer, 100 Gemeinden, 8 Kolonieen, 49 Rittergüter, 8992 Privatwohngebäude, 392 Fabrikgebäude, Mühlen, 7912 Ställe, Scheunen und Schoppen und hat eine Bevölkerung von 67,621 Seelen. Die Bewohner sind fast lauter Deutsche; nur im westlichsten Winkel des Kreises, im Kirchspiele Krischa (Ephorie Rothenburg), wohnen 454 Wenden.

Städte.

Görlitz, die Hauptstadt der Preußischen Ober-Lausitz, so wie des Fürstenthums Görlitz und nach Breslau die größte und schönste Stadt in der Provinz, liegt 665 Fuß über dem Spiegel der Ostsee, zu beiden Seiten der Neiße, über welche zur Zeit noch eine hölzerne Brücke führt, so wie an der Sächsisch-Schlesischen Eisenbahn und an der Chaussee von Breslau nach Leipzig. Sie war bis 1815 die zweite unter den Sechsstädten der Ober-Lausitz, wurde um das Jahr 1000 Zgorzelica, 1071 Gorelitz (Brandstadt) geschrieben; liegt von Breslau 20¾ Meilen, von Dresden 12 Meilen entfernt und besteht aus der inneren Stadt und 4 Vorstädten. Die innere Stadt war bis in die neueste Zeit mit Mauern (5583 Ellen lang), Zwingern, 2 Reihen Bastionen und Gräben umgeben und gehörte im Mittelalter zu den stark befestigten Städten. Im Innern hat Görlitz 4 Plätze; der schönste und größte ist der Ober-Markt, 50 Fuß über dem Wasserspiegel der Neiße, daher die Neißgasse ziemlich steil hinan, und zwar auf den Unter-Markt führt. Den Demianiplatz, vor dem Reichenbacher Thore, wird bald die Demianistatue, die nach dem von J. Schilling zu Dresden angefertigten Modell in Ausführung gebracht werden wird, zieren. Nachts wird die Stadt mit Gas erleuchtet. Sie zählte 1858 77 öffentliche und 1410 Privatwohnhäuser, von denen mehr als ⅘ massiv und 3—4 Etagen hoch sind. Görlitz verschönert und vergrößert sich durch großartige Neubauten von Jahr zu Jahr. Die Zahl der Einwohner beträgt 24,556. 1707 belief sich dieselbe nur auf 6998, 1840 auf 14,138 incl. 412 Sträflinge, deren Anzahl im Zucht- und Arbeitshause 1858 auf 853 gestiegen ist. Die Mehrzahl der Einwohner ist evangelisch. Die Zahl der Katholiken ist in neuerer Zeit wesentlich gestiegen (1479), so daß im Jahr 1852 der Bau einer katholischen Kirche Bedürfniß ward; ihre Weihe erhielt sie durch den damaligen Weihbischof Latussek aus Breslau am 27. April 1853.

Als Besatzung befindet sich zu Görlitz das 1. schlesische Jäger-Bataillon (No. 5.), so wie seit 10. Juni 1860 das 1. Bataillon des 2. Nieder-Schlesischen Infanterie-Regiments (No. 47). Civil-Behörden sind: das Königliche Landrath-Amt, das Königliche Kreis-Gericht, ein Königliches Hauptsteuer-Amt, Kreissteuer- und Gränz-Postamt, eine Königliche Salzfactorei, sowie eine Königliche Direction der Straf- und Arbeits-Anstalt im ehemaligen Voigtshofe und ein Landsteuer-Amt. Görlitz hat ein alterthümliches Rathhaus, 1 Aich-Amt, 1 Stadtwaage-Amt, mehrere Brauereien, worunter die Bescherer'sche mit Felsenkellern die umfangreichste ist, 2 Apotheken, 1 Bankgebäude, 1 geschmackvolles, erst unlängst erbautes Theater, ein großes städtisches Krankenhaus und mehrere Hospitäler, sowie eine Privat-Heilanstalt für Geisteskranke. Die Hauptwache und das Zeughaus für die Landwehr befinden sich in dem höchst geschmackvoll restaurirten Kaisertrutz am Demianiplatz. Hauptnahrungszweige sind Tuchfabrikation, Töpferei und Wagenbau. 1841 zählte die Tuchmacher-Innung 700 Meister, 894 Gesellen, 314 Lehrlinge. Gegenwärtig sind hier 7 Wollspinnereien, 5 Tuchfabriken und 11 Tuchwalken. Ferner besitzt Görlitz 2 Maschinenbau-Anstalten, 1 Gasapparatfabrik von J. Stoll, die bis zum Schluß des Jahres 1858 1154 Gasmesser geliefert hat und einige 20 Arbeiter beschäftigte. Aus der Lüderschen Wagen-Fabrik gingen 1858 ca. 200 Stück Eisenbahn-Wagen hervor. Der Vice-König von Egypten hat eine Bestellung auf 50 Militair-Transport-Eisenbahn-Wagen gemacht, da die 1860 abgegangenen Probewagen den vollständigsten Beifall gefunden haben. Die Stockfabrik von Steffelbauer erfreut sich gleichfalls eines bedeutenden Absatzes; sie liefert jährlich 8—9000 Dutzend, zum Theil höchst kunstreich gearbeitete Spazierstöcke, zu dem Preise von 22½ Sgr. bis 4 Rthlr. pro Dutzend. In der Kunstschlosserei von Steffelbauer werden feuerfeste Geldschränke verfertigt. In den 5 Schönfärbereien wurden 1858 ca. 26,400 Stück Tuch und 900 Centner Wolle gefärbt. Görlitz besitzt seit 1853 eine eingerichtete Speise-Anstalt für Stadtarme, deren Nützlichkeit sich immer mehr herausstellt. 1854 trat die Gasbereitungs-Anstalt ins Leben. Die Stadt hat 4 Buchhandlungen, 5 Buchdruckereien, 4 lithographische Anstalten, mehrere Tabak- und Cigarrenfabriken und Töpfereien; aus letzteren gehen namentlich vortreffliche Oefen hervor, die ihren Weg zum Theil über die Provinz hinaus nehmen. Donnerstags findet ein sehr belebter Wochen- und Getreidemarkt Statt. Am grünen Donnerstage wird ein Honig-, so wie 8 Tage vorher ein ansehnlicher Rindvieh- und Roßmarkt abgehalten. Die seit Jahren mit unausgesetztem Eifer angestrebte Errichtung einer Producten-Börse, um deren Zustandekommen sich namentlich der landwirthschaftliche Verein und die Handelskammer große Verdienste erworben haben, ist nunmehr in Wirklichkeit getreten. Görlitz hat 6 Kirchen, wovon 5 den Evangelischen gehören und 1 Eigenthum der Katholiken ist. Von den evangelischen Kirchen werden 3 zum öffentlichen Gottesdienste benutzt. Außerdem befinden sich noch 2 Kapellen hieselbst, nämlich die Kapelle zum heiligen Kreuz und die Kapelle zum heiligen Geist.

Hauptkirche ist die zu S. S. Peter und Paul; sie ist die schönste, größeste und höchste Kirche der Pr. Ober-Lausitz. Auf einem Thonschieferfelsen am östlichen Ende der Stadt in den Jahren 1423—1457 erbaut, ragt sie mit ihren beiden Thürmen über die große Häusermasse hervor und wird meilenweit gesehen. Das Gewölbe wird mittelst 24 kühner Säulen, je 6 in einer Reihe, getragen und demnach der innere Raum in drei Schiffe getheilt. Dieses schöne Denkmal altdeutscher Baukunst ist 253 Fuß lang, 141 Fuß breit und 84 Fuß hoch. Das Dach ist mit Kupfer gedeckt (446 Ctn. 86 Pfd.). Sie hat u. a. Merkwürdigkeiten eine große Orgel, die größte im preuß. Staate, und eine sehr große Glocke. Jene ist von 1697—1703 von Casparini, Vater und Sohn, aus Sorau, erbaut, hat 3 Klaviere, früher 57, seit ihrer, 1847 erfolgten Reparatur, 65 Stimmen und 3300 Pfeifen und kostet 25,000 Rthlr. Die große Glocke, 217 Ctr. 62 Pfd. schwer, hat einen Umfang von 31 Fuß und ist im Lichten so weit, daß ein Reiter zu Pferde sich bequem unter ihr umdrehen könnte; sie wurde nach 2maligem Mißrathen am 3. August 1696 und die Betglocke, 117 Ctr. wiegend, den 18. April 1697 gegossen. Fünf Läuter sind erforderlich, die große Glocke zu läuten. Außer diesen beiden Glocken hat die Kirche noch deren 4. Eine andere Merkwürdigkeit der herrlichen S. S. Petri= und Paul=Kirche ist die in Felsen gehauene S. Georgs=Kapelle unter der Ostseite der Kirche. Selbige ist 37 Ellen lang, 42 Ellen breit, 11 Ellen hoch. Eine Thüre von außen und zwei Wendeltreppen führen aus dem Innern der Kirche in diese merkwürdige, mit Kanzel und Altar geschmückte Kapelle. Papst Johann XXII. bewilligte zur Erbauung der Kirche von S. Peter Ablaß zu sammeln. — Da das erste Dach nur von Brettern und Schindeln war, so ersuchte man den Ablaßkrämer Tetzel, der 1509 hieselbst sein Wesen trieb, seinen Aufenthalt um 3 Wochen zu verlängern und den Erlös des Ablasses während dieser Zeit zu einer bessern Bedachung zu verehren. Er that dies und so erhielt die Kirche ein kupfernes Dach. Der Brand am 19. März 1691 beschädigte dieselbe bedeutend und sowol Dach als Glocken schmolzen; es erfolgte jedoch sehr bald die Wiederherstellung der Kirche (1696). Das neue Kupferdach wurde 1712 vollendet. — Die S. Nikolai=Kirche ist die erste oder die älteste der städtischen Kirchen und war ehemals Pfarrkirche, weil hier die erste Anlage der Stadt war. Im Brande 1642 fiel eine Glocke mit der Jahreszahl 1041 herab. Seitdem ist die Kirche noch 2mal abgebrannt und dient jetzt als Begräbnißkirche. Um sie befindet sich der Friedhof mit merkwürdigen Denkmalen und Grüften. Auf ihm ruht auch der berühmte Theosoph Jakob Böhme; eine Linde verkündete ehemals seine Ruhestätte. In neuerer Zeit soll ihm zu Ehren ein steinernes Denkmal errichtet werden. Ingleichen hat hier sein Grab der Erbauer des heil. Grabes und des Kirchleins zum heil. Kreuze, der Bürgermeister Georg Emmerich, der bei seinem Tode 14 Landgüter, die Stadt Schönberg, 7 große Häuser in Görlitz und 31,000 Dukaten hinterließ. Seines Reichthums wegen nannte ihn Dr. Luther den „Görlitzer König". Diesem Emmerich wurde zur Sühne einer schweren Verschuldung eine Wallfahrt nach dem heil. Grabe zu Jerusalem auferlegt, die er denn auch 1465 antrat und glücklich beendigte. Er glaubte Aehnlichkeit des Terrains von Görlitz mit dem von Jerusalem zu finden und beschloß die Erbauung des heiligen Grabes, als Nachahmung des zu Jerusalem befindlichen, in seiner Vaterstadt. Zu diesem Behufe begab er sich 1475 in Gesellschaft eines Malers noch einmal dahin, ließ daselbst die Kirche des heil. Grabes, so wie die bedeutungsvollen Plätze, die in der Leidensgeschichte Jesu vorkommen, treulich copiren und nach erfolgter Rückkehr das heilige Grab von 1480—89 erbauen. An den alten Friedhof stößt der größere neue Friedhof, im Sommer einem Blumengarten ähnlich.

Für die Bildung der Jugend ist reichlich gesorgt und es werden ihr sehr erhebliche Opfer gebracht. Das Gymnasium hat 6 Klassen; Tertia und Secunda sind je in 2 Abtheilungen gebracht. An ihm arbeiten 1 Director, 10 Lehrer, außer 1 Musiklehrer, 1 Zeichnen=, 1 Schreib= und 1 Turnlehrer. Die höhere Bürger= oder Realschule besteht seit 1837, hat 7 Klassen unter 1 Director, 10 Lehrer, 1 Musik=, 1 Zeichnen= und 1 Turnlehrer. Gymnasium und Realschule sind in Einem großartigen, prächtigen, 1853—1856 an Stelle des alten Gymnasialgebäudes am Klosterplane errichteten Schulpalaste, der Görlitz zur Ehre und Zierde gereicht, locirt. Der Bau kostete der Stadt 75,000 Thlr. Das im gothischen Styl erbaute Gebäude ist mit einem dem Ganzen entsprechenden Thurme geziert, der als Observatorium dient. Von ihm überschaut man nicht nur die ganze Stadt, sondern genießt auch die herrlichste Fernsicht. Görlitz hat ferner 1 Gewerbeschule mit 2 Klassen, woran 1 Director und 2 Lehrer arbeiten. Die höhere

Töchterschule befindet sich in einem schönen 3stöckigen, 1837 erbauten Gebäude am Fischmarkte und hat 6 Klassen; der Unterricht wird von einem Director, 6 Lehrern und 3 Lehrerinnen ertheilt. Die Bürgerschule, 1858 begründet, zerfällt in 2 Abtheilungen, eine für Knaben, die andere für Mädchen, jede mit 6 Klassen und 6 Lehrern und ist die Leitung derselben einem Rector anvertraut. Die Knabenbürgerschule hat ein 1847 erbautes dreistöckiges Gebäude in der Ober-Langenstraße, die Mädchenbürgerschule hat bis jetzt 6 gemiethete Lokale in der Rosenstraße. Die ev. Volksschulen, unter Beaufsichtigung des Rectors der Bürgerschule, haben nur ein eignes Gebäude — das Nikolai-Schulhaus — in welchem aber nur 8 Klassen untergebracht sind, einige werden noch in städtischen Gebäuden unterrichtet, die meisten aber in gemietheten Privat-Lokalen. In Allem arbeiten an der Volksschule 27 Lehrer.

Der Unterricht an der kathol. Schule wird von 2 Lehrern ertheilt. Die Handwerkerschule, seit 1830 begründet, besteht aus 3 Klassen; 6 Lehrer unterrichten an 3 Tagen je 2 Stunden.

Endlich hat Görlitz 2 Kleinkinderbewahr- und 2 Schulkinderbeschäftigungs-Anstalten, eine für Knaben und eine für Mädchen (die Döringsche). Für sittlich verwahrloste Kinder hat Görlitz ein Rettungshaus; eine Zweig-Anstalt davon ist die Ackerbauschule zu Siebenhufen. Für städtische Waisenkinder besitzt Görlitz ein Waisenhaus. Noch gibt es hier mehrere in Ruf stehende Privat-Erziehungs-Anstalten theils für Knaben, theils für Mädchen. Unter andern erfreut sich die Kosmehl'sche wegen weitverbreiteten guten Rufes einer starken Frequenz. Eine Menge Vereine und Gesellschaften suchen edle Zwecke zu erstreben. Vor allen treten uns hier entgegen die Ober-Laus. Gesellschaft der Wissenschaften und die Naturforschende Gesellschaft, welche in aller Herren Länder Mitglieder aufzuweisen haben. Jene ist 1779 gegründet worden, hat eine Bibliothek von mehr als 20,000 Bänden, einen reichen Schatz von Karten, Kupferstichen, Handzeichnungen, Fossilien, Mineralien, oberlaus. Vögeln, getrockneten Fischen, oberlaus. Insekten, Pflanzen, Moosen, Flechten, physikalischen Instrumenten, eine reiche Sammlung von Münzen, Alterthümern und Merkwürdigkeiten; sämmtlich in einem der Gesellschaft gehörigen Hause. Nächst ihr besteht die naturforschende Gesellschaft zu Görlitz, seit 1814. Auch sie hat einen sehr reichen Schatz von Vögeln, Mineralien und anderen naturhistorischen Dingen. Im Herbste 1859 wurde der Grund zu einem neuen großartigen Gesellschaftsgebäude gelegt, da das bisherige zu klein geworden ist, die Schätze der Gesellschaft zu fassen; am 26. Oct. 1860 erhielt das neue Museum, eine Zierde des Marienplatzes, seine Weihe.

Die Umgebungen von Görlitz sind reizend. Außer großen Vorwerken und Stadtgärten gibt es schöne Privatgärten und Promenaden, so wie auf der ehemaligen Viehweide einen herrlichen Park. Ein beliebter Aufenthaltsort der Görlitzer sind die oberen Mühlberge (beträchtlich hohe, schroffe linke Thalwand der Neiße oberhalb des Mühlwehrs) mit dem geschmackvollen Blockhause, von wo aus sich dem Auge eine liebliche Landschaft und die schönste Aussicht von der Schneekoppe bis zur Lausche darbietet. Zu ihren Füßen erhebt sich der sehenswerthe Neiße-Viaduct, etwa eine kleine Viertelstunde vom sehr umfangreichen, sich von weiter Ferne schon präsentirenden Bahnhofe. Der Viaduct ist 1500 Fuß lang und besteht aus 30 Pfeilern, die sich in 3 Gruppen theilen. Die erste Gruppe, am rechten Ufer der Neiße beginnend, enthält 18 Pfeiler mit einer Bogenspannung von je 30 Fuß, dann folgen 8 Pfeiler mit einer Bogenspannung von 40 Fuß, und hierauf 4 Pfeiler, welche die Brücke, unmittelbar über dem Fluße, tragen, in einer Bogenspannung von 60 Fuß und deren beide Mittelpfeiler sich 120 Fuß (also um 20 Fuß höher als das Königliche Schloß zu Berlin) über den Wasserspiegel erheben. Der Kostenanschlag des Viaducts belief sich auf 613,000 Thlr. Die Größe und Lage der Stadt an der Sächsisch-Schles. Eisenbahn, sowie die vielen Fabriken verleihen derselben eine große Lebendigkeit; ihre gesunde Lage und reizenden Umgebungen ziehen viele Fremde an, hier ihren Wohn- und Ruhesitz zu nehmen, zumal auch für geistige und leibliche Bedürfnisse durch Theater, Concerte, Bälle, Conditoreien, Gasthöfe ꝛc. reichlich gesorgt ist und die Bildungs- und Erziehungs-Anstalten sich eines besonderen Rufes erfreuen.

Die erste Anlage der Stadt war eine hölzerne Feste der Wenden am linken Neißufer, die Burg Drebnow. Nach ihrer Zerstörung durch Brand, 1131, wurde vom böhmischen Herzog Sobieslaw eine steinerne Burg erbaut und ihr der Name der bei ihr liegenden Stadt Yzhorelik, Goreliz, gegeben. Hermann, Markgraf von Brandenburg, ertheilte Görlitz 1303 Magdeburger Recht, Kramladen und Gewandschnitt. Um 1319 wurden die Tempelherren aus Görlitz, wo sie einen Hof hatten, vertrieben. Von 1319—29 gehörte sie dem Herzog Heinrich von Jauer, der sie an den König Johann von Böhmen abtrat. 1346 wurde sie Sechsstadt; 1355 ertheilte Kaiser Karl IV. Görlitz das Fehmgericht, das jedoch im Hussitenkriege erlosch, 1367 erhielt sie den Bierzwang. Kaiser Karl ernannte 1377 den Kreis zu einem Fürstenthume. 1389—95 Verweisung der Juden aus Görlitz. 1429 erschienen die Hussiten und verbrannten die Vorstädte. Der von den Hussiten in die Stadt geschickte Bote, welcher sie zur Uebergabe aufforderte, wurde gesäckt und in die Neiße geworfen. 1430 wurde hier der gefährliche Landbeschädiger Friedrich von Wangenheim, al. Frietzsch genannt, sich meistens in der Heide und am Wohlenteiche aufhaltend, gefangen und an den obersten Trahmen des Galgens gehenkt. Auf ihn wurde ein Spottgedicht verfaßt, das sich anfing: wär' ich zu Seidenberg im Kretschen geblieben, so äßen wir Gesottnes und Gebratnes ꝛc. 1434 ertheilte Kaiser Sigismund der Stadt das Recht, mit rothem Wachs siegeln zu dürfen. 1453, Mittwoch nach Ostern, kam der Bernhardiner Mönch Capistrano aus Italien nach Görlitz und predigte 15mal in lateinischer Sprache auf dem ehemaligen Salzhause. 1471 wurden Versuche auf Bergbau gemacht (Goldgrube). 1495 vertrieb der Rath den Pfarrer Johann Böhme und seinen Kaplan, weil sie fremd Bier schenkten. 1525 den 12. Juni großer Brand. 1527 Aufruhr der Bürger wider den Magistrat, den man ermorden wollte. In Peter Liebig's Hause in der Langengasse wurden von den Zechen geheime Zusammenkünfte gehalten, wohin man auch durch ein enges Gäßchen Dolche, Schwerter, Büchsen und Rüstungen schaffte. Der Rath ließ später dieses Gäßchen zumauern und über die Thür die Buchstaben setzen: D. V. R. T. (der verrätherischen Rotte Thür). Dieses Gäßchen heißt heutigen Tages noch das Verräther-Gässel. Die Rädelsführer wurden meist enthauptet, Peter Liebig aber 8 Tage nach dem Aufruhre durch Pferde geviertheilt. 1525 den 16. April wurde das heilige Abendmahl unter beiderlei Gestalt ausgetheilt. 1565 Gründung des Gymnasii. Von 1585 bis Februar 1586 abermals Pest, woran 2370 Menschen starben. 1606 starb der als oberlausitzscher Liederdichter geschätzte Past. Prim. Martin Moller zu Görlitz. 1620 den 10. März hielt Friedrich V. von der Pfalz, nach seiner Krönung als König von Böhmen, seinen Einzug in Görlitz, um in Bautzen von den versammelten Ständen die Huldigung entgegenzunehmen. 1621 den 28. Juli kam Georg, Kurfürst von Sachsen, der für den Kaiser Ferdinand gefochten, nach Görlitz und ließ sich als Pfandherr der Ober-Lausitz huldigen. 1622, 18. Juli, stürzte die Neißbrücke ein; 9 Personen fielen dabei in die Neiße. 1628 deckte ein Orkan das Dach der S. S. Petri-Paul Kirche ab. 1633 den 30. Octbr. erschien der grausame Wallenstein in Görlitz, ließ die Stadt erst plündern, dann beschießen. 1637 den 8. Octbr. wird Johann Georg als wirklicher Oberherr der Lausitz zu Görlitz gehuldigt. 1639 und 40 wurde Görlitz von Schweden besetzt. Am 13. Juli 1639 brannte der schwedische Commandant Wanke die großen und schönen Vorstädte ab, wobei 800 Häuser vernichtet wurden. 1652 kamen 82 protestantische Exulanten-Familien nach Görlitz. 1706 schwere Bedrückung vom schwedischen Heere, das durch die Lausitz nach Sachsen drang. 1736 starb hier der Liederdichter M. S. Großer als emer. Gymnasial-Rector. 1745 den 13. Juni warf ein furchtbarer Wirbelwind das Dach der Neißbrücke gegen das Wehr. 1756 den 29. August Besetzung durch Preußen und Erduldung großer Leiden im 7jährigen Kriege. 1763 grassirte das Nervenfieber, darnach kam Theuerung. 1768, 16. Februar, früh zwischen 8 und 9 Uhr Erderschütterung. 1771 wurde die Tortur abgeschafft. 1793 wurde das Todaustreiben am Sonntage Lätare vom Magistrat untersagt. 1806—8 waren Franzosen und deren Verbündete kostspielige Gäste, desgleichen 1813 vom 23. Mai bis September, wo Blücher's Heer mit den verbündeten Russen sie vertrieben. Am 19. und 20. März 1813 gingen russische Garden durch. Am letztgedachten Tage hielt Kaiser Alexander unter Glockengeläute und Kanonendonner seinen Einzug. Am 23. März geschah gleiche Ehre Friedrich Wilhelm III. bei seiner Ankunft in Görlitz. Am 8. Juni 1813 hielt Napoleon seinen Einzug in Görlitz. 1851 Theaterbau. 1852 Bau des neuen und großartigen Königl. Postamtsgebäudes. 1853 stürzte der Marstall ein und erschlug die Tochter des Pächters. 1853 Abbruch des alten, baufälligen Gymnasialgebäudes und Aufbau eines neuen und schöneren. In demselben Jahre wurde der Bau der Gasbereitungs-Anstalt begonnen. 1857 Bau der schönen, wohleingerichteten Kaserne, die 1858 von dem Militair bezogen werden konnte.

Eine Meile südwestlich von Görlitz liegt die Landeskrone, 1304 Fuß hoch; ein bequemer zum Besteigen und Befahren angelegter Weg führt auf diesen Höhenpunkt, welcher eine vortreffliche Rundschau gewährt und von Einheimischen wie von Fremden fleißig besucht wird, besonders seitdem eine Restauration, die eines Neubaues gewärtig ist, auf ihm errichtet worden ist (1841). 1357 erhielt Friedrich von Biberstein vom Kaiser Karl IV. das Schloß Landskron. Seit 1440 ist sie städtisches Eigenthum; Hans v. Sagan verkaufte sie der Stadt. Ehedem befanden sich auf diesem Sattelberge 2 Raubschlösser und ein Meierhof, deren Erbauung man in die Jahre 953 und 54 setzt. 1422 wurden sie auf Befehl Kaiser Sigismunds und nach abermaliger Erbauung 1440 von den Görlitzern selbst zerstört. Auf der höchsten der beiden Kuppen befindet sich seit 1796 ein steinernes Belvedere. Im Munde des Volkes lebt die Sage, daß in der Landeskrone ein großer Schatz, eine Braupfanne voll Geld, verborgen liege.

Im Jahre 1844 den 1. Juni wiederfuhr der Landeskrone die besondere Ehre eines Besuches Sr. Majestät des Königs Friedrich Wilhelm IV. Allerhöchstderselbe geruhte bei dieser Gelegenheit, Görlitz, zu ihrem Fuße liegend, in den Rang einer Großstadt, und den Ihn begleitenden hochachtbaren, sich um das Wohl der Stadt höchst verdienstlich gemachten Bürgermeister Demiani zum Oberbürgermeister zu ernennen.

Reichenbach, 2 Meilen W. von Görlitz, eine Mediatstadt, d. i. eine Stadt, welche einer Privatherrschaft gehört, liegt unweit der sächsischen Grenze, an einem kleinen Bache, sowie an der Dresden-Görlitzer Chaussee und der Sächsisch-Schlesischen Eisenbahn, hat 150 meist massive Privat-Wohnhäuser und 1190 Einwohner, worunter 23 Katholiken. Hauptnahrungszweige sind Ackerbau, Weberei und Töpferei. Ehe das Hauptgrenzzollamt von hier nach Görlitz, unter dem Namen eines Königl. Haupt-Steuer-Amtes, verlegt wurde, war der Ort außerordentlich belebt und wohlhäbender als gegenwärtig.

Die Stadt, einst Rychenbach geschrieben, war vor dem Hussitenkriege größer als jetzt; man sagt, sie sei bis an den im Süden der Stadt gelegenen Töpferberg gegangen. Die Hussiten zerstörten 1430 Schloß und Stadt durch Brand. Vor der Johanniskirche, im 11. oder 12. Jahrhundert gegründet, lagen sie 24 Tage, vom 26. Decbr. 1430 bis 19. Januar 1431, ohne sie nehmen zu können. 1548 wurde die Reformation eingeführt; erster Pastor war M. Fr. Fischer. 1562 wurde das Diaconat, nachdem schon früher eins gewesen, auch vor der Reformation Capläne angestellt gewesen waren, erneuert. 1607 den 3. April brannten durch Verwahrlosung eines Jungen, welcher mit einer Schlüsselbüchse nach einer Taube schoß, 7 Häuser ab. 1620 den 20. August schlug der Blitz, während des Läutens, in den Thurm und tödtete 2 Läuter. 1629 den 8. Juli wurde er durch Blitzschlag eingeäschert, 1646 wieder hergestellt. 1670 brannte die Kirche ab, worauf sie massiv hergestellt wurde. Groß waren die Leiden, welche Reichenbach im 30- und 7jährigen Kriege erfuhr. 1778 siegter hier die Oesterreicher über die Sachsen, desgleichen 1813 den 22. Mai und im September die Franzosen über die Russen.

Hauptbrände waren 1509, 1640 und 42; 1670 Totalbrand. 1799 den 29. November brannten durch Leichtsinn eines 6jährigen Mädchens 57 und den 17. December darauf durch Unbedachtsamkeit 11 Häuser ab. 1842 wurde die 1836 von den Hochlöblichen Herren Landständen des Markgrafthums Ober-Lausitz gegründete Anstalt zur Versittlichung verwahrloster Kinder von Reichenbach nach Görlitz verlegt. Am 5. Juli 1858 wurde das Ober-Lausitzer Seminar zu Reichenbach eingeweiht und mit 25 Zöglingen eröffnet.

Südlich von der Stadt befindet sich die Haltestelle an der Sächsisch-Schlesischen Eisenbahn. Der Rothstein bei Sohland in der Königl. sächsischen Ober-Lausitz wird im Sommer von hier aus wegen der schönen Aussicht, die er bietet, öfters besucht.

Dörfer.

Kuhna*), ¾ Meilen S.-O. von Görlitz, am Rothwasser, mit Marktgerechtigkeit, hat 42 Privat-Wohnhäuser und 271 Einwohner, ein schönes Schloß mit Park, Lust- und Ziergarten, dem Bankier Magnus gehörig, eine Heilanstalt für Krätzkranke des Görlitzer Kreises. Der Ort hat eine Menge Handwerker. 1665 wollten sich die Kuhnaer, unter Hans Ernst v. Warns-

---

*) Cuna, eine fragliche slavische Gottheit, vielleicht gleichbedeutend mit Siewa, der Göttin des Lebens.

dorf, vom Schönbrunner Kirchenverbande lossagen und ein eigenes Kirchensystem gründen. Der Collator und Pfarrer in Schönbrunn widersetzten sich diesem Verlangen. Der Streit dauerte 3 Jahre und gedachter v. Warnsdorf erbaute inzwischen die Schloßkapelle, die neuerdings sehr schön restaurirt worden ist. In dem zu Bautzen am 26. November 1668 abgeschlossenen Vergleiche ward festgestellt, daß der Pfarrer zu Schönbrunn gegen eine Vergütigung von wenigstens 10 Thlrn. jährlich an 12 Sonntagen und am 3. Feiertage der hohen Feste eine Predigt darin halte.

Der Ort hat mehrere Brände erlitten.

Radmeritz, an der Wüthig und Neiße, dicht an der sächsischen Grenze, mit Marktgerechtigkeit versehen, hat 102 Privat-Wohnhäuser und 574 Einwohner, 1 Schule und 1 Kirche, die jahrelang nur eine Kapelle war. Die Kirche gehörte sonst als Filial zu Jauernick, wurde 1346 selbstständig und erhielt in B. Dietrich 1547 den ersten evangelischen Pastor. 1686 den 5. Mai braunte die Kirche ab; ihr massiver Wiederaufbau erfolgte im Jahre 1688, jedoch ohne Thurm. Das Geläute befindet sich auf der Kirche. Die Jahrmärkte waren früher sehr lebhaft. Ueber der Wüthig, also auf sächsischem Grund und Boden, liegt das weltadelige Fräuleinstift Joachimsstein. *Joachim Siegismund* von Ziegler und Klipphausen gründete es 1722 für 12 adelige Fräulein evangelischer Confession, welche bei der Aufnahme nicht unter 16 und nicht über 35 Jahre alt sein sollen. Sie erhalten darin Wohnung, Kost, Equipage und ein jährliches Taschengeld von je 208 Thlr., stehen unter einer Stiftshofmeisterin, haben eine eigene Stiftskleidung, welche sie jährlich am Stiftungstage tragen müssen, und ein Ordenszeichen; haben auch die Freiheit, sich aus dem Stifte zu verheirathen. Dem Stifte gehören Radmeritz, Nieder-Linda, Tauchritz &c. Die Direction und Verwaltung der Einkünfte steht unter einem Stiftsverweser, z. Z. ist es der Herr Graf zur Lippe auf Lubachau, der in Sachsen und Preußen angesessen sein muß. Das schöne Stiftsgebäude enthält zwei prächtige Säle und ist mit schönen Anlagen und Lindenalleen umgeben. Der Lust- und Ziergarten zu Radmeritz ist sehenswerth. In der Nähe des Altars hiesiger Kirche ist das Steinbild des Stifters der Fräuleinanstalt in Staatstracht mit Perücke, 1734. An der Kirche befindet sich das halbe Bild des Landvoigts Petschke von Lossow von 1313; gewiß eines der allerältesten Denkmäler in der Lausitz.

Nieda, im Süden des Görlitzer Kreises, an der sächsischen Grenze, liegt in einer reizenden Gegend, zwischen 7 Hügeln und wird durch die Wittig in 2 Theile getheilt, von welchen der am rechten Ufer liegende 1815 preußisch geworden, der am linken Ufer gelegene aber sächsisch geblieben ist. Im preußischen Theile liegen, excl. Kirche, Pfarre und Schule, 8 Häuser mit 64 Einwohnern; der sächsische Antheil ist nicht größer.

Die Kirche, am Wolfsberge, ist eine der ältesten in der Lausitz und Nieda war ehemals ein sehr besuchter Wallfahrtsort.

In grauer Vorzeit soll auf dem höchsten der 7 Hügel, der Hainmauer*), ein Götzenaltar gestanden haben und auch daselbst geopfert worden sein. Auf dem Wolfsberge, und zwar auf dem östlichen Theile desselben, hat beim Aufblühen des Christenthums im 12. oder 13. Jahrhunderte eine Kapelle gestanden, zu welcher die ganze Umgegend wallfahrtete. Ein vom Wolfsberge

*) Vielleicht Hünenmauer?

aus westlich gelegenes, mit Laubholz bestandenes, zum Theil von der Wittig umflossenes Thal, soll der Lagerplatz der Wallfahrer gewesen sein, woselbst sie auch ihre Speisen gekocht haben mögen, denn dieses Thal heißt heute noch: „die Küche“ und die darin an der Wittig liegende Mühle: „die Küchenmühle“, welche ursprünglich zur Herrschaft Nieder-Rudelsdorf, jetzt aber als Tuchfabrik (Rauh- und Scheermaschine) dem Herrn Ernst Geisler zu Görlitz gehört. Auf einer Anhöhe des kleinen Parkes neben der Fabrik entfaltet sich ein liebliches Landschaftsgemälde, wenn man die Blicke in den Laubaner Kreis und nach dem Iser- und Lausitzer Gebirge schweifen läßt.

Ein vom Wolfsberge aus westlich gelegener Hügel heißt: „der Klapperberg“, auf dessen Steinen man in Ermangelung der Glocken, mit eisernen Stäben geklappert und dadurch die in „der Küche“ Lagernden zum Gottesdienste gerufen haben soll. — In dem sogenannten „Kaplangarten“ hat in älteren Zeiten ein Haus gestanden, in welchem die Kapläne gewohnt haben; ein Beweis von den vielen Amtsgeschäften, welche Ein Geistlicher zu bestreiten nicht im Stande gewesen sein mag, weil fast alle umliegenden Ortschaften, welche nunmehr längst schon eigene Kirchen besitzen, z. B. Leuba (1475), Wendisch-Ossig, Radmeritz (1601) 2c. sich zuvor nach Nieda zum Gottesdienste gehalten haben. Gegenwärtig sind noch 4 preußische und 3 sächsische Dörfer nach Nieda eingepfarrt. Um das Jahr 1540 wurde zu Nieda die Reformation eingeführt, erster evangelischer Pastor Nic. Gäbler. Die jetzige Kirche ist 1715—21 erbaut, hat ein herrliches Geläute und viele alte Denkmäler. 1773 wurden zu Nieda Bracteaten aufgefunden. Am 1. Jan. 1855 schlug der Blitz während eines Begräbnißläutens in den Thurm und in die Kirche und tödtete einen Läuter. Vor Gründung der Schullehrer-Seminare wurde in Nieda, namentlich vom Cantor Hoffmann, eine große Zahl zu Schulmännern vorgebildet, wie dies auch im Waisenhause zu Görlitz, in Hohkirch und Großhennersdorf in Sachsen geschah. — Diese 4 Bildungsstätten versorgten den größten Theil der Ober-Lausitz mit Lehrern.

Tauchritz, an der Pliesnitz, ca. 1 Meile südlich von Görlitz, Dorf mit 71 Häusern und 389 Einwohnern, meist dem Ackerbau sich zuwendend. Die Kirche ohne Thurm war früher Filial von Jauernick; 1346 wurde sie selbstständig. Erster evangelischer Pastor war B. Dietrich 1547. 1687, den 5. Mai, brannte die Kirche ab, wurde aber schon das nächste Jahr wieder massiv aufgebaut. Die Glocken hängen auf dem Kirchboden. 1835, 31. Mai, fand der Müllergesell Wiedner aus Prettin beim Einölen des Getriebes seinen Tod. Friedrich von Biberstein, der außer der Herrschaft Friedland auch die Burg Landskron mit den dazu gehörigen Dörfern Tauchritz, Kunnerwitz, Biesnitz 2c. besaß, starb circa 1360 als einer der streit- und raubsüchtigsten Ritter. Er erschlug 7 Görlitzer Bürger, die den Straßenräuber Nitschke von Rackwitz verfolgten. Diesen Todtschlag mußte er mit 200 Schock sühnen, die zum Bau der Kirche zu unserer lieben Frauen zu Görlitz verwendet wurden.

Deutsch-Ossig, an der Pliesnitz und an der Chaussee von Görlitz nach Zittau, 1 Stunde südlich von Görlitz, mit 112 Häusern und 697 Einwohnern, besteht aus 4 Antheilen und ist im Besitze einer sehr wohlhabenden Kirche, die schon im 13. Jahrhunderte vorhanden war. Zu Anfange des 15. Jahrhunderts wurde sie erweitert. 1530 wurde sie evangelisch. Alexander Klow war der erste evangelische Geistliche. 1715 wurde die Kirche fast von

Grund aus massiv neugebaut. 1718 ward der Bau beendigt, daher ihre Weihe am 17. Juni gedachten Jahres erfolgen konnte. 1635 wurde der Pfarrer George Kloß auf der Kanzel vom Schlage gerührt. Zu Deutsch-Ossig befindet sich eine Käserei.

Jauernick, von Görlitz ¾ Meilen SSW. und ziemlich hoch gelegen, hat 69 Häuser, 401 Einwohner, eine katholische Kirche, nach der Reformation bis in die Mitte des 19. Jahrhunderts die einzige im Görlitzer Kreise, die nicht nur die reichste, sondern auch die älteste*) im Markgrafthum Ober-Lausitz sein soll. Nach den Annalen des Olerus, eines Priesters in Jauernick, soll sie im Jahre 967 von Holz, später aber massiv erbaut worden sein. Diese Kirche besaß als Reliquie die Armröhre des heiligen Wenzeslaus, welche aber 1805 in einer Novembernacht gestohlen ward. Einst wallfahrtete man sehr stark zu dieser auf einem Berge gelegenen Kirche, beschenkte sie reichlich und dadurch ward sie eben so reich.

Wigand von Salza, Kanonikus zu Breslau, baute sie nach ihrem Verfalle wieder auf, nahm das Pfarrlehen an, verwaltete es durch einen Kaplan und verwandte das übrige Einkommen zur Wölbung der Kirche. 1530 wurden Pfarrer und Gemeinde evangelisch, als aber der Pfarrer Johann Zacharia, der vom Kaiser Ferdinand I. wegen seiner musikalischen Kenntnisse und Fertigkeiten den Titel eines Kaiserlichen Organisten bekam, 1539 sich verehelichen wollte, vertrieb ihn das Kloster Marienthal, als Patronatsbehörde, und seit jener Zeit hat die Kirche wieder römisch-katholische Geistliche. Die evangelische Gemeinde hat aber nie aufgehört, sie als ihre Kirche anzusehen, zu benutzen, zu unterhalten und ihr Vermögen zu verwalten; es sind auch stets die Kirchväter evangelisch gewesen, und alle kirchlichen Handlungen evangelischer Christen, als Taufen, Einsegnungen der Wöchnerinnen, Trauungen ꝛc., welche dem Gewissen zufolge von einem katholischen Pfarrer verrichtet werden können, in dieser Kirche vom katholischen Geistlichen ausgeübt worden und der katholische Kantor unterrichtete die evangelischen Kinder seiner Schule nach dem lutherischen Katechismus! Es ist auch dieses Verhältniß nie gestört, geschweige denn jemals die Kirche der evangelischen Gemeinde genommen worden, nur um den evangelischen Pfarrer hat man sie gebracht.

Auf Grund dessen trug die evangelische Gemeinde 1830 darauf an, ihr die Hälfte des Kirchenvermögens herauszugeben, um ein neues evangelisches Kirchensystem zu errichten. 1834 wurden ihr hiezu 15,000 Thlr. aus dem Aerar, sowie der Dezem und die Stolgebühren für den anzustellenden Geistlichen zugesichert, 1835 aber 20,000 Thlr. und vom Kloster Marienthal, als Patron, noch 2000 Thlr. als Hilfsgeld für die Hand- und Spanndienstpflichtigen gewährt, Dezem und Stolgebühren abgetreten und es erfolgte die völlige Auseinandersetzung. Auf Wunsch des Klosters und um die neue Kirche mehr in den Mittelpunkt der Parochie zu versetzen, wurde sie in Kunnerwitz, einem kleinen Dorfe am südlichen Fuße der Landeskrone, aufgeführt und am 3. November 1839 eingeweiht.

Die neuerrichtete Parochie führt den Namen: Jauernick-Kunnerwitz. Die Kirche ist massiv und unstreitig eine der schönsten Landkirchen der preußischen Ober-Lausitz. Da sie auf dem Höhenzuge, westlich vom linken Neiß-

*) Sehr alte Kirchen sind: die Nikolaikirche zu Bautzen, 999 erbaut; ferner die Nikolaikirche zu Görlitz, die ehedem eine Glocke mit der Jahreszahl 1041 hatte.

ufer und fast am Kegel der Landeskrone liegt, so ist sie von großer Weite zu sehen.

Nach Jauernick-Kunnerwitz sind eingepfarrt: Groß- und Klein-Biesnitz, Schlauroth, Mauschwalde, ein Theil von Ober-Pfaffendorf a. d. Landeskrone, Jauernick und Niecha.

Vor Errichtung dieses neuen Kirchensystems hielten sich jene Gemeinden theils nach Tauchritz, theils nach Leschwitz. Taufen und Trauungen der Evangelischen verrichtete aber, wie schon gedacht, der katholische Pfarrer zu Jauernick nach evangelischem Ritus. Kunnerwitz ist Superintendentur-Sitz des Kirchenkreises Görlitz II.

Die Jauernicker Berge werden im Sommer, namentlich von den Görlitzern, fleißig besucht, da sie, namentlich vom Kreuzberge aus, eine vortreffliche Aussicht bieten. Im vorigen Jahrhunderte (1771) fand man 60 Pfeilspitzen und irdene Gefäße, alte eiserne Aexte, Messer, ein griffelartiges-Instrument und dergl. m. in einer Urnengrabstätte in einem Steinbruche. In Jauernick gab es um das Jahr 1800 einen riesenhaften Birnbaum. Derselbe trug in einem reichen Obstjahre 14 Malter Birnen. Der Ort hat viel Nußbäume.

Friedersdorf, a. d. Landeskrone, $^3/_4$ Meilen SW. von Görlitz, hat 183 Häuser, 968 Einwohner, 1 Kirche, 1 Schule, 2 Wasser- und 3 Windmühlen. Die evang. Kirche war schon vor 1260 vorhanden. In uralter Zeit war der Ort nach Gersdorf eingepfarrt; die später erbaute Kapelle, vermuthlich von den Franziskaner-Minoriten in Görlitz versehen, wurde von den Hussiten zerstört. In der ersten Hälfte des 14. Jahrhunderts mag hier eine Pfarrkirche begründet worden sein. Erst 1560 ward sie evangelisch. Matthias Tilrich war der erste evangelische Pastor. 1661 traf sie ein Blitzschlag und es erfolgte ihre Einäscherung. Der Wiederaufbau erfolgte bald und 1663 konnte sie schon eingeweiht werden. 1763 wurde der Thurm durch Blitz beschädigt. Er hat 3 Glocken, von denen die große $27^1/_2$, die mittle $13^1/_4$, die kleine $5^1/_2$ Centner wiegt. 1794 wurde der Thurm mit einem neuen Anstrich versehen, wobei am 23. September der Schieferdecker Anton Sieber aus Zeidler in Böhmen verunglückte, indem das nachlässig ausgebesserte Seil, woran die Hitsche hing, riß, 2c. Sieber herunter stürzte und auf der Stelle todt war. Friedersdorf hat einen Granitbruch. Ein gewisser Michael Dienel, welcher in der Mitte des vorigen Jahrhunderts hier wohnte, erwarb sich Künstlerruf. Er war eines Zimmermanns Sohn, geb. den 9. August 1744 zu Friedersdorf, gest. zu Lüneburg den 31. Juli 1795. Sein Vater bestimmte ihn zur Erlernung der Tischlerei, wozu sein Sohn aber ebensowenig Lust und Geschick zeigte, als zum Zimmerhandwerk, wofür ihn nachmals der Vater bestimmte. Da ihn der Zimmermeister nicht brauchen konnte, kam er wieder ins väterliche Haus. Hier saß er viel über Büchern. Als ihm einst eine Weimar'sche Bibel mit einem Plane der Stadt Jerusalem in die Hände fiel, so versuchte er auf Anregung des Ortspfarrers Knauth, ein kleines Jerusalem danach zu erbauen. Das Modell gelang vollkommen und nun ließ er es für Geld im Lande sehen. Er verdiente sich eine ansehnliche Summe, so daß er in den Stand gesetzt wurde, nach 14jährigem Kunstfleiße und ohne alle Anleitung von Sachverständigen, 3 astronomische Uhren zu bauen. Auch sie zeigte er für Geld. Der Kurfürst von Sachsen bot ihm 1000 Thaler dafür, wofür sie aber der Künstler nicht ließ. Der

Herzog von Braunschweig kaufte sie für 4000 Thaler. Der Königl. Preuß. Hoflackirer Recht in Berlin, ein großer Liebhaber der Astronomie, ließ auf eigene Kosten nach seiner Anordnung von dem äußerst geschickten Mechanikus Gottlieb Dienel ein astronomisches Kunstwerk bauen, das jährlich nur einmal aufgezogen werden durfte.*)

1585 grassirte zu Friedersdorf die Pest. Feuersbrünste, Hagel, Blitzschläge, Heuschrecken und Kriegsgefahren hat Friedersdorf oft gehabt. Der Pfarrer Tobias Aleutner zu Friedersdorf wurde 1633 von Soldaten erstochen. Friedersdorf ist der Geburtsort des 1835 gestorbenen Polizei-Sekretairs Johann Traugott Schneider (1788). Sein Name hat selbst in den entferntesten Ländern eine große Berühmtheit erlangt. Obwohl er keine gelehrte Bildung genossen, setzte er die Welt durch seinen unermüdlichen Eifer, seine rastlose Thätigkeit und geschickte Benutzung der Zeit in Erstaunen. Er war Präsident der Filial-Bibelgesellschaft zu Görlitz, Vorsteher des Vereins für christliche Erbauungsschriften und Direktor der naturforschenden Gesellschaft zu Görlitz, die ihm hauptsächlich ihre Begründung verdankt, und Mitglied von 15 diversen Vereinen und Gesellschaften. Christian Knauth, Verfasser mehrerer Schriften, u. a. „Der Oberlausitzer Sorben-Wenden umständliche Kirchengeschichte. Görlitz 1761." war hier Pastor.

Leschwitz, Ober- und Nieder-, mit Leschwitz-Posottendorf, eine Dorflage im Gemenge, am linken Ufer der Neiße, hat in Allem 97 Häuser und 669 Einwohner. Die Kaufmann Schmidt'sche Tuchfabrik (Appretur) an der Neiße beschäftigt viel Menschen. 1787 wurde hier in der Neiße ein Biber gefangen. 1813 brannten durch Franzosen zwei Drittel des Dorfes ab. Die schon 1337 vorhandene Kirche wurde ca. 1530 evangelisch. Erster evangelischer Pastor war Granalt. Nach Verlust der Kirche in Jauernick hielt sich ein Theil der dortigen Parochie hierher bis zur Errichtung der neuen Parochie Jauernick-Kunnerwitz.

Wendisch-Ossig, gegenüber von Deutsch-Ossig, rechts von der Neiße, ein kleines Kirchdorf. Die Kirche war in alter Zeit Filial von Nieda. Um das Jahr 1330 wurde sie selbstständig. Als erster Pastor wird 1536 Nic. Plagkowitz genannt. Köslitz, am rechten Neißufer, mit ca. 300 Einwohnern, ist dahin eingepfarrt. In der Nähe dieses Ortes befinden sich Schwedenschanzen, sowie an der Neiße eine Herrn E. Geißler zu Görlitz gehörige Tuchfabrik.

Wendisch-Ossig ist der Geburtsort des berühmten Tonkünstlers J. Adam Hiller, der am 25. Dezember 1728 hier das Licht der Welt erblickte. Seinen Vater, welcher hier Kantor war, verlor er durch den Tod, als er 6 Jahr alt war. Der Sohn, welcher eine ungewöhnliche Liebe zur Musik zeigte, besuchte das Gymnasium zu Görlitz und bezog 1751 die Universität Leipzig. Als 1789 Musik-Direktor Doles sein Amt als Kantor an der Thomaskirche niederlegte, wurde Hiller dessen Nachfolger. Er starb 1804, den 16. Juni. Ihm verdanken wir sein geschätztes Choralbuch und mehrere Motetten; auch ist er der Schöpfer der deutschen Oper.

Moys, von Görlitz $1/2$ Stunde SW., am Rothwasser und an der Berlin-Prager Chaussee gelegen, das einzige nach Görlitz zu S. S. Peter u. Paul ein-

*) Eine genaue Beschreibung dieses Kunstwerkes findet man in der Neuen Lausitzer Monatsschrift 1803., S. 118 ff.

gepfarrte Dorf, zählt 108 Privat-Wohnhäuser und 610 Einwohner.*) Die ehemals berühmte Papierfabrik, schon 1610 gegründet, ist in eine Tuchfabrik umgewandelt worden. Am Jäkelsberge befindet sich das Granit-Denkmal des preußischen Generals Hanns Karl von Winterfeld, welcher zu Moys am 7. September 1757 von einer feindlichen Kugel getroffen wurde und Tags darauf in Görlitz verschied.

Winterfeld hatte das Dorf, wie den Jäkelsberg, mit 2 Bataillonen besetzt. Im Frühnebel des 7. Septembers 1757 erstürmte der kaiserliche General Nadasti letzteren mit 40 Bataillonen. Winterfeld war nicht gegenwärtig, kam aber nach beendigter Unterredung mit dem Prinzen von Bevern bald zurück und wollte mit seinen Soldaten den Berg wieder nehmen. Sein Vornehmen ward vereitelt, indem er von einem feindlichen Kroaten eine Kugel in den Rückgrad erhielt.

Als zu Friedrich dem Großen die Todesanzeige gelangte, sprach er: „gegen die Menge meiner Feinde hoffe ich noch Rettungsmittel zu finden, aber einen Winterfeld finde ich nicht wieder.“ Lange nach dem 7jährigen Kriege sagte Friedrich der Große in Sanssouci zu einem russischen General, der ihm vorgestellt wurde: „Sie haben Aehnlichkeit mit meinem General von Winterfeld!“ Und als jener sich glücklich schätzte, einem solchen Helden zu gleichen, unterbrach ihn Friedrich der Große mit den Worten: „o, er war mehr, als das; das war ein guter Mensch, das war ein Seelenmensch, das war mein Freund!“

Auf und neben dem Jäkelsberge liegen Tausende von gefallenen Kriegern beerdigt. 1611 im Juli starben 72 Personen an der Pest.

Ludwigsdorf, Ober- und Nieder-, am linken Ufer der Neiße und an der Poststraße von Görlitz nach Rothenburg, hat 161 Häuser, 830 Einwohner, 1 Kirche und Schule. Der Ursprung der Kirche verliert sich in das graueste Alterthum. 1611 wurde sie erweitert. Um das Jahr 1527 wurde sie evangelisch. Erster Pastor war Franz Behnisch. Die Sage über die Thurmkuppel zu Ludwigsdorf — es ist aber nie eine hier gewesen — ist bekannt und ein gewaltig Stück des vom Teufel nach verlorener Wette mit einem Bauer nach diesem Thurme geschleuderten Steines liegt noch in einer Ecke des Kantoratgartens. Das Fresko-Kirchengemälde, darstellend eine Veranschaulichung des Inhalts des 12. Kapitels der Offenbarung Johannis, ist seit 1853 vertilgt und seit jener Zeit ist das Innere der Kirche verschönert worden. Im Jahre 1860 wurde der Kirchhof erweitert. Das alte baufällige Pfarrhaus, das 1500 renovirt worden ist, sieht 1861 einem Neubau entgegen. 1519 wurden von den Gebrüdern Emmerich Bergbauversuche zu Ludwigsdorf gemacht.

1813 hat Ludwigsdorf unbeschreiblich gelitten. Am 22. Mai retirirten 80,000 Preußen und Russen durch Ludwigsdorf. Alles vorhandene Vieh ward weggenommen. Nach der Schlacht an der Katzbach bivouakirte am 2. September ein Korps von 30,000 Franzosen von Ludwigsdorf bis Görlitz. Am 14. September wurde das Dorf durch einen Haufen Baschkire erschreckt, welche unersättlich Alles nahmen, was sie etwa noch fanden.

---

*) Der Dorfname Moys bedeutet einen Hof. Der Sitz der Gutsherrschaft heißt auf Lettisch: Muisha, auf Esthnisch aber Mois.

Gegenwärtig hat Ludwigsdorf eine Dauermehlmühle mit Turbine, eine Knochenmehlmühle mit 24 Stampfen, 2 Wollspinnereien, 4 Kalksteinbrüche. Im Magistratsbruche — der Stadt Görlitz gehörig — wird nur Kalkstein gebrochen, im herrschaftlichen, im Gerste'schen und im Bauer Bürger'schen Bruche aber gebrochen und gebrannt. Letztere 3 haben Dampfmaschinen, welche Mahlmühlen, Pumpwerke und Lowries treiben; mittelst letzteren werden die Steine auf Eisenbahnschienen bis zu den Oefen herauf geholt. Bei jeder Dampfmaschine ist eine Schmiede; bei der herrschaftlichen auch eine Knochenmehlmühle und eine Kreissäge, sowie bei der Gerste'schen eine Thonwasch- und Reinigungsmaschine im Betriebe, da hierneben zugleich eine Ziegelei besteht, welche nicht nur diverse Ziegeln, sondern auch Drainröhren 2c. liefert. Auch ist hier eine Bäckerei, wo der Backheerd über dem Feuerheerde liegt. Letztere 3 Kalkbrüche haben Kalkbrennereien mit 1 und 2 großartigen Cylinderöfen, zu Steinkohlen- und Torffeuerung eingerichtet.

Ober-Neundorf, unter Ludwigsdorf, an der Poststraße von Görlitz nach Rothenburg, ein kleines Dorf, ist als Fundort römischer Münzen von Mittel-Bronze aus der Regierungszeit des Marcus Aurel bekannt.

Zodel, Ober- und Nieder-, am linken Neißufer und an der Poststraße von Görlitz nach Rothenburg, zählt 140 Häuser und 747 Einwohner. Auf dem Dominio Nieder-Zodel wurde 1853 eine Ackerbauschule eingerichtet, deren Zweck ist, tüchtige Ackervoigte zu bilden. Die Zahl der Zöglinge ist auf 6 festgesetzt und jeder erhält Lohn, nämlich 6 Thlr. im ersten, 8 Thlr. im zweiten und 10 Thlr. im dritten Jahre. Der Gutsbesitzer Meuder ist Dirigent dieser höchst wichtigen Anstalt, worin die Zöglinge theoretisch und praktisch in Allem geübt werden, was zur Führung einer größeren Wirthschaft unbedingt nöthig ist. Im ersten Jahre werden die Zöglinge mit Pflege und Wartung des Viehes, im andern Jahre mit den Bestellungs-, Saat-, Ernte- und Schirrarbeiten und mit der Scheunenwirthschaft, im dritten mit der Leitung von Arbeitern beschäftigt. Außerdem erhalten die Zöglinge im Winterhalbjahre täglich 1—2 Stunden Unterricht in der Führung von Ernte-, Saat-, Dresch- und Dungregistern, im Schreiben, Rechnen u. dgl. m.

Die Staatsregierung gewährte zur ersten Einrichtung der Ackerbauschule einen Beitrag von 350 Thlr. und außerdem einen jährlichen Zuschuß von 440 Thlr., der jedoch wegfällt, wenn die Anzahl der Zöglinge weniger als 4 beträgt. Auf dem Gute des Herrn Meuder befindet sich eine Stärkefabrik.

Ursprünglich hatte Zodel eine Kapelle, die Filial von Ludwigsdorf war. Zu Anfange des 16. Jahrhunderts vermachten zwei adelige Fräulein ein Freigut mit der Bedingung, daß Zodel einen eigenen Geistlichen erhalte, wozu es denn auch in der Folge kam. Der Dezem verblieb bei Ludwigsdorf, als in Zodel ein eigener Pfarrer angestellt wurde. Der 1543 hier verstorbene Pastor J. Hoffmann soll hier die Reformation eingeführt haben. Das Schiff der Kirche ist 1846 gefällig restaurirt worden.

Gerßdorf, am Ebersbacher Wasser, mit 134 Häusern und 652 Einwohnern, 1 Meile südwestlich von Görlitz, hat eine Kirche, seit ca. 1530 evangelisch. Der erste evangelische Geistliche war Fr. Hiller. Das benachbarte Friedersdorf war ehemals nach Gerßdorf eingepfarrt.

Markersdorf, Ober- und Nieder-, am Ebersbacher Wasser und an der Breslau-Leipziger Chaussee, ³/₄ Meilen WSW. von Görlitz, hat 191

Häuser und 1008 Einwohner, eine schöne, gesunde Lage und interessante Felsenpartien. Kirche und Schule liegen auf einer Anhöhe. Unweit der Kirche und südlich von dieser befindet sich eine Ruine, die Kapelle genannt, welche einst ihrer Kleinheit halber weniger zum Gottesdienste, als zur Aufbewahrung eines Heiligen gedient haben mag. Wahrscheinlich wurde sie von den Hussiten zerstört. Lange Zeit nachher wurde auf jener Stelle eine neue Kapelle errichtet, aus welcher später die jetzige Kirche hervorging. 1550 wurde sie evangelisch. Der Ort hat 4 Wassermühlen, 1 Windmühle und eine zahlreiche Bauernschaft. In der letzten Hälfte des 18. Jahrhunderts (1763—1772) wurden zu Nieder-Markersdorf Bergbau-Versuche auf Erze gemacht; man fand nur Eisenglimmer, weshalb sich die Baugesellschaft 1772 auflöste.

Zu Markersdorf blieben hinter Hansbach's Bauergute auf einer Anhöhe den 22. Mai 1813, als dem Tage nach der Schlacht bei Bautzen, bei einer Recognoscirung der französische Marschall des Palastes, General Duroc, und der französische Artillerie-General Kirchner, beide durch Eine Kanonenkugel. Man erzählt, diese sei auf Napoleon, an dessen Seite sich die Gebliebenen befanden, gerichtet gewesen, und nur der anscheinbar geringe Umstand habe ihm das Leben gerettet, daß er seinem dürstenden Schimmel gestattet habe, sich nach dem nahen Bauergutswassertroge hinzuwenden. Kirchner ruht nicht weit von der Stelle, wo er fiel, dicht an der Chaussee. Einige Fichten umgeben die Begräbnißstätte. Duroc's Leiche wurde nach Frankreich gebracht. Napoleon gab dem Bauer, auf dessen Territorio Duroc starb, 4000 Thlr. in Napoleonsd'or und deutete an, daß er ihm somit das Gut abkaufe, damit es heiße, sein Freund sei auf seinem Privateigenthum gestorben. Nachdem der Bauer im Beisein des Pfarrers und Richters quittirt hatte oder vielmehr, da er am Nervenfieber krank lag, durch seine Frau hatte quittiren lassen, wurde ihm das somit abgekaufte Gut vom Kaiser gleich wieder zurückgeschenkt. Zu gleicher Zeit wurden dem Pfarrer und Ortsrichter 1000 Thlr. in Napoleonsd'or zur Errichtung eines Denkmals eingehändigt, wovon jedoch der Zahlmeister 50 Napoleonsd'or nolens volens in Abzug brachte, ohne zu erklären, wofür? Das Denkmal wurde in Ostritz bestellt und 200 Thlr. pränumerando als Vorschuß gezahlt. Unterdessen kamen Russen, erpreßten den Rest des Geldes und befahlen, daß nimmer ein Denkstein errichtet werden dürfe. Später wurde das Geld durch das Gouvernement in Dresden wieder zurückgegeben und unter bedürftige Leute in der Gemeinde vertheilt. Die spätern Raisonnements veranlaßten die Kreisbehörde 1834 zur Aufstellung des Granitwürfels in der Nähe der Stätte, wo die beiden Generäle gefallen sind. Auf der Vorderseite befindet sich die Inschrift: Duroc † 1813; auf der Rückseite: Kirchner † 1813. Der Würfel ruht auf mehreren breiten Granitstufen. Das Geld für's Monument soll aus fiskalischen Fonds entnommen worden sein. — König Friedrich Wilhelm III. aber ist im Vorbeifahren 1838 sehr ungnädig gewesen und hat geäußert: „Andermal anzeigen!"

Girbigsdorf am weißen Schöps oder am sogenannten Ebersbacher Wasser, besteht aus 6 Antheilen, nämlich aus Nieder-Girbigsdorf, Ober-Girbigsdorf, Mittel-Girbigsdorf I. II. III. Antheils und Hospital-Antheils, nach Görlitz gehörig.

In Allem zählt der Ort incl. der Kolonie Rosenfeld 688 Einwohner, meistens vom Ackerbaue lebend, denn derselbe hat 17 Bauergüter, 41 Gärtner, 38 Häusler, 1 Gasthof, 1 Kretscham; außerdem einige Wassermühlen, 1 Windmühle, 1 Ziegelei.

Geographisch merkwürdig ist die Wasserscheide, welche sich an der Ostseite von den Girbigsdorf-Ebersbacher Feldern nach Görlitz hinzieht und die beim sogenannten Kreuzstein (an dem Punkte, wo die Königshainer Girbigsdorfer Straße in die Ebersbach-Görlitzer mündet), ihren Anfang nimmt. Alles Wasser, was nach Girbigsdorf und Ebersbach zufließt, fließt zu Spree (Nordseegebiet), das nach Görlitz zufließende Wasser fällt in die Neiße (Ostseegebiet.)

1634 und 1635 wüthete in Girbigsdorf die Pest dermaßen, daß jedes Grab auf dem Kirchhofe mit 3 Thlr. bezahlt ward; die andern Todten, für deren Gräber man nicht so viel zahlen wollte, wurden außerhalb des Dorfes begraben. In den Pestjahren 1637 und 1641 kostete ein Grab auf dem Kirchhofe 9 Thlr. 8 Gr. 1751 und 1753 wüthete in Girbigsdorf die Viehseuche; es fielen 226 Stück. Im 7jährigen Kriege, sowie im deutschen Freiheitskriege hat Girbigsdorf unbeschreiblich gelitten.

Ebersbach, am weißen Schöps oder am Ebersbacher Wasser, ca. ½ Meile nordwestlich von Görlitz, verdankt seinen Namen wahrscheinlich dem Gründer des Ortes, der muthmaßlich Eberhard geheißen, weshalb das Dorf auch Eberhardsbach genannt wurde. Vielleicht war es auch das altadelige Geschlecht von Ebersbach, das von 1305—1391 im Besitze des Rittergutes Ebersbach war, welches dem Orte seinen Namen beilegte. Der Ort kommt auch unter dem Namen Eberbach vor, d. i. ein Bach, woraus die Eber tranken. Es liegt zwischen Bergen, welche die angenehmsten Aussichten darbieten, zählt 115 Häuser, 715 Einwohner, 16 Bauergüter, 42 Gärtnernahrungen, 31 Häuslerstellen und 2 Mühlen. Das herrschaftliche Schloß ist sehr alt, seine Erbauung unbestimmt. M. Großer sagt in seinen lausitzer Denkwürdigkeiten: „daß der Herzog Johannes zu Görlitz, als die Einwohner daselbst gegen ihn aufrührerisch wurden, sich nach Ebersbach (1396) salvirt und auf dasigem Jagdhause aufgehalten habe, welches er mit Gräben und anderen der Gelegenheit des Ortes gemäßen Schutzwehren befestigen lassen, weil er nicht getraut, man möchte ihn beim Kopfe kriegen.“ Späterhin wurden Erweiterungen an diesem „Jagdhause“ vorgenommen, namentlich 1508. Das Schloß war ganz rund, 2 Etagen hoch, die Wände im Schloßhofe enthielten Malereien, Jagdstücke darstellend. Um das Schloß ging ein tiefer Wallgraben; über eine Zugbrücke gelangte man in den Schloßhof. Am Schlosse war ein Thurm. In neuerer Zeit wurden die Dominial-Ländereien dismembrirt, der Wald wurde verkauft und niedergeschlagen; es entstand dort ein neues Gut: „Emmerichswalde“, vormals Ebersbacher Wald, mit einem Areal von 473 Morgen und einigen Wohn- und Wirthschaftsgebäuden. Das alte, ehrwürdige Schloß ward zur Hälfte weggerissen und modernisirt; der Wallgraben zum Theil ausgefüllt und die übrigen Wirthschaftsgebäude niedergerissen und der von ihnen innegehabte Raum zu Parkanlagen verwandt. In uralten Zeiten hielt sich die Gemeinde zur Kirche in Jauernick, weshalb der dasige Pfarrer z. Z. noch Dezem aus Ebersbach erhält. In der Folge mag sich wohl der Besitzer des Ortes eine Kapelle auf dem sogenannten Kapellenberge (Käppelberg), seinem Wohnsitze gegenüber, erbaut haben, worin er mit den Seinen den Gottesdienst verrichtete. Diese Kapelle wurde in Folge Vergrößerung der Gemeinde zu einer Parochialkirche erhoben. So viel steht fest, daß die Ebersbacher Kirche eine der ältesten in der preußischen Ober-Lausitz ist. 1346 gehörte sie unter das Bisthum Meißen. Von 1391 bis 1539 amtirten 7 Pfarrer. Im letztgedachten Jahre verlangte die Gemeinde einen evangelischen Prediger, weshalb der Pleban, M. Peter Schulz, sein Amt niederlegte und wegzog. Donat Pfeiffer soll der erste evangelische Pastor gewesen sein. Von 1539 bis dato haben 17 evangelische Geistliche an dieser Kirche amtirt. Seit dem Jahre 1400 waren den Pfarrern zu Ebersbach Kapläne resp. Diakonen zur Beihilfe gegeben, die den Gottesdienst in dem eingepfarrten Kunnersdorf, woselbst seit alten Zeiten eine Kapelle errichtet worden war, zu besorgen hatten, bis diese 1545 zu einer Filial-Parochialkirche erhoben ward. 1630 wurde zu Ebersbach ein Diakonat errichtet und die Parochial-Filialkirche zu Kunnersdorf hielt sich von da ab wieder zur Mutterkirche 1748 erfolgte eine abermalige Trennung; doch ist der Pastor in Kunnersdorf laut Vergleich vom 17. September 1753 verpflichtet, Diakonalia in Ebersbach zu verrichten. Zur hiesigen Kirchgemeinde gehören von Alters her außer Ebersbach Girbigsdorf mit Rosenfeld. Die Kirche steht in der Mitte zwischen Ebersbach und Girbigsdorf, war der heiligen Barbara geweiht, deren Bild das Kirchensiegel noch enthält. Innerhalb derselben befinden sich sehr alte, werthvolle Kunstwerke von Sandstein, z. B. Hiob von Saltza und seine Gemahlin in Lebensgröße, viele Wappen, die Auferstehung der Todten ꝛc. Der Thurm, welcher seine jetzige Gestalt Hiob von Saltza verdankt (1598), ist einer der stattlichsten der ganzen Gegend. Die große Glocke ist 1474 gegossen und hat, wie noch andere sehr alte Glocken der preußischen Ober-Lausitz, die Aufschrift in Mönchsschrift: „O Rex Gloriae Venicum Pace." Die mittle Glocke war früher die älteste, 1418 gegossen, an Größe jener gleich und zersprang 1757 bei einem Begräbniß. Frau A. Martha von Einsiedel auf Ebersbach verehrte der Kirche den jetzigen Altar „zur Ehre Gottes." Das Altarbild, aus Holz geschnitzt, die Ostermahlzeit Christi mit seinen Jüngern darstellend, ist ein altes Kunstwerk; ebenso der Taufstein von Sandstein mit viel Bildhauerarbeit; Hiob von Saltza hat ihn 1591 fertigen lassen. Die Orgel mit 21 klingenden Stimmen ist 1840 vom Orgelbauer Biesterfeld aus Rothenburg erbaut worden. In der Sakristei befindet sich ein Beichtstuhl aus dem Jahre 1572. Der Kirchhof neben der Kirche hat u. A. prächtige Denkmale aus Marmor.

Im 15. Jahrhundert wurde zu dieser Kirche stark gewallfahrtet. Ein Kirchthor daselbst unter dem Namen: „das Rothenburger Kirchthürchen" erinnert wahrscheinlich daran, daß sogar von Rothenburg aus Wallfahrten hierher unternommen worden sind. Die Pfarrwiedmuth hat 1½ Hufe Land. Seit Einführung der Reformation haben 15 Kantoren und Lehrer bei dieser Schule und Kirche amtirt; einer von ihnen, Christoph Mitzsching, feierte sein goldenes Amtsjubiläum und amtirte überhaupt 55 Jahre.

1433 wurde Ebersbach von den Hussiten geplündert und angezündet. 1560 brannten beide Edelhöfe ab. 1565, 8 Tage vor Michael, kamen 700 Mann Kavallerie, welche der Kurfürst August von Sachsen dem Kaiser nach Ungarn zu Hilfe schickte, auf dem Marsche nach Görlitz hier durch und plünderten sowohl in Ebersbach wie in Girbigsdorf. Im 30jährigen Kriege wurde die Kirche mehrmals sowohl von Schweden als von Kroaten beraubt. 1644 wurde sowohl Dorf als Kirche von den Schweden geplündert und letztere eines silbernen Kelches beraubt. 1634 und 1635 wüthete die Pest, 1752 und 1753 die Viehseuche. 1745, den 20. November, wurde Ebersbach mit etlichen Regimentern Kavallerie belegt. Diese unerträgliche, schwere Einquartierung kam daher, weil man preußischer Seits glaubte, der damalige Lehnsherr von Lossa sei der sächsische Minister von Looß, auf den man am preußischen Hofe nicht wohl zu sprechen war. Als aber der König den Irrthum inne wurde, fand die Verlegung eines Regimentes nach Girbigsdorf statt. Zu dieser Befreiung trug die Vorstellung sehr viel bei, welche der Ortsrichter Schröter dem Könige von Preußen, Friedrich II., machte, vor dem er einen Fußfall that. 1748, den 12. Juli, zog ein erschreckliches Gewitter über Ebersbach und Girbigsdorf. Der Blitz schlug siebenmal ein, sechsmal in Bäume und einmal in ein Bauergut, das abbrannte; 1 Knecht, 1 Pferd, 4 Ochsen wurden vom Blitz getödtet. 1755 brannte das herrschaftliche Gut ab. 1757 schlug der Blitz in den Kirchthurm. 1757, den 23. August, Lieferung von 800 Pfund Brot, den 24. August von 13,341 Pfund Brot. Am 1., 2., 3. September 1757 wurden 200 Scheffel Korn, 150 Scheffel Hafer, 150 Centner Heu, 50 Schock Stroh, 13 Klaftern 7/4 langes Holz und 1331 Pfund Brot geliefert. Am 7. September kam die preußische Feldbäckerei, aus 1600 Wagen bestehend, mit 1400 Mann Bedeckung hier durch; der Zug dauerte von früh 7 Uhr bis Abends 7 Uhr. Von Obst, Kraut, Rüben und Kartoffeln ward Nichts erhalten. Absonderlich ward der Soldat wüthend, als gegen 11 Uhr Mittags die Attaque bei Moys anging, wobei der General v. Winterfeld blieb. Am 23. November kam die königl. preußische Armee von der Roßbacher Bataille zurück. In Ebersbach kamen 5 Eskadronen von den Drüsischen Dragonern zu stehen, welche Rasttag hielten, sehr wüthend ankamen, schlugen sogleich die Viehställe auf und schlachteten nach Gefallen, hatten auch Befehl, aller Orten Thüren, Fenster und Oefen einzuschlagen. Dieses abzuwenden, mußte die Gemeinde jeden Tag 100 Thlr. zahlen. Beim Abzuge nahmen sie 15 Pferde, 40 Ochsen und viele Wagen mit. Dies Alles kostete der Gemeinde 1826 Thlr. 6 Gr. 1758, den 20. August, rückte die kaiserliche v. Daun'sche große Armee, über 100,000 Mann stark, auf hiesigen Feldern in's Lager. Auf dem herrschaftlichen Hofe lag der Herzog von Ahremberg, auf dem Pfarrhofe der General Lambert. Lieferungen, Erpressungen, Beraubungen waren an der Tagesordnung und wer sich dagegen sträubte, nach dem wurde gestochen oder gehauen. Am 25. Oktober kamen unerwartet 800 Mann k. k. Truppen und lagerten sich hinter dem Pfarrhause; dies gab eine angstvolle Nacht. Den nächsten Morgen entstand ein neuer Schrecken, da das Geschrei kam, der König von Preußen komme über Ullersdorf anmarschirt. Bis 11 Uhr war ein beständiges Attaquiren bald im Dorfe, bald auf der Morgen- und Abendseite und der Sieg blieb unentschieden. Schließlich wurden aber die Kaiserlichen zurück getrieben, in einen Sumpf gejagt und gefangen genommen. Die Preußen wurden völlig Meister des mit Waffen aller Art, Vorräthen, Kleidungsstücken, Todten und Verwundeten besäeten Schlachtfeldes. Von 1—3 Uhr schlugen die Preußen auf den Ebersbacher und Girbigsdorfer Feldern ihr Lager auf. Um 3 Uhr Nachmittags kam preußische Kavallerie an, welche plünderte und fouragirte und sich um so ungestümer zeigte, als sie in der Schlacht bei Hochkirch Alles verloren hatte. Nachdem die Finsterniß der Noth ein Ende gemacht, hätten die armen Dorfbewohner gern gegessen, es war aber weder Brot, Butter, Salz, noch waren Töpfe, Schüsseln, Löffel ꝛc. vorhanden.

Den 30. Oktober 1758 erfolgte der Abmarsch der Preußen nach Schlesien. Nur durch inständiges Bitten des Pfarr-Substituten unterblieb es, den Pfarrhof anzuzünden. Am 20. November kamen sie zurück. 1759, den 5. Juni, fielen Hagelstücke von ³/₄ Pfund Gewicht. 1759, den 24. September, kam die große Daun'sche Armee an und bezog ihr voriges Lager. Ueber den Ort war Hartes beschlossen; es sollten „die Nester völlig ausgeleert" werden, damit die Preußen sich nicht aller Augenblicke hieher zögen; indeß noch an demselben Tage brach Alles eiligst auf. 1760, 11. Februar, Attaque zwischen Kaiserlichen und Preußen. Am 14. März rückten 200 Mann kaiserliche Ulanen ein, worunter viel Muhamedaner waren, welche hier ihren Ramasan feierten und sich ein Haus zum Baden mietheten. Nach dem Schwitzbade nahmen sie in der Dorfbach ein kaltes Bad.

1762 war so große Theuerung, daß ein Scheffel Brotmehl 42 Thlr. kostete. „Gleichwohl ist kein Hund verhungert in der großen Hungersnoth."

1766, den 12. Juli, fiel auf den Königshainer Bergen ein Wolkenbruch; Girbigsdorf und Ebersbach wurden dermaßen unter Wasser gesetzt, daß dasselbe in manchen Häusern bis an die obersten Querbalken ging, wohin sich die Leute flüchteten. In Ebersbach wurden 22 Häuser gänzlich verheert. Zum Andenken an diese furchtbare Ueberschwemmung steht heute noch an der Gemeindebrücke im Dorfe ein großer Granitstein mit der Inschrift: „Wasserhöhe von 1766."

1773, den 18. April, schlug der Blitz während der Nachmittags-Katechisation in den Thurm und tödtete einen jungen Menschen, der unter dem Orgelchore saß. 1788 grassirten die Blattern, 1800 das Scharlachfieber. Groß waren die Leiden in den Kriegsjahren 1812, 13, 14. 1834 wurde die Kirche im Innern mit einem Kostenaufwande von 332 Thlr. 22 Sgr. 6 Pf. renovirt; 1838 wurde der Thurm mit einem neuen Putze versehen; 1852, den 29. Oktober, brannte der Gerichtskretscham ab.

Unter den Besitzern des Dominii Ebersbach zeichnen sich aus:

1) Hiob von Salza, geboren 1561, 1584 in den Besitz von Ebersbach gelangend; wegen seiner Gottesfurcht, die sich auch in seinen Wohlthätigkeitsäußerungen gegen die Kirche dokumentirte, „der Fromme" genannt. Er war 30 Jahr Landesältester des Fürstenthums Görlitz und zuletzt daselbst Amtshauptmann. Er stiftete 1611 das Diakonat zu Ebersbach und dazu ein Legat von 600 Thlr. 1619 beschloß er sein ruhmreiches Leben und ruht in der von ihm erbauten Begräbnißkapelle bei dasiger Kirche.

2) Johann Christian Edler von Lossa, königl. polnischer und kurfürstl. sächsischer Kammer- und Bergrath; 1692 zu Zittau geboren, woselbst sein Vater weitberühmter Kaufmann war; 1734 mit Ebersbach belehnt. Um seiner milden Stiftungen willen verdient er den Beinamen „Edler" mit vollem Rechte. Durch Bergwerksunternehmungen hatte er ein bedeutendes Vermögen erworben; er reiste jährlich etlichemale nach Freiberg und war ein großer Bergbauverständiger. Unter den vielen Stiftungen für Kirchen, Armenkassen, Waisenhäuser verdient die unterm 19. April 1752 errichtete den Vorzug, da sie gegenwärtig der ganzen pr. Ober-Lausitz zu Gute kommt. Er legirte in seinem letzten Willen 25,000 Thlr. resp. 50,000 Thlr. zur Errichtung eines in der Ober-Lausitz anzulegenden Zucht- und Armen-

hauses unter Verwaltung der Landstände. Diese 25,000 Thlr. sind auch richtig gezahlt worden und es ward 1778 das Rittergut Döbschütz bei Reichenbach zu einem Zucht- und Armenhause erkauft. Da dieses jedoch dem Zwecke nicht entsprach, so wurde es wieder verkauft und der Bau des Zuchthauses zu Görlitz unternommen, das später vom Fiskus übernommen wurde. Alte, arme, gebrechliche und erwerbsunfähige Personen der preußischen Ober-Lausitz werden gegenwärtig von den Zinsen dieses Legates, soweit es der königl. preußischen Ober-Lausitz zugefallen, unterstützt. 1852 betrug der von Lossa'sche Armenfond 20,000 Thlr. Unterstützt wurden damals 96 Personen mit 1054 Thlr. Die Höhe der jährlichen Unterstützungen belief sich auf resp. 8, 12, 16 Thlr. Aus dem Schulfond erhalten alle Schulen der preußischen Ober-Lausitz von 5 zu 5 Jahren eine namhafte Summe zur Anschaffung von Lehrmitteln; auch erhalten oberlausitzische Seminaristen im Seminario in Folge jener Stiftung Freistellen.

Zu Ebersbach ist eine Aepfelweinfabrik.

Von den Bergen und Anhöhen, worauf Ebersbach zum Theil liegt, haben einige ihre eigenthümlichen Benennungen, als Kesselberg, auf der Ostseite des Dorfes. Auf ihm sind Denkmale von einer im 30jährigen Kriege errichteten Schanze und von ihm hat man eine herrliche Aussicht über das Dorf. Auf dem Gutberge liegt das herrschaftliche Vorwerk, wogegen auf dem Lauenberge ehedem ein Herr von Bischoffswerder gewohnt haben soll. Der Käppelberg (Kapellenberg), zur Hälfte nach Kunnersdorf gehörig, trug in uralter Zeit, wie schon erwähnt, eine Kapelle. Gegenüber der Kirche liegt der Kirchberg an der Straße nach Görlitz, der Sand zu Straßenbauten gewährt. Nach Königshaln zu liegt der Krähberg.

Nördlich von Ebersbach liegt das Dörfchen Siebenhufen am Ebersbacher Wasser mit einer Armen-Ackerbauschule, die als Filialanstalt des Rettungshauses für sittlich verwahrloste Kinder zu Görlitz betrachtet werden kann und deren Errichtung dem Verein zur Besserung sittlich verwahrloster Kinder zur Ehre gereicht. Die aus dem Rettungshause entlassenen, Vorliebe zur Landwirthschaft zeigenden Zöglinge finden hier Aufnahme und werden zu tüchtigen Dienstboten für die Landwirthschaft ausgebildet. Zu diesem Zwecke erwarb der qu. Verein 1856 hieselbst ein Bauergut für 8300 Thlr.; ein Hausvater, im rauhen Hause bei Hamburg gebildet, ist Leiter der Ackerbauschule; ihm zur Seite steht seine Frau. Im April gedachten Jahres wurde sie mit 12 Zöglingen eröffnet. Die Bewirthschaftung des Gutes erfolgt für Rechnung des Vereins. Für die Zöglinge ist eine bestimmte Hausordnung eingeführt. Außer Unterweisung in den wirthschaftlichen Arbeiten erhalten die Zöglinge Unterricht im Lesen, Schreiben, Rechnen, in der Religion, vaterländischen Geschichte und Ackerbaukunde. Auch werden sie angehalten in Freistunden das Ausbessern ihrer Kleidungsstücke, das Besenbinden, Anfertigen von Holzpantoffeln und leichte Schirrarbeiten zu lernen. Die Zöglinge werden zur Verrichtung aller vorkommenden Wirthschaftsarbeiten angehalten. Die Resultate der höchst nützlichen Anstalt haben sich als sehr befriedigend herausgestellt.

Mengelsdorf mit Löbensmüh, ein Dorf, 1420 Mengirsdorf geschrieben, ½ Stunde nördlich von Reichenbach liegend, mit 125 Häusern und 511 Einwohnern. In der Nähe befinden sich die vielbesuchten Mengelsdorfer Berge mit herrlichen Fernsichten. Der Lehrer Lehmann beschäftigt sich nebenbei mit Rosenzüchterei und es dürfte in der ganzen preußischen Ober-Lausitz kein zweiter Rosenzüchter aufzuweisen sein, der so günstige Resultate erzielt und so viel Arten von Rosen aufzuweisen hätte, wie dieser. Im Orte wird auch Seidenbau mit vorzüglichem Erfolge betrieben.

Am 21. April 1813 hielt der Kaiser Alexander von Rußland zu Mengelsdorf Ruhetag und logirte im dasigen Schlosse.

Königshain, an einem Bache und in einem anmuthigen Thal liegend, fast 1 Meile lang, von Görlitz nordwestlich, hat 250 Häuser und 1359 Einwohner, ein schönes Schloß, eine Kirche, eine Schule mit 2 Lehrern, drei Wind- und zwei Wassermühlen. Die im 13. Jahrhundert erbaute Kapelle, 1346 aber zur Parochiale erhobene Kirche, wurde 1429 von den Hussiten zerstört, 1436 aber wieder hergestellt. 1556 wurde der evangelische Gottesdienst eingeführt. Erster evangelischer Prediger war B. Dietrich. 1589 wurde die Kirche gewölbt.

Die nahen Königshainer Berge werden im Sommer stark besucht. Ungeheure Granitfelsmassen ragen wie Ruinen, zerstörte Festungen und Schlösser empor; vorzüglich fesselt den Besucher die Steingallerie auf dem Gipfel des Hochsteins. Auf einem der ungeheuren Felsenblöcke finden sich Vertiefungen vor, die wahrscheinlich aus der heidnischen Opferzeit herrühren. Der Todtenstein*) östlich vom Hochstein, wird für einen Begräbnißort der frühesten Bewohner dieser Gegend**) gehalten. Wahrscheinlicher ist's, daß er einst Opferstein war. Durch Königliche Huld ist er gegen Vernichtung geschützt, da er bekanntlich von Seiner Majestät dem Könige Friedrich Wilhelm IV. 1844 angekauft und dem Lande der Lausitz als Eigenthum übergeben, demnächst auch unter Schutz und Fürsorge der Herren Stände der Königlich preußischen Lausitz gestellt worden ist. Er besteht aus 59 übereinandergeschichteten Granitfelsen, die eine Höhe von 60—80 Fuß und einen Umfang von mehreren hundert Fuß haben. Die Vertiefungen in einer der großen Felsplatten deuten darauf hin, daß er ein Opferstein war (nicht, daß der Teufel darauf gesessen und sich die Hosen geflickt habe). 1760 fand man unter einem Steine des Todtensteins ein Götzenbild von gelblichem Kupfer, 4 Zoll hoch. Es stellte einen aufrecht stehenden Mann mit einfachem Helm und Küraß, abgekürzten Füßen, fingerlangen Händen dar und befindet sich in der Königlichen Alterthumssammlung in Dresden. Auch fand man auf dem Todtensteine eine Lampe von bräunlicher Farbe, 8½ Zoll lang und 5 Zoll hoch; wahrscheinlich war sie ein heidnisches Opfergefäß und konnte wegen der an beiden Enden und in der Mitte befindlichen Oeffnung eben so gut zum Gießen oder Einschöpfen, als zu einer Lampe mit 2 Dochten dienen. Nicht minder wurden Urnen und römische Münzen hieselbst gefunden. Hunderte von Menschen waren in den Steinbrüchen der Königshainer Berge beschäftigt, das Material zum Bau des Neiße-Viadukts zu Görlitz zu liefern. Noch gegenwärtig findet der hiesige Granit starke Abnahme. Er ist gelblichweiß, grobkörnig und läßt sich wegen seiner festen Verbindung wie Sand-

---

*) Vielleicht von Tent oder Thiod, dem Stammvater und Anführer der germanischen Völker herzuleiten?

**) Die Lygier, ein deutscher Volksstamm, sollen um Görlitz, Rothenburg, Lauban, Zittau, Löbau; die Sillinger aber zwischen Bautzen, Löbau, Kamenz, Hoyerswerda und Diehsa (Kr. Rothenburg) gewohnt haben.

stein verarbeiten. In den Königshainer Bergen findet man schöne Rauchtopase und Bergkrystalle.

Der Ort hat eine zahlreiche Bauernschaft. Zu Anfange des 19. Jahrhunderts fand hier am Sonntage Lätare noch das Todaustreiben statt. Bei dieser Gelegenheit zog man mit Fackeln nach dem Todtenstein.

Liebstein, ein kleines Dorf am Limasberge mit 40 Häusern und 147 Einwohnern. Auf dem Limasberge stand ehedem ein Raubschloß. Altes Mauerwerk und aufgefundenes Todtengebein, eiserne Beile, Messerklingen, Pfeilspitzen, Hufeisen erinnern an das verfallene Raubschloß. In dem Granitbruche daselbst wurden schöne Rauchtopase gefunden.

Meuselwitz, am schwarzen Schöps, 1½ Meile westlich von Görlitz, ein kleines Kirchdorf. Die Kirche, 1346 dem erzpriesterlichen Stuhle zu Reichenbach zugeordnet, war früher da, als die zu Melaune. Auf welche Weise sie in der Mitte des 16. Jahrhunderts Filial von Melaune wurde, ist noch nicht aufgehellt. Des ältesten Pfarrers zu Meuselwitz gedenken die Annalen des Bartholomäus Scultetus bei dem Jahre 1524; er hieß Bartholomäus Stuer oder Stur und wurde 1526 auf freier Straße im Görlitzer Gerichtsbereiche überfallen und gefährlich verwundet. Da der Bischof zu Meißen, Johann, ihm deshalb seine vorzügliche Theilnahme bezeigte, auch den Rath zu Görlitz in einem Schreiben sehr dringend bat, den Thätern den kräftigsten Widerstand zu leisten, so ist anzunehmen, daß jener Bartholomäus Stur ein römisch-katholischer Geistlicher war. Sehr wahrscheinlich war Johann Konradus der erste evangelische Geistliche zu Meuselwitz. Er ward zu Reichenbach geboren und, nachdem er hier den Dienst eines Schulmeisters und Stadtschreibers versehen hatte, nach Meuselwitz als Geistlicher berufen, nachdem er am 21. September 1549 vom Dr. Bugenhagen zu Wittenberg ordinirt worden war; er ist der letzte Geistliche, der als Pfarrer zu Meuselwitz allein genannt wird. Bis zum Jahre 1847 war die Meuselwitzer Kirche Filial von Melaune. Von da ab wurde sie wieder Parochialkirche und C. G. Konrad, geboren 10. Juli 1810 zu Görlitz, erster Pastor nach erfolgter Abzweigung von Melaune.

Die Lehrer zu Meuselwitz hatten früher nur den Titel „Schulhalter" und trieben gewöhnlich ein Handwerk nebenbei. Seit dem Jahre 1827 sind die Gemeinden Dittmannsdorf, Gurick, Borda und Schöps in einen Schulverband mit Meuselwitz getreten. Im Jahre 1831 bekamen diese Gemeinden ein schönes neues Schulgebäude. Beim Abgange des Kantor Katthein in Melaune wurde das Kantor-, Küster- und Organisten-Amt dem dasigen Lehrer Rohne übergeben.

Am 13. Februar 1660 fingen die Schulmeister zu Melaune und Meuselwitz an, zum erstenmale zu Tage zu läuten.

Anfangs April 1804 fand der Halbhüfner Lehmann bei Ausbesserung eines Gartenzaunes 10 Zoll unter der Erde 58 Stück Silbermünzen; es waren böhmische Groschen aus der Regierungszeit des Königs Johann, welcher in der ersten Hälfte des 14. Jahrhunderts lebte; die Münzen lagen also über 450 Jahre in der Erde.

Döbschütz, unfern Reichenbach, am schwarzen Schöps, ein kleines Dorf mit ca. 200 Einwohnern, von 1460—1523 im Besitze derer von Döbschütz; hierauf kam es an die von Gersdorf, 1581 an Kaspar von Fürstenauer, 1611 besaß es Karl von Fürstenauer, welcher die von den Ständen der

Ober-Lausitz angeworbene Kavallerie gegen den Passauer Einfall in Böhmen mit anführen sollte. Ein Umstand macht das Schloß in Döbschütz merkwürdig. Die große Eckstube im Erdgeschosse nach Melaune hin wurde die Königsstube genannt. Wahrscheinlich nachtete hier Kaiser Matthias, der am 5. September 1611 in Bautzen die Erbhuldigung von den Ständen der Ober-Lausitz empfing. Kaspar von Fürstenauer, gestorben 1649, liegt in Lissa begraben. Den Fürstenauern folgten Besitzer aus dem von Nostitz'schen Geschlechte, das zu Anfange des 19. Jahrhunderts noch im Besitze von Döbschütz war. 1778 kauften die Stände das Schloß Behufs Einrichtung eines Zucht- und Arbeitshauses; es erwies sich als solches aber nicht zweckmäßig und wurde daher wieder verkauft. Zu Döbschütz gehört der Burgberg, zwischen Döbschütz und Melaune. Er war jedenfalls nur eine Schanze gegen die Hussiten. Vielleicht stand auf ihm ein Wachhaus, das dem Schlosse zur Vormauer diente. Ob auf diesem das ehemalige Schloß Meran gestanden habe oder ob es nicht gar das Schloß zu Döbschütz gewesen sei, darüber haben die Gelehrten lange gestritten.*)

Arnsdorf, ein Kirchdorf unterhalb Döbschütz, hat 121 Privathäuser, 617 Einwohner. Die Kirche, schon im 13. Jahrhunderte erbaut, wurde 1430 von den Hussiten eingeäschert. 1436 erfolgte der Wiederaufbau. Der erste evangelische Geistliche hieß Bonifazius Zschippgen und wurde vom Dr. Bugenhagen zu Wittenberg ordinirt. Hilbersdorf und Thiemendorf sind hieher eingepfarrt. Der Ort litt viel im letzten Kriege. Man schätzte den Totalverlust auf 200 Centner Mehl, 134 Scheffel Korn, 9 Scheffel Graupen, 216 Scheffel Kartoffeln, 1237 Scheffel Hafer, 1481 Centner Heu, 164 Schock Stroh, 150 Centner Brot, 39 Tonnen Bier, 42 Eimer Branntwein 2c.

Melaune, in den ältesten Urkunden auch Mer, Merove villa und Merav genannt, ein Kirchdorf, unfern vom schwarzen Schöps und ca. 1½ Meile westlich von Görlitz gelegen, mit 60 Häusern und 418 Einwohnern. Dieser Ort soll dasjenige Merave sein, wohin sich im Jahre 1174 der König Wladislav mit seiner Gemahlin Jutta, seinen Söhnen Premislav und Wladislav und Elisabeth, der Gemahlin seines Sohnes Friedrich flüchtete, als er diesem das Reich Böhmen abtreten mußte.

Die Zeit, in welcher die Kirche zu Melaune gegründet wurde, ist nicht genau zu bestimmen, jedoch behauptet der älteste bekannte Pfarrer derselben, Johannes Jakobi, in einem um das Jahr 1523 an den Magistrat zu Görlitz erlassenen Schreiben, daß sie die ehemaligen Besitzer des Rittergutes Döbschütz erbaut hätten, welches aber erst nach dem Jahre 1346 geschehen sein muß, da in der Meißner Matrikel von diesem Jahre derselben keine Erwähnung geschieht. Auf der Stelle, wo jetzt die Kirche steht, soll ehedem eine Kapelle gestanden haben, in welcher der Erzpriester von Reichenbach oder dessen Kapläne den Gottesdienst abhielten, zu welcher Annahme wohl nur der Name des von Krobnitz nach Melaune führenden „Pfaffensteg" in späterer Zeit Veranlassung gab. Bis in die Mitte des 16. Jahrhunderts hatte

*) Nach des oberlaus. Geschichtsforscher Käuffer's Meinung soll das Schloß zu Döbschütz das vormalige Schloß Meran gewesen sein. Im N. L. Magazin 1838, S. 379. wird in Zweifel gezogen, daß dasselbe der Zufluchtsort des Königs Wladislav II. gewesen; vielmehr wird angenommen, daß es Meran in Thüringen sei, da die Gemahlin Wladislav's, Jutta, eine Tochter des Landgrafen Ludwig III. von Thüringen, war.

jede der beiden Kirchen zu Melaune und Meuselwitz ihre eigenen Pfarrer. Um diese Zeit wurde Meuselwitz Filial von Melaune.

Diese Vereinigung dauerte bis 1847, als in welchem Jahre Meuselwitz abermals zu einer Parochialkirche erhoben ward und einen eigenen Pastor erhielt. Die baufällige Kirche zu Melaune wurde 1845 fast ganz abgebrochen und am 4. Advent desselben Jahres eingeweiht.

Jakob Finkler, 1551 als Pastor nach Melaune berufen, scheint der erste gewesen zu sein, der den beiden Kirchen zu Melaune und Meuselwitz zugleich vorstand.

Zu der Zeit, als in Meuselwitz der Pfarrer Barthol. Stur amtirte, verwaltete zu Mera das Pfarramt Joh. Jakobi. Er gerieth mit Hansen von Gerßdorf auf Döbschütz, Reichenbach &c. in eine Menge von Verdrüßlichkeiten, die vornehmlich daher kamen, daß er dem v. Gerßdorf die Ausübung gewisser Rechte, welche dieser sich über den Pfarrer und die Kirche anmaßen zu können glaubte, nicht zugestehen wollte. Hierdurch sowohl, als durch einige vom Pfarrer Jakobi auf der Kanzel gebrauchte und hierauf Bezug nehmende Aeußerungen wurde von Gerßdorf gegen denselben so aufgebracht, daß er ihn im Jahre 1523 in seiner Wohnung überfiel und sogar Hand an ihn legte, weshalb er von der damaligen Abbatissin zu Marienthal, Margaretha von Briesen, in einem Schreiben (1523) bei dem Rathe in Görlitz angeklagt wurde; ein gleiches that der Pfarrer Jakobi. Als Beispiel damaliger Sprech- und Schreibweise diene folgende Stelle des qu. Briefes:*)

> ...... wie bald der Erbar Herr von Gierß czu Döbschütz die schwelle vbirschreyt begrußt er mich, du ammechtiger pfaff das dich die pestilenz bestehe was hastu von mir czu predigen. praß plitz platz also ich uff die bangk herniedder sinke bittend vmb gotes willen er wolde auffhoren meher ich bat mehr er yn meynen rucken schlug bis ich vnder den tisch fiel. Do muste ich czweyne finger uffhebin vnnd ym nochsprechen: Ich gelobe euch bey meynen trewen vnnd Eren keynen andern Herrn haben denn yn, das mir vnmoglich czu thun ist. Nv weyß ich nym mert weyt radt noch Hulff czu suchen denn by euch vnd euren erßamen Rathe, bittende demuthiglich, das ir armen manne alden vnd kranken gebrechlichen meine schutzherren vnd vorsprecher seyn u. s. w."

Die Kollatur über Melaune und Meuselwitz stehet dem jungfräulichen Kloster des Zisterzienser-Ordens in Marienthal zu, welches sich seit 1239 im Besitze dieser Orte befindet. Die Aebtissin desselben hat die Rechte des Klosters in allen Fällen zu erhalten und auch bei einer Pfarr-Vakanz einen neuen Prediger zu ernennen und dessen Vokation zu unterzeichnen.

Krischa, wendisch Ksichow, ein Kirchdorf, an der Grenze der sächsischen Ober-Lausitz, mit Margarethenhof, Rothkretscham und Tetta, 132 Häuser, 798 Einwohner. Die Kirche zu Krischa wird schon 1346 erwähnt. 1545 wurde Vincenz Möller (Müller) Aeditus zu Weißenberg, am Sonntage Exaudi, vom Dr. Bugenhagen zu Wittenberg ordinirt.

Am 300jährigen Todestage Luthers hat der Kirchenpatron Herr Lieutenant Wolff auf Krischa der Kirche ein prächtiges Altarblatt von hohem

*) Siehe kurze Nachrichten von der Parochie Melaune. Görlitz 1801., Seite 14.

Werthe geschenkt. Der Gottesdienst wird abwechselnd in deutscher und wendischer Sprache gehalten.

Tetta, wendisch Cztok, ein kleiner Ort von ca. 200 Einwohnern, ist Filial von Krischa.

Hermsdorf, $^1/_2$ Meile östlich von Görlitz, hat 112 Häuser und ca. 600 Einwohner. Die Kirche, seit Ende des 14. Jahrhunderts Pfarrkirche, war vorher nur eine Kapelle und dem heiligen Laurentius geweiht; zu ihr wurde ehedem stark gewallfahrtet. 1532 wurde sie evangelisch und erhielt in Th. Gruneberg den ersten Pastor. Aus dem unfern der Kirche gelegenen Weihbrunnen wurde das benöthigte Weihwasser für die hiesige, wie für die benachbarten katholischen Kirchen entnommen, da er in außerordentlichem Rufe stand. Der in der Nähe der Kirche gelegene und ihr früher gehörende Teich hat noch den Namen „Laurentiusteich.“ Ein an der herrschaftlichen Loge befindliches Christusbild (die Gefangennehmung des Heilands darstellend) ist sehr alt und hat einen künstlerischen Werth. In der Nähe von Hermsdorf befinden sich noch große Teiche, obschon mehrere in neuerer Zeit trocken gelegt worden sind. Die Karpfen aus ihnen erfreuen sich eines guten Absatzes. 1 Basaltbruch, 2 Ziegeleien und eine Braunkohlengrube, „Segen Gottes“, beschäftigen eine Menge Menschen. Zur Beseitigung des Wassers aus dem Kohlenbergwerk dient eine Dampfmaschine.

Den 16. September 1794 brach Abends in einer Dominialscheuer Feuer aus, wodurch der ganze Hof abbrannte.

Am 8. September 1813 hatten Blücher und Sacken ihr Hauptquartier hierselbst.

Leopoldshain, Ober- und Nieder-, auch Leupoldshain, früher Leutholtshain genannt, liegt an einem von Hermsdorf kommenden Bache und an der Straße zwischen Görlitz und Lauban, $^3/_4$ Stunden östlich von Görlitz, hat 81 Häuser, 566 Einwohner, 1 Kirche, 1 Schule, 1 Gerichtskretscham, 19 Bauergüter, 27 Gärtnerstellen und 22 Häuslernahrungen.

Der Name des Gründers und die Zeit, wenn Leopoldshain angelegt wurde, sind unbekannt, indeß scheint die deutsche Benennung des Dorfes zu beweisen, daß es von Deutschen angelegt wurde. Erwiesen ist nur, daß die ältest-bekannten Besitzer dieses und mehrerer anderen Dörfer unterhalb Görlitz zwischen der Neiße und Tzschirne die Ritter von Penzig waren, welche sich auch eine Burg an der Neiße (Penzig) erbaut hatten, die im 16. Jahrhundert zerstört wurde. Der Taufnamen dieser Edlen von Penzig ist gewöhnlich Leuther, Luther oder Luthold. Im Jahre 1398 wird in den Annalen ein Leuther von Penzig erwähnt, in einer görlitzer Jahresgeschichte wird ein Luther von Penzig genannt, dem der Rath einen Theil des Dorfes Penzig für 4900 Gulden abgekauft. Aus den libris Resignationum curiae Gorlic. libr. ad annum 1305 ist zu ersehen, daß damals ebenfalls ein Herr von Penzig Besitzer des Dorfes Leopoldshain gewesen sei. Das Schloß beim Nieder-Vorwerke erbaute Herr Carl Ender, ein Mann von großer Gelehrsamkeit, Weltklugheit und hohem Ansehen, der sich am Kaiserlichen Hofe und an mehreren fürstlichen Höfen in bedeutenden Aemtern aufgehalten und vom Kaiser Ferdinand I. für sich und seine Nachkommen das Adelsdiplom erhielt. Wegen der Nähe dieses Schlosses bei Görlitz und seiner wohnlichen und bequemen inneren Einrichtung wählten es öfters große Herrschaften zum Aufenthalte, so z. B. 1620 Markgraf J. Georg zu Brandenburg und Jägerndorf, der die Ober=Lausitz für den König Friedrich von Böhmen gegen die Einfälle der chursächsischen Truppen beschützen sollte. 1633 nahm der Kaiserliche General=Feldmarschall Albrecht von Waldstein (Wallenstein), der mit seiner Armee von Schlesien aus in die Lausitz kam, auf dem Schlosse zu Leopoldshain sein Quartier und blieb so lange hier, bis die Stadt Görlitz genommen war. Als sich der Churprinz Joh. Georg III. 1680 in Görlitz befand, ritt er öfters hinaus ins Leopoldshainer Schloß, wo er mehrmals unter den nahe am Hofe auf der Buschseite stehenden großen Eichen offene Tafel zu halten beliebte. Von 1780—82 wurde dieses Schloß einer Reparatur unterworfen.

Nieder=Leopoldshain hat mehrere sehr große Teiche.

Im Schlosse zu Ober=Leopoldshain logirte im 7jährigen Kriege der Prinz von Würtemberg. Auch Ober=Leopoldshain hat 6 große Teiche. Die Herren von Penzig verkauften das Oberdorf an die Herren von Salza. Gegen das Ende des 15. Jahrhunderts verkauften Opitz und Günther von Salza das Gut an den reichen Bürgermeister der Stadt Görlitz, Georg Emmerich, der 1481 auch das Niederdorf käuflich an sich brachte.

Den 17. August 1758 bezog Feldmarschall Daun ein Lager von Rengersdorf bis Leopoldshain. An der großen Militairstraße nach Lauban gelegen, hat der Ort durch die Züge der Armeen von und nach Schlesien auch 1813 unbeschreiblich gelitten. 20 Häuser wurden niedergebrannt. Die Kriegsschäden werden auf 27,000 Thlr. veranschlagt. Ein junger Bauerbursche wurde vom Feinde ermordet; die Einwohner flüchteten in die Büsche.

Seit 1400 besaß Leopoldshain eine kleine Kapelle, in welcher Altaristen aus Görlitz Messe und Gottesdienst hielten. 1431 wurde aus ihr eine Parochialkirche. 1521 wurde hier die Reformation eingeführt. Der erste evangelische Geistliche hieß Sartorius (1530—1545), ein Schuhmacher aus Görlitz, von Luthern selbst ordinirt.

Hennersdorf, der Kämmerei von Görlitz gehörend, auf der rechten Thalwand der Neiße, ½ Stunde N.-O. von Görlitz, an einem Bache, von Leopoldshain kommend, und an der Verbindungs=Eisenbahn zwischen der Sächsischen und Nieder=Schlesisch=Märkischen, mit 113 Häusern und 697 Einwohnern. Ueber das Dorfthal führt ein Viaduct von Granit= und Sandsteinen erbaut, 462 Fuß lang, 35 Fuß hoch. In der Nähe befindet sich ein Kalksteinbruch mit Kalköfen (Cylinderöfen), ein städtischer Holzhof und mehrere, zum Theil sehr große Teiche, geschätzte Karpfen gewährend. Hennersdorf ist ein Lieblingsort der Görlitzer; die hiesige Brauerei bereitet ein beliebtes Bier. Die 1364 schon vorhandene Kirche wurde um das Jahr 1539 evangel. Als erster Pastor wird Chr. Pfederus genannt. Den 23. Juni 1697 schlug Kurfürst Fr. August I. von Sachsen und König von Polen, am großen nordischen Kriege Theil nehmend, für seine Armee, 14,000 Mann stark, zu Hennersdorf ein Lager auf; am 3. Juni desselben Jahres erfolgte der Aufbruch nach Schlesien und Polen.

1706 hatte der polnische Kronprätendent, Graf Sobieski, sein Hauptquartier daselbst. Den 30. October 1758 bezogen die Oesterreicher ein Lager zu Hennersdorf. 1813 starke Durchmärsche und Einquartierungen von den kriegführenden Parteien. Am 22. Mai 1813 befand sich das russische und preußische Hauptquartier hier. Auf dem Hofe befand sich der Prinz Wilhelm von Preußen und Feldmarschall von Blücher. 10 Gehöfte gingen 1813 in

Flammen auf und der Verlust, den Hennersdorf 1813 in Folge der Einquartierungen, Lieferungen, Erpressungen ꝛc. hatte, wurde auf 50,000 Thlr. veranschlagt.

Lauterbach, c. 1 Meile östlich von Görlitz, ein kleines Kämmerei-Dorf der Stadt Görlitz, an einem hellen Bache gelegen, mit 27 Häusern und c. 200 Einwohnern, ist im Besitze eines Basaltbruches, der vor 30 Jahren unstreitig der schönste derartige Bruch der Ober-Lausitz war. Die langen Basaltsäulen standen gleich Orgelpfeifen senkrecht neben einander.

Lichtenberg, 1 Meile östlich von Görlitz, an der Chaussee von Görlitz nach Lauban, ein kleines Kirchdorf mit 79 Häusern und 393 Einwohnern, meist vom Ackerbau lebend. Die Kirche war 1346 schon vorhanden; Pastor Magister P. Bernau wird als erster evangelischer Geistlicher genannt. 1550. Im Jahre 1843 und 44 wurde die Kirche im Innern mit einem Kostenaufwande von 741 Thlr. 14 Sgr. 11 Pf. umgebaut, eine neue Orgel für 684 Thlr. 27 Sgr. 6 Pf. beschafft, 1 neuer Altar, so wie 1845 und 46 ein neues Schulhaus mit einer Kostensumme von 2673 Thlr. 9 Sgr. 1 Pf. gebaut. Der im Jahre 1852 hieselbst verstorbene Bauer Gottlob Gerlach verwendete sein, hauptsächlich in einem Bauergute bestehendes, Vermögen von c. 3000 Thlr. der dasigen Gemeinde zu einer milden Stiftung unter dem Namen: Bauer Gottlob Gerlachs-Stiftung zur Gemeindehilfe; die Kirche erhielt 100 Thlr. und die Schule 40 Thlr. Den 6. Februar 1794, Nachmittags 25 Min. auf 2 Uhr, wurde das in der Ober-Lausitz an vielen Orten wahrgenommene Erdbeben auch hier verspürt; der Klöppel der großen Glocke soll deshalb 2mal angeschlagen haben. 1803 Einführung der Schutzpockenimpfung. Der dasige Pastor ließ seinen einzigen Sohn impfen; sein Beispiel fand Nachahmung, denn bald darauf wurden in seiner Stube 18 Kinder aus dem kleinen Dorfe und dem nahen Lauterbach geimpft.

Bei Lichtenberg befinden sich Schwedenschanzen. Am 19. und 20. April 1813 gingen russische Garden durch nach Görlitz, denen Kaiser Alexander folgte. Uniformirte Görlitzer Bürger zu Pferde holten ihn hier ein; Nachmittags 3 Uhr hielt er unter Kanonendonner und Glockengeläute seinen Einzug in Görlitz.

Troitschendorf, früher Trotzendorf genannt, 1 Meile O. von Görlitz, ist der Geburtsort des berühmten Schulmannes Valentin Friedland, gewöhnlich Trotzendorf genannt. Er wurde 1490 geboren. Sein Vater, Bernhard Friedland, war ein Gartennahrungsbesitzer und arm. Schon in seinen Jugendjahren bewies er große Lust zum Lernen. In Ermangelung der Dinte und des Papieres bediente er sich resp. Kienruß und Birkenrinde. Im 11. Jahre brachte ihn sein Vater auf's Gymnasium zu Görlitz und bestimmte ihn zum Mönchsstande, wogegen er aber so große Abneigung fühlte, daß er lieber ein Bauer werden wollte. Er kam daher wieder nach Hause und besuchte seine Ortsschule. In seinem 16. Jahre erwachte auf's Neue der längst gefaßte Entschluß zu studiren; er besuchte abermals das Gymnasium zu Görlitz und bezog später die Universität Leipzig. 1515 kam er als Lehrer an das Gymnasium zu Görlitz und 1523 als Rektor nach Goldberg. Unter seiner Leitung erwarb sich die Goldberger lateinische Schule einen weitverbreiteten Ruf. Der kaiserliche Generallissimus Waldstein oder Wallenstein befand sich auch einst als Schüler unter seiner Leitung. Nach dem Brande des Schulgebäudes ging er mit seinen Schülern nach Liegnitz, woselbst er auch 1556 den 26. April sein ruhmvolles Leben endete. Die Kirche zu Troitschendorf besitzt das in Oel gemalte höchst originelle Brustbild des berühmten Trotzendorf. Der Sage nach soll die Kirche von Nonnen, die der Hussitenkrieg aus Böhmen vertrieben, gegründet worden sein. Sie war früher Filial von Lichtenberg; seit 1486 aber selbstständig. Um das Jahr 1530 wurde sie evangelisch. Andreas Ringehutt, früherer Pfarrer zu Troitschendorf, war einer der thätigsten, aber auch der letzten Prioren des Oybins, der das bevorstehende Aufhören des Oybinschen Klosters sehr ungern sah. Die Ziegeleien zu Troitschendorf liefern sehr gute Ziegeln. 1813 erfuhr Troitschendorf die Leiden des Krieges auf eine äußerst empfindliche Weise. Der Gesammtschaden wurde auf 17,539 Rthlr. veranschlagt.

Kieslingswalde, 2 Meilen N.-O. von Görlitz am Kesselbache, mit 116 Häusern und 614 Einwohnern und 1 Kirche, ist das Stammhaus und der Sterbeort des berühmten Gelehrten Walter von Tschirnhausen (geboren hieselbst 1651, gestorben 1708), dem wir die Verbesserung des Brennspiegels verdanken und auf dessen Anrathen und unter dessen Aufsicht und Mitwirkung Johann Böttcher, ein von Berlin nach Sachsen geflüchteter Apotheker, das Meißner Porzellan erfand. Von Tschirnhausen veranlaßte auch die Errichtung der ersten 3 Glashütten in Sachsen. In der Nähe befinden sich die Kieslingswalder Berge (Dukatenberg, Spittelwald, das Hängebüschel). Am 9. September 1813 erließ vom hiesigen Schlosse aus der Feldmarschall Blücher einen Armeebefehl an die vereinigte russische und preußische Armee, welche nach der siegreichen Schlacht an der Katzbach (26. August 1813) den Feind verfolgte und in jenen Tagen zwischen Görlitz und Naumburg a. Q. bivouakirte. Dieser lautete: „Schlesien ist vom Feinde befreit. Eurer Tapferkeit, brave Soldaten der russischen und preußischen Armee unter meinem Befehle, eurer Anstrengung und Ausdauer, eurer Geduld in Ertragung von Beschwerden und Mangel, verdanke ich das Glück, eine schöne Provinz den Händen eines gierigen Feindes entrissen zu haben. Bei der Schlacht an der Katzbach trat euch der Feind trotzig entgegen. Muthig und mit Blitzesschnelle brachet ihr hinter eueren Anhöhen hervor. Ihr verschmähtet, ihn mit Flintenkugeln anzugreifen, unaufhaltsam schrittet ihr vor; eure Bajonette stürzten ihn den steilen Thalrand der wüthenden Neiße und der Katzbach hinab. Seitdem habt ihr Flüsse und angeschwollene Regenbäche durchwatet. Im Schlamm habt ihr die Nächte zugebracht. Ihr littet zum Theil Mangel an Lebensmitteln, da die grundlosen Wege und der Mangel an Fuhrwerk deren Nachfuhr verhinderten. Mit Kälte und Nässe, Entbehrung und zum Theil mit Mangel an Bekleidung habt ihr gekämpft; dennoch murrtet ihr nicht und ihr verfolgtet mit Anstrengung euren geschlagenen Feind. Habt Dank für ein so hoch lobenswerthes Betragen! Nur derjenige, der solche hohe Eigenschaften vereinigt, ist ein ächter Soldat. 103 Kanonen, 250 Munitionswagen, des Feindes Lazarethanstalten, seine Feldschmieden, seine Mehlwagen, 1 Divisions-General, 2 Brigade-Generäle, eine große Anzahl Obersten, Stabs- und andere Offiziere, 18,000 Gefangene, 2 Adler und andere Trophäen sind in eueren Händen. Den Rest derjenigen, die euch in der Schlacht an der Katzbach gegenüber gestanden haben, hat der Schreck vor eueren Waffen so sehr ergriffen, daß sie den Anblick euerer Bajonette nicht mehr ertragen werden. Die Straßen und Felder zwischen der Katzbach und dem Bober habt ihr gesehen; sie tragen das Zeichen des Schreckens und der Verwirrung eurer Feinde. Laßt uns dem Herrn der Heerschaaren, durch dessen Hilfe ihr den Feind niederwarft, einen Lobgesang singen und im öffentlichen Gottesdienste ihm für den uns gegebenen herrlichen Sieg danken. Ein 3maliges Freudenfeuer beschließe die Stunde, die ihr der Andacht weihet. Dann sucht euern Feind aufs Neue. von Blücher". 1482 wurde Walter von Tschirnhausen auf Kieslingswalde und dessen Knappe, Friedrich von Wiedebach, gefangen und Tags darauf wegen Straßenraub in Görlitz in rothen Röcken, mit Stiefeln und Sporen aufgehängt. Ihre Verwandten fingen darüber eine mehrjährige Fehde an, die erst 8 Jahre darauf durch Vergleich beendigt wurde. Die Kirche war wahrscheinlich schon 1300 vorhanden. Um das Jahr 1530 wurde sie evangelisch, sie ist bis auf den Thurm massiv. 1838 wurde sie zum Theil umgebaut und erweitert. Der Pastor und Liederdichter Johann Wilhelm Kellner von Zinnendorf wurde im Jahre 1709 zu Kieslingswalde pietistischer Bestrebungen halber seines Amtes entsetzt, er untersagte das Tanzen als ein sündliches Vergnügen.

Gruna, Kirchdorf am Kesselbache, zwischen fruchtbaren Feldern und üppigen Wiesen, zählt mit der Kolonie Karlsdorf und Leopoldsthal 138 Häuser und 695 Einwohner und macht hinsichtlich seiner Lage und zum Theil stattlichen Häusern auf den Besucher einen guten Eindruck. Der größere Theil der Einwohner lebt vom Landbaue. Die alte, c. 1540 evangelisch gewordene Kirche wurde 1801 abgetragen und ganz massiv mit dergleichen Thurm aufgeführt; 1839 wurde sie ausstaffirt. Sie ist eine der schönsten Landkirchen und eine Zierde des Orts.

Sohr-Neundorf am Kessel- oder Kieselbache, N.-O. 3 Stunden von Görlitz, mit 107 Häusern zwischen herrlichen Wiesen und 666 Einwohnern, hat Kalksteinbrüche. Einer derselben ist marmorhaltig und finden sich in ihm schöne Abdrücke von Pflanzen, Muscheln. Eine Dampfmaschine hebt das Wasser aus dem Dominial-Kalksteinbruche. In Sohr-Neundorf ist auch ein bedeutender Torfstich. Der Ort mit seinen vielen, meist massiven Bauergehöften ist ein recht freundlicher.

Sohra, Ober-, Mittel-, Nieder-, eine Dorflage ausmachend, liegt am Kesselbache und so zu sagen ganz in Wiesen, hat 197 Häuser und 786 Einw., meist vom Ackerbaue lebend; ein kleiner Theil findet beim Torfstechen und in den Kalkbrüchen Beschäftigung. Die wahrscheinlich im 13. Jahrhundert gegründete Kirche war schon 1364 Pfarrkirche, 1540 nahm die Gemeinde die Reformation an. Michael Hübner war der erste evangelische Geistliche an dieser Kirche. Sie brannte 1697 ab, wurde steinern wieder aufgebaut, jedoch nur mit hölzernem Thurme versehen. 1838 und 39 erfuhr sie im Innern in Folge eines neuen Orgelbaues eine nicht unwesentliche Umgestaltung. Das Pedal der neuen, vom Orgelbaumeister Buckow erbauten Orgel, ist eine verbesserte Erfindung des verstorbenen Kantors Scheibe, kann jedoch mittelst angebrachtem Mechanismus leicht die alte Pedal-Einrichtung erhalten, wovon der Spieler Gebrauch machen kann, dem das Spiel auf dem verbesserten Pedal augenblicklich etwas Ungewohntes ist. Die Kirche besitzt außer mehrern alten Denkmälern auch mehrere Mollerstein'sche Legate. Der von Mollerstein auf Sohra legirte auch 6000 Rthlr. zur Verbesserung der geistlichen Stellen zu Lissa, Lichtenberg, Troitschendorf, Rothwasser und Kohlfurth.

Im Januar 1808 starben im Kirchspiel Sohra 60 Kinder an den Pocken. 1813 erlitt der Ort durch die Durchmärsche der russischen und preußischen Armee empfindlich.

Lissa, ein Kirchdorf am Kesselbach, der in der Nähe von Lissa in die Neiße mündet, mit 77 Häusern und 390 Einwohnern, meist Ackerbau treibend. Aus der im 13. Jahrhundert auf einer Anhöhe erbauten Kapelle ging in der Folgezeit die gegenwärtig massive Kirche hervor, die seit 1725 einen hölzernen Thurm mit 3 Glocken hat. Um das Jahr 1526 wurde zu Lissa die Reformation eingeführt; der erste evangelische Geistliche war der Pastor N. Liber. Die Kirche besitzt schöne Denkmäler des vormals reichen, zuletzt aber in großer Armuth gestorbenen Geschlechts der von Fürstenau. Sercha, ein kleiner Ort mit c. 300 Einwohnern, ist nach Lissa eingepfarrt. Georg Emmerich, Bürgermeister zu Görlitz, war einst Besitzer von Lissa. Von 1712 ab amtirte hier als Pastor: M. J. Chr. Luther, ein Nachkomme Jakob Luther's, Bruder des Reformators, durch seine Originalität und merkwürdigen Schicksale ausgezeichnet. Lissa ist auch der Geburtsort des Missionar H. Jul. Berger, welcher das Christenthum auf der Insel Borneo verkündigte und in Segen arbeitete. Er starb zu Banjarmasin auf letzterer Insel im Jahre 1845.

Penzig, ein Görlitzer Kämmerei- und ein Kirchdorf unterhalb Lissa, am rechten Ufer der Neiße, 1½ Meile nordöstlich von Görlitz mit 135 Häusern und 988 Einwohnern, hat eine Haltestelle an der vorüberführenden Niederschlesisch-Märkischen Zweigbahn, 1 Königl. Post-Expedition, eine Glashütte, welche Tafelglas bereitet; der zur Glasfabrikation erforderliche Quarzsand wird hier gefunden. Die alte Kirche war wohl schon in der Mitte des 13. Jahrhunderts vorhanden. Zur Reformationszeit war Penzig Sitz eines Erzpriesters und Nieder-Bielau Filial. In Ober-Penzig befand sich vor 100 Jahren ein Hammerwerk, ebenso auch in dem S.-O. von Penzig gelegenen Penzighammer. Ostwärts von Penzig, am linken Ufer der Neiße, befinden sich Schwedenschanzen. Am 21. Juni 1794 schlug der Blitz während der Beichte in den Kirchthurm. Der Ort brannte am 24. Oktober 1841, früh gegen 8 Uhr, bei großem Sturmwinde großentheils ab; in wenig Stunden lagen der Kretscham, 18 Bauerhöfe, 17 Gärtner- und 17 Häuslerwohnungen, die Kirche nebst Thurm, Kantorwohnung, das Gemeinde- und Spritzenhaus, in Allem aber 150 Gebäude in Asche; nur 6 Bauergehöfte und einige Leerhäuser blieben stehen. Das große Unglück erregte bei den Bewohnern der Preußischen Ober-Lausitz eine lebhafte Theilnahme und aus allen Kreisen flossen reiche Gaben der hartheimgesuchten Gemeinde zu. Der Ort ist größtentheils massiv aufgebaut worden und die neue Kirche mit Thurm ist eine Zierde desselben.

Penzig ist der Stammsitz eines sonst mächtigen, jetzt aber erloschenen Geschlechts, der von Penzig, die hier eine feste Burg besaßen. Die Namen Burgberg oder Burgplatz in Nähe der Mühle erinnern heutigen Tages noch an das Vorhandensein jener Burg, obwohl von altem Mauerwerk keine Spur mehr vorhanden ist, indeß ist noch ein Theil des Wallgrabens wahrzunehmen. Ihre Entstehung wird in die ältesten Zeiten gesetzt. In Urkunden kommt sie schon 1268 vor; in diesem Jahre theilte nämlich Otto, Markgraf von Brandenburg, das Land Budissin (die jetzige Ober-Lausitz) in 2 Theile, die Distrikte Bautzen und Görlitz, und bestimmte dabei, daß dem Burggraf von Penzig beide Theile zur Beaufsichtigung zu übergeben seien. 1329 wurden die Gebrüder Gerhard, Konrad und Zdyslaus von Penzig vom König Johann von Böhmen mit der Heide belehnt. „1490, Dienstag nach u. l.

Frowen Würzweihe*), verkauften Hanns von Penzig der ältere und Georg und Hans von Penzig der jüngere ihre Zinse zu Langenau, Zentendorf, Tormarsdorf und Zobelesca an Hartwig, Jorgen und Otten, Gebrüder von Nostiz auf Schochau (Tzschocha) und Rothenburg". 1492 kommt Penzig mit der großen Penziger Heide durch Kauf vollständig an die Stadt Görlitz. 1514 brachen die Bürger von Görlitz aus mancherlei Besorgniß mit Königlicher Erlaubniß die Burg ab**).

Hohkirch, eine Königliche Domaine, früher Mielsdorf genannt***), liegt auf dem Höhenzuge zwischen Kesselbach und der Biela, an der Breslau-Leipziger Chaussee, $2^1/_2$ Stunde nordöstlich von der Kreisstadt entfernt, hat mit den Kolonieen Pommerseite und Kirchhain 78 Häuser und 409 Einw., die sich größtentheils mit der Landwirthschaft beschäftigen. Die Kirche besitzt einen Sandsteinbruch, nordwestlich vom Dorfe gelegen, aus welchem Mauersteine und Werkstücke aller Art, die sehr guten Absatz finden, hervorgehen. Wie und wann das Dorf den Namen Hohkirch erhalten hat, darüber fehlen die Nachrichten. Ein Dominium (Rittergut) ist hier nie gewesen. Vor Theilung der Ober-Lausitz flossen von Hohkirch in die Kasse des landvogteilichen Rentamtes zu Bautzen, welches die dem Landvogte zu seinem Unterhalte angewiesenen Einkünfte von den zum Amte der Landvogtei geschlagenen Dörfer, worüber er die Lehn-, Erb- und gerichtsherrlichen Befugnisse ausübte, Heringszins, Hühner- und Eiergeld. Diese Grundabgaben sind in neuerer Zeit theils ganz abgelöst, theils in Renten verwandelt worden. Das Patronat übt die Königliche Regierung zu Liegnitz aus; der Kreis-Landrath ist Patronatsverweser und verwaltet die Orts-Polizei. Die Kirche, wie der ganze Ort sehr hoch liegend, wird von weiter Ferne gesehen, ist sehr alt und wird schon 1346 erwähnt; sie soll überhaupt eine der ältesten um Görlitz sein; 1525 oder 1529 wurde sie evangelisch. Das Altarbild, die Kreuzigung Christi darstellend, hat künstlerischen Werth. Zur Parochie Hohkirch gehören Hohkirch mit dem $^1/_4$ Stunde entfernten, mit Gruna zusammenhängenden Pertinenzorte Pommerseite, Kolonie Kirchhain (1837 gegründet, 1 Stunde von Hohkirch entfernt und mit der Rothwasser Feldmark grenzend), 34 Wirthe von Schützenhain, 7 Wirthe von Ober-Langenau, Florsdorf. — Die Kinder von Kirchhain halten sich gastweise in die Schule zu Rothwasser, die von Florsdorf besuchen die Schule zu Sohr-Neundorf.

In trocknen Jahren leidet Hohkirch an Wassermangel, da wenig Brunnen vorhanden sind; an vielen Stellen sind Bohrversuche auf Wasser ohne günstigen Erfolg angestellt worden. Die in neuerer Zeit angelegten Brunnen haben eine Tiefe von 60—80 Fuß.

Im Jahre 1768 den 29. Mai verheerte eine Feuersbrunst einen großen

*) Die Benennung „Würzweihe" kommt jedenfalls daher: Zu der Zeit, als die indischen Gewürze in unserer Gegend noch unbekannt waren, bediente man sich inländischer Kräuter, als Petersilien, Garbel ꝛc., die Speisen zu würzen; daher sich manche Personen mit Fleiß darauf legten, solche in besonderen Gärten zu pflegen, die man Würzgärte nannte. Am Tage Würzweihe brachten die Weiber Etwas von ihren Kräutern in die Kirche, ließen solches von dem Priester weihen und legten's zu ihren andern Kräutern, in der abergläubischen Meinung, daß sie Donner und Mißwachs abwenden, das Wachsthum der Pflanzen befördern und böse Geister und Gespenster vertreiben würden.

**) Siehe N. L. Magazin 1838, Pag. 386 ff.

***) Auf den alten Kirchrechnungen steht: „Rechnung zur hohen Kirche, Mielsdorf genannt".

Theil des Dorfes, wobei auch die Pfarrei und Scholtisei in Asche gelegt wurden und die alten Nachrichten von Hohkirch, auf der Pfarrei aufbewahrt, mit verbrannten. Das Feuer entstand bei einem Gedingebauer (Bertholmann) beim Wachsschmelzen.

Ober-Bielau, an der Biela, ein Kirchdorf in einem freundlichen Thale, 3 Stunden N.-O. von Görlitz mit 109 Häusern und 471 Einwohnern. Es leitet seinen Namen jedenfalls von dem wendischen Götzen Bielbog, d. i. der weiße oder gute Gott, ab und dieser hatte hier wahrscheinlich eine Opferstätte. Man sagt, daß dem Bielbog sogar Kinder geopfert worden seien. Zu Ober-Bielau sind Urnen, Schmucke und 2 Hausgötzen gefunden worden. In ältester Zeit mag sich das Dorf zur Kirche nach Langenau gehalten haben. 1309 eignete es König Wenzel auf Bitten Heinrich Roll's, Pfarrers zu Görlitz, und Kallmann's, Bürgers daselbst, zu einer Frühmesse in der Peterskirche zu Görlitz. Um das Jahr 1530 ward die Kirche evangelisch; Martin Arnold, erster Pastor, wurde von Dr. Bugenhagen in Wittenberg ordinirt.

Langenau, Ober- und Nieder-, ein Kämmereidorf von Görlitz an der Biela, 2 Meilen N.-O. von Görlitz, ist eins der größten Dörfer des Kreises. Es hat 269 Häuser und 1828 Einwohner, eine höchst geschmackvolle, 1859 eingeweihte Kirche, 1 Hauptschule mit 2 Nebenschulen, mehrere Bleichen, Ziegeleien und Sandsteinbrüche. Die Werkstücke der letzteren werden anderen vorgezogen, da sie nicht schwitzen. Langenau hatte noch vor wenig Jahren 72 Bauergüter. In früheren Zeiten war hier ein Hammerwerk vorhanden.

Vor der Reformation war hier nur eine Kapelle, wahrscheinlich im 14. Jahrhunderte erbaut. Als erster Pastor wird 1540 Bitterlich genannt. Im Jahre 1552 wurde die Kapelle erweitert; ein Gleiches geschah später noch einmal; damals gehörte Rauscha noch hieher. Die neue Kirche mit ihrem hohen Thurme, von weiter Ferne sichtbar, ist vom Baumeister Herrn Fischer zu Görlitz gebaut, kostet ca. 22—24,000 Thlr., ist eine Zierde des Orts und gehört zu den schönsten Landkirchen der Ober-Lausitz. Im Altartheile befinden sich 3 Fenster als Denkmale besonderen Wohlthätigkeitssinnes. Das mittlere enthält die Bildnisse der Apostel Petrus und Paulus, ging aus der berühmten Werkstätte des Glasermeisters Herrn Seiler aus Breslau hervor und ist ein Geschenk des Scholtiseibesitzers Herrn Hirche. Die anderen beiden Fenster sind mallsteingrün und Geschenke des Müllerältesten Herrn Schüller und des Bauergutsbesitzers Herrn Tzscheutschler.

Nieder-Bielau, ein Görlitzer Kämmereidorf an der Biela, die hier in die Neiße mündet, N. 2 Meilen von Görlitz mit 177 Häusern und 935 Einwohnern, 1 Kirche; früher wendisch Bielaw geschrieben. Hier wurden diverse slavische Alterthümer, als Todtenurnen, Schmuck, Opfergefäße, 2 Hausgötzen, Bracteaten, d. h. Hohl- oder Blechmünzen, 1741 gefunden. Auf dem sogenannten Bergbauergute wurden auf einer Sandhöhe unter alten, hohlen Linden und Eichen ein spiral- und schneckenförmiges Gewinde, 1 Deckel mit doppeltem Oehr von Bronce, 1 Urne mit 4 Steinplatten überdeckt, Scherben und verbrannter Hirse gefunden. Es geht die Sage, daß daselbst 1 Kapelle gestanden haben soll, welche ein Geistlicher aus Rothenburg zu besorgen gehabt habe; es ist dies nicht ganz unwahrscheinlich, da das qu. Gut Decem an den dortigen Oberpfarrer zu entrichten, auch in der alten Kirche daselbst Kirchstände hatte. Bis 1684 war Nieder-Bielau Filial von Penzig und das Pastorat daselbst bekommt noch jetzt 15 Görlitzer Scheffel Decem von Nieder-

Bielau. Der erste eigene Pastor war J. Winkler. 1774 brannte die Kirche ab und wurde 1775 steinern wieder aufgebaut. Ehedem befand sich zu Nieder-Bielau südlich vom Dorfe ein Eisenhüttenwerk, aus welchem 1682 ein Kupferhammer entstand, der aber nicht gar lange im Betriebe war. Ueber die Neiße führt hier eine hölzerne Brücke.

Rothwasser, ein Kämmereidorf der Stadt Görlitz an der kleinen Tschirne, von Görlitz N.-O. 5 Stunden, ist das größte Dorf im Görlitzer Kreise, zählt 377 Wohnhäuser und 2216 Einwohner, hat 1 Kirche und eine Schule mit mehr als 300 Kindern. Rothwasser ist als gewerbtreibender Ort weit und breit berühmt. Die Roß-, Rind- und Schwarzviehhändler machen nicht unansehnliche Geschäfte. Die Holzwaarenverfertiger liefern Rechen, Leitern, Schwingen, Quirle, Wäschklammern, Schindeln ꝛc. Ansehnlich ist der Blau und Preißelbeerhandel; hunderte von armen Leuten sammeln die Beeren nach Lösung einer Erlaubnißkarte in der nahen Görlitzer Heide. Der hiesige Pastor Kretschmer ist einer der größten Georginenzüchter der Provinz; sehenswerth ist die alljährliche Georginen-Ausstellung zu Rothwasser. Die Kirche war in alter Zeit Filial von Waldau. Um das Jahr 1527 war sie evangelisch, 1562 selbstständig und Kohlfurth dazugeschlagen; es blieb die Verbindung bis 1736. 1784 wurde die gegenwärtige geräumige, freundliche Kirche erbaut. 1794 wurde in der Nähe von Rothwasser, in der Görlitzer Heide, ein bronzenes, meißelartiges Instrument, wahrscheinlich eine Streitwaffe, gefunden.

Die Görlitzer Heide mit den wichtigsten in ihr liegenden Ortschaften.

Unter den der Stadt Görlitz gehörenden Besitzungen nimmt die sogenannte Görlitzer Heide, westlich von der großen und zu beiden Seiten der kleinen Tschirne gelegen und mit der Rothenburger, Priebusser, Halbauer, Wehrauer und Klitschdorfer Heide grenzend, den ersten Rang ein. Sie umfaßt, wie schon oben gedacht worden, 114,000 Morgen und mit Hinzurechnung des Forstunlandes hat sie ein Areal von 124,240 Morgen, einschließlich der vielen und großen Teiche, Wiesen und Bäche, und wirft einen jährlichen Reinertrag von 65—70,000 Thlr. ab. Der Boden der Heidegegend ist sehr verschieden. In den frühesten Zeiten war die Gegend sumpfig, daher die alten Straßen und die anzupflanzenden Dörfer die Anhöhen suchen mußten. Nach schnellerer Fortführung der Gewässer gewannen die Tiefen, verloren die Höhen, so daß jetzt die tiefer liegenden Wirthschaften (Hafergüter) bei größerem Ertrage geringere, die höher liegenden bei verminderter Tragbarkeit größere Grundsteuer zahlen müssen. Hierzu wirkten am sichtbarsten die anbefohlene Geradelegung der Flüsse (Tschirne durch Rauscha) und der Teiche Ablassung (Rauschaer Hammerteich) oder Versandung (Schönberger Hammerteich). Die Temperatur der Luft neigt sich zur Kälte, welche durch scharfen Luftzug, durch späte Fröste im Frühjahr und frühzeitige Fröste im Spätjahre die Kultur der weicheren Getreidearten, des Flachses und der Obstbäume verhindert. Die Luft in der niedern Heide wird indeß von den Aerzten als sehr gesund gerühmt, welches Urtheil durch die doppelte Anzahl der jährlichen Geburten gegen die der Sterbefälle bestätigt wird.

Der Boden besteht aus kieselartigem Sande, hier rein, da mit Eisenocker gefärbt, dort mit äschigem oder moorigen Humus vermischt. Seine Lage ist eine ebene; die Hügel und wellenförmigen Anhöhen werden freigebigst mit den Namen der „Berge" beehrt. Er ist im größten Maße mit Waldung bedeckt, die der Grundherrschaft und in kleinen Portionen den Hammergütern und wenigen Bauern, den ältesten jeden Dorfes, gehört. Kiefern sind die vorherrschende Baumart und nur kleine Bestände von Fichten, Birken, Eichen, Aspen, angebaute Lärchen finden sich vor oder diese sind gleich andern Laubhölzern eingesprengt.

Die Bewohner des Waldes aus der Thierwelt sind nicht mehr so zahlreich als früher und werden nach ihrem Nutzen geschont (Hochwild), nach ihrem Schaden verfolgt (Füchse), vermindern sich von selbst (Dachse, Eichhörnchen) oder verschwinden gänzlich (Salamandra terrestris). Aus dem Geschlechte der sehr verminderten Vögel, denen es an Wohnstätten gebricht, sind etwas allgemein Seltenes die noch auf einigen Revieren lebenden Völker von Auerhühnern. Alles ist wol noch nicht erforscht (Schlangen), was auch von dem hier dürftigen Pflanzenreiche gesagt werden kann. Alten Leuten hier sind unbekannt: Feldmäuse und Maikäfer, als Feinde der Saaten und des Laubes; vielen Generationen die Heuschrecken, welche 1542 und 1729 die Gegend verwüsteten; die Raupen und Afterraupen kennt man sehr wohl.

Einen andern Theil des Bodens nehmen die Ackerflächen ein, welche als Streifen, den Flüssen entlang, den Wald durchziehen. Durch die Bodenarten ist ihre Beschaffenheit bedingt. Sie eignen sich vorzüglich zum Anbau von Kartoffeln, welche nicht in Fülle, aber von guter Art gedeihen, und von Roggen, welcher mit starken Halmen und vollen Körnern wächst und bei dreijähriger, mäßiger Düngung den Dünger entbehren kann. Die Bestellungsart desselben und der andern Körnerfrüchte hat ihre Eigenthümlichkeit. Bei tiefer Aufackerung und theilweiser Untersaat werden sechsfurchige Beete gezogen und gewölbt, damit dem Unkraute, namentlich der langen Gurke, gesteuert werde, die Getreidewurzeln tiefer eindringen, die Pflanzen nicht durch stehendes Wasser in Fäulniß gerathen. Die Weisheit fremder Ankömmlinge hat oft diese Bearbeitungsart besser machen wollen, ist aber stets übel belohnt worden. Auch wird das Unkraut ausgejätet vom Frühjahr bis zur Zeit der Blüthe und nach der Ernte wird Stoppelkräutig getrocknet und für den Winter aufbewahrt. Unter den Hülsenfrüchten findet man noch Mannaschwaden (Digitaria sanguinaly) und Bennich (Setaria Italica; far vennicum?)

Große Wichtigkeit ist den Wiesen beizulegen, von welchen umfangreiche Strecken die Waldung unterbrechen, kleine Streifen die Fluren der Dörfer durchziehen. Letzteren, als Eigenthum der Wirthe, wird aus Einsicht und Noth Besserung und Pflege zugewendet. Erstere, Eigenthum der Grundherrschaft, wurden seit uralten Zeiten gegen einen geringen, feststehenden Zins von den Rustikalbesitzern zu einschürigem Heuertrage und zur Viehweide im Frühjahr und Herbste benutzt. Hierdurch geriethen sie in einen elenden Zustand. Nach Aufhebung der Hutung erhoben sie sich ein wenig; aber die vielversprochenen Verbesserungen, Drainirung, Berieselung, sind bisher nur kostspielig, nicht erfolgreich gewesen, so daß das Pachtquantum, welches von den vielen Landwirthen, die wegen geringen Futterbaues derselben noch nicht entbehren können, entrichtet wird, als ein übermäßiges anzusehen ist.

An Zahl und Größe haben die Teiche abgenommen, wie auf der oberen, so auf der niederen Heide. Hier sind aufgegeben: der Senkteich, Aßmannsdamm-Teich, der lange See, der Dirnen-See; andere sind verschlämmt; doch werden noch zur Fischerei benutzt: der Scheibeteich, Tzschascheltеich, Schönberger Hammer- und Mühlteich 2c. Sie werden von der kleinen Tschirne oder von Waldbächen gespeist, die durch Zuleitung der Bruchgewässer verstärkt oder neu geschaffen sind, als durch die Ziebe, die Kummich, den Heringsfluß, das Birkichtwasser. Wasservögel und freie Fische nebst Krebse werden auf und in denselben immer seltener wahrgenommen.

Eine Hauptstraße von Görlitz über Penzig nach Halbau, Sorau, Sagan, mit welcher sich die Straße von Lauban über Kohlfurth vereinigt, führt mitten durch die Heide. Innerhalb dieser, vor Zeiten Knüppelweg und durch die Dorffluren Schlackenweg, ist sie auf Anordnung der Regierung, an welche das Eigenthumsrecht übertragen wurde, zur Chaussee umgebildet worden, ohne einige Zollerhebung. Die Kommunikationswege sind in gutem Zustande. Deshalb sind jetzt viele alte Wege und Stege weniger benutzt, viele derselben sind verboten nach der neueren Maxime. Zwischen zwei Ortschaften darf nur ein Kommunikationsweg sein.

Als Unterlage der Bodenfläche ist quarziger Sand am weitesten verbreitet. Nirgend erscheint er so rein, daß er zur Glasbereitung brauchbar wäre. An vielen Stellen ist er ockerfarbig, compact, der Feuchtigkeit widerstehend (Fuchsdiele); an mehrern Stellen ist er als Kies für Chaussee und Eisenbahn, an einigen als Baumörtel brauchbar; an allen zur Ernährung der Kiefern und einer dünnen Roggensaat. Das Wasser zeigt dessen großen Einfluß. Dies ist von der besten Reinheit, hat einen Beigeschmack von Eisen und Schwefelleber, ist zum Trinken, Kochen, Waschen wenig brauchbar. In den Niederungen ziehen sich viele Torflager hin, die erst an wenigen Punkten aufgedeckt sind. Unter den obern Sandschichten findet man reifen und unreifen Raseneisenstein, Thon, welcher z. B. vom Rauschaer Töpfer mit einigen Vorrechten gegraben wird, thonartigen Lehm in Schönberg und Stenker. Am Lehmrichsberge in Stenker wird eine Ziegelei auf Rechnung der Stadtkommune betrieben, ist aber von 1861 ab zur Verpachtung bestimmt. Das unter dem Lehme gefundene Braunkohlenflötz wurde vor einigen Jahren bergmännisch probirt, aber baldigst verlassen. Gänzlich gebricht es an feuerbeständigem Lehm, Kalk, Bausteinen.

Die Bewohner der niedern Heide sind deutscher Nation mit einigen wendischen Familien-Namen und evangelischer Confession mit einigen Katholiken und wenigen Juden. Ob Sorben oder Deutsche die ersten Anbauer waren, ist eine noch ungelöste Frage. Hammerwerke und einzelne Jagdhäuser, dann Herbergen (Kretschams), später Bauergüter und äußerst wenige Häuslernahrungen waren die ersten Besitzungen in der anfangs landesherrlichen Heide. Die Hämmer waren hoch besteuert, die Bauern, Häusler 2c. erbunterthänig und zu landüblichen Hofedienstcn verpflichtet. Letztere bestanden für eine Woche in einem Spinntage, welcher durch Geldrente abgelöst worden ist, und in zwei Ackergespannen oder Holzfuhren, die nach Penzig geleistet wurden, später aber auf die Hammergüter in Rauscha und Stenker und auf das Kretschamgut in Tiefenfurth übergingen. Als Entschädigung dafür oder aus dem Bedürfniß, daß die Unterthanen im örtlichen Verhältniß und Stande das bleiben konnten, was sie ursprünglich waren und zu ihrer Erhöhung in demselben, z. B. Häusler zu Gärtnern, erhielten sie im Laufe der Zeit die Benutzung der Heidewiesen gegen einen „sunderlichen" Zins, Forstgerechtsame zu Holz, Streu, Kien, Beeren, Pilze, Gräserei gegen kleine feststehende Abgaben. Dies Verhältniß konnte bei dem gegenseitigen Bestreben zu erweitern oder zu beschränken nicht ohne Verwickelung, Prozesse zwischen zwei sehr ungleichen Parteien, Rezesse, landesherrliche Kommissionen und etwas Aufruhr bestehen. Die Erbunterthänigkeit wurde durch die Gnade des Königs 1820 aufgehoben, die Hofedienste wurden 1838 durch Geldrente entfernt. Am 13. Okt. 1838 wurde vom Görlitzer Magistrate der Antrag auf Ablösung der Forstservituten bei der Generalkommission zu Soldin eingereicht, in dessen Folge durch 20 Jahre wurden den Rustikalbesitzern die noch benutzten Neuländer und die Wiesen gegen Auflassung des bisherigen Zinses entzogen und sämmtliche Forstrechte durch Geldsummen oder Morgen Landes, die von den Hammergütern, eingezogenen oder angekauften Bauergütern und aus dem Rande des Waldes entnommen wurden, abgelöst. Die Veränderung, welche durch dies Alles in dem ökonomischen Verhältnisse der Landwirthe hervorgebracht wird, ist sehr groß. Die Dienstrente, Holz- und Beerzettel, der durch Auction gesteigerte Wiesenpacht und Kaufpreis für Holz und Streu, erfordern Geld und abermals Geld. Bei dem rechtlichen, ordentlichen Wirth ist möglichste Beschränkung der Bedürfnisse nothwendig mit gesteigertem Erwerbe. Fuhrlöhne, wo diese noch zu verdienen sind, der Ueberschuß aus der Feldwirthschaft, wenn gute Ernten nicht fehlen, der Ertrag von der verminderten Viehzucht, dem es nicht an Absatz fehlt, werden ihm Mittel gewähren, sich zu erhalten. Hausbesitzer, die etwas Feld haben, Leerhäusler, Inwohner haben eine verhältnißmäßig bessere Stellung, obwohl keine eigenthümlichen Gewerbe, wie an der großen Tschirne die Wurzelflechterei, betrieben werden und die Flachsspinnerei gänzlich aufgehört hat. Sie zahlen wenig Abgaben, benutzen Neuländer und Wiesen, die sonst den Bauern Vortheil brachten, und finden in dem Eisenhüttenwerke zu Schnellförthel, wenn es thätig betrieben wird, in der Glasfabrik zu Rauscha, in der Pechhütte zu Neuhammer und durch Einsammlung der Waldbeeren zur Versendung in ferne Städte, durch Dienste an der Eisenbahn, fortwährende Arbeit und hinreichenden Unterhalt. So steht einem geringen Wohlstande eine geringe Armuth zur Seite.

Die Görlitzer Heide, als Wald betrachtet, besteht aus dem sogenannten Priebuswald oder dem Bürgerwalde (zwischen der großen und kleinen Tschirne) und der Penziger Heide (westlich von der kleinen Tschirne).

In früherer Zeit, als noch wenig Werth auf das Brennmaterial gelegt wurde, finden wir die Heide in landesherrlichem Besitze.

So waren im 13. und zu Anfange des 14. Jahrhunderts die Herzöge von Jauer und Schweidnitz, denen damals der östliche Theil der Ober-Lausitz gehörte, im Besitz dieser Heide.

Vom Könige Johann empfingen die von Penzig 1329 das Privilegium zur Holzberechtigung auf der Görlitzer Heide, zur Benutzung des Wohlenteiches, der Eichelmastung und Hutweide und er bewilligte ihnen außerdem den dritten Theil der neuen Ansiedelungen in der Görlitzer Heide.

Kaiser Karl IV. überließ der Stadt Görlitz am 22. Sept. 1355 die Benutzung des sogenannten Priebuswaldes (des jetzigen Bürgerwaldes), etlicher Teiche und eines Steinbruchs*).

Zu Ende des 14. Jahrhunderts lebte ein Hans von Penzig als Vorschneider beim damaligen Herzoge Johannes von Görlitz (Sohn des Kaisers

*) Die Abendseite des Neuhammer Reviers wird noch heutigen Tages der „Priebs“ genannt.

Karl IV.) und erwarb sich durch seine Treue eine Zusicherung dieses Fürsten im Betrage von 300 Schock Geld. Da jedoch Johannes seines zügellosen Lebens halber selten bei Kasse war und die jenem ausgesetzte Summe nicht erübrigen konnte, so verpfändete er 1395 an Hans von Penzig einen Theil der Heide an der Tzschirne bei Halbau. 1393 verpfändete er einen andern Theil derselben, die jetzige Wehrauer Heide, für 100 Schock Groschen an die Gebrüder von Rechenberg auf Klitschdorf und kam später wohl nicht wieder zum Ganzen zurück. Als die Herren v. Penzig im 15. Jahrh. von ihrer Größe hinabsanken, Vorschüsse und Gefälligkeiten von den Görlitzern in Anspruch nahmen, gelang es diesen, „das Gehege", dann „die Laß" und endlich die Einkünfte sämmtlicher Penziger Güter für 11,000 ungarische Gulden oder für ca. 33,000 Thlr. an sich zu bringen. Der König Wladislaus bestätigte 1492, Donnerstag nach Martin, diese Abtretung. Nachdem noch ein Anspruch des Landvogtes Sigismund von Wartenberg durch Zahlung von 1000 rheinischen Gulden beseitigt und dem Könige zugesagt worden war, für Abtretung der Heide alljährlich 50 rheinische Gulden zu zahlen, so kam 1499 die Stadt Görlitz in den rechtlichen, völligen Besitz der Heide. Selbige ging zwar im Pönfalle 1547 verloren, kam aber auf wiederholtes Ansuchen und nach Darbringung eines Opfers von 55,000 rheinischen Gulden im Jahre 1553 an die Stadt pfandweise und mit dem Vorkaufsrechte zurück. Gegen Erlegung von 80,000 rheinischen Gulden gelang es endlich 1556 dem Magistrate, wiederum in den eigenthümlichen Besitz der Heide zu gelangen; die Jagdberechtigung behielt sich der König vor, entsagte derselben aber schon am 14. November 1558.

In der Görlitzer Heide befinden sich eine Anzahl großer und kleiner Dörfer, welche 3 Kirchspiele ausmachen.

a) Im Kirchspiele Kohlfurth liegen:

Kohlfurth, 2½ Meile nordöstlich von Görlitz, in der oberen Görlitzer Heide, an der kleinen Tzschirne und an der niederschlesisch-märkischen Eisenbahn, mit 113 Häusern und 917 Einwohnern, die sich zum Theil mit Ackerbau beschäftigen, theils in den ansehnlichen Torfgräbereien und im Walde Beschäftigung finden.

Zu Kohlfurth befindet sich ein sehr umfangreicher Bahnhof I. Klasse, der ein sehr stattliches Empfangsgebäude mit zwei Thürmen hat; er ist ein Bahn-Knotenpunkt, indem man von hier aus westlich über Görlitz nach Dresden 2c., nördlich nach Berlin und östlich über Bunzlau nach Breslau 2c. reisen kann. Der Wohlen, mehr einem See, als einem Teiche ähnlich, hat ein Areal von 356 Morgen; der Hammerteich, 61 Morgen groß, erinnert an das einstige Vorhandensein eines Eisenhüttenwerks. 1709 wurde aus ihm ein Hammergut gemacht.

Die 1652 erbaute kleine Kapelle ward Filial von Rothwasser, als sich diese 1562 von Waldau trennte; 1681 ward sie abgetragen und massiv wieder aufgebaut. 1736 wurde Kohlfurth eigne Parochie; Gottfried Altenberger war der erste evangelische Pastor.

b) Im Kirchspiele Rauscha liegen:

Rauscha, eigentlich „auf der Rausche", d. h. auf der Heide*), Hauptort und Mittelpunkt der niederen Görlitzer Heide, ist an den Ufern

*) Von rios, das auch von Kiesleich, Rietschen, Rauschwalde Stammort ist.

der kleinen Tzschirne mit seitwärts zerstreuten Häusern erbaut, liegt an der niederschlesisch-märkischen Eisenbahn, hat 211 Häuser und 1346 Einwohner. Es gehört mit seinen Umgebungen zur freien Erb-Lehn-Herrschaft Penzig, wovon die Stadt-Kommune Görlitz Besitzerin ist. Hier sind: Station der niederschlesisch-märkischen Eisenbahn, eine Königliche Posterpedition mit Postverbindung nach Freiwalde und Tiefenfurth; ein dismembrirtes Hammergut, sonst Eisenhammer, seit 1708 im Besitz der Görlitzer Stadtkommune; ein herrschaftliches Forsthaus mit Försterwohnung, der Sitz des Ober-Forstamts für die Stadt Görlitz; ein vorzügliches Brauhaus seit 1812, jetzt der Stadtkommune, früher der brauberechtigten Bürgerschaft gehörig; eine Mahlmühle mit Brettschneide seit 1853. Die Justizkommission und die Forstgerichtskommission aus Görlitz halten hier Gerichtstage ab und ein Dominial-Polizeiverwalter, ein Polizei-Sekretair, ein Polizei-Diener, ein Gensd'arm sorgen für die öffentliche Sicherheit.

Die Rauschaer Kirche, erwähnt in der Matrikel des Meißner Bisthums vom Jahr 1346 und erweitert 1724 und 1725, ist Parochialkirche für die 17 Dörfer der niederen Heide, von denen aber 4, Tiefenfurth, Heiligensee, Schnellfurth und Mühlbock, die an der großen Tzschirne liegen, in amtlicher Hinsicht an die Kirche zu Tiefenfurth 1564 überlassen und 1860 ausgepfarrt wurden. Sie selbst ist dem heiligen Georg, dem Lindwurmtödter, zum Schutze der gefährdeten Wanderer im finstern Walde, geweiht, besitzt das Andreas von Meyer'sche Legat von 600 Thlr. Konventions-Geld „für das Armuth der Kirchfahrt" und seit 1856 eine neue vorzügliche Orgel. Auf ihrem Thurme trägt sie die einzige öffentliche Uhr in dem ganzen Umkreise, welche mit der Uhr des Bahnhofes in Gleichzeitigkeit erhalten wird. Wann die Kirche evangelisch geworden und wer erster Pastor gewesen, ist unbekannt.

Der Pfarrer Benedikt Barthel zu Rauscha wurde 1604 als Ertrunkener aufgefunden.

Das zur Kirche gehörige stattliche Pfarrhaus ist im Jahre 1844 neu erbaut. Das Schulhaus mit zwei geräumigen hellen Lehrzimmern im Jahr 1833. Die Schule wird von den Kindern aus Rauscha und Stenker besucht und genießt das Gottlob Neumann'sche Legat von 100 Thlr. für arme Kinder von der Glasfabrik und aus Rauscha.

In Entfernung eines halben Stündleins befindet sich eine Glasfabrik, die 1706 von der Grundherrschaft auf ihrem Boden erbaut und auf Pacht ausgethan, im Jahre 1845 in den Privatbesitz des Herrn Theodor Oskar Schulze überging, dessen Vater und Mutter dieselbe seit 1804 als Pachtinhaber betrieben hatten. Jetzt dienen in derselben zur Bereitung des Materials, die durch hinreichende Wasserkraft unterstützt wird, als Holzspalter, Tischler, Maurer, Hafenmacher, Stampfer, Schürer, Schmelzer nebst Gehilfen und Nebenarbeitern 27 Personen; zur Verarbeitung des Materials sind als Fabrikanten und deren Gehilfen 24, nebst Lehrlingen und Einträgern und als Glasschleifer 72 Personen beschäftigt; zur Versendung der Fabrikate werden noch Einbinderinnen 8, und Verpacker gebraucht: Summa 79 Personen aus 185 Bewohnern und 18 auswärtigen Nebenarbeitern. Die Fabrikation liefert aus je zwei Glas-, Temprir-, Sand-, Aschen-, Streck-Oefen und 8 Kühl-Oefen folgende Waaren: alle farbigen Fenstergläser; milchweißes Scheiben- und Fensterglas; gewöhnliches weißes und halbweißes Fenster- und Dachglas; milchweiße Lampenglocken, glatte und gepreßte; alle massigfarbige, roth-, roth- und blauüberfangene Hohlgläser; gewöhnliches weißes Hohlglas, namentlich viel Cylinder; halbweißes Hohl- und Medizinalglas; blaues und schwarzes Medizinalglas (Hyalithglas); grünliches und gelbes Flaschenglas und Wasserglas. Zu Rauscha wurde eine Eisensalz enthaltende Mineralquelle entdeckt, deren Reichhaltigkeit an dieser Substanz eine jede andere derartige Quelle in Deutschland übertreffen soll.

Die bemerkenswerthesten Dorfschaften, welche die zur dritten Görlitzer Diözes gehörige Parochie Rauscha mit fast 4000 Einwohnern und überhaupt die Bevölkerung der niederen Heide ausmachen, sind außer dem Hauptorte folgende:

Brandt (Rauscher, Görlitzer Brand), liegt westlich $1^3/_4$ Stunden von Rauscha entfernt, einsam in der Heide, ohne fließendes Wasser. Zu dem Hause für seinen Förster „an der Leipe" baute der Görlitzer Magistrat seit 1712 nach einem großen Waldbrande eine Schäferei für das Hammergut in Rauscha, welche jetzt aufgehoben ist, sowie einen im Betrieb stehenden Pechofen. Daneben siedelten sich einige Häusler an, welchen 1842 ein geordnetes Schulsystem mit einem neuen Schulhause zu Theil ward. In Gerichts- und Gemeinde-Angelegenheiten ist der Ort mit Rauscha verbunden

Schönberg, an der kleinen Tzschirne, mit 10 Häusern und 66 Einwohnern, besaß ehedem ein Eisenhüttenwerk, daher das kleine Dorf jetzt ein ungetheiltes Hammergut hat. Außerdem sind hier eine zinspflichtige Mahlmühle, eine Scholtisei, ein Bauergut und einige Häuslernahrungen. In der Nähe befindet sich eine Theerschwelerei.

Neuhammer, an der kleinen Tzschirne, mit 142 Häusern und ca. 1000 Einwohnern, hat eine der Grundherrschaft gehörige, im Jahr 1861 zum erstenmal verpachtete Brettmühle, eine Mahlmühle seit 1852, ein getheiltes Hammergut, eine Schule. Auf der Fläche des ehemaligen Holzhofes, welcher aus dem Dorfe in die Nähe der Eisenbahn verlegt ward, errichtete im Jahre 1860 Friedrich Schlobach und Schmidt, nachdem sie vom 1. Juli 1856 die Pechöfen zu Brandt und Stenker gepachtet und als chemische Produkten-Fabrik betrieben hatten, eine vollständig organisirte Pechhütte, mit Abtragung des Ofens zu Stenker und Beibehaltung des 1857 neugebauten Ofens zu Brandt und mit Benutzung des Kiens auf der ganzen Görlitzer Heide. Durch Pachtkontrakt ist sie bis 1884 gesichert. In großem Maßstabe betrieben, liefert sie 1) Pinaphin, 2) Kienöl in 3 Sorten, 3) Holzgeist, 4) Essigsäure, 5) essigsauren Kalk, schwarz, grau, weiß, 6) Holzessig, 7) holzsaures Eisen, 8) Pech, grünes, hartes für Brauer, mittleres für Schuhmacher, weiches für Seiler, 9) Kientheer, 10) Theeröl, 11) Holzkohle.

Stenker, unterhalb Rauscha, vereinigt mit Kirchstadt, an der kleinen Tzschirne, zählt ca. 600 Einwohner, enthält ein dismembrirtes Hammergut, eine herrschaftliche, 1853 umgebaute, neuerlichst verpachtete Brettmühle, eine Ziegelei, eine mit 150 Thlr. jährlich zinspflichtige Mahlmühle im untern Theile des Orts.

Diese nimmt die Stelle der Kapelle mit Kirchhof ein, welche vor Erbauung der Kirche zu Rauscha als Gotteshaus der Umgegend diente, aber später mit Erlaubniß des Meißner Bischofes abgebrochen wurde. Sie stand in Verbindung mit der Pfarrei Penzig. Noch steht zum Andenken an diese eine kleine Kapelle, 8 Ellen lang, 4 Ellen breit. Im Innern derselben befindet sich ein hölzernes Kruzifix und die Statuen des Johannes und der Maria.

Der Hängelberg, ein zur dasigen Scholtisei gehöriger Sandhügel, ist eine alte Begräbnißstätte, aus welcher 1729 mehrere Urnen und Thränenkrüge entnommen wurden, die sich in der Raths-Bibliothek zu Görlitz befinden.

Stenker heißt auf einem alten Gerichtssiegel Steinkirch.

Schnellförthel, Schnellfürthel, mit Wolkentartsche, dem niederen Theile des Dorfes, vereint, an der kleinen Tzschirne, mit 42 Häusern und 203 Einwohnern, zeigt auf einem Theile des ehemaligen Hammergutes das einzige noch bestehende Eisenhüttenwerk in der Görlitzer Heide.

Nach längerem Stillstande wurde es 1736 von Andreas von Meyer zu Knonow wieder in Aufnahme gebracht und blieb bis 1853 bei dessen Familie, zu welcher auch der unter den Gelehrten rühmlichst bekannte, um Wissenschaft und Kunst sich verdient gemachte Karl Andreas von Meyer zu Knonow gehört. Er wurde am 30. Oktober 1744 zu Schnellförthel geboren, besaß von 1762 bis 1782 die Herrschaft Rothenburg in der Lausitz und lebte nach dem Verkaufe derselben in Görlitz, wo er sich ganz den Wissenschaften widmete und woselbst er auch am 14. Januar 1785 verschieden ist. Ihm verdankt die oberlausitzer Gesellschaft der Wissenschaften seine Sammlung und Beschreibung aller lausitzer Fische. Seine Vögel-, Pflanzen- und Mineraliensammlung geben Zeugniß von seiner Vorliebe für die Naturwissenschaften. Das Belvedere auf der Landeskrone verdankt ihm seine Entstehung. Er erfand das Bogenklavier und baute ein Harmonikon, das seines Gleichen noch nicht hatte.

Das qu. Eisenhüttenwerk ging später an den Magistrat von Görlitz und mit Aufhebung der Holzkonvention vom 4. Oktober 1766 an andere Besitzer über.

Ehedem bestand zu Schnellförthel auch eine Glashütte.

Birkenlache, an der kleinen Tzschirne, mit welcher sich hier das Hinterwasser vereinigt, zählt 30 Häuser und 165 evangelische Einwohner. Der Ort bildet die nördliche Grenze der Görlitzer Heide resp. der preußischen Ober-Lausitz und ist das nördlichste Dorf des Görlitzer Kreises. Nur der westliche Theil des Ortes gehört zu den Besitzungen der Stadt Görlitz, der östliche, dem Flusse folgende, Theil gehört zur Herrschaft Halbau.

Neuhaus ist der einzige Ort an der großen Tschirne, welcher in kirchlicher Hinsicht sich an Nauscha anschließt. Der neue Hof daselbst, am linken Ufer des Flusses, ein von der Herzogin Anna von Schweidnitz 1366 neuerbautes Schloß, wurde 1368 nebst dem dabei gelegenen Flecken (der Sage nach soll es ein Städtchen gewesen sein) und 2 Eisenhammerwerken von den Görlitzern mit Hilfe der Sechsstädte zerstört, weil sie dadurch, daß die alte von Priebus über Neuhaus nach Schlesien und Polen führende Zollstraße durch Erbauung der Burg nun sicherer befahren werden konnte, an ihren Zolleinkünften verloren. Sie fielen darüber beim Kaiser in Ungnade, mußten eine große Geldbuße zahlen, der Herzogin Anna von Schweidnitz, Besitzerin des damaligen Priebusser Kreises, Abbitte thun und ihr einen Revers geben, daß sie nie mehr eine Straße hindern wollten, die in ihr Land ginge. Die östliche Hälfte des Dorfes am rechten Flußufer gehört zum Herzogthum Sagan. Hier ist auch das Schulhaus.

c) Das Kirchspiel Tiefenfurth.

Mitten in der Heide, im Osten und Südosten von der herrschaftlich Wehrauer, im Westen und Südwesten von der Görlitzer Kommunalheide umschlossen und im Norden von der Herzoglich Saganer Heide begrenzt, liegt von Süden nach Norden, 3½ Stunde lang, an beiden Ufern der großen Tzschirne sich hinziehend, die Kirchfahrt Tiefenfurth, zu welcher von Süden nach Norden die Dörfer Mühlbock, Tiefenfurth, Schnellenfurth und Heiligensee gehören. Im Osten, Süden und Westen sind die angrenzenden Heiden überall eine Meile breit, so daß alle in diesen Richtungen liegende Ortschaften 2—3 Stunden entfernt sind. Nur im Norden stößt Heiligensee an das Dorf Neuhaus. Da der Tzschirnefluß die Grenze zwischen dem Görlitzer und Bunzlauer, später (im Norden) auch die Grenze zwischen dem Görlitzer und Saganer Kreis bildet, so wird jede der erstgenannten drei Ortschaften durch die Tzschirne in je zwei Gemeinden getrennt, deren eine in den Görlitzer (westlich), die andere (östlich) in den Bunzlauer Kreis gehört; das Dorf Heiligensee aber zerfällt in 3 Gemeinden, indem der eine Antheil im Westen des Tschirneflusses in den Görlitzer, der andere Theil im Osten des Tschirneflusses in den Bunzlauer und der nördlichste Theil in den Saganer Kreis gehört. Mithin besteht die ganze Kirchfahrt Tiefenfurth zwar nur aus 4 Dörfern, aber aus 9 Gemeinden.

Tiefenfurth, an der großen Tzschirne, aus den beiden Gemeinden Tiefenfurth, Wehrauer Antheils oder Bunzlauer Kreises, und Tiefenfurth, Görlitzer Antheils und Kreises bestehend, hat im Bunzlauer Theile 114 Wohnhäuser und 819 Einwohner, worunter 2 Katholiken und 4 Israeliten sind, im Ganzen aber 1050 Seelen. Kirche, Pfarre und Schule liegen im Wehrauer Antheile, Bunzlauer Kreises. — Patron ist der Graf zu Solms-Tecklenburg auf Klitschdorf, als Besitzer der Herrschaft Wehrau. Zu Tiefenfurth, Bunzlauer Kreises, gehört das ½ Stunde von der Kirche entfernte Vorwerk Weißvorwerk, das ¾ Stunden entfernte Forsthaus Hoßnitzbrand, das 1 Stunde entfernte Forsthaus Marienhaus mit 2 gräflichen Jagdschlössern, Waldhäuser genannt, und einem Pechofen, endlich auch die Kolonie Pechofen in der Nähe von Heiligensee und 1¼ Stunde von Tiefenfurth entfernt. Tiefenfurth (Bunzlauer Kreises) hat 1 Königliche Postexpedition, 1 Brauerei, 1 Pechofen, 1 Mühle, 2 Steingutfabriken, 3 Förstereien, 1 Vorwerk, 1 Scholtisei, 6 Bauergüter, 6 Gärtnerstellen, 36 beäckerte Häuslerstellen und 42 Kleinhäuslerstellen. Die alte Steingutfabrik ist im Jahr 1808, den 28. Januar, auf der ehemaligen Töpferei, Hausnumer 57, allhier von Herrn Friedrich Nikolai Matthiessen aus Rendsburg an der Eider begründet worden und enthält jetzt auf einem Areal von 86 Morgen 1 Wohnhaus, 3 Fabrikgebäude, 1 Kesselhaus für eine Dampfmaschine von 8 Pferdekraft, 2 Wirthschaftsgebäude und 6 Remisen und Schoppen. Besitzer ist Reinhold Matthiessen, welcher über 100 Fabrikarbeiter (Dreher und Former), Lehrlinge und Arbeiter beschäftigt.

Die neue Steingutfabrik ist im Jahre 1832, den 2. April, von Christian Matthiessen, einem Sohne des Begründers der alten Fabrik, angelegt worden. Sie enthält auf einem Areal von 68 Morgen 1 Wohnhaus, 2 Fabrikgebäude, 1 Wirthschaftsgebäude, 2 Remisen und Schoppen; 80 Fabrikarbeiter finden in ihr Beschäftigung. Die Fabrikate werden besonders nach Schlesien, Posen und Polen abgesetzt. Die Thonmasse wird meist aus den Kunzendorfer

Thonlagern entnommen, doch wird auch Hallescher Thon, Kreide von der Insel Rügen und Spath aus Schweden verarbeitet.

In Tiefenfurth, Görlitzer Antheils, ist auf dem ehemaligen, jetzt dismembrirten Vorwerke im Jahre 1849, den 3. Oct., von Herrn Karl Rädisch eine Porzellan-Malerei begründet worden, in welcher besonders Goldmalerei betrieben wird und 50 Personen z. Z. Arbeit finden. Auf einem Areal von 25 Morgen gehört zu derselben ein Wohnhaus, 1 darangebautes Brennhaus, 1 Wirthschaftsgebäude und 1 Remise.

Sehr anmuthig liegt in Tiefenfurth (Görlitzer Kr.), ¼ Stunde von der Kirche entfernt, auf einer kleinen Erhebung, der Steinberg genannt, die Försterei, im Jahr 1826 vom Görlitzer Magistrat erbaut, mit einem 40 Fuß tiefen, in Felsen gehauenen Wasserbrunnen.

Torfgräbereien, den Einwohnern gehörig, gibt es in hiesiger Gegend viele, obschon keine sehr bedeutend ist. Die Heidebesitzer benutzen ihre großen Torflager noch nicht, um die Holzpreise nicht zu drücken. Teiche gab es allhier in früherer Zeit sehr viele, jetzt sind sie meist alle trocken gelegt und nur die Namen der Grundstücke erinnern noch an ihr früheres Vorhandensein. Die Bewohner beschäftigen sich außer dem Landbau, welcher wenig einträglich ist, da der Boden entweder dürrer Heidesand oder nasser kalter Moorgrund ist, mit Holzfällen, Stöckeroden in der Heide, viele finden in den Fabriken dauernde Beschäftigung, die übrigen nähren sich durch Wurzelflechten, indem sie Schwingen, Feuereimer, Brot- oder Backschüsseln u. dgl. m. aus Wurzeln flechten und dieselben hausirend bis Breslau, Ober- und Nieder-Schlesien, die Lausitz und Sachsen schaffen und verkaufen. Durch Drainirung der Felder und Wiesenberieselung sucht man in neuerer Zeit den Ertrag der Ländereien zu steigern. — Braunkohlenlager gibt es allhier nicht, ebensowenig Ziegeleien, obwohl Lehm genug vorhanden ist; er enthält aber durchweg zu viel Kalktheile und daher brennt er sich nicht fest. Bienenzucht wird mit Erfolg und auch nach der Dzierzon'schen Methode betrieben; mit Seidenbau sind einige Versuche gemacht worden.

Das Alter und der erste Anbau von Tiefenfurth ist leider hier nicht bekannt. Die Nachrichten im Schöppenbuche reichen blos bis zum Jahre 1564 und in den Kirchenbüchern blos bis zum Jahr 1637. Der Name Tiefenfurth rührt her von einem tiefen Furthe durch den Tschirnfluß, der sich in der Gegend des alten Hammerwerks, bei der sogenannten Görlitzer Brücke befand und den die Fuhrwerke, welche die früher hier befindlichen Eisenhämmer und Pechhütten besuchten, passiren mußten.

Die Kirche, schon im 12. Jahrhundert vorhanden, hat wahrscheinlich vor der Reformation zu der in Nauscha gehört; für ihr hohes Alter spricht die auf ihrem isolirt stehenden hölzernen Glockenthurme befindliche kleine Glocke, welche die Jahreszahl MCCCCLXXXXVIII., also 1498 trägt. 1530 wurde die Kirche evangelisch. 1798 wurde sie um 36 Fuß in der Länge vergrößert und im Innern neu ausgebaut.

Die Pest muß in früheren Zeiten auch allhier gewüthet haben, denn es gibt noch hier einen, wenn gleich nicht mehr vollständig vorhandenen, Weg über die Felder, welcher der Pestweg genannt wird.

In Tiefenfurth, Bunzlauer Kr., befindet sich die evangelische Schule mit 2 Lehrern; Schnellenfurth (Bunzlauer und Görlitzer Kr.) ist dahin eingeschult.

Es herrscht hier ein frisches, geistig regsames Leben, freilich mehr oder weniger bedingt von dem mehr oder weniger guten Geschäftsgange der hiesigen Fabriken. Es besteht allhier seit 1851 auch ein Gesangverein, unter der wackern Leitung des Kantors Dienel; der qu. Verein zählte außer den Chorschülern 40 Männer und 10 Jungfrauen. Besonders gemüthlich ist das gesellschaftliche Leben.

Oberhalb Tiefenfurth, an der großen Tzschirne, liegt

Mühlbock, welches wie Tiefenfurth aus 2 Gemeinden besteht und theils zum Bunzlauer, theils zum Görlitzer Kreise gehört. Es zählt 103 Privat-Wohnhäuser und 541 Einwohner im Bunzlauer Kreisantheile und 40 Häuser mit 251 Seelen im Görlitzer Kreistheile und hat seinen Namen von dem sorbenwendischen Gotte Mohaly bog oder Mülebog, der vor 1000 Jahren der Sage nach auf der Besitzung des Häusler Menzel zu Mühlbock, Görlitzer Kr., einen Tempel hatte. Zu Mühlbock befinden sich 2 Förstereien, 1 Schule und 2 Mühlen.

Unterhalb Tiefenfurth, an der großen Tzschirne, liegt der kleine Ort

Schnellenfurth oder Schnellfurth mit 2 Gemeinden, von denen die eine in den Görlitzer, die andere zum Bunzlauer Kreise gehört; in jenem Antheile befinden sich 19 Häuser und 100 Einwohner, zu diesem gehören 30 Häuser und 189 evangelische Einwohner. Seinen Namen hat es von dem Furth durch den Tzschirnfluß, welcher in der Gegend des früher Schnellfurther Hammergutes ziemlich rasch fließt. Schnellfurth war einst Uebergangspunkt für die alte berüchtigte Zollstraße zwischen der Ober-Lausitz und Schlesien für die Fuhren, welche Sachsen und Thüringen nicht berührten; desgleichen für die ehemals viel benutzte Straße auf die Hämmer.

Nördlich von Schnellfurth liegt

Heiligensee, an der großen Tzschirne, das aus 3 Theilen oder 3 Gemeinden besteht. Der westlich von der Tzschirne gelegene Theil gehört zum Görlitzer Kreise und zählt 210 Einwohner, der östlich von der Tzschirne gelegene Theil gehört theils zum Herzogthum Sagan, theils zur Herrschaft Wehrau. Im Bunzlauer Kreistheile befinden sich 1 Schule, 28 Privat-Wohnhäuser und 224 evangelische Einwohner, 1 Försterei, 1 Hammergut, 1 Mahl- und 1 Brettmühle; im Saganer Kreis-Antheile sind 200 Einwohner und 1 Herzoglich Sagan'sche Försterei.

Heiligensee hat seinen Namen von einem großen See, welcher sich östlich von Heiligensee und Schnellenfurth (Bunzlauer Kr.) über große Waldstrecken ausbreitete, von welchem die gleichfalls jetzt trocken gelegten Teiche, der große und kleine Röhrteich und das Schnellfurther Bruch noch Ueberreste sind, und der sogenannte Lache-Busch auf das frühere Vorhandensein desselben hindeuten, denn eine Lache bedeutet eine große Pfütze Wasser. Die Einwohner nähren sich vom Landbaue, Andere finden Verdienst in der Heide nnd noch Andere nährt die Wurzelflechterei, worin es die damit sich Beschäftigten zu einer besonderen Fertigkeit gebracht haben.

Jedenfalls verdanken die genannten Ortschaften in der Parochie Tiefenfurth ihren Ursprung der Anlegung von Eisenhüttenwerken, deren es in jeder Ortschaft eine gegeben hat. Im Jahr 1564 bestanden die Hammerwerke zu Tiefenfurth und Mühlbock noch, 1686 aber war ersteres schon außer Betrieb. Länger haben die in Schnellenfurth und Heiligensee bestanden; ersteres ist 1720, letzteres 1736 außer Betrieb gesetzt worden, worauf 1742 eine Brettmühle angelegt worden ist. Zu welcher Zeit das Mühlbocker Hammerwerk außer Betrieb gekommen, ist nicht bekannt. Das alte Hammerhaus daselbst ist erst in den Zwanziger Jahren dieses Jahrhunderts weggerissen und an dessen Stelle zuerst eine Lohmühle, dann aber eine Mahlmühle erbaut worden.

II. Der Laubaner Kreis.

Er grenzt O. an den Löwenberger, N. an den Bunzlauer, W. an den Görlitzer Kreis und S. an Böhmen. Seine längste Ausdehnung ist von S. nach N. Da er die Vorberge des Iser- und Lausitzer Gebirges enthält, so ist er gebirgiger, als die übrigen Kreise der Lausitz. In ihm liegt der höchste Berg des Iser-Gebirges, die Tafelfichte (3372 Fuß) mit dem anstoßenden Dreßlerberge (2400 Fuß). Andere ansehnliche Berge sind der Klingenberg, Wachberg, Knappberg, Urberg, Spitzberg und Nonnenberg im Laubaner Hochwalde. Der Queiß und das Rothwasser sind die beträchtlichsten Flüsse; jener gehört in's Bober-, dieser in's Neiße-Flußgebiet. — Der Boden ist fast durchgängig gut und eignet sich zum Anbau jeglicher Getreideart, wie zum Flachsbau. Die bedeutendsten Waldungen sind der Messersdorfer, Laubaner, Schönbrunner und Nieder-Lindaer Wald. Torfstiche und Braunkohlenlager machen den Mangel an Holz weniger fühlbar. Das Vieh ist von kräftigem Schlage, da es an kräuterreichen Wiesen und frischem Wasser nicht mangelt. Die Schafzucht ist auch im Laubaner Kreise in Abnahme. Hauptbeschäftigung der Landbewohner sind Ackerbau, Leinwand- und Kattunweberei; am stärksten wird selbige im südlichsten Theile des Kreises betrieben. Die Garnspinnerei ist in den Dörfern Pfaffendorf, Schreibersdorf, Hennersdorf, Wünschendorf und Haugsdorf zu Hause.

Die Zahl der Einwohner belief sich im oberlausitzer Kreis-Antheile bei der letzten, im Jahre 1858 vorgenommenen Volkszählung auf 54,848, worunter 5065 Katholiken. Diese leben in 4 Städten, 51 Hauptortschaften und 37 Pertinenzörtern. Die größte Stadt des Kreises ist Lauban; das größte Dorf ist Geibsdorf mit 432 Wohngebäuden und 2525 Einwohnern. Das nächstgrößte Dorf ist Hennersdorf mit 579 Wohnhäusern und 2245 Einwohnern. Die Zahl der Privatwohngebäude beläuft sich auf 10,095, die der Fabrikgebäude, Mühlen rc. auf 254, die der Ställe, Scheunen und Schoppen auf 3981. Die Zahl der Rittergüter beläuft sich auf 50.

Städte.

Lauban, eine Königliche Kreisstadt am linken Ufer des Queißes und am alten Lauban, bis 1815 die 4. Sechsstadt der Ober-Lausitz, von Görlitz S.-O. 3 Meilen, von Liegnitz 9 Meilen, von Breslau 17 Meilen entfernt, 577 Fuß über der Meeresfläche, ist noch mit Mauern, Gräben, Thürmen, Basteien, sowie 4 Vorstädten umgeben. Lauban hat 780 Privat-Wohngebäude, meist massiv, 30 öffentliche Gebäude, 6603 Einwohner, worunter 684 Katholiken. Civil-Behörden sind: 1 Königl. Landrath-Amt, 1 Königl. Kreis-Gericht, 1 Königl. Kreis-Steuer-Amt, 1 Königl. Steuer-Amt, 1 Königl. Post-Amt und 1 Königl. Salzfaktorei. Die Evangelischen haben 2 Kirchen; die Katholiken benutzten seither die Klosterkapelle zum Gottesdienste, werden sich aber bald einer eignen neuen schönen Kirche erfreuen, die ihrer Vollendung entgegen geht. Im städtischen Waisenhause befindet sich eine Kapelle zur Abhaltung von Andachtsübungen für die Waisen, wie für Erwachsene; auch werden Leichenpredigten darin abgehalten. Die schöne Kreuzkirche hat ein Tonnengewölbe und wird demnach die kühne Wölbung von keinem Pfeiler getragen. Die Frauenkirche ist für die Stadt hauptsächlich Begräbniß-, für die schlesische Gemeinde Berthelsdorf, welcher im 30jährigen Kriege ihre Kirche genommen ward, Pfarrkirche. Der letzte 1654 vertriebene Pastor von Berthelsdorf, Namens Krause, wurde hier als Pastor angestellt. Die Kirche zur heiligen Dreifaltigkeit, einst Simultan- und für die Evangelischen Pfarrkirche, brannte 1760 den 14. Juli mit ab und steht noch als Ruine da. Der wohlerhaltene Thurm hat ein ausgezeichnetes Geläute und gewiß das schönste und beste in der Ober-Lausitz. — Das Nonnenkloster zu Maria Magdalena der Büßerin, dessen Nonnen sich der unentgeldlichen Krankenpflege widmen, wurde vom Herzog Heinrich I. von Jauer 1320 gestiftet. Ihm gehören 6, meist große Dörfer, als Hennersdorf, Günthersdorf, Haugsdorf, Wünschendorf, Pfaffendorf und Kerzdorf. Die Kreiskranken-Anstalt ist für die Kranken des platten Landes eingerichtet. Lehranstalten sind: 1 städtisches Gymnasium, die Waisenhausschule mit 6 Klassen, 1 katholische Schule, 1 evangel. Schule in Alt-Lauban mit 2 Lehrern. Im Waisenhause befinden sich die 1569 von dem vielfach sich verdient gemachten Past. Prim. Sigismund Schwabe gegründete Stadtbibliothek mit mehr als 4000 Bänden, nebst Naturalien-, Kunst- und Münz-Kabinet. Unter den Naturalien befinden sich auch Queißperlen von diverser Größe. Lauban hat eine Menge Bleichen, unter ihnen auch eine Fix- oder chemische Bleiche, Tuch-, Kattun- und Leinwand-Fabrikation, 1 Tuchappretur, 1 Leinwand-Dampfmangel, 2 Buchdruckereien, 1 lithographische Anstalt, 2 Buchhandlungen, 2 geschickte Instrumentenbauer, deren Flügel-Instrumente sich guten Absatzes erfreuen. Die Thonwaarenfabrik des Maurermeister Augustin liefert diverse Ornamente zu Kunstbauten und geschätzte Drainröhren. Der Ort hat noch mehrere Grosso-Handlungen, die in leinenen Waaren Geschäfte machen, mehrere Färbereien, Sattler und Wagenbauer. Tuchmacherei und Weberei waren noch zu Anfange dieses Jahrhunderts Hauptnahrungszweige, 1801 gab es 32 Tuchmachermeister und 18 Gesellen. In den Jahren 1793—96 wurden 6555 Stücke Tuch, 1801 nur 1127 dergleichen verfertigt. 1801 wurden in der Stadt selbst 2700 Schock oder Webeleinwand, 43,406 Dutzend Tücher aller Art und 53 Schock Zwilligte gefertigt. Ohne den inländischen Absatz in Anschlag zu bringen, betrug die Ausfuhr im Jahr 1771 1½ Millionen Thaler. Im Jahr 1794 sind über 16,600 Schock und Weben und 47,000 Dutzend Tücher ausgeführt worden. Im Jahr 1840 wurden noch 2589¾ Centner leinene Waare ausgeführt. 1801 gab es in Lauban 21 Züchnermeister mit 500 Gesellen. Im 18. Jahrhunderte wurde der Röthebau in mehreren Stadtgärten getrieben, daher das Sprichwort: „Bierbrauen und Röthen, hilft Lauban aus Nöthen". Die Stadtbrauerei liefert ein wohlschmeckendes Bitterbier. Am Mittwoch ist Wochenmarkt. Ein Lieblingsort der Laubaner ist der Steinberg im S.-W. der Stadt mit einer Tabagie. Von ihm genießt man eine reizende Aussicht in's Queißthal, wie nach dem Iser- und Riesengebirge und in die Gegend von Görlitz. Eine Birken-Allee führt von der Stadt aus nach dem Steinberge.

Die Erbauung Lauban's fällt in das Jahr 900. Um diese Zeit war hier undurchdringlicher Wald und der Name Lauban soll so viel heißen: als „Straße durch den Wald". Die erste Anlage soll das Dorf Alt-Lauban, jetzt Vorstadt, gewesen sein. Später wurde hier eine Burg erbaut und somit der Anfang zur Stadt gelegt. 1188 wurde sie von Boleslaus altus zur Stadt erhoben. 1344 kam der falsche Waldemar mit vielem Volk vor Lauban und forderte die Stadt zur Uebergabe auf, was sie aber verweigerte; zum Zeugniß ihrer Treue verlieh Herzog Heinrich von Jauer dem Stadtwappen die kreuzweise liegenden Schlüssel. 1415 ließ der Magistrat einen Priester, welcher in Liegnitz einen Kirchendiebstahl verübt haben sollte und sich in Lauban eingeschlichen hatte, an den Galgen hängen. Dafür ward die Stadt (bis 1418) vom Bischof zu Meißen, Johann IV., in den Bann gethan; es wurde also der öffentliche Gottesdienst eingestellt, keine Glocke geläutet, kein Sakrament ausgetheilt, keine Ehe eingesegnet, kein Todter in geweihte Erde begraben. 1427, 15. Mai, wurden die Hussiten Meister der Stadt, deren Einwohner sich sehr tapfer unter Anführung ihres braven Bürgermeisters Konrad Zeidler auf dem Kapellenberge vertheidigten; erst nachdem dieser auf dem Kampfplatze fiel, bemächtigten sich ihrer die Unholde und tauchten die Stadt in Blut und Flammen. Die Priester, Lehrer und Schüler, auch wer sonst noch konnte, flüchteten sich in die Kirche; hierin wurde von den Hussiten aber ein so großes Blutbad angerichtet, daß das Blut zu den Thüren herausfloß. Nur ein Schüler Andreas Kraker, der unter des Kantors Mantel gekrochen und sich für todt stellte, soll von den in die Kirche Geflüchteten am Leben geblieben sein. Der Pfarrer, der das Volk von der Kirche herab tröstete, wurde von 4 Pferden zerrissen, der Kantor wurde vor dem Altar geköpft; Kirche, Markt und Gassen lagen voller Todten; Rathhaus und Kloster wurden von den Hussiten angezündet, worauf sich die noch übrig gebliebenen Nonnen nach Görlitz flüchteten und 10 Jahr dort verweilten. Zum Abschiede ermordeten die Hussiten noch 500 Bauern aus der Umgegend im Nonnenwalde, die der bedrängten Stadt zu Hilfe gekommen waren. Den Brüderhof und Brüderthurm konnten sie diesmal nicht erobern.

Am 14. März 1431 erschienen die Hussiten wieder, zerstörten das Minoritenkloster, ermordeten die Bettelmönche, auch Viele vom Adel-, Bürger- und Bauernstande, die hier Schutz suchten. Den Guardian des Klosters ermordeten sie vor dem Hochaltare; sie eroberten nach vieler Anstrengung den Brüderthurm, in welchem die bis dahin in Sicherheit gebrachten Kostbarkeiten der Kirchen und der Vornehmen in ihre Hände fielen. Bernhard von Uechtritz auf Steinkirch, welcher ihn besetzt hielt, mußte sich, nachdem die Hussiten denselben an 2 Stellen unterminirt und Pulver, Pech, Stroh, Holz 2c. hineingesteckt und angezündet hatten, mit der Besatzung, um nicht im Qualme zu ersticken, am 19. März ergeben. Am 20. März zogen die Unholde ab, ersäuften den Diakonus Reichel im Queiße, den Ritter Bernhard von Uechtritz nahmen sie aber mit einem Theile der Bürgerschaft als Gefangenen mit nach Böhmen; unterwegs soll derselbe gestorben sein. Lange blieb die Stadt halb verödet. 1464 Pest. Um diese Zeit nahm König Georg vom Podiebrad der Stadt die Ober-Gerichtsbarkeit. 1469 den 7. Sept. brandschatzte sie sein Sohn, Herzog Heinrich von Münsterberg, und schoß mit feurigen Pfeilen in sie hinein. Die Stadt war ihm aber überlegen, darum ergriff er die Flucht. 1484 bekam man um ein Ei einen Eimer Meißner Wein. 1487, 13. Mai, brannte durch boshafte Anlegung einer Frau ganz Lauban bis auf einen Schweinstall ab. Die Bürger wollten auswandern; doch blieben sie da, als König Matthias von Ungarn die Abgaben auf 20 Jahre erließ. 1525 am

Osterfeste Einführung der Reformation durch den Pfarrer Georg Heu, der aber, wie sein Nachfolger, wegen zu großen Eifers hierbei, aus Lauban vertrieben wurde. 1530 Wohlstand; das hier gebraute Bier wurde bis Breslau versendet. 1541 ertheilte Kaiser Ferdinand I. Lauban einen Begnadigungsbrief, mit rothem Wachse siegeln zu dürfen. 1547 verlor Lauban im Pönfalle seine 10 Dörfer; erhielt 1549 nur Geibsdorf zurück und mußte 10,000 Gulden Strafe zahlen. 1553 entstand die Pest, durch 13 Jahre lang verschlossen gewesene inficirte Kleider, die eine Frau sonnen ließ. Der größte Theil der Bürgerschaft floh auf's Land. Das Mönchskloster starb bis auf 2 Mönche aus. Die Anzahl der an der Pest Gestorbenen vom 9. Juni bis 20. Dez. betrug 2,200 Personen. Während dieser Zeit war der Markt dermaßen mit Gras bewachsen, daß es gemäht werden konnte. 1554 den 12. April brannte Lauban bis auf einige Häuser ab; es kam in der Malzdörre aus. 6 Menschen verbrannten, ihrer 4 erstickten in Kellern. Der Mordbrenner wurde zu Winzig lebendig verbrannt. 1559 wurde eine Kindesmörderin aus Waldau zu Lauban zur Strafe lebendig begraben. 1559 große Queißfluth. 1590, den 26. Okt., wurden 2 Vatermörder auf allen Stadtvierteln mit glühenden Zangen gerissen und nachher von unten herauf gerädert. 1613 im Juni starben 537 Menschen an der Pest. 1628, den 7. Juni, kam Wallenstein mit großem Gefolge und 850 Pferden nach Lauban. 1632 Einnahme der Stadt durch die Kaiserlichen. 1634 brannten die Kaiserlichen die Vorstädte nieder. 1637 den 18. Okt. Huldigung des Churfürsten Johann Georg von Sachsen. 1640 ließ der schwedische General Wanke die Befestigungswerke abtragen und die Bürger entwaffnen. 1641 mußte sich die Stadt dem schwedischen Kapitän Abel ergeben; bei Annäherung der Sachsen ließ dieser 104 Häuser niederbrennen. 1643 bemächtigten sich die Sachsen der Stadt. 1659 brannten $^4/_5$ der Stadt ab. Die Mordbrenner Wampe George und Schramhans wurden 2 Jahre später als solche entdeckt, mit glühenden Zangen gerissen, geradebrecht und verbrannt. 1670, den 27. Sept. Abends, brannte Lauban durch Bosheit des Fleischer Scheler bis auf 2 Häuser ab; selbiger wollte, daß seine kranke Frau verbrenne. 1690 den 4. Dez. so heftiges Erdbeben, daß die Seigerglocken anschlugen. Von 1688 ab wirkte in Lauban als Conrektor und Rektor M. G. Hoffmann, als Liederdichter bekannt. Eben so lebte und starb hier als Past. Prim. 1707 der Liederdichter M. Gottfr. Edelmann, 1660 in Markliſſa geboren. 1696 brannten 152 Häuser ab. 1707 hielt Karl XII., König von Schweden, Rasttag. Während seines 3tägigen Aufenthaltes hierselbst wurden hier die Ratifikationen der Altranstädter Konvention ausgewechselt. 1757 besetzten Lauban die Preußen; 1758 schwere Kontributionen an Preußen und Oesterreicher. 1760, 14. Juni, brannte Lauban durch Verwahrlosung ganz ab (433 Häuser, 14 Scheunen), 15 Personen kamen in den Flammen um. 1761, 10 Mai, nahm Friedrich der Große die Stadt in Augenschein und nahm sein Quartier in Thiemendorf, woselbst 60,000 seiner Truppen bivouakirten, bei einem ganz armen Manne. Die Stadt, größtentheils noch in Asche liegend, mußte ihm 6000 Thlr. Kontribution zahlen und es für Königliche Gnade und Mitleid ansehen, daß nicht mehr verlangt werde. 1762 mußte Lauban abermals und zwar diesmal 80,000 Thlr., 1763 aber 60,000 Thlr. Kontribution an die Preußen erlegen. Der Krieg zwischen Preußen und Sachsen kostete der Stadt Lauban mehr denn 422,000 Thlr.

Am 16. Juli 1803 schwoll der Queiß zu einer solchen Höhe an, daß der Wasserstand um 3/4 Ellen höher war, als am 4. Juli 1760. 1804 den 14. Juni noch höhere Queißfluth. 1805 große Theuerung; 1 Scheffel Korn galt 16 Thlr.; ein Viergroschenbrot wog 1 Pfund 24 Loth. Im Februar 1807 mußte Lauban dem Kaiser Napoleon eine Kontribution von 19,400 Thlrn. schaffen. Vom 20. März bis zum 25. April 1812 gingen auf ihrem Marsche nach Rußland 30,000 Mann Baiern, dann 50,000 Mann Italiener hier durch. 1813 grassirte das Nervenfieber, durch erkrankte Soldaten eingebracht. Am 20. August reiste Napoleon durch Lauban nach Löwenberg. Am 29. und 30. August retirirten die Franzosen nach der Katzbachschlacht durch Lauban und verbrannten die Queißbrücken. Am 5. und 6. Sept. Durchmarsch der Russen und 14,000 Thlr. Kontribution an selbige.

Am 3. August 1815 Huldigung Sr. Majestät Friedrich Wilhelm III. von Preußen. 1829 Einführung der Städteordnung. 1838 Einführung der Straßen-Beleuchtung. 1840 den 15. Okt., dem Tage der feierlichen Huldigung Sr. Majestät Friedrich Wilhelm IV., wurden 200 Thlr. von den städtischen Behörden zu einer Stiftung für verarmte rechtliche Bürger ausgesetzt. Am 15. August 1840 hatte Lauban die hohe Freude, eines Besuches Sr. Majestät des Königs Friedrich Wilhelm IV. gewürdigt zu werden. 1844 Errichtung der Kreis-Weber-Faktorei. 1845 Staffirung der schönen Kreuzkirche. Am 3. Juni 1860 wurde von sämmtlichen Gesang-Vereinen des Queißthales (16), zum Besten der hilfsbedürftigen Veteranen, auf dem Steinberge ein Sängertag abgehalten, dem Tausende von Menschen von nah und fern beiwohnten. Das nahe Kerzdorf am Queiß stößt südlich an Lauban an, gehört dem Kloster zu Lauban, hat 1 Kloster-Vorwerk und 1 Dauermehl-Mühle. Aus Kerzdorf ist der in Australien in Wirksamkeit sich befindende Missionar Schleicher.

Marklissa, von Lauban S. 1 Meile, am linken Ufer des Queißes, an der Schwerta und Baderbach, früher Leisna, Lissaw, Lisse, Lissa (d. h. an einem bewaldeten Berge gelegen), in reizender Gegend und in einem Gabelthale gelegen, seit 1630, als in welchem Jahre die Lausitz von Böhmen an Sachsen kam, Marklissa (Grenzlissa) genannt. Der Queiß, worüber hier seit 1859 eine neue hölzerne Brücke führt, trennt es vom nahen Beerberge. Marklissa hat 279 Privat-Wohngebäude, 2087 Einwohner, worunter 118 Katholiken. Die Häuser, meist hölzern, bilden theilweise noch Läuben. Auf dem Ringe steht ein bethürmtes Rathhaus mit Stundenuhr. Vor dem ehemaligen Queißthore befinden sich die sogenannten neuen Häuser, von böhmischen Exulanten erbaut. Vor dem Oberthore ist die Neustadt, meist auf ehemaligem Territorio zweier Bauergüter in Schadewalde. Vor dem ehemaligen Schwertthore liegt der Strohhof, von einem, im 30jährigen Kriege noch vorhandenen Schadewalder Bauergute den Namen habend. Die evangelische Kirche, renovirt im Jahr 1854, steht an der Grenze mit Schadewalde-Altstadt; 3 Geistliche fungiren an ihr. Seit 1857 besitzt die Stadt ein aus der Kämmerei-Kasse für 5680 Thlr. erbautes, massives Schulgebäude in der Stadt. Vor dem Schwertthore, auf einem Berge, befindet sich die geschmackvolle katholische Kirche ad S. Johannem mit Schule, 1852 und 1853 im Rohbaustiele erbaut. Am 18. Juni 1854 empfing die Kirche die Weihe vom Fürstbischof Heinrich. Marklissa hat ein Königliches Steuer-Amt, 1 Post-Expedition, 1 Hospital, 5 geschickte Wagenbauer und mehrere Töpfereien, welche gesuchte Töpfe und Oefen fabriziren. An Stelle der Tuch- und Leinweberei, die hier in frühern Zeiten sehr lebhaft betrieben wurde, ist die Kattunweberei getreten. Die Kammgarn-Spinn- und Weberei, seit 1856 durch Herrn S. Woller in's Leben gerufen, sowie die Kattunfabrik des Hauses Nauen und Löwe, zu Beerberg im Queißthale, 1840 errichtet, beschäftigen nahe an 1000 Arbeiter. Der frühere lebhafte Linnenhandel hat ganz aufgehört. In der Nähe der Stadt erheben sich der Knappberg, Zangenberg, der Taubenberg und der romantische Adlerstein mit schönen Fernsichten. Am Taubenberge befindet sich auf dem Bauergute No. 94. zu Schadewalde der Röhrbrunnen, der die Stadt mit vortrefflichem Trinkwasser versorgt.

Die Stadt ist sehr alt. Ihren Namen verdankt sie jedenfalls der 1431 von den Hussiten zerstörten Burg Leßna auf dem Zangenberge*). Aufgefundenes Grund-Mauerwerk, alte Pfeile, Messer, Hufeisen, alte Leichensteine an der Kirche zu Marklissa zu Ehren der Herren von Uechtritz, so wie die Namen: „Weinkeller, Burgholz, Burghäuser, Burgmühle“ erinnern noch an das einstige Vorhandensein jener Burg. — Es ist bekannt, daß im 10. und 11. Jahrhunderte Heinrich I. und die nachfolgenden sächsischen Kaiser in der Lausitz zur Befestigung ihrer Gewalt und zur Beschützung der christlichen Religion unter den Sorbenwenden gewisse Castra oder Burgen angelegt haben, besonders wurden sehr viele gegen Böhmen zu errichtet. Eine solche Burg war nun auch Lesna, wie aus dem Theilungs-Dokumente der Ober-Lausitz vom Jahr 1267 erhellt. Die Burg wurde auch Lesin genannt. In einer geschichtlichen Nachricht heißt es: Anno 1389 lebte Dominus Johannes de Nüchterwitz (Uechtritz) zur Lesin und hat in eben dem Jahre sammt Gottschen Schoff (Schaffgotsch) mit den Sechsstädten einige Zwistigkeiten, weswegen diese um Galli einen Tag zu Löbau halten, um sich darüber zu berathschlagen. Von seiner Lage wurde es auch das Zangenberg-Schloß genannt. Es soll ein Raubschloß gewesen sein und mit den Schlössern Auersberg (Urberg) und Landskron in heimlicher Correspondenz (Feuerzeichen) gestanden haben. Noch lebt im Munde des Volkes die Burgsage vom großen Schatze im Zangenberge (Braupfanne voll Geld), welcher von einem schwarzen und weißen Hunde bewacht werde, und die Sage von der Zangenberg-Jungfer, die bisweilen bald in weißem, bald in schwarzem Habit, ein großes Gebund Schlüssel tragend, Vorübergehenden erscheine, gegen Verheißung des großen Schatzes um Erlösung anspreche oder ihre goldenen und silbernen Gefäße im nahen Schwertbache wasche und sie am Zangenberge trockne.

Zu diesem Castro hat vor Zeiten muthmaßlich die ganze Gegend am Queiß, der sogenannte Queißkreis, im Gau Zagost liegend, gehört. Obwol 10 Meilen von Bautzen und nur 3 Meilen von Görlitz entfernt, wurde der Queißkreis mit seinen Burgen später doch zum Bautzener Kreise geschlagen. Nachdem die Landesherren die Castra nicht mehr zur Befestigung ihrer Gewalt und Beschützung der christlichen Religion bedurften, so wurden sie und selbst diejenigen, die hinsichtlich der Jurisdiktion und Lehn unmittelbar unter den Landesherren standen (wie Lesna), zu den 2 Kreisämtern Bautzen und Görlitz gerechnet. Weil aber Lesna an der Grenze Schlesiens lag, das bis 1163 zu Polen gehörte, und daher die anliegenden Grenzörter der Ober-Lausitz gegen die Polen in Obacht zu halten war, so haben auch noch eine zeitlang

*) Leß heißt im Wendischen soviel als Wald; Lesna = Waldschloß.

auf dem Castro Lesna sich Capitanei befunden, denen die Grenzaufsicht und Beschützung anvertraut war.

Nachdem sich aber Schlesien von Polen trennte und in der Folge sich in böhmischen Schutz begab und mit der Lausitz einen und denselben Oberherrn hatte, so war von Polen für die Lausitz nichts mehr zu fürchten und es hörten also auch auf der Burg Lesna die Capitanei, Voigte oder wie die Burgherren sonst genannt werden mochten, auf und da vorher die Castro exempt waren und unmittelbar unter den Landesherren standen, so übergaben sie solche dem Landvoigte, der zu Bautzen wohnte, zur Jurisdiktion. Auf solche Weise erging es auch der Burg Lesna und kam mit seinem Kreise zum Amte Bautzen.

Von den geschichtlichen Vorfällen der Stadt Marklissa mag Folgendes Platz finden:

1247 gab der König Wenzel Ottokar von Böhmen die Burg Lesna dem Bischof von Meißen. 1431, 20. März, kamen die Hussiten hier an, verbrannten das sogenannte rothe Kirchel, zu welchem stark gewallfahrtet und worin alle 14 Tage von einem Pleban aus Lauban Gottesdienst gehalten wurde, zerstörten mehrere Leichensteine und nahmen viele Bürger als Gefangene mit. 1432, den 8. Juni, fiel ein Wolkenbruch; der Queiß, welcher damals in der Nähe des Oberhofes von Beerberg ein Knie machte und an der Berglehne herunterfloß, wühlte sich ein neues, das gegenwärtige Bette und riß 48 Häuser in der Altstadt weg; 1434 verzehrte eine Feuersbrunst den Rest der stehengebliebenen Häuser, worauf die Stadt höher hinauf gebaut wurde. 1529 führte Heinrich von Döbschütz die Reformation ein. Der in Schwerta vertriebene Pfarrer Matthäus Weise war erster Pastor an hiesiger Kirche. 1594, den 31. Dezember, brannten 15 Häuser ab. 1615 war so große Dürre, daß der Queiß fast ganz austrocknete. 1623, 9. Juni, wurden 2 Mordbrenner geköpft und auf's Rad geflochten. 1625 herrschte so strenge Kälte, daß die Wölfe bis in die Häuser kamen und vor Hunger Menschen und Thiere anfielen. 1632, den 2. Nov., langten 700 Mann Schweden hier an, erbrachen die Kirche und raubten Alles, was die Landleute hieher gebracht hatten und in Sicherheit glaubten. 1634 grassirte die Pest; die Einwohner flohen bis auf 5 Hausbesitzer. 1643, den 21. April, plünderten Schweden die Kirche und machten sie zum Pferdestalle. Die Bürger schlugen indeß die Schweden zurück. Der 30jährige Krieg hatte für die Stadt 60 Plünderungen durch Kaiserliche und Schweden zur Folge und kostete ihr 80,000 Thlr.

1647 wurde das Archi-Diakonat errichtet; 1652 wanderten 40 böhmische Exulantenfamilien in Marklissa ein und machten sich ansäßig. 1653 den 11. Okt. fand eine so große Ueberschwemmung durch den Queiß Statt, daß der Gottesdienst nicht abgehalten werden konnte. 1660 wurde hier der Liederdichter Gottfried Edelmann, nachmaliger Past. Prim. zu Lauban, geboren. Von ihm ist u. A. das Lied: „Gott, gib Frieden deinem Lande rc." 1662, den 10. per Trinitatis, wurde das erstemal die Abendglocke geläutet. 1677, den 6. Juli, wurde eine Kindesmörderin gesäckt, d. h. im Queiße ersäuft. 1685 wurde die Kirche erweitert. 1690, den 4. Dezember, Erdbeben von geringer Wirkung. 1698, den 12. Oktober Nachts, brannten 244 Wohnungen und 1702, den 26. Oktober, 24 Häuser auf der Kirchgasse, als Rest der Stadt, ingleichen Kirche, Pfarr-, Schul- und Küstergebäude ab. 1705, 22. Juni, kam der Mühlscher Gäßner in der Stadtmühle in's Kammrad und fand seinen Tod.

1706, den 6. September, passirte König Karl XII. von Schweden auf seinem Zuge nach Sachsen hier durch; Rath und Geistlichkeit baten ihn flehentlich, die arme Stadt verschonen zu wollen. 1711 wurde der Wiederaufbau der Kirche vollendet und das Diakonat gestiftet. Am 15. November gedachten Jahres wurde die Kirchgemeinde Beerberg auf ihren Wunsch als Gastgemeinde hier aufgenommen; 1742 trennte sie sich wieder, da sie durch des Königs Friedrich II. Gnade die Erlaubniß erlangt hatte, ein neues Bethaus zu Steinkirch, woselbst ihnen ihre Kirche von der Kaiserlichen Remotions-Kommission genommen worden war, zu bauen. 1748, den 17. Juli, wurde die 1. Mittwochs-Katechisation gehalten. In demselben Jahre, Dienstags nach dem Feste der heiligen Dreieinigkeit, schlug der Blitz während eines Ausläutens in den Thurm. 1749 wurden am Zangenberge Versuche auf Silber, 1790 am Galgenberge auf Kohlen, jedoch ohne Erfolg gemacht. Der Bürger und churfürstlich-sächsische Perlenfischer Caspar Ludwig Treubluth schürfte 1749 mit Zuziehung eines schlesischen Schichtmeisters aus Giehren. Der Bergmeister Gottlieb Christian Otto aus Glashütte besichtigte das Bergwerk. Der Stollen: „Friedrich und treue Hilfe Gottes" war 24 Lachter lang. Statt des Silbers fand man braunröthlichen und gelben Bolus. Otto glaubte, daß in der Viehweide Zinn gefunden werden müsse, weil viele Gänge zu Tage gingen, die in der Probe Zinn hielten; Treubluth ertrank 1769, den 3. Sept., in einer Pfütze. 1758, den 15. November, quartierte General Laudon im jetzt Kaufmann Kirchhoff'schen Hause. Die ankommenden Preußen vertrieben die Kaiserlichen und Laudon, über die Wiedmuth flüchtend, wäre in der stark angeschwollenen Baderbach, durch welche er sich fahren ließ, bald ertrunken. Der 7jährige Krieg legte der Stadt ungeheure Opfer auf. 1780, den 5. und 6. Februar, mußte der Jahrmarkt wegen bedeutender Eisversetzung aufgeschoben werden. 1788 im Monat Februar wurde eine Begräbniß-Societät errichtet, deren Wirksamkeit im 19. Jahrhundert erlosch. 1790 im März wurden die täglichen Frühgebete in der Kirche bis auf 2 in der Woche beschränkt; 1796 hörten sie ganz auf. 1797, den 24. Februar, Einführung der allgemeinen Beichte. 1799 wurde das erstemal Abends 7 Uhr die Christnachtfeier, statt früh 7 Uhr, abgehalten. 1804, den 6. Mai, wurde der Weißgerber Schneider am Teufelsberge von einem gewissen Geisler um 720 Thlr. beraubt und ermordet. Im Walkteiche wurde der Mörder ergriffen und am 5. März 1806 zu Beerberg hingerichtet. Am 16. Juli 1803 Wolkenbruch. Das Wasser der Baderbach stand am Malzhause 8 Fuß hoch; der Schaden betrug 5000 Thlr. Seit 300 Jahren war hier eine so grausenvolle Fluth nicht vorgekommen. 1804, den 14. Juni, erreichte der Queiß in Folge 3tägigen Regenwetters eine noch nie dagewesene Höhe. Dr. Lindner von Stöltzer, ein geborner Marklissaer, war einer der ersten mineralogischen Schriftsteller der Lausitz. 1809, den 28. Januar, bedeutender Eisgang auf dem Queiß; in Folge Eisverstopfung brach sich die Fluth unterhalb des Oberhofes in Beerberg im ehemaligen Queißbette Bahn und ging in Beerberg hinunter. Der deutsche Freiheitskrieg legte dem Orte sehr schwere Opfer auf. 1813, den 24.—26. Mai, lagerte im Walkteiche ein Korps preußischer Dragoner und Kosacken. Am 31. August 1813 retirirten die Franzosen nach der Schlacht an der Katzbach hier durch und zündeten die Queißbrücke an, um die vereinigte russische und preußische Armee aufzuhalten. Am 1. September Durchmarsch derselben; eine schnell errichtete Nothbrücke vermittelte den Uebergang über den Queiß. 1831 wurde der die Kirche umgebende Gottesacker durch einen Theil des Pfarrgartens erweitert. 1832, den 6. Novbr., erhielt das neue Schulhaus mit 3 Klassenzimmern und den Wohnlichkeiten für den Lehrer der untern Klassen seine Weihe. 1832, den 17. Dezember, brannten die Scheunen vor dem Schwertthore ab. 1833 Einführung der neuen Städteordnung. 1851, 14. Oktober, Brand der obern Scheunen an der Baderbach, wodurch die Stadt in großer Gefahr stand. 1852, den 6. Mai, erfolgte die Grundsteinlegung der katholischen Kirche auf dem Kirchberge vor dem Schwertthor. 1854, 9. Juli, schwamm die Stadt im Wasser; der Frühgottesdienst mußte ausfallen, da Niemand zur Kirche heran konnte. Am 1. August 1858 fiel ein Wolkenbruch; der Queiß stand 2 Fuß höher als 1804 und richtete entsetzlichen Schaden an; fast alle Häuser der Stadt standen unter Wasser; die Queißbrücke wurde mit fortgerissen, eben so das Magazingebäude der Beerberger Fabrik mit Vorräthen. Die Verheerungen an Ufern, Grundstücken und Gebäuden ꝛc. waren sehr groß. Der Bau der neuen Queißbrücke kostete der Stadt an 8000 Thlr. 1860 wurde die alte baufällige Küsterwohnung abgebrochen und ein Neubau derselben bewirkt. Unter den Landstädten der preußischen Ober-Lausitz hat keine ein solches Kommunalvermögen als Marklissa. Die Stadt hat 3 schöne Waldungen, 1 Ziegelei, 1 Menge Acker, Wiesen, einen Steinbruch, ein ansehnliches baares Vermögen und viele wohlthätige Stiftungen, unter denen die Kommerzienrath Lindner'schen, die Stölzer'schen und die Frau Hauptmann Giersberg'sche, die Jungfrau Schneider'sche die ansehnlichsten sind.

Seidenberg, 1341 Sydenberg genannt, von Lauban SW. 5 Stunden, an der Berlin-Prager Chaussee und dicht an der böhmischen Grenze, so daß der böhmische Ort Ebersdorf nur durch den Grenzbach, der auch Katzbach, Seltenrein genannt wird, getrennt ist. Seidenberg liegt 804 Fuß über dem Spiegel der Nordsee, theils in einem Thale, theils am Michaelisberge, daher wohl auch der Name Seidenberg (Seitenberg). Sie ist der Hauptort der nach ihr benannten Standesherrschaft, deren größerer Theil nach Theilung der Lausitz (1815) in der sächsischen Ober-Lausitz verblieb. Seidenberg zählt 235 Häuser und 1502 Einwohner. Hauptgewerbe sind Landbau, Tuchweberei, Töpferei; hat seit 1. Januar 1819 ein Nebengrenz-Zollamt I. Klasse und 1 Post-Expedition. Die Stadt hat seit dem letzten großen Brande (1834) mit ihren massiven Häusern ein freundliches Ansehen; eine Zierde der Stadt ist die große, schöne evangelische Kirche. Von den sie umgebenden Anhöhen genießt man die reizendsten Aussichten nach dem schlesischen Hochgebirge, dem langen lausitzer Gebirge mit seinen interessanten Häuptern und in das liebliche Neißthal und in die benachbarte herrliche Landschaft der sächsischen Ober-Lausitz. Dem Orte wäre eine größere Lebendigkeit bezüglich des Verkehrs zu wünschen.

Auf dem Burgberge hat einst eine Burg gestanden. Zu Seidenberg war einer der 3 Gedingstühle der Ober-Lausitz, mithin Sitz der obern Gerichtsbarkeit, die vermuthlich ein Burggraf übte. Eben so war zu Seidenberg schon 1346 ein erzpriesterlicher Stuhl des Erzbisthums Meißen, deren es in der Ober-Lausitz 12 gab, sämmtlich dem Archi-Diakonat Budissin zugetheilt, und noch sind auf dem Michaelsberge bei dem anstoßenden Alt-Seidenberg Spuren der damals bestandenen Pfarrkirche zum Erzengel Michael. Zu diesem erzpriesterlichen Stuhle gehörten 21 Kirchen. 1420—30 wurde diese Kirche von den Hussiten zerstört und die kleine Filialkirche zu „unsern lieben Frauen" wurde Parochiale. 1430 hielt sich in Seidenberg Friedrich von Wangenheim auf. Dieser war ein Wegelagerer, beraubte die Fuhrleute und that absonderlich den Görlitzern viel Verdruß an. Doch diese paßten ihn auf, nahmen ihn gefangen und ließen ihn in der Fästenzeit henken. Ihm zu Spott wurde ein Lied verfaßt: „Wär ich zu Seidenberg geblieben, so hätte ich Gebratnes und Gesottnes 2c. 1434 wurde Seidenberg von den Hussiten angezündet, 1480 mit dem Kirchenbanne bedroht, weil man bei den Franziskanern Beichte gehört hatte. 1484 wurde der erste Butterbrief des Papstes Innocenz VIII. veröffentlicht, daß, wer einen Groschen zu der Kollegiat-Kirche in Freiberg beisteuere, während der Fasten Milch- und Butter-Speisen essen dürfe. 1497 brannten 63 Häuser ab. 1525 entzogen sich die 3 erzpriesterlichen Stühle von Seidenberg, Görlitz und Reichenbach der Gerichtsbarkeit des Bischofs von Meißen und sagten sich förmlich los. Die förmliche Einführung der Reformation fällt aber erst ins Jahr 1534. 1570 wurde die Kirche erweitert. 1641 wurde das Diaconat errichtet, in Folge Vergrößerung der Kirchfahrt durch Wegnahme der Kirchen in der Herrschaft Friedland. Der Diakonus führte in der ersten Zeit auch den Titel: „Pfarrer von Ostrichen". 1665 schießen die hiesigen Schützen das letztemal mit Armbrüsten und Bolzen. 1694 waren unter 246 Bürgern 64 Tuchmacher und 45 Weber; 1698 Errichtung einer Taubstummen-Unterrichtsanstalt des Rektor Füger. 1703—6 schwedischer Krieg, welcher der Stadt 2062 Thlr. kostete. 1717, an Maria Heimsuchung, schlug der Blitz in die Kirche; 2 Chorknaben und 5 Erwachsene wurden getödtet, mehr denn 50 Personen betäubt. 1719 theure Zeit; 1720 waren unter 322 Bürgern 28 Züchner und 97 Tuchmacher. 1718 trat die Penzig'sche Stiftung, ursprünglich 2000 Thlr., ins Leben, die 1855 aber schon eine Höhe von 13,732 Thlr. 12 Sgr. 1 Pf. erreicht hatte. 1726 starb der als oberlausitzischer Liederdichter bekannte Diakonus David Mehner hierselbst. 1740 furchtbar kalter Winter; bis im Mai des folgenden Jahres blieb der Schnee liegen. 1761 brannten 11, dagegen 1769 durch Unvorsichtigkeit eines Töpfers beim Brennen der Töpfe 175 Häuser und eine große Menge Scheunen ab. 1776—78 gänzlicher Umbau der Kirche. Sie ist massiv, liegt auf einer Anhöhe, ist im Innern geräumig und freundlich und gehört zu den schönsten Kirchen der Ober-Lausitz. 1797, den 3. März, wurde der Musikant Röhnelt, welcher seinen 3jährigen Sohn erst erschlagen und dann aufgehenkt hatte, vom hiesigen Scharfrichter vor der Stadt enthauptet und sein Leichnam auf's Rad geflochten. Am 14. August 1822 reiste Seine Königliche Hoheit der Prinz Karl von Preußen auf seiner Reise nach Böhmen hier durch. 1825 war wohlfeile Zeit, indem der berliner Scheffel Roggen 17—18 Sgr., Gerste 15 Sgr., Hafer 12 Sgr., Kartoffeln 7 Sgr. galt. 1833, den 6 September, Durchreise Seiner Kaiserlichen Majestät Nikolaus I. von Rußland unter Glockengeläute. 1834, den 17. und 18. Sept., brannten 120 Bürgerhäuser und 17 Scheunen ab; 13 Häuser wurden eingeäschert. 500 Menschen verloren Hab und Gut. Se. Majestät der König Friedrich Wilhelm III. schenkte den Verarmten 10,400 Thlr. 1838, den 8. April, brannten 10 Wohnhäuser und 5 Scheunen, 1839, den 11. Nov., abermals 11 Wohnhäuser und 6 Scheunen ab. 1848 wurde die Maue'sche Tuchfabrik (Spinnerei und Appretur-Anstalt) errichtet. Die Ofenfabrik versendet ihre schönen Fabrikate nach Böhmen, Sachsen 2c. Die Gerste'sche Cigarren-Fabrik beschäftigt eine Menge Menschen. Seidenberg hat 1 Walke und 1 Knochenmehlmühle, 1 Apotheke, 1 Fortbildungsschule, 1 Gemeindebibliothek, 1 Kleinkinderbewahr-Anstalt.

Schönberg, von Lauban SW. 4 Stunden, an der Westseite des Schönberges und am Rothwasser; die größtentheils hölzerne Stadt verdankt ihren Ursprung einer Burg, welche 1202 auf dem nahen Burgberge (der südlichste Theil des Schönberges) gestanden hat. Sie zählt 193 Privat-Wohnhäuser und 1431 Einwohner, worunter 88 Katholiken. Hauptgewerbe ist Züchnerei. Seit 1679 besteht die Weberzunft. Früher wurde hier das sogenannte Schönberger Zeug, oder Messolan, halb aus Wolle, halb aus Leinen, verfertigt; jetzt werden noch bunte Leinwand, Teppiche, 14—1500 Stück jährlich, und Kotzen verfertigt. Auf Staatskosten reiste 1853 ein Schönberger Weber in Pilgerkleidung mit noch einem andern Sachverständigen in den Orient, um daselbst die türkische Teppichweberei zu erlernen und diesen einträglichen Industriezweig hier heimisch zu machen. Zurückgekehrt, legten sie selbstverfertigte Probeartikel vor, welche den orientalischen Teppichen nicht nachstanden. Die Firma Gevers & Schmidt ließ hierauf in Lähn am Bober eine Teppichfabrik in's Leben treten, die, nach Schmiedeberg verlegt, ausgezeichnete Fabrikate, an Schönheit die orientalischen dieser Art übertreffend, liefert. Die Kirche, ein schönes Gebäude, ist ein Denkmal frommen, kirchlichen Sinnes, welches der Amtshauptmann Wolf Albrecht von Löben nach dem großen Stadtbrande 1688 errichtete. 1524 nahm Schönberg die Reformation an. Der erste evangelische Geistliche war Bened. Fischer. Nach dem 30jährigen Kriege ward die alte Kirche erweitert. 1690 oder 92 wurde ein Diaconus an ihr angestellt. Eine Viertelstunde westlich von der Stadt ist ein Mineralbad. Der Heilbrunnen, 1640 durch Kuhhirten entdeckt, nachmals aber in Vergessenheit gerathen, fand 1714, vorzüglich aber 1837 neue Aufnahme. In letztgedachtem Jahre strömten Tausende aus der Umgegend und aus weiter Ferne dahin, um „Schönberger Wasser" zu holen. 1839 erbaute das Dominium ein 2stöckiges Kurgebäude; 81 Kurgäste zählte die Badeliste. Die 4 Quellen leisten gegen Flechten, Hautausschläge, Geschwüre, Beinfraß, Gicht, Magenkrampf, Augenschwäche *x.* Hilfe.

1621, den 22. Mai, brannten 20 Häuser und etliche Scheunen ab. Am 24. Februar 1623 wurde der Rittmeister Johann Georg von Warnsdorf auf Kuhna auf dem Markte von 7 schwedischen Reitern unversehens feindlich angegriffen, von ihnen nebst seinem treuen Diener nach gethaner ritterlicher Gegenwehr übermannt und unverdienter Weise erschossen. 1706, den 8. und 9. Sept., Rasttag des Königs Karl XII. von Schweden, auf seinem Zuge nach Sachsen. 1707 brannte die ganze Neu- und ein Theil der Altstadt ab. 1730 schürfte Ernst Fabian Schindler am Schönberge auf Erz; der Stollen wurde „zum heiligen Rath und Willen Gottes" genannt. Ein vom Ober-Bergamte zu Freiberg unterm 13. April 1731 ausgestellter Probirzettel that dar, daß der zum Probiren übersandte Stufen keinen Gehalt an Silber, Zinn oder Eisen habe. Am 17. Mai 1803 starb der Organist J. Christian Kühnel, einer der vorzüglichsten Organisten der Ober-Lausitz. Durch ihn wurde der Sinn für Musik im Orte geweckt und die Kirchenmusik eingeführt. 1813 hat Schönberg durch Einquartierung, Plünderung, Erpressung und Lieferung Seitens der Franzosen viel gelitten. Nach der Schlacht bei Bautzen rückte am 23. Mai 1813 die Avantgarde des französischen Marschalls Macdonald mit 8000 Mann ein, welche theils bivouakirten, theils einquartiert wurden. Der Marschall nahm sein Quartier bei dem Baron von Rechenberg auf dem Schlosse. Auf dem Markte, in den Gärten und um das Städtchen brannten

Wachtfeuer, wozu die Zäune und was sonst an Holz und Brettern aufzutreiben war, verwendet wurden. Tags darauf erfolgte der Abmarsch nach Schlesien. Während des Waffenstillstandes lag der Chef der 32. Division Le Blanc mit 12 Offizieren und 200 Mann hierselbst im Quartier. Nach der Schlacht an der Katzbach erfolgten durch Schönberg die Durchmärsche der Kaiserlich russischen und Königlich preußischen Truppen unter den Befehlen des Feldmarschalls von Blücher und des Generals York, so auch der russischen Generale Tolstoy und Woronzow, die mit ihrem Corps über Lauban und Zittau nach Böhmen marschirten. 1814 verheerte eine Feuersbrunst 20 Häuser. Ein in neuerer Zeit entdecktes Braunkohlenlager verspricht ein Segen für Schönberg und Umgegend zu werden.

Die vor einigen Jahren errichtete Pappschachtel-Fabrik des Kaufmanns Fellgiebel beschäftigt eine große Anzahl Menschen und macht für mehr als 20,000 Thlr. Geschäfte über die Grenzen Deutschlands und Europa's hinaus. Seit einigen Jahren hat der Ort eine katholische Schule; der Gottesdienst der Katholiken wird in einem Privatlokale abgehalten.

Stadtähnliche Marktflecken sind:

Goldentraum, ursprünglich und noch jetzt in der Umgegend Neustädtel genannt, von Lauban SO. 1¼ Meile, auf der Höhe der linken Thalwand des Queißes mit 93 Häusern und 438 Einwohnern. Ackerbau und Weberei sind Hauptnahrungszweige. Ein Theil der Bewohner findet im nahen Schieferbruche, dessen Masse von vorzüglicher Güte ist, Beschäftigung. Der Ort liegt auf dem Goldberge. Das Haus Hypotheken-No. 1. zu Goldentraum soll das erst erbaute Haus in Goldentraum und vom Schichtmeister bewohnt gewesen sein*). Christoph von Nostitz auf Tzschocha frischte nämlich den hiesigen, früher schon betriebenen Bergbau auf Gold wieder auf, weil ihm 1656 träumte, ein Goldklümpchen wüchse auf seinem Finger immer größer; aber schon im nächsten Jahre wurde der Betrieb, der geringen Ausbeute halber, wieder eingestellt. Noch sieht man Spuren des ehemaligen Bergbaues. Gedachter von Nostitz legte um diese Zeit Neustädtel an (1672); durch Kurfürst Georg II. erhielt es 1677 die Rechte einer freien Bergstadt und später den Namen Goldentraum. 1676 erlangte Goldentraum die Erlaubniß zum Kirchenbau, wozu 1685 den 30. August (April?) der Grundstein gelegt wurde. Die Kirche war Filial von Rengersdorf bis 1700. Der erste Pastor hieß Ch. G. Schärtinger.

Am 27. August 1834 brannten bei heftigem Sturme 56 Wohnhäuser, das Rathhaus, Kirche, Pfarr- und Schulgebäude, sowie 11 gefüllte Scheunen ab. Durch ein Gnadengeschenk Sr. Majestät des Königs Friedrich Wilhelm III., im Betrage von 5150 Thlrn., und durch Hilfe und Aufopferung des Bau-Unternehmers, des Handelsmann weil. Kerndt in Marklissa, erhielt Goldentraum Kirche, Pfarr- und Schulgebäude wieder. Der freundliche, stadtähnliche Ort hat 1 Wasser- und 1 Windmühle, sowie 3 unbesuchte Jahrmärkte, eine kleine Schul- und Gemeindebibliothek und einige Legate.

Wigandsthal, von Lauban S. 5 Stunden, an der Lausitzbach, im Jahre 1666—68 unter dem Namen: „Messersdorfer Städtel" auf dem Territorio des Rittergutes Messersdorf erbaut, ist mit diesem so verbunden, daß beide

* Anderen Nachrichten zufolge sollen aus Schlesien vertriebene Schwenkfelder die Begründer Goldentraums gewesen sein.

von einander kaum zu unterscheiden sind. Der Name Wigandsthal erinnert an seinen Gründer, Wigand von Gersdorf. Böhmische Exulanten, vorzüglich eine Menge evangelische Bürger aus böhmisch Neustadt, welche zu Ende des 30jährigen Krieges Religionsdrucks halber auswanderten und hier willige Aufnahme fanden, erbauten den Ort. Wigandsthal hat 100 Häuser und 664 Einwohner. Die früher hier und in der Umgegend viele 100 fleißige Hände beschäftigenden Schmelzschmieden und Granatschleifereien bestehen nicht mehr. Die Granaten wurden aus gefärbtem Glase und dieses aus Zinn und Bleiasche bereitet. Der Handel damit erstreckte sich nach Polen, Rußland, Holland, selbst bis nach Afrika. Das dazu nöthige Glas kam aus Böhmen oder aus Venedig und wurde anfänglich auf runden bleiernen Scheiben, die man mit Füßen in Bewegung setzte, geschliffen und mit Tripel polirt. Die schlechtesten hießen Butternüssel, die besseren Schmelz und die besten Rubinen. Anfänglich kostete 1 Dutzend Schürchen 2 Thlr., später nur 2 Groschen.

Dörfer.

Messersdorf, mit Marktgerechtigkeit, seit 1667, die aber durch das als Theil des Ortes zu betrachtende Städtchen Wigandsthal ausgeübt wird, liegt an der Lausitzbach, sowie am Fuße der Tafelfichte in einer reizenden, 1336 Fuß über der Meeresfläche erhabenen Gegend. Tafelfichte und Heufuder besteigt man von hier in 3 Stunden. Messersdorf hat 114 Häuser und 680 Einwohner, eine sehr alte, reiche Kirche mit vorzüglicher, 1827 von Schink für 3267 Thlr. erbauten Orgel. Die Kirche hat schon 1346 gestanden. Um 1531 ward sie evangelisch. Franz Seidel war der erste evangelische Geistliche. Später wurde sie vergrößert, weil der Bergbau viele Menschen herzog und durch schlesische Auswanderer nach 1654 das Dorf Volkersdorf entstand, das sich hierher hielt. 1668 ward das Diaconat gestiftet, welches verblieb, als Volkersdorf mit seiner 1668 erbauten Tochterkirche 1671 einen besonderen Pastor bekam. Das schöne Schloß, in Flügelform, dessen Thürschwelle gleiche Höhe mit dem Gipfel der Landeskrone (1304 Fuß) hat, ist von dem berühmten Gelehrten Ad. Traugott von Gersdorf, Gründer der oberlausitzischen Gesellschaft der Wissenschaften, erbaut worden. Seine reichhaltigen Naturalien-, Gemälde-, Kupferstich-, Bücher-, Karten- und Modellsammlungen und physikalischen Apparate verehrte er nach seinem Tode der oberlausitzischen Gesellschaft der Wissenschaften, deren verdienter Präsident er war. Auch war er der Erbauer des Observatoriums auf der Anhöhe von Neu-Gersdorf, von wo aus er astronomische Beobachtungen anstellte. Es gewährt eine vortreffliche Fernsicht.

Die Granatschleifereien, sowie der Bergbau (1550—1580) an der Tafelfichte, dem kleinen Berge und Drechslerberge sind eingegangen. Die Bärenzeche erinnert noch an den frühern Bergbau. Es scheint, als sei dieses Bergwerk im 17. Jahrhunderte wieder in Betrieb gesetzt worden, da in einer Taxe von Messersdorf im Jahr 1656 unter den Einnahmen auch „das Zinnbergwerk“ mit 600 Thlr. aufgeführt wird.

Der Ort wurde durch böhmische Exulanten, die sich hier zu Ende des 30jährigen Krieges niederließen, vergrößert. Der hier 1783 verstorbene Oberpfarrer J. E. Frietzsche hat sich um die oberlausitzische und schlesische Geschichte verdient gemacht. Benjamin Friedrich Köhler, Rektor zu Messersdorf, gestorben 1796 zu Dessau, ist als geistlicher Liederdichter der Ober-Lausitz bekannt. Er gab 1762 eine Sammlung geistlicher Lieder heraus.

Gegenwärtig hat Meffersdorf eine Dominial-Brauerei, die ein beliebtes Bier fertigt, 1 Garnbleiche, 1 Pappenfabrik und 1 Dauermehlmühle.

Neu-Gerßdorf, 1/2 Stunde N. von Wigandsthal, mit 40 Häusern und 188 Einwohnern, wurde 1687 von schlesischen Exulanten aus Reichhennersdorf und Nieder-Zieder bei Landeshut erbaut. Der Abt des Klosters zu Grüssau ließ den Evangelischen in den gedachten Orten, bei Gelegenheit des Dreidings (alte Gerichtsordnung, welche jährlich ein- oder einigemale gewöhnlich im Kretscham der Gemeinde vorgelesen wurde) ankündigen, binnen 4 Wochen katholisch zu werden oder das Land zu räumen. Alle standen, wie vom Schlage gerührt, in der Versammlung und wie betäubt verließen sie den Klosterhof weinend und händeringend. Ein Mann unter ihnen trat jedoch auf, tröstete sie und ermahnte zur Standhaftigkeit. Man beschloß mit dem letzten Tage der bestimmten Frist Haus und Hof zu verlassen und zum Vater (so nannten sie den Kurfürst Johann Georg III. von Sachsen, der bei den protestantischen Schlesiern in außerordentlichem Ansehen stand) nach Dresden zu ziehen. Um Jakobi ergriffen die Bedrängten den Exulantenstab; wehmüthigen Herzens gingen sie durch ihre im größten Segen stehenden Felder und nahmen ihren Weg über Schmiedeberg nach Meffersdorf zu. Der damalige Pastor Engelmann hierselbst segnete sie in der Kirche ein und ermahnte sie zur Beständigkeit. Die Meisten blieben in der Herrschaft Meffersdorf und erbauten unter Herrn Felix Ernst von Gerßdorf Neu-Gerßdorf; Andere zogen nach Volkersdorf, Scheibe und Schwerta. Unter den 800 Exulanten waren viele Weber und Bleicher. Nur zweien kam die Reue an, reisten zurück, schworen ihr Glaubensbekenntniß ab und gelangten dadurch wieder in den Besitz ihrer Nahrungen.

Grenzdorf, am Fuße des Heufuders und an der Schwarzbach, die hier die Grenze zwischen Schlesien und der Lausitz macht, hat 97 Häuser und 464 Einwohner, entstand durch böhmische Exulanten. Der Destillateur Grüttner macht bedeutende Geschäfte.

Straßberg, das am höchsten gelegene Dorf der preußischen Ober-Lausitz, an der Tafelfichte, hat 20 Häuser, 101 Einwohner. Hierselbst ist 1 Grenz-Zollamt. Daran stößt Bergstraß mit 64 Häusern und 317 Einwohnern. Mehrere Einwohner dieser Orte sind Holzwaarenverfertiger und besuchen mit ihren Waaren, als: Schaufeln, Flachsbrechen, Radwern, Spinnrädchen, Rechen 2c., die Jahrmärkte. Beim Kretscham zu Straßberg, von wo aus sich eine reizende Aussicht nach Schlesien hinein darbietet, befindet sich die Josephs-Quelle; Kaiser Joseph labte sich an ihrem frischen, hellen Wasser. Von hier aus führt ein bequemer Weg auf die Tafelfichte.

Schwarzbach, am Fuße des Heufuders und an der Schwarzbach, hat 72 Häuser, 342 Einwohner, gehört seit 1592 zur Herrschaft Gebhardsdorf. Ein aus Böhmen wegen des evangelischen Glaubens vertriebener Glasermeister legte auf dem Glashüttenberge eine wiederum eingegangene Glashütte an; diese war der Ursprung von Schwarzbach, indem die Hüttenarbeiter sich in ihrer Nähe anbauten. Das oberste Haus in Schwarzbach, am Fuße der Tafelfichte, liegt 2035 Fuß über der Ostsee. Zu Schwarzbach ist seit 50 Jahren eine Mineralquelle, zu den kohlensauer-alkalisch-erdigen Eisenwässern gehörend, ähnlich der Flinsberger, welche, wie diese, zum Trinken und Baden benutzt wird und vielen an Nervenschwäche, Lähmungen, Bleichsucht und Verdauungsstörungen Leidenden die Gesundheit wieder gegeben hat. 1859 wurde das neue Kurhaus eingeweiht; es enthält 8 Badezimmer. Die Badeanstalt liegt reizend. In der hiesigen Pappenfabrik von Nobiling & Comp. wird ein vorzüglich schönes Fabrikat gefertigt, ebensowohl sich zu Dachbedeckung, als für Buchbinder empfehlend. Der Verschleiß erstreckt sich bis nach Ungarn.

Volkersdorf, am Lausitzbach, ein zur Herrschaft Meffersdorf gehöriges und NO. von Wigandsthal gelegenes Dorf, hat 154 zerstreut liegende Häuser, 649 Einwohner, 1 Kirche und Schule, Bandweberei, Zwirnfabrikation und viele Einwohner treiben Hausirhandel. 1653 baute ein gewisser Volkert hier eine Mühle. Das Jahr darauf ließen sich hier eine Menge Bandweber nieder, welche der Religion halber aus Schlesien und Böhmen vertrieben wurden. 1668 standen schon 40 Häuser da. Von 1667 bis 1672 wurde Neu-Volkersdorf, auch „der Heller" genannt, erbaut; die kleine Kolonie besteht nur aus ca. einer Mandel Häuser am Saume des Waldes zwischen Schwerta und Meffersdorf. Das erste Haus war eine Schänke, die 1665 an der Straße nach Schwerta erbaut wurde und spöttischer Weise „der letzte Heller" genannt wurde. Altscheibe nahm 1550 seinen Anfang. Die Kirche zu Volkersdorf wurde 1668 erbaut und mit Meffersdorf als Filial verbunden. 1671 erhielt die Gemeinde einen eigenen Pastor und es wurde die hiesige Kirche bis 1741 vielfach von evangelischen Schlesiern besucht.

Gebhardsdorf, Alt-, Neu- und Ober-Gebhardsdorf, in alten Urkunden auch Geppersdorf genannt, am Zusammenflusse der Lausitzbach und Schwarzbach, von 1187 bis dato in ununterbrochenem Besitze des alten adligen Geschlechts von Uechtritz, unter deren Schutze sich die hiesige Gegend bevölkerte und das Werk der Reformation in selbiger ungestörten Fortgang hatte, zählt 331 Häuser, 1630 Einwohner. Gebhardsdorf ist ein Weberdorf mit Marktgerechtigkeit; in einer reizenden Gegend im Angesichte des Isergebirges und war einst ein reger Paschort an der schlesischen Grenze. Kattunfabrikation, Zwirnfabrikation, Drechslerei und Ackerbau sind Hauptgewerbe. 1518 soll der Ort nur 30 Feuerstätten gezählt haben. 1536 trat Hans IV. von Uechtritz zur evangelischen Kirche über, nachdem seit 1530 in dem Filial-Kirchlein evangelischer Gottesdienst gehalten worden war. Es ließen sich 1650 auch hier böhmische Exulanten nieder; durch sie ward größtentheils Ober-Gebhardsdorf, 1674, gegründet, und da sie die deutsche Sprache nicht verstanden, so hatten sie von 1676—1742 einen böhmischen Prediger, von da ab bis 1791 Lectoren. Die jetzige Kirche ward 1654 selbstständig; bis dahin war sie Tochterkirche von Friedeberg, welches in gedachtem Jahre, den 26. Februar, von der kaiserlichen Remotions-Kommission seiner Kirche und des Seelsorgers beraubt wurde. Der hier vertriebene evangel. Geistliche, M. Melchior Exner, den silbernen Kelch in der Hand tragend, und mit ihm der Diaconus Lange wurden in Gebhardsdorf mit Liebesarmen aufgenommen, und von da ab erhielt Gebhardsdorf eigene Pastoren. Eine kleine Kapelle hatte Gebhardsdorf schon vor dem Hussitenkriege, in welchem sie (1431) zerstört ward. Sie lag an 100 Jahr wüste, bis sie durch den Ablaßkrämer Tetzel, der mit seinem Gehülfen Jakobus 1509 mit dem Verkaufe des Ablasses auch in dieser Gegend sehr einträgliche Geschäfte machte, aber nicht nach Schlesien kommen durfte, wieder aufgebaut wurde. Die jetzige wohlhabende Kirche steht auf demselben Platze, den einst jene Kapelle einnahm.

Am 16. Juli 1607 tödtete der Blitz eine am Ofen sitzende Frau. 1613 wüthete die Pest furchtbar. Viel Elend verursachte der 30jährige Krieg;

13 Bauergüter wurden aufgegeben. 1668 ward die Kirche auf's Neue erweitert, da sich die Kirchgemeinde durch schlesische und böhmische Exulanten, die 1663 Neu-Gebhardsdorf gründeten, vergrößerte. Von 1703—1704 erhielt die Kirche eine abermalige Erweiterung und 1707 den gegenwärtigen Thurm. 1711 und 1731 wurde er von Blitzschlägen betroffen. 1713 wurde Esther-walde und 1738 Augustthal, beides Kolonieen von Gebhardsdorf, gegründet. 1720 wurde die Katechetenstelle errichtet, die in neuerer Zeit aber wieder eingegangen ist. Nach der glorreichen Schlacht bei Hohenfriedeberg, 1745, rückte ein österreichisches Corps von 13,000 Mann in Gebhardsdorf ein. Graf Nadasti logirte im herrschaftlichen Schlosse. Der 7jährige Krieg kostete dem Orte an 5000 Thlr.

In der Nähe von Gebhardsdorf liegen der Klingenberg und Rietstein, am Anfange des westlichen Theiles von Alt-Gebhardsdorf das schöne, große und hochgelegene Schloß und an der Greiffenberg-Friedländer Chaussee der Gasthof „zum deutschen Hause" mit malerischen Fernsichten.

Schwerta, an der Schwerta, früher zu der Swetha, Sweta, Schwertau geschrieben, 1 Stunde südlich von Markliffa und 3 Stunden von Lauban, in einem anmuthigen Thale, hat 338 Häuser, die sehr zerstreut liegen, und 1758 Einwohner, von denen viele Weber, andere Drechsler, Schnürmacher, Zwirnfabrikanten, Bildhauer, Tischler, Gold- und Silberarbeiter sind. Neuerdings ist die Plüschweberei eingeführt und eine Faktorei deshalb hier errichtet worden.

Die alte, jetzt nur als Ruine vorhandene Burg scheint dem Orte den Namen gegeben zu haben Die Burgglocke, die einst als Sturmglocke gedient haben mag, trägt die Jahreszahl 1009 und eine etwas unleserliche Aufschrift an sich. Zum erstenmale kommt die Burg Schwerta in einer Urkunde von 1329, am Tage Kreuzeserfindung, vor, worin Herzog Heinrich von Jauer und Schweidnitz den Görlitzer Kreis an König Johann von Böhmen verkauft, sich aber Lesna, Tzschocha und Schwerta vorbehielt. Das altehrwürdige Rittergeschlecht von Uechtritz, anfänglich Uchterwz, auch Ruchterwz geschrieben, hatte schon in grauer Vorzeit seinen Sitz im ehemaligen Queißkreise, der zum großen Theil von Schlesiern, die aus Furcht vor den Tartaren flohen, angebaut und bevölkert wurde.

Nicol I. auf Schwerta, Meffersdorf und Gebhardsdorf (1187—1237) begleitete seinen Landes- und Lehnsherrn, den König Wenzeslaus III. von Böhmen, auf seinem Zuge nach Italien zu dem Vetter seiner Gemahlin, Kaiser Friedrich II., und bei dieser Gelegenheit erschien Nicol von Uechtritz auf einem Turniere zu Mailand, 1225. 1491 befindet sich in einer Urkunde, betreffend die Herstellung der Wasserschäden am Queiß unterhalb Markliffa die Unterschrift eines gewissen: Bastian v. Uchterwz zu der Swethe. Bis 1638 war Schwerta im Besitze der Uechtritze. 1527, den 21. April, wurde die Burg, das Vorwerk, der Kretscham*) und die Mühle durch Feuer zerstört; viele Kostbarkeiten der Familie von Uechtritz, sowie wichtige Dokumente und Nachrichten gingen dabei verloren. Darauf wurde die Burg wieder und so fest aufgebaut, daß sie im 30jährigen Kriege ihre Thore dem

*) Der Kretscham, in der Nähe der Burgruine resp. des Niederhofes, liegt 984' über der Meeresfläche.

Feinde nie hat öffnen dürfen, obwohl derselbe sich viel Mühe gab, sie zu erobern.

Beim Brande des Malzhauses unter der Burg, 1820, brannte auch diese aus. Hohe und alte Rüstern und ein ziemlich verschütteter Wall auf der Ost- und Nordseite umgeben die Burgruine.

Die hiesige alterthümliche, aus dem 12. Jahrhunderte stammende, dem heiligen Nikolaus geweihte, 1536 evangelisch gewordene, wohlhabende, auf dem Kirchberge stehende Kirche gehörte ehedem unter den erzpriesterlichen Stuhl zu Seidenberg. Sie besitzt mehrere merkwürdige Leichensteine, u. A. das Ritterbild des Hans von Uechtritz, 1579, und dessen Gattin, 1572, einer Geborenen von Saltza. Die hölzerne Kirchdecke besteht aus vielen Feldern, deren je eines das Bild einer biblischen Person enthält. Die 1824 von Schinck sen. erbaute zweiklavierige Orgel ist eine der besten in den lausitzer Kirchen. 1683 wurde die Kirche erweitert und mit einem neuen Thurme versehen. Im 30jährigen Kriege wurde sie mehrmals zum Pferdestalle gemacht. 1717, kurz vor Weihnachten, wurde der Zimmermann Reimann von hier im Döbschützwalde von einer Buche, die er fällte, erschlagen; ein Gleiches widerfuhr dem Kirchkramer Ludwig 1768, den 12. März. 1824, den 1. Oktober, zertrümmerte ein Orkan die Windmühle.

Schwerta ist Sitz der Königlichen Superintendentur des Kirchenkreises Lauban II., wozu 13 Parochien gehören, und am äußersten Ende von Ober-Schwerta, nahe der böhmischen Grenze, liegt ein Königliches Neben-Grenz-Zoll-Amt. Im Osten von Schwerta befinden sich der Klingen- und Hasenberg mit schönen Fernsichten.

Tzschocha, Tzschochau, auch Zschochau, früher Tschaichow geschrieben, eine alte Burg der Herrschaft gleiches Namens, liegt $^3/_4$ Stunden östlich von Marklissa. Diese auf der Ostseite vom rauschenden Queiße begrenzte, auf der hohen, linken, felsigen Thalwand desselben höchst romantisch gelegene, aus grauer Vorzeit wohlerhaltene Burg ist unstreitig einer der ältesten Orte im ehemaligen Queißkreise, der von ihr, wie von den Burgen Leßna und Schwerta aus seinen Anbau und seine Vergrößerung, wie den nöthigen Schutz empfing. Jedenfalls war die Burg eine Grenzfeste gegen die Polen. Der Bau derselben fällt aller Wahrscheinlichkeit nach in die Zeit des 13. oder 14. Jahrhunderts. 1329 wird das Schloß Tschaichow schon genannt. Sein Erbauer ist uns nicht bekannt, doch ist's nicht unwahrscheinlich, daß die Herren von Biberstein die Gründer desselben und ersten Besitzer der Herrschaft Tzschocha waren. In einer, den Verkauf des landesherrlichen Zolles an die Stadt Lauban betreffenden, 1306 von Johann von Biberstein ausgestellten Urkunde sind nämlich 2 Zeugen: Heyn de gladiis (von Schwerta) und Peter de prato (von der Wiese) aufgeführt und da die Zeugen in den damaligen Urkunden großer Herren gewöhnlich aus ihren Vasallen gewählt wurden, auch ehemals die mehrsten adeligen Güter des Queißkreises gewissermaßen unter Tzschocha standen, so ist wohl anzunehmen, daß jener von Biberstein der damalige Besitzer der Burg Tzschocha gewesen sein dürfte. Zu Ende des 14. Jahrhunderts finden wir die Burggrafen von Donyn auf Tzschocha. 1417 kam die Herrschaft in den Besitz eines Zittauer Bürgers, Heinrich Renker. Dieser befehdete mit Hilfe vieler Ritter, besonders aus Schlesien, den Herrn Hinko von der Duba zu Hohenstein. Mit Hilfe der Städte Zittau und Görlitz und mehrerer lausitzischer Ritter erlitt er mit seinem Anhange eine gründliche Niederlage; Viele wurden erschossen und 41 Mann, worunter auch Heinrich Renker, als Gefangene nach Zittau gebracht. Bald nach dieser Fehde verkaufte derselbe die Herrschaft an Hartung von Klüx, der durch Kauf Wingendorf und Friedersdorf mit ihr vereinigte. Da seine hohe Stellung am Kaiserlichen Hofe ihm nur kurze Zeit erlaubte, auf Tzschocha zu verweilen, so machte er den Dietrich von Klüx zum Schloßhauptmann, welcher der Stadt Lauban mit 500 Bauern der hiesigen Gegend beim Ueberfalle der Hussiten zu Hilfe kam. Er plünderte 1433 einige polnische Kaufleute, die in Görlitz Tucheinkäufe machen wollten. 1427 kamen die Hussiten hierher, um Rache an der Burg zu nehmen, weil Hartung von Klüx als Kaiserlicher Rath den Kaiser auf die Kirchenversammlung nach Kostnitz begleitet hatte und in dem Verdacht stand, in die Verbrennung Husses mit eingewilligt zu haben. All ihre Mühe, die durch Wallgräben und Mauern geschützte Burg zu nehmen, war vergeblich und sie mußten für diesesmal mit Schimpf von dannen ziehen. 1431, den 22. Mai, wurde Tzschocha abermals von einem Korps Hussiten berannt und diesmal auch erobert; Hartung von Klüx entriß mit Hilfe der Görlitzer den Hussiten die Burg wieder. 1451 kam die Herrschaft Tzschocha durch Erbschaft an Kaspar von Nostitz, der nach einem glücklich bestandenen Zweikampfe mit einem Ritter von Nymen den Ehrennamen: „der Unverzagte“ erhielt. Er besaß Tzschocha 40 Jahre lang und bekleidete lange Zeit die Stelle eines Hauptmanns zu Bautzen und Görlitz.

1453 führt Nicol von Gerßdorf den gefangenen Joh. von Burkersdorf „in das obirland uff ein schloss, genannt Schacho, Kasparn von Nostitz gehörig.“

Scultet erzählt von den mitleidigen Dienstmädchen in Görlitz: „1573, am 28. November, sollte man des Edelmanns von Tzschocha Knecht enthaupten. Da man schon zur Stunde Alles zubereitet, ward dennoch ein Anstand auf Vorbitte der Görlitzer Dienstmägde, welche ihn zu heirathen begehrten. Ist aber auf folgenden 3. Dezember noch enthauptet worden, seines Alters 20 Jahr.*)

Im 30jährigen Kriege brachten viele Laubaner und die Bewohner der Nachbarschaft ihre Habe und Kostbarkeiten hieher zur Aufbewahrung und wiewohl die Burg oft angegriffen wurde, blieb sie doch unerobert. Zum Andenken dessen wird alljährlich in der Kirche zu Rengersdorf, Goldentraum und Wiesa ein Friedens-Dankfest gefeiert.

1703, nach dem Aussterben des von Nostitz'schen Hauses auf Tzschocha, das 250 Jahre lang hier regiert hatte, kam die Herrschaft in den Besitz der altadeligen Familie von Uechtritz-Steinkirch und befindet sich zur Zeit noch in deren Händen. — Beim Begräbnisse eines Sohnes des Herrn C. Magnus von Uechtritz ereignete sich das Unglück, daß die Kette an der Zugbrücke, auf der die Schule und viel Volk stand, zerriß und viele Menschen, besonders die Schulknaben, in den tiefen Wallgraben stürzten; 47 Personen verletzten sich mehr oder minder und 2 starben an den Folgen dieses Unglücks. J. Aug. Hartm. von Uechtritz errichtete ein Fidei-Kommiß, dessen Kapital in 53,307 Thlr. bestand. In der Nacht vom 19—20. August 1793 gerieth die Burg

*) Im Mittelalter wurde der Verbrecher begnadigt, wenn ihn eine Jungfrau zur Ehe begehrte.

durch Fahrlässigkeit eines Beamten in Brand, wobei die 3 großen Thurmglocken, wichtige Schriften, die Alterthümer der Rüstkammer und das Meublement ein Raub der Flammen wurden. 1798 war die Restauration der Burg wieder bewirkt; es ging jedoch das alterthümliche Gewand (spanischer Baustyl) derselben verloren, denn vor dem Brande hatte die große und hohe Burg eine Menge Schindeldächer, während nach dem Brande alle Räumlichkeiten unter Ein Ziegeldach gebracht worden sind. Merkwürdig ist die Schloßkapelle, worin von 1656 ab bis 1684 ein eigener Schloßprediger Gottesdienst hielt, der von 1670 ab Pastor-Substitut in Rengersdorf war und die Filiale Goldentraum versorgte; schauerlich ist das 30 Fuß tiefe Burgverließ im untern Theile des runden Schloßthurmes; bombenfest die einem Labyrinth gleichenden finstern und eiskalten Keller und Gewölbe; sehenswerth sind die sehr alten Wandgemälde — Jagdscenen — an einigen Wirthschaftsgebäuden. Seit dem Jahr 1854 ist für die Verschönerung des Innern und für die Umgebung des Aeußern nach der Ostseite hin viel gethan worden. In der Nähe der Burg befinden sich hundertjährige, im Absterben begriffene Taxusbäume. An die Schloßbrauerei stößt ein kleiner Waldpark mit Aussichten in's tiefe, romantische Queißthal und nach dem Hochwalde. Tzschocha ist ein Fundort seltener Pflanzen.

Der Name Tzschocha deutet eine Veste an, welche die Böhmen, beunruhigt durch die Polen, zu ihrer Sicherheit anlegten, denn czech bedeutet in der böhmischen Sprache soviel als: Vorderste, Erste, Anfänger.

Tzschocha mit Grund zählt 11 Wohngebäude und 71 Einwohner. Höchst romantisch liegt die Tzschochaer Mühle, zu den Füßen der Burg am Queiße, der hier auf's Neue von hohen Thalwänden eingeengt in felsigem Bette dahinrauscht. Zu Tzschocha gehört der 1660 von Christoph v. Nostitz angelegte kleine Ort Hagendorf mit noch nicht 100 Einwohnern zwischen Marklissa und Tzschocha.*)

Von Tzschocha, Schadewalde und Schwerta wird gesagt, daß sie sich durch den falschen Waldemar (1344) in ihrer Treue gegen den rechtmäßigen Landesherrn (Herzog Heinrich von Jauer) nicht hätten irre machen lassen und daher mit besonderen Begnadigungen versehen worden wären.**)

Rengersdorf, früher Renkersdorf, ein ziemlich großes Dorf in der Herrschaft Tzschocha, dessen unterstes Ende bis an den Queiß reicht, hat 169 Häuser und 903 Einwohner, meist vom Feldbaue lebend, und eine sehr alte, 1346 schon vorhandene, 1536 aber evangelisch gewordene Kirche mit mehreren interessanten Alterthümern. So besitzt sie einen sehr alten, mit gothischer Schrift versehenen Altarkelch, ein Kruzifix mit einer Reliquie (Knöchel eines Heiligen) und ein sehr altes, aber höchst interessantes Altargemälde auf Holz, darstellend die erstmalige Spendung des heiligen Abendmahls an die zahlreiche, knieende Nostitz'sche Familie nach evangelischem Ritus. Hinter dem Altare befindet sich die Inschrift: „dieß Haus gebaut hat und vollbracht aus sonder Gotteswortsandacht Herr Kaspar von Nostitz auf Schochau und Seifersdorf, der diesen Bau im 1617. Jahr angefangen und vollendet gar im 1625. Jahr, und von dem Seinen Alles baar bezahlet selbst. Gott wolls

---

*) Der Wald, der ehedem von Tzschocha bis Hagendorf reichte und der Haugk oder Holgk hieß, gab wahrscheinlich dem Orte seinen Namen.

**) Siehe Seite 89. vorliegenden Werkes.

vor Gefahr Ihr Gestrengten und ihr ganz Geschlecht bewahren und ihres vergelten mildiglich, hier zeitlich und dort ewiglich."

Kaspar von Nostitz ließ nämlich von 1617—1625 die Kirche renoviren. Sie besitzt mehrere sehr alte Leichensteine, Wappen, Bildnisse verstorbener Geistlichen und in dem gewölbten Theile Freskomalereien.

Das Dorf durchrauscht ein Forellenbach. Ein steinerner Galgen auf dem Galgenberge, südöstlich von Rengersdorf, wahrscheinlich jetzt der einzige in der Ober-Lausitz, erinnert noch an eine frühere Justiz.

1624, den 27. Juli, wurde zu Zittau ein Mordbrenner aus Rengersdorf mit glühenden Zangen gekneipt und lebendig verbrannt.

Im 30jährigen Kriege litt Rengersdorf unbeschreiblich; Kaiserliche, Schweden und Brandenburger wechselten unaufhörlich; an Tzschocha wagten sich die Feinde nicht. Von 1651—1689 Aufruhr der Bauern in Rengersdorf und Wiesa wegen der nach Tzschocha zu leistenden Hofedienste; sie verloren den kostspieligen Prozeß, konnten aber die Kosten nicht bezahlen.

Wiesa, Ober- und Nieder-, einst zur Herrschaft Tzschocha gehörig, liegt in dem schönen oberen Queißthale zwischen Greiffenberg und Friedeberg, Angesichts des nahen Isergebirges, mit noch nicht 100 Häusern und ca. 500 Einwohnern. Zu Ober-Wiesa am Queiß befindet sich eine geräumige Kirche, die in der ersten Hälfte des 16. Jahrhunderts evangelisch und nach der Kirchenwegnahme in Schlesien, 1653, bis zur Errichtung neuer Kirchen, 1741 ff., Zufluchtsstätte vieler ihrer Kirche Beraubten wurde. Deshalb fand die Errichtung eines Diakonats statt, das jedoch 1747 wieder einging. 1654 erfuhr die Kirche eine Erweiterung. 1803, den 5. September, traf ein Blitzstrahl den Thurm. 1497 starb das ganze Dorf an der Pest aus. Nach Ober-Wiesa sind eingepfarrt: Hartha mit einem Schloß und einer Schule, ein sehr altes Dorf mit ca. 300 Einwohnern; Scholzendorf mit ca. 200 Einwohnern; Karlsberg mit etwa 200 Einwohnern; Goldbach mit ca. 200 Einwohnern, sämmtlich durch vertriebene Schlesier und Böhmen erbaut oder vergrößert. In letzterem Orte war zur Zeit des in Goldentraum betriebenen Goldbaues eine Goldwäsche.

Zu Nieder-Wiesa Kirchenplan hat die Stadt Greiffenberg ihre evangelische Kirche, Pfarr- und Schulgebäude. Nachdem die evangelischen Greiffenberger 1654 ihre Kirchen verloren hatten, hielten sie sich zur neuen Grenzkirche in Friedersdorf am Queiß, ließen sich aber einen Revers ausstellen, daß sie nicht an sie gebunden wären; bald zerfielen sie mit dem Grundherrn in Friedersdorf und baten 1668 beim Kurfürsten von Sachsen, sich eine nähere Kirche bauen zu dürfen. Durch Vermittelung des Herrn Christoph von Nostitz auf Tzschocha, dem damaligen Grundherrn von Wiesa, erhielten sie die Erlaubniß zum Kirchenbaue; der Platz dazu wurde am 26. Mai 1668 vom Landeshauptmann von Vitzthum abgesteckt; am 19. Mai 1669 konnte schon ihre Weihe stattfinden. Zu ihr hielten sich 7 schlesische Städte und 87 Dörfer bis auf 7 Meilen Entfernung.

1730—33 wurde sie durch eine steinerne ersetzt und in Kreuzform erbaut; seit 1741 ist ihr Sprengel sehr geschmolzen. Die Parochie Nieder-Wiesa gehört zur Diözese Löwenberg II.

1738, den 12. Januar, starb der hochverdiente Pastor der damals sehr volkreichen Kirchgemeinde Nieder-Wiesa, Magister Schwedler, im 58.

Jahre seines Alters. Von ihm haben wir das herrliche Passionslied: „Wollt ihr wissen, was mein Preis?" &c. Die Schule zu Nieder-Wiesa stand früher in dem Range eines Progymnasii.

Hartmannsdorf, am Heinersdorfer Wasser, eine Viertelstunde südwestlich von Marklissa und an Böhmisch-Wünschendorf grenzend, hat 210 Häuser, ein Schloß, eine Schule, eine Ziegelei, drei Mühlen, von denen die obere den Namen: „Schleifmühle" führt, da ehemals hier eine Granatschleiferei bestand. Die Zahl der Einwohner, größtentheils Lein- und Kattunweber, Fabrikarbeiter und Spähnmacher, welche letztere das Buchenholz dazu aus dem Hochwalde beziehen, beträgt 1220. Der Ort liegt in einem engen und tiefen Thale. In der Nähe liegen der Hummel-, Hopf- und Wachberg, alles Basaltberge mit vortrefflichen Fernsichten in die Laubaner, Görlitzer, Löwenberger und Friedländer Gegend. Im Dominialwalde überrascht ein Plätzchen, Wilhelminenhöh genannt.

Am 17. November 1635 wurde Ursula Neumann, eine Kindesmörderin, mit dem Schwert hingerichtet und der Leichnam auf's Rad gelegt.

1685 brannte der Hof ab. Im 7jährigen Kriege schlug die Kaiserlich österreichische Armee vom Wachberge an bis Linda auf ein Vierteljahr ihr Lager auf.

1802, den 24. Dezember, starb der Sohn des Schäfer Falz an der Tollwuth.

Am 16. Juli 1803 riß die wilde, eihem Strome gleichende Bach 5 Häuser weg.

Schadewalde, am Queiß und am Heinersdorfer Wasser, dicht bei, ja zum Theil in Marklissa liegend, zählt 134 Privatwohnhäuser, 1 Schloß, 1 Dauermehlmühle, 2 Ziegeleien und 800 Einwohner, die größtentheils sich mit Landbau und Weberei beschäftigen oder Fabrikarbeiter sind. Das Dorf führt verschiedene Namen; so heißt der Theil, wo Schloß und Gerichtskretscham befindlich sind, Schadewalde und wozu nicht mehr als 3 Häuser des Ortes gehören. Hinter ihm liegen die Hellhäuser, unter ihm die Zeidelhäuser: über ihm bis zur Kirche die Altstadt; das Oberdorf führt den Namen Zwölfhufen, wozu auch die Feldhäuser gehören. Die Altstadt ist auf der Stelle, wo früher die Stadt Marklissa stand. Vor Zeiten grub man am Hellberge Ziegelerde.

Es geht die Sage, zwei Ritter, die Brüder gewesen seien, hätten sich hier niedergelassen und als man den schönen Wald gelichtet, habe der eine zum andern gesagt: „es ist doch schade um den Wald!" Das Gerichtssiegel enthält 3 Bäume.

1460, Donnerstag vor Cantate, wurde der Ritter Christoph von Döbschütz vom Könige Georg von Podiebrad mit Schadewalde belehnt.*) Mehr als 300 Jahre war der Ort im Besitze dieser hochachtbaren Familien, deren Nachkommen in Schlesien und der Lausitz ansäßig sind. Heinrich von Döbschütz führte 1529 die Reformation in Marklissa ein und die Kirche bewahrt noch in dankbarer Erinnerung sein und seiner Gemahlin Magdalena, geb. von Uechtritz, aus dem Hause N.-Steinkirch, Bildniß. Georg von Döbschütz, ein sehr tapferer Ritter, kämpfte 1565 in Ungarn gegen die Türken, 1571

*) Ein Gleiches geschah am nämlichen Tage mit Döbschütz bei Reichenbach an einen Ritter von Döbschütz. Siehe N. L. Monatsschr. 7 St. 1803. Seite 30.

und 1572 half er in den Niederlanden die Hugenotten gegen ihre Verfolger schützen. 1593 zog er als Hauptmann unter dem General Feldmarschall Melchior von Rödern, Freiherrn zu Friedland und Seidenberg, gegen den Sultan Amurad, der in Ungarn einfiel, zu Felde und focht in der Schlacht bei Sisseck, den 22. Juni 1593, woselbst 5000 Christen einen glänzenden Sieg über 12—18000 Türken errangen. Er ist der Stifter des großen Majorats auf Schadewalde und Marklissa, verlieh der Stadt noch einen Jahrmarkt und erließ der Bürgerschaft die Hofedienste. Er starb den 8. April 1632. Die Kirche bewahrt noch seinen kunstreichen kupfernen, zum Theil vergoldeten Sarg.*)

Nicol von Döbschütz (1617—1692), Fürstlich würtembergischer und Oelsnischer Landrath, Hofrichter und Landesältester, erweiterte die Kirche gegen Mittag um die Hälfte. Sein Leichenstein, mit eisernem Gitter, steht an der äußeren Wand des Theiles der Kirche, worin der Altar sich befindet.

Sophie Renate Charlotte v. Döbschütz, verm. v. Mauschwitz, verkaufte Schadewalde 1784 an die Frau Obrist von Manteuffel, geb. Baronesse von Dyherrn, von deren Strenge heute noch die Rede ist. Wer am Sonntage Gras mähte, Holz hackte oder überhaupt gegebene polizeiliche Befehle übertrat, mußte das Halseisen zieren, Leibes- oder Geldstrafe ausstehen; gefallene Jungfrauen mußten eine Anzahl Säcke unentgeltlich an die Herrschaft entrichten. Ihre Besitznachfolger waren: der Kaufmann A. Stöltzer, dessen Sohn, Dr. Christian August Stöltzer, der das Gut nach mancherlei erlittenen Unfällen 1804 an Andreas von Nitsche, Dr. med., verkaufte. 1820 kaufte dessen gewesene Gemahlin, Christiane Friederike, geb. von Mobrach, später vermählte Frau Hauptmann Giersberg, das Gut Schadewalde mit Zubehör. Sie beschloß ihr thätig nützliches Leben am 9. September 1838 zu Dresden. Durch zwei Stiftungen hat sie sich aber ein bleibendes Gedächtniß gesichert, indem sie 2000 Thlr. legirte, deren Zinsen, nach Kürzung des Honorars für den Armenarzt, 4 Ortsarme lebenslänglich beziehen. 300 Thlr. legirte sie der Schulkasse mit der Bestimmung, daß der Lehrer die Zinsen zu seiner bessern Subsistenz beziehe, wogegen er 4 armen Kindern unentgeltlichen Unterricht zu ertheilen habe. Nach ihr waren Besitzer des Rittergutes Schadewalde: Kaufmann W. E. Exner, Kammerherr Otto von Zastrow, Baron von Badenfeld, Gerichtsdirektor verw. Bail. Gegenwärtig aber besitzt es der Graf Max von Marschall, K. K. Rittmeister a. D. und Großherzoglich sachsen-weimarscher Kammerherr.

Ein Feldstück hinter der sogenannten Schaftreibe wird die Krähhütte genannt. Die Döbschütze bauten hier eine Hütte, von der aus sie auf die Krähen schossen. Der Schnurrjäkel ist ein Ackerstück zwischen dem Gemeinde-Fiebig und dem ehemals Weise'schen Bauergute. Die Mörderwiese, unterhalb der Prettinbrücke, hat ihren Namen von einem hier verübten Morde; auf der daneben befindlichen Richterwiese soll der Mörder hingerichtet worden sein.

Vor dem Stege, unterhalb der Queißmühle stand in früherer Zeit die Staupsäule mit 2 Ringen.

1623 erschlug ein berüchtigter Mordbrenner der Altstadt einen Han-

*) Ein Mehreres hierüber findet man in meiner Chronik von Schadewalde, Seite 10.

delsmann aus Annaberg. Am 7. Juni 1623 wurde hier ein Mörder, der 18 Mordthaten verübt hatte, gehenkt und aufs Rad geflochten.

1626, am 5. Trinitatis-Sonntage, raubte ein Wolf ein Kind hierselbst und verzehrte es im Walde.

1633 und 1634 grassirte in Schadewalde die Pest. Die Todten wurden auf dem Pestkirchhofe an der Lehne des Wiedmuthberges beerdigt. 1631, den 6. Oktober, Plünderung durch Kaiserliche; der Bauer Ansorge auf dem Strohhofe wurde von ihnen erstochen. 1632 und 1633 Plünderung des Ortes und Schlosses durch die Sachsen.

1641 litten die Getreidefelder viel von Mäusefraß. 1650, 12. März, erstickte M. Knobloch's Frau in der Altstadt an einem Stückchen Fleische. 1693 ließen sich Heuschrecken hier sehen.

1702, den 26. Oktober, brannten in der Altstadt, bei Gelegenheit des Stadtbrandes, 5 Bauerhöfe, 41 Gärtner- und Häuslerstellen ab.

1706, den 6. September, Durchmarsch der Schweden; der König Karl XII. passirte den Ort.

Die Kriegsjahre 1757—59 kosteten dem Orte 15,337 Thlr., ungerechnet die Lieferungen und schweren Kontributionen an die Preußen; überhaupt aber verursachte der 7jährige Krieg dem damals noch kleinen Orte einen Verlust von 30,000 Thlr. Im 7jährigen Kriege wurde ein Pandur, Sohn einer Apothekerwittwe in Ungarn, welcher einem Kameraden einige Groschen Geld entwendet hatte, auf dem heute noch bekannten „Radfleckel" gehenkt und auf's Rad geflochten.

1764 herrschte die Klauenseuche unter dem Rindvieh. 1773, den 13. März, verunglückte in einer Wildgrube des Döbschützwaldes ein Koch aus Friedland. 1782 grassirte im April und Mai das Katarrhalfieber, auch die russische Krankheit genannt. 1799, den 9. Juli, traf ein Blitzstrahl den herrschaftlichen Kuhstall, sämmtliche Wirthschaftsgebäude brannten ab; auch verbrannte viel Vieh.

1803, den 16. Juli, litt der Ort unbeschreiblich viel durch die in Folge eines Wolkenbruchs hochfluthende Bach; in vielen Häusern stand das Wasser bis an die Stubendecken; Menschen und Vieh kampirten auf den Böden der Häuser. 1804, den 14. Juni, traf den Ort eine neue Verheerung durch Hochwasser des Queißes; das Wehr wurde weggerissen. 1806 starb auf hiesigem Schlosse der besuchsweise sich hier aufhaltende Landschaftsmaler Christoph Nathe, geboren 1753 in Nieder-Bielau. Er ruht in der herrschaftlichen Gruft und eine Marmortafel an der Kirche bezeichnet seine Grabstätte. 1807 und 1808 hatte der Ort viele Kriegslieferungen zu leisten, auch starben viele Einwohner an der damals grassirenden Ruhr. 1813 und 1814 hatte derselbe durch Einquartierungen, Durchmärsche und Lieferungen viel zu leiden. Ein Baschkir starb hier und wurde Abends unter vielen Ceremonien auf dem Kellerberge beerdigt. 1820 errichtete der Hauptmann Giersberg auf hiesigem Dominio die erste Dreschmaschine in der Gegend. 1830, 30. Januar, kam bei dem Geschäfte des Aufeisens der Müllergeselle Klemmt unter das Wasserrad; mehrere Rippen wurden ihm gebrochen. Unter vielen Schmerzen gab er den nächsten Tag seinen Geist auf. 1833 herrschte die Grippe im Orte; kein Haus, kein Alter und Stand blieb verschont. 1835, den 26. November, wurden in der Sandgrube beim schwarzen Teiche zwei Hospitaliten aus Schwerta, Vater und Sohn, beim Scheuersandsuchen von einer herabstürzenden Erdscholle verschüttet; der letztere wurde todt hervorgezogen. 1837 stellte sich die Grippe zum zweiten Male ein; 8 Personen erlagen derselben. 1838 litt das Rindvieh an der Maul- und Klauenseuche. Am 15. Juni 1838 stiegen nach 24stündigem Regenwetter Queiß und Bach zu einer Höhe, die der von 1804 fast gleich kam und richteten furchtbare Verwüstungen an. In der Queißmühle schweifte das Wasser einen eisernen Topf von der Ofenplatte. Der Verlust des Großgärtners und Frachtfuhrmanns Ritter wurde allein auf 1114 Thlr. 15 Sgr. taxirt. Im Frühjahr 1840 grassirten die Masern unter den Kindern. In einer Woche erkrankten 61 Schulkinder daran. Am 4. Februar 1840 traf die Altstadt eine furchtbare Feuersbrunst. In wenig Stunden lagen zwei Bauerhöfe, 3 Großgärtner-, 4 Kleingärtner-, 1 Häuslerwohnung, sowie der Gerichtskretscham in Asche. — In Folge eines längs des ganzen Lausitzergebirges wahrgenommenen Wolkenbruches stiegen Queiß und Bach am 1. und 2. August 1858 zu einer Höhe, welche den Wasserstand des Queißes im Jahr 1804 um 2 Fuß übertraf. Alle Häuser des Ortes, ausgenommen die auf den Anhöhen, standen unter Wasser und die Bewohner der am meisten bedrohten Häuser standen fast 24 Stunden lang die größte Lebensgefahr aus, da ihnen bei Mangel an Lebensmitteln Niemand zu Hilfe eilen konnte; der größte Theil des Viehes konnte nur mit Mühe gerettet werden. Mehrere Häuser wurden so demolirt, daß sie dem Einsturz drohten. Alle Stege, Brücken, Dämme, Zäune und ein Theil der Ernte wurden von dem wüthenden Elemente fortgerissen. Der Queiß brachte viele hundert Klaftern Holz, große Waldbäume, Brettklötzer, Häuser, Brücken, Stege, Haus- und Wirthschaftsgeräthe mit. Wo man hinsah, erblickte man den Greuel der Verwüstung. Die fruchtbaren Wiesen, Felder und Gärten am Queiß waren mit Sand- und Steingerölle mehrere Fuß hoch überführt oder gräßlich zerrissen; der Wehrdamm auf der Beerberger Seite wurde durchbrochen und es nahm die Fluth ihren Hauptlauf auf das Schloß zu Beerberg zu. Der Schaden wurde auf 6266 Thlr. taxirt. Bedeutende Eisgänge kamen in den Jahren 1709, 1744, 1780, 1795, 1809, 1821, 1830, 1841 und 1850 vor. Der Eisgang am 26. und 27. Januar des letztgedachten Jahres, verbunden mit der Ueberschwemmung am 2., 3. und 4. Februar, verursachte einen Schaden von 717 Thlr. 26 Sgr. 3 Pf. Da eine Eisverstopfung in Nähe des Schulhauses stattfand und die gewaltigen Eismassen trotz aller Anstrengung nicht flott gemacht werden konnten, so wurde ein Kommando der 5. Fuß-Kompagnie 5. Artillerie-Regiments zu Glogau zur Sprengung des Eises beim Schulhause requirirt, welche mittelst 13 Stück Sprengladungen die gewaltigen Eismassen zum Weichen brachte; die Kosten beliefen sich deshalb auf 43 Thlr. 2 Pf., wobei Schadewalde mit 5 Thlr. 16 Sgr. 2 Pf. partizipirte. Bedeutenden Hagelschlag erfuhr Schadewalde 1735, 1755, 1789, 1797, 1812, 1831 und 1841, den 22. Mai. Der Schaden, den der Hagelschlag 1831, den 7. August, verursachte, wurde auf 784 Scheffel 12 Metzen erachtet.

In der Nähe des Ortes befinden sich Granit- und Basaltbrüche, sowie der Knappberg, von welchem aus man die Stadt Görlitz erblickt. Weniger hohe Berge sind der Grellberg, der Hellberg, der Sommerberg, der Mühlberg und der Taubenberg, der eine schöne Aussicht in's Queißthal bis Lauban zuläßt. Ein herrliches Panorama gewährt das vom Hauptmann Giersberg zu Ehren seiner Gemahlin auf der höchsten Stelle des Döbschützwaldes erbaute steinerne Belvedere, von wo aus man die belohnendste Aussicht nach Böhmen, Schlesien und der Lausitz hat.

Eine kleine halbe Stunde westlich von Schadewalde liegt der hierher gehörige Pertinenzort **Prettin**, am Gerlachsheimer Bach, mit 16 Häusern und ca. 80 Einwohnern, mit Weberei sich beschäftigend. Das Jahr der Entstehung dieser Kolonie ist unbekannt; eine Brettschneidemühle, die jedoch längst wieder eingegangen ist, soll das erste Etablissement hierselbst gewesen sein. Mehrere Häuser wurden in der ersten Hälfte des 18. Jahrhunderts von einer böhmischen Exulantenfamilie, Namens Lupas aus Horka, erbaut; ihre Nachkommen sind noch hier angesessen und einer von ihnen bewahrt noch das Schloß, womit sein Vorfahr gefesselt wurde, als er seinen Geschwistern in Horka von Prettin aus einen Besuch machte und weder durch Bitten noch durch die fürchterlichsten Drohungen zu bewegen war, hier zu bleiben und in den Schoß der katholischen Kirche zurückzukehren. Wie durch ein Wunder Gottes wurden seine Füße aus dem Stock, in den man sie im Kretscham gelegt hatte, befreit; die Fesseln entfielen seinen Händen und obwohl in Folge Läutens der Sturmglocke auf der Iser verfolgt, entkam er doch seinen Verfolgern und gelangte glücklich wieder in seinem Wohnorte an.

Oertmannsdorf, Ober- und Nieder-, am Queiß, hat im Ganzen 167 Wohnhäuser und 819 Einwohner, die sich größtentheils mit Landbau und Weberei beschäftigen. Der Ort ist von Nieder-Schadewalde nur durch den Prettinbach, der bei der Grenzbrücke in den Queiß mündet, getrennt und stößt nördlich dicht an Holzkirch an. Ober-Oertmannsdorf, z. Z. im Besitze des Rittmeisters und Kammerherrn Grafen Rer, zählt 114 Privatwohnhäuser und 575 Einwohner, besitzt ein schönes Schloß mit Park, eine Dauermehlmühle, eine Ziegelei und Granitsteinbrüche, wovon der eine schöne Platten liefert. Von den Berghäusern, nach dem Iser- und Lausitzergebirge hin, eröffnet sich dem Auge eine malerische Landschaft.

1618, am Tage Jakobi, brannte der Hof mit einigen benachbarten Gebäuden ab.

Nach dem Tode des Pastors Henning Arndt zu Marklissa im Jahr 1710 entstand wegen Besetzung des Pastorats Streit. Der damalige Besitzer von Ober-Oertmannsdorf, Obristwachtmeister von Lüttichau, wollte die Stelle besetzen, ließ auch einen Kandidaten aus Dresden kommen, der am Tage Jakobi predigte. Die Patronatsherrschaften hatten hingegen zur Besetzung des Pastorats M. Gerbern aus Wigandsthal nach abgelegter Probepredigt gewählt. Der von Lüttichau wollte von seinem Vorhaben nicht abgehen, zumal da er einige Bürger von Marklissa auf seiner Seite hatte. Der Streit endigte damit, daß der Hof zu Dresden entschied, noch einen dritten Geistlichen an der Kirche zu Marklissa anzustellen, was denn auch 1711 geschah.

Derselbe Herr von Lüttichau wollte sein Bildniß in die Kirche hängen lassen und da ihm das Kirchenkollegium dies verweigerte, so ließ er es in einer Nacht mit Gewalt in die Kirche bringen und aufhängen.

1793, in der Nacht vom 3. zum 4. November, brannte der mit Rohr gedeckte herrschaftliche Schafstall ab; 700 Schafe und sämmtliche Futtervorräthe wurden ein Raub der Flammen.

1848, den 27. Februar, legte ein junger Mensch aus einem benachbarten Dorfe, von Rache getrieben, Feuer an; 7 Häuser wurden in Asche gelegt. Im Jahr 1858 wurde von beiden Gemeinden ein neues massives Schulhaus in Nähe des Oberhofes erbaut und die alten, unzweckmäßigen Schulhäuser zu Ober- und Nieder-Oertmannsdorf von den betreffenden Gemeinden verkauft.

Nieder-Oertmannsdorf hat 53 Häuser und 244 Einwohner, die Landbau und Weberei treiben. Das Dominium soll einer Sage zufolge durch mehrere eingezogene Bauergüter vergrößert worden sein und das Schloß sich auf der Stelle des ehemaligen Kretschams befinden. Vom Rothschafstalle in der Nähe des Waldes genießt man eine reizende Aussicht auf die nahe und entfernter liegende Gebirgslandschaft.

Nach dem westphälischen Frieden ließen sich zu Nieder-Oertmannsdorf viel böhmische Exulanten nieder, und da sie der deutschen Sprache unkundig waren, so suchten sie 1686 am sächsischen Hofe die Erlaubniß nach, sich ein Bethaus erbauen zu dürfen. Unterm 16./26. Juni ging denn auch die vom Kurfürst Johann Georg von Sachsen bewilligte Konzession ein. Die Exulanten hielten sich Lektoren oder Vorleser und Vorsänger. Der letzte Lektor, Johann Zeiske, starb 1779 und von da ab erreichte der Gottesdienst der dasigen kleinen, böhmischen Gemeinde seine Endschaft. 1797 wurde das Bethaus, unterhalb des Dominialgehöftes auf einer Wiese stehend, seiner Baufälligkeit halber abgebrochen.

Die Nachkommen jener Exulanten hatten inzwischen die deutsche Sprache erlernt und hielten sich nun zum Gottesdienste in Marklissa, woselbst die Exulanten seither schon die Ministerial-Akte, als: Beichten, Kommunizipen, Taufen, Beerdigungen vollziehen lassen mußten. 5 Vorleser und 4 Vorsänger haben nach einander den Gottesdienst der böhmischen Gemeinde in dem erwähnten Bethause geleitet. Von jenen Exulanten sind noch gegenwärtig Nachkommen, sowie eine Bibel in böhmischer Sprache vorhanden.

Holzkirch, am linken Ufer des Queißes, das vordem den Namen Kunnersdorf führte, zählt 85 Häuser und 485 Einwohner, die sich hauptsächlich mit Ackerbau beschäftigen. Ueber den Queiß führt eine hölzerne Brücke nach dem nahe gelegenen Wingendorf und dem schlesischen Orte Steinkirch. In der Nähe des Schlosses, mit Parkanlagen versehen, hat man von einer Anhöhe aus eine herrliche Aussicht in's romantische obere Queißthal; man überschaut von hier die Kette der Sudeten von Böhmisch-Friedland bis nach Schmiedeberg. Die Kirche ist alt und finster. Die Reformation wurde um das Jahr 1540 eingeführt; der erste Pastor war wahrscheinlich Phil. Hildener. Da die Evangelischen der benachbarten schlesischen Kirchspiele, die im Jahr 1653 ihre Kirchen verloren hatten, sich hierher hielten, so erfuhr die hiesige Kirche eine Erweiterung. Der zu Ende des 17. Jahrhunderts hier amtirende Geistliche, Johann Neubarth, war als Astronom und Astrologe bekannt. Die hier befindlichen 4 Ziegeleien liefern ein ausgezeichnetes Fabrikat, das seinen Weg bis in's Hirschberger Thal findet. Die Dominial-Brauerei ist ihres vortrefflichen Lagerbiers halber weit und breit bekannt.

Im Pönfalle verlor die Stadt Lauban Holzkirch. Am 28. Oktober 1549 kaufte Hans von Nostitz auf Tzschocha, ein Vetter des Amtshauptmanns Dr. Ulrich von Nostitz, Holzkirch um 1600 Thlr.

Den 13. August 1798 Vormittags brannten die herrschaftlichen Wohn- und Wirthschaftsgebäude des damaligen Herrn von Ponikau und Pilgramsdorf gänzlich ab; selbst die nach dem Brande vom 7. zum 8. April wieder aufgebauten Wirthschaftsgebäude wurden abermals ein Raub der Flammen. 2 Tage vorher las man an den Thüren des Gesindehauses die Drohung: „binnen 2 Tagen muß der Hof doch brennen."

Obgleich 8 Wächter ausgestellt worden waren, so erfolgte doch der Brand, wobei 240 Schock Getreide, 100 Stück Betten, viele andere Mobilien, die Schöppenbücher und das Gerichts-Archiv von den Flammen verzehrt wurden.

Gerlachsheim, ein sehr großes Dorf an der böhmischen Grenze und am Gerlachsheimer Wasser, besteht aus 4 Gemeinden. Es hat ohne Karlsdorf 460 Häuser und 2567 Einwohner, 1 evangelische Kirche, 2 Schulen mit 3 Lehrern, 4 Dominialhöfe, 7 Getreide- und 3 Brettmühlen. Hauptnahrungszweige sind Ackerbau und Weberei. Gerlachsheim war schon 1346 ein Kirchdorf und stand unter dem erzpriesterlichen Stuhle zu Seidenberg, 1543 erhielt es den ersten evangelischen Geistlichen, Namens Johann Horn. Zu Mittel-Gerlachsheim (181 Häuser und 985 Einwohner) soll früher ein Kloster vorhanden gewesen sein. Auf einem Hügel, nahe beim Hofe zu Ober-Gerlachsheim, soll einst ein Götzentempel gestanden haben, noch heute wird er so genannt. Von dem im Ober-Gerlachsheimer Walde, unweit Böhmisch-Wünschendorf*), gelegenen Queißerberge, einem mit Basalt bedeckten Hügel, meldet die Sage ein Gleiches. Ein Raubritter von Schwanitz auf Nieder-Gerlachsheim setzte sich mit einer damals in hiesiger Gegend hausenden Räuber- und Mordbrennerbande in Verbindung und machte bis in die Zittauer Gegend Streif- und Raubzüge. Er hatte Antheil am Zittauer Brande, 1608, und zwar, weil ihm ein dasiger Bürger ein Viertel Bier zu borgen versagte. Nach 16 Jahren wurden die Thäter ermittelt und getödtet. Der Raubritter von Schwanitz büßte am 26. August 1624 sein Leben zu Bautzen. Auf einem Blocke sitzend, angebunden mit Ketten, wurde er bei einem langsam brennenden Feuer geröstet. 1613 raffte die Pest 111 Opfer weg. 1712 brannte der Mittel-, 1749 der Niederhof ab. 1758, den 10. Mai, traf ein Blitzstrahl die Kirche, wobei sie in Asche gelegt wurde. 1759, den 6. Juli, schlug die Hauptarmee der Kaiserin Maria Theresia unter Daun auf längere Zeit ein Lager auf, welches über Hartmannsdorf, Gerlachsheim sich hinziehend bis Linda ging und vorzüglich die Gegend des Wachberges bedeckte. Den 6. September verließen die letzten Soldaten das Dorf. 1766 große Ueberschwemmung. Nieder-Gerlachsheim im Winkel war bis 1816 eine böhmische Enklave und wurde gemeinhin der „böhmische Winkel" genannt. Am 10. Juli 1816 wurde derselbe mit der böhmischen Enklave Güntersdorf an eine Königlich preußische Kommission Seitens der böhmischen und sächsischen Kommissarien übergeben. Die Schlagschenke an der Marklissa-Görlitzer Straße gehörte dahin. Jeder die Landstraße passirende Wagen mußte einen Dreier am Schlagbaume zahlen.

Auf dem Dominium Ober-Gerlachsheim wird bedeutender Flachsbau betrieben; im Jahre 1860 auf einer Fläche von 185 Morgen. Auf dem

*) sepulcrum Vinichopez, bedeutet so viel als Grabhügel. Der Name kommt in einer oberlausitzer Grenzurkunde vom Jahre 1213 vor. Siehe N. L. Magazin Seite 301.

Dominium Mittel-Gerlachsheim ist eine Käserei, die bedeutende Geschäfte macht. In Nieder-Gerlachsheim ist eine Dominial-Dampf-Mehlmühle mit Dampfbäckerei und ein Ananas-Treibhaus, das seine Beheizung durch den überflüssigen Dampf aus der Dampf-Mehlmühle erhält.

Das Dominium Nieder-Gerlachsheim im Winkel legte vor einigen Jahren ein Kohlenbergwerk an; wegen Unergibigkeit kam es außer Betrieb.

Zu Mittel-Gerlachsheim gehört der Pertinenzort Karlsdorf auf einer Anhöhe, eine halbe Stunde westlich von Gerlachsheim, mit 33 Häusern, 154 Einwohnern. Böhmische Exulanten gründeten 1731 (33) den Ort unter Christoph Ernst von Gersdorf. Zu Ehren seines Sohnes erhielt die neue Kolonie den Namen Karlsdorf. Mit Kurfürstlicher Erlaubniß bauten sie ein Kirchlein und erhielten einen der böhmischen Sprache mächtigen Predigtamts-Kandidaten, Namens Augustin Schulze; der Pfarrer von Gerlachsheim verrichtete aber die eigentlichen geistlichen Akte. Dem schwärmerischen Kandidaten*) gefiel es hier nicht und da zufolge landesherrlicher Beschränkung in Aufnahme böhmischer Exulanten eine besondere Vergrößerung der neuen Kolonie nicht zu erwarten stand, so begab er sich nach Berlin, wohin ihm bald darauf in einer Nacht 1737 die böhmische Gemeinde zu Karlsdorf folgte. Nur eine Frau, Namens Plaschke, blieb zurück. Die Gemeinde ließ sich in Rücksdorf bei Berlin nieder, woselbst sie eine Brüdergemeinde gründete. Ihre Nachkommen wohnen noch hier und haben Gottesdienst in der böhmischen Sprache. Gegenwärtig wird im Karlsdorfer Kirchel alle 4 Wochen Beichte, Kommunion und Gottesdienst gehalten. 1833 wurde die Kapelle restaurirt.

Linda, Ober-, Mittel-, Nieder-, 1½ Stunde westlich von Marklissa, an einem kleinen Bache, der sich durch's Rothwasser in die Neiße ergießt, ist ein großes Weber- und Kirchdorf mit 441 Häusern und 2260 Einwohnern (mit Pertinenzien 2478 Einwohnern). Ober-Linda war ehedem im Besitze des Herrn Schachmann, des Mitbegründers der oberlausitzer Gesellschaft der Wissenschaften. Auf dem Dominium daselbst ist eine Dampfbrennerei und eine Käserei.

Das Dominium Nieder-Linda gehört dem Stifte St. Joachimsstein und besaß in früheren Zeiten ein Kloster. Im sogenannten alten Schlosse befindet sich eine seit 1. April 1856 gegründete Muster-Seidenbau-Anstalt. Dem Schloßteiche gegenüber, an der Straße nach Marklissa, gewahrt man in einer von Wigand von Salza 1520 erbauten Kapelle eine demolirte Marien-Statue. Der schönen Kirche, an der Grenze mit dem langen Heidersdorf, das hierher eingepfarrt ist, wird schon 1364 Erwähnung gethan; ihre jetzige Gestalt empfing sie aber erst 1711. Sie befindet sich auf dem sogenannten Kapellenberge und schaut mit ihrem achteckigen, steinernen Thurme in weite Fernen. Am 1. Januar 1855 schlug der Blitz in denselben; beide Durchsichte oder überhaupt der hölzerne Theil des 190 Fuß hohen

---

*) Der A. Schulze verwarf alle theologischen Schriften, namentlich alle Gebetbücher; er meinte, es wären niemals Bücher vom Himmel gefallen, der heilige Geist sei aber vom Himmel gekommen und wenn sie diesen hätten, so nützten ihnen jene nichts. Manche zerrissen ihre Gesangbücher und machten Rockenhüllen daraus. Schulze erklärte sich gegen die Kindertaufe und behauptete: wer selig werden wolle, müsse durch seine Lehre und Predigt wieder geboren werden, und beides, Tag und Stunde, genau wissen, wenn der Teufel von ihm ausgefahren sei; wer dies nicht wisse, habe den Teufel noch. Er verbot Schweinefleisch und Hasen zu essen.

stattlichen Thurmes brannten ab; die das Jahr vorher gegossenen Glocken schmolzen und Kirchendach und Orgel wurden bedeutend beschädigt. Am 24. Dezember 1855 wurden die neuen Glocken, von Hadank in Hoyerswerda gegossen, aufgezogen; ihr erstes Geläute war das zur Christnacht. Die große Glocke wiegt 17 Centner 14 Pfund.

Vor der Reformation, 1542 oder 1550, war die Kirche von Bellmannsdorf ein Filial von Linda; der erste evangelische Geistliche hieß C. Essenberg. 1708 wurde das Diakonat errichtet und Magister Arndt war der erste Diakonus. Nach mehrmaligen Erweiterungen erhielt sie, wie gedacht, 1711 die gegenwärtige Gestalt. Die schöne, ganz massive Kirche hat mehrere Alterthümer. An der mittäglichen Wand befindet sich in einer Nische eine 4 Fuß hohe Marien-Statue mit dem Kindlein auf dem Arme. Unter den alten Leichensteinen an der Kirche ist der zu Ehren der an ihrem Hochzeittage an einer Nadel 1628 gestorbenen Jungfrau A. Maria von Gersdorf aus dem Hause Linda merkenswerth. In eleganter Staatstracht, mit Kranz in den langen über die Schultern herabwallenden Haaren, befindet sich das Bild der unglücklichen Braut auf diesem mit 8 Wappen verzierten Denkmale.

1636 wurde eine Kindesmörderin von hier zu Lauban mit dem Schwerte hingerichtet. 1791 wurden bei Grabung eines Brunnens auf dem Kirchberge Brakteaten, altes Mauerwerk rc. gefunden.

Der Missionar Brückner aus Linda wirkte segensreich unter den Heiden der Insel Java.

In der Nähe und der Kirche gegenüber liegt der Silberberg. Man sagt, es seien hier Versuche auf Silber gemacht worden.*)

Heidersdorf, Ober-, Mittel-, Nieder-, ein nach Linda eingepfarrtes Weberdorf mit ansehnlicher Bauerschaft und gefälligen Häusern, hat 301 Häuser und 2 schöne Schlösser, mehrere Mühlen an dem unbedeutenden, von Ober-Linda kommenden Bache und 1766 Einwohner. Der Schwan, ein Wirthshaus an der Görlitzer Straße, liegt 877 Fuß über der Meeresfläche. Die Umgegend ist reich an Thonschiefer und Mergel. Oestlich vom Dorfe erhebt sich der Spitzberg mit schönem Basalte, in welchem Lavakörner liegen. Von ihm hat man eine vortreffliche Aussicht nach Schlesien, Böhmen und der Lausitz und es lohnt sich wohl der Mühe, daß Touristen, von Görlitz aus über Marklissa in's Gebirge wandernd, ihn nicht links liegen lassen. Ober- und Mittel-Heidersdorf ist z. Z. im Besitze des Baron aus dem Winkel; Nieder-Heidersdorf dagegen ist Besitzthum Sr. Excellenz des Präsidenten des Evangelischen Ober-Kirchenrathes und Wirklichen Geheimen Rathes von Uechtritz. Heidersdorf hat eine Schule mit 2 Lehrern. Die dasige Schützengilde hält alljährlich Auszug verbunden mit Scheibenschießen und empfängt dabei einer Bestimmung des Grafen Hohberg gemäß vom Dominium Nieder-Heidersdorf einen Dukaten.

1616 wurde zu Heidersdorf eine Frau der Zauberei angeklagt und verbrannt. 1740 wurde das Gut Heidersdorf in drei verschiedene Güter getheilt. Den 7. Februar 1763 marschirte das Königlich preußische Dragoner-Regiment Finkenstein, welches den Winter über hier und in Linda

*) Nicht unwahrscheinlich hat der Silberberg früher Silwerberg, worauf vielleicht die Verehrung der slavischen Göttin Silwa stattfand, geheißen.

gelegen hatte, nach dem Brandenburgischen ab. Am 12. Mai 1796 kaufte die Lehngüter Ober-, Mittel-, Nieder-Heidersdorf Johann Heinrich Friedrich Reichsgraf zu Solms und Tecklenburg von Hans Gottlob von Heldreich. 1793, den 5. November Nachts, brannte das Nieder-Vorwerk mit Vorräthen ab. Zu Nieder-Heidersdorf gehört die Kolonie Hohberg, nördlich von Heidersdorf liegend, noch nicht 200 Einwohner zählend. Der Ort hat eine Windmühle.

Pfaffendorf, zum Unterschiede von Pfaffendorf an der Landeskrone katholisch Pfaffendorf genannt, ein dem Kloster zu Lauban gehöriges, 1½ Meile westlich von Lauban gelegenes Dorf mit 127 Wohnhäusern, einer Wassermühle, einer Roß- und einer Lohmühle und 1064 Einwohnern, worunter 154 Evangelische sind. Die Handgarnspinner hieselbst sind als Feinspinner berühmt, da ein von ihnen gesponnener Strähn durch einen Fingerring gezogen werden kann. Ehedem fand das Pfaffendorfer Garn starken Absatz nach Groß-Schönau in Sachsen, wo es bei der Damastweberei verwandt wurde. In der Nähe liegen der Mai- und Oelberg. Der letztere hat seinen Namen davon erhalten, weil man auf ihm die Gefäße mit dem heiligen Oele fand, die vor 200 Jahren bei einem Kirchendiebstahle abhanden kamen.

Das erste Haus von Pfaffendorf, dessen Ursprung sich in die ältesten Zeiten verliert, soll ein Jägerhaus gewesen sein und im Walde gestanden haben; gar bald mehrten sich die Häuser bis auf 7. Am Eingange dieses neuen Dörfleins, da, wo jetzt das Vorwerk steht, war ein eisernes Thor und man nannte das Dorf im Laufe der Zeit: Pfaffendorf beim eisernen Thor. — Die ehemaligen Dominialgehöfte haben sich unweit der Mühle befunden. Die Schölzerei und die Bauergüter No. 182., 184. sind aus diesem Dominio hervorgegangen. Ein dem Dominio gehöriger großer Wald soll zur Zeit einer großen Hungersnoth um 7 Brote an das Dominium Schönbrunn verkauft, die Dominialgebäude aber von den Hussiten zerstört worden sein. Der Sage nach sollen drei adelige Fräulein zuletzt auf diesem Dominio gelebt haben. Eins von ihnen soll sich nach Schönbrunn verheirathet haben, das andere in das Kloster zu Lauterbach (?) und das dritte in's Kloster zu Lauban getreten sein. 1508 gehörte der Ort schon dem Kloster zu Lauban. Im 30jährigen Kriege brannte der Niederhof bis zur Lohmühle ab; Pest, Hunger und Elend wütheten furchtbar am Orte. Das Oberdorf starb an der Pest ganz aus. Vor der Reformation hielt sich Pfaffendorf nach Linda in die Kirche. 1569 wurde zu Pfaffendorf eine eigene Kapelle erbaut, die 1572 durch den Pfarrer v. Bärenstamm zur Kirche erweitert wurde. Durch Hilfe des Gustav-Adolph-Vereins hat es eine Schule für die evangelischen Kinder aus Pfaffendorf und Hohberg erhalten. Bereits seit 1846 empfingen die evangelischen Kinder dieser Orte vom Kantorate zu Geibsdorf aus den nothdürftigsten Unterricht in einem gemietheten Lokale zu Pfaffendorf; 1860 wurde hier ein Haus zum Schulhause vom Gustav-Adolph-Vereine erworben und am 22. April 1861 wurde der erste selbstständige Lehrer, Namens Kittelmann aus Rabishau, in sein Amt eingewiesen.

Küpper, früher Kuppir, mit Neu-Löben und Neu-Gablenz, ein ansehnliches Kirchdorf dicht an der böhmischen Grenze und am Rothwasser, ca. 1 Stunde östlich von Seidenberg, hat 209 Häuser und 1439 Einwohner, die zum großen Theile sich mit Weberei beschäftigen; Dominialbesitzer ist der Reichsgraf zur Lippe. 1346 war die Kirche schon vorhanden. Sie soll bis zu Anfange des 15. Jahrhunderts von einem Kapellan aus Seidenberg besorgt und dann erst Parochialkirche geworden sein. Wann sie evangelisch geworden, ist nicht bekannt. Als erster evangelischer Pastor wird 1551 Martin Fischer genannt. 1671 traf die Kirche ein Blitzstrahl. Die gegenwärtige freundliche, auf einer Anhöhe stehende massive Kirche mit stattlichem Thurm ist 1725 erbaut und gehört mit unter die schönsten Landkirchen der preußischen Ober-Lausitz. Sie besitzt mehrere Alterthümer, u. A. mehrere Denkmäler verstorbener Glieder der um Kirche und Schule sich verdienstlich gemachten hochachtbaren Gräflich Hochberg'schen Familie.

Am 11. Februar 1794 wurde auf dem Zuge in eine Trauung ein Hochzeitsgast des Gärtner Menzel von einem Gärtner Joseph Keil durch ein Gewehr erschossen. Der Getödtete war ein sechzehnjähriger Bursche, Namens Grosche aus Leuba.

Seit 1859 besitzt die Gemeinde auch ein wohleingerichtetes neues massives Schulhaus mit 2 Klassenzimmern.

Unweit Küpper, 1 Stunde östlich, befindet sich der Urberg, der einst die Burg Auersberg, deren Ueberreste noch wahrgenommen werden können, getragen hat. Von seiner Westseite hat man eine belohnende Aussicht in die Zittauer, Görlitzer und Rothenburger Gegend.

Mit Küpper hängt nördlich das große Weberdorf Berna, am Rothwasser, das ca. 1100 Einwohner hat, zusammen. Es hat ein Dominium, eine Schule mit zwei Lehrern und ist nach Küpper eingepfarrt. Unterhalb Berna liegt

Bellmannsdorf, Ober- und Nieder-, am Rothwasser, aus drei Gemeinden bestehend, hieß früher Baldrams- oder Voldramsdorf, auch Beldastorf, später Belmßdorf. Die Zeit der Entstehung ist unbekannt; die Wohnhäuserzahl beläuft sich auf 230, die der Einwohner auf 1260.

Die ältesten Besitzer von Bellmannsdorf waren die von Gersdorf. Hans von Gerßdorff, gestorben 1481, hinterließ das Gut zweien Söhnen, von denen der eine, Marl von Gerßdorff, ein Schöppenbuch auf seine Kosten anlegte, und da Niemand im Dorfe schreiben konnte, die Käufe eigenhändig in dasselbe eintrug. Früher, so schrieb er selbst in das Schöppenbuch, habe man bei Verkäufen nur Kerbhölzer gebraucht und diese vor Gericht berichtigt. Um 1540 scheint die Eintheilung in ein Ober- und Niederdorf bewirkt worden zu sein und 1716 dürfte man Nieder-Bellmannsdorf in zwei besondere Theile getheilt haben.

Zu Ende des vorigen Jahrhunderts wurden zur Zeit des Stiftsverwesers von Fehrentheil-Gruppenberg auf Ober-Bellmannsdorf die sogenannten Feldhäuser, nach 1820 die Häuser auf dem Steinberge in Nieder-Bellmannsdorf I. Antheils, seit 1834 an 70 neue Häuser gebaut. Schon 1346 war hier eine Kirche, die unter das Bisthum Meißen gehörte und dem Erzpriesterstuhle Görlitz untergeordnet war. Vor der Reformation war sie Filial von Linda. Unter dem Patronate Hans Wolf von Löben auf Ober-Bellmannsdorf und Martin Klug von Scharfeneck auf Nieder-Bellmannsdorf wurde die Kirche 1686 renovirt und mit einem neuen Thurme versehen, der außer zwei andern Glocken eine von 1443 trägt. 1719, 1724 und 1757, am 8. Mai, trafen Blitzschläge die baufällige und die Parochianen nicht mehr fassende Kirche, weshalb sie 1803 abgetragen und zu einem Neubaue geschritten wurde. Am 4. Advent 1804 war die neue, in einiger Entfernung von der alten aufgeführte, 767 Fuß über dem Meeresspiegel der Nordsee liegende, helle und freundliche Kirche so weit gefördert, daß an diesem Sonntage der erste Gottesdienst darin gehalten werden konnte. Ihre völlige Vollendung und Weihe konnte aber erst im Oktober 1806 stattfinden. Der Bau kostete, Fuhren und Handdienste ungerechnet, 9458 Thlr. 22 Gr. 2 Pf. 1831, den 21. Mai, wurden die in Klein-Welke umgegossenen drei Glocken aufgezogen. Am 11. Juni 1837 schlug der Blitz während des Katechismusexamens in den Thurm. Der Blitz drang in die Kirche und tödtete ein 13jähriges Mädchen, 13 Personen wurden betäubt. Der erste evangelische Pfarrer war jedenfalls Laurentius Frank, ein vertriebener Prediger aus der Herrschaft Friedland, den Ernst von Girsdorf bei sich aufnahm. 1548 wurde Johann Klotz von Bautzen nach seiner von Dr. Bugenhagen am Sonntage Misericordias domini erfolgten Ordination in's hiesige Pfarramt berufen. Das gegenwärtige Schulhaus wurde 1818 für 1200 Thlr. gebaut. 1521 wird als Lehrer Urban Prynke genannt.

Besonders verderblich war für hiesige Gemeinde die Zeit des 30jährigen Krieges, wo durch die Pest der Ort fast ganz ausgestorben sein soll (1633 und 1634).

Am 13. Oktober 1730 wurde der Kirchenräuber Hänel von hier auf dem Steinberge vom Scharfrichter aus Görlitz mit dem Schwert hingerichtet und der Körper auf's Rad geflochten.

Die Kriegsjahre 1813 und 1814 kosteten dem Orte an 10,000 Thlr. 1795, den 31. Juli, entlud sich ein furchtbares Gewitter, mit Schloßen begleitet, über dem Dorfe. Der Blitz zündete die Wohnung des Auenhäuslers Gottfr. Krug, tödtete ihn und sein 3 Jahr altes schlafendes Töchterchen und sein 6jähriges Söhnchen fand in den Flammen seinen Tod. Am 19. März 1843 starb in Folge Genusses von Wasserschierling ein 3jähriges Mädchen des Häusler Junge in Nieder-Bellmannsdorf.

Das Dorf Ober-Halbendorf, in älteren Zeiten auch Kühzal genannt und im Pönfalle der Stadt Görlitz gehörig, von dieser aber 1565 an den Dr. med. Paul Siegmund verkauft, ca. 50 Häuser und 250 Einwohner zählend, ist nach Bellmannsdorf eingepfarrt.

Alt-Seidenberg, ein Dorf bei Seidenberg mit 127 Häusern und 646 Einwohnern, ist Geburtsort des Theosophen Jakob Böhme, welcher die Schuhmacherei erlernte und sich später in Görlitz etablirte, woselbst er auch starb und auf dem Nikolai-Kirchhofe sein Grab hat. Die Vorsehung hatte in seine Natur eine wunderbare Tiefe und Innigkeit des Gemüths, mit einem unwiderstehlichen Durste nach göttlicher Wahrheit, eine glühende Einbildungskraft mit nicht gewöhnlicher Schärfe des Verstandes, vereint und so wurde er bei seinem tief religiösen Wesen auf das Feld der Theologie und Philosophie getrieben, wo er für seine Verhältnisse Außerordentliches geleistet hat.

1715 ließ Baron von Klix auf Alt-Seidenberg auf dem Platze, wo das Michaeliskirchlein gestanden hat, eine neue Kirche aufführen und wollte ein eigenes Kirchensystem errichten. Da ihm aber nur gestattet wurde, die Kirche als Hofkapelle zu gebrauchen; ohne dem Seidenberger Ministerio Eintrag zu thun, so blieb der Bau liegen und das beabsichtigte Kirchengebäude wurde später zu anderen Zwecken verwendet.

Nieder-Rudelsdorf bei Seidenberg, an der Chaussee zwischen Seidenberg und Görlitz, ein mit Marktgerechtigkeit beliehenes Dorf mit einigen 70 Häusern und ca. 300 meist Ackerbau treibenden Einwohnern. Der Viehmarkt ist einer der besuchtesten der Ober-Lausitz. Das Schulhaus war in früherer Zeit zur Hälfte das Meisterhaus, worin an Jahrmarktstagen Tuchmacher und Kürschner feil hatten. Das Dominium Nieder-Rudelsdorf gehört dem Landesältesten der Ober-Lausitz Königlich preußischen Antheils, Grafen von Loeben. Sowohl Ober- als Nieder-Rudelsdorf sind nach Seidenberg eingepfarrt.

Schönbrunn, Ober- und Nieder-, mit Hartha, von Lauban WSW. und 6/4 Stunden östlich von Görlitz, ist ein Kirchdorf mit 241 Häusern; hat ein geschmackvolles Schloß, ein Vorwerk, eine Kirche, eine Schule, eine Brauerei und 1319 Einwohner, deren Hauptbeschäftigung Ackerbau und Spinnerei ist. Das kürzlich restaurirte Schloß, lange Zeit Sitz derer von Schindel, Park, Lust- und Ziergarten sind sehenswerth. Im Schönbrunner Walde befinden sich einige unbenutzte Mineralquellen. Dem Dominio, eins der größten im Laubaner Kreise, gehört eine Dampfbrennerei, ein Braunkohlenbergwerk und ein schöner Wald. Westlich vom Dorfe befindet sich auf einer Anhöhe ein Denkmal an der Stelle, wo während des Waffenstillstandes 1813, als die französische Division Durotte, zum 7. Armee-Korps des Marschalls Reynier gehörig, hier ihr Lager aufgeschlagen hatte, der Feldaltar stand. Schönbrunn litt damals mehr, wie jedes andere Dorf in der preußischen Ober-Lausitz. Der größte Theil der Felder wurde verwüstet und Requisitionen, Plünderungen und gewaltsame Erpressungen waren an der Tagesordnung. Im gedachten Jahre quartierten sich Seitens der vereinigten russischen, preußischen und der französischen Truppen ein: 60 Generale, 393 Stabsoffiziere, 1120 Oberoffiziere, 24,449 Unteroffiziere und Gemeine, 14,604 Pferde. Diese verbrauchten an Fourage 1916 Scheffel Hafer, 1436 Centner Heu und 46 Schock Stroh. Gewaltsam requirirt und erpreßt und in's Landmagazin geliefert wurden 276 Centner Mehl, 97 Scheffel Korn, 15 Scheffel Erbsen, 8 Scheffel Grütze, 2968 Scheffel Hafer, 3820 Centner Heu, 102 Schock Stroh, 227 Klaftern Scheitholz, 125 Schock Stangen, 1254 Brote, 147 Zentner Brot, 4 Eimer Branntwein, 23 Tonnen Bier, 149 Stück Schlachtvieh, 5 Centner Fleisch, 79 Pferde, 83 Ochsen, 559 Schafe, 6795 Thlr. baares Geld.

Die Kirche zu Schönbrunn wird schon 1388 erwähnt; evangelisch wurde sie ca. 1540 durch Pfarrer Lorenz von Taubadel. — 200 Jahre lang war Schönbrunn im Besitze der Familie von Warnsdorf. Georg von Warnsdorf (1550—1582) machte sich bei seinen Unterthanen durch Druck und Gewaltthätigkeiten sehr verhaßt. 1564 ließ er einen Schönbrunner, der ihm etwas Getreide aus seiner Scheune entwendet hatte, ohne alle Gnade und Barmherzigkeit aufhängen. Dies reizte seine Unterthanen dermaßen zur Rache, daß sie ihn eines Sonntags, als er in die Kirche ging, überfielen und mit spitzigen Messern erstechen wollten. Seine treue Dienerschaft entriß ihn den mordgierigen Händen. Drei der Uebelthäter wurden auf dem Obermarkte zu Görlitz hingerichtet; die übrigen mußten im Büßergewand, einen Strick um den Hals, der Hinrichtung zusehen. Hierauf mußte die Gemeinde ihre Waffen abliefern und dem Herrn auf's Neue huldigen. Zum Andenken an diese Begebenheit wurde der Gemeinde untersagt, sich fernerhin spitziger Messer zu bedienen; es kamen daher die abgerundeten „Schönbruner Messer" auf.

Am 4. Juni 1567 kam der Landvoigt Joachim Schlick nebst dem Hauptmann Schlieben nach Görlitz und hielt einen Landtag mit Land und Städten. Auf selbigem wurde auch das Urtheil über die aufrührerischen Bauern zu Schönbrunn gefällt, welche Georg von Warnsdorfen die Leistung der Hofedienste verweigerten und deshalb etlichemale an den Kaiser gingen. Dieser übergab sie, nachdem sie zu Prag, Zittau und Bautzen gefangen gefangen gewesen, dem Landeshauptmann. Die ganze Gemeinde wurde im Rathshofe zu Görlitz gefänglich verwahrt. Donnerstag nach Medardus ließ der Hauptmann öffentlich ausrufen, wie er im Namen Sr. Kaiserlichen Majestät etliche ungehorsame Bauern, Andern zum Abscheu, nächsten Tag strafen wolle. Freitag, 17. Juni, wurden Paul Bernt und 2 Andere von Schönbrunn enthauptet. Bei dieser „Rechtfertigung" waren 70 gewappnete Männer aus allen Zechen, die einen Kreis schlossen, innerhalb welchem die Hinrichtung geschah. Die Andern aus der Gemeinde, 77 Personen, wurden je 2 und 2 mit den Armen zusammengebunden und in den Kreis gestellt, um der Hinrichtung der drei Rädelsführer zuzusehen. Jeder war mit einem weißem Stabe versehen. Hierauf mußten sie auf freiem Markte knieend der Herrschaft auf's Neue schwören und angeloben, ihr Lebtage den weißen Stab bei sich, bei Verlust des Leibes und Lebens, zu tragen. Ihre Mordwehre mußten sie ausliefern.*)

Des gedachten George von Warnsdorf Leichenstein ist noch auf dasigem Kirchhofe vorhanden. Die Kirche bewahrt eine Trauerfahne auf Adolph Georg von Warnsdorf, 1681, einem Sohne des von seinem Bedienten ermordeten Hans Sigmund von Warnsdorf. — Die an Denkmälern reiche Kirche besitzt ein Bild des Landesältesten Hans von Warnsdorf, auf Leinwand gemalt. Dieser war Herr von 14 Gütern und erlangte beim Kaiser Rudolph II., daß die Güter, die er im 15. Jahrhundert für 30,000 Thlr. kaufte, Allodia wurden, wofür er 700 Thlr. zahlte. Er hatte 14 Kinder und sein Schreibersdorfer Schloß 14 Giebel.**)

Am 23. März 1683 ertrank bei hohem Wasserstande der Neiße zu Görlitz auf einer Besuchsreise zu ihrem Vater, des Hans Sigismund von Warnsdorf auf Schönbrunn Tochter, Namens Agneta Tugendreich, sammt ihrem Kutscher; ihre Begleiterinnen wurden gerettet und Pferde und Wagen wurden unter dem Wehre herausgezogen.

1839—1840 wurde die Kirche verschiedenen Reparaturen unterworfen, mit Ziegeldach versehen. Die Kosten betrugen, ungerechnet Fuhren und Handdienste, 1738 Thlr. 28 Sgr.

Lichtenau, Ober- und Nieder-, in einem freundlichen Thale des alten Lauban, reicht bis an die Stadt Lauban, zählt 203 Häuser, 2 Schlösser, 1 Kirche und 1 Schule, einige Mühlen, 1 Ziegelei und 1070 Einwohner, die sich zum Theil mit Weberei beschäftigen. Kirche und Pfarre wurden im Hussitenkriege eingeäschert, 1430 aber vom Prokoplus von Salza wieder aufgebaut. Dieses ehrwürdige Rittergeschlecht, das in der hiesigen Gegend begütert war, hat Lichtenau 200 Jahre lang im Besitze gehabt. Die alte Kirche wurde ca. 1540 evangelisch, 1684 aber neu gebaut. Der erste evangelische Pastor hieß C. Teucher. In Ober-Lichtenau giebt es bedeutende

---

*) N. L. Mag. 1838, Seite 195, 196.

**) N. L. Mag. 1834, Seite 360.

Braunkohlenlager. Zur Beseitigung des Wassers aus dem Kohlenbergwerke wurde 1854 eine Dampfmaschine aufgestellt.

Im 30jährigen Kriege hat Lichtenau unbeschreiblich gelitten; die Einwohner flohen und kehrten erst nach dem westphälischen Friedensschlusse zurück. In den Jahren 1639 bis 1648 weist das Kirchenbuch auch nicht Eine Geburt nach. 1673, am Sonntage Cantate, gerieth durch Unvorsichtigkeit der Oberhof, sowie die zwischen ihm und dem Niederhofe liegenden Häuser, auch der Niederhof selbst durch Flugfeuer in Brand. 1691, 11. Februar, wurde in der Kirche ein Türke aus Stuhlweißenburg getauft; bei seiner Taufe waren 12 adelige Zeugen. 1692, den 24. Februar, wurde im Schlosse zu Armenruh bei Gelegenheit einer Hochzeit Heinrich Gottlob von Debschitz auf Langenau und Flachenseifen, Sohn des Heinrich Sigismund von Debschitz auf Ober-Lichtenau, von dem Ritter von Braun auf Merzdorf durch einen Degenstoß tödtlich verwundet und starb eine halbe Stunde darauf. Am 1. März wurde er im väterlichen Erbbegräbniß zu Lichtenau beigesetzt. Ein Epitaphium in der Kirche daselbst erinnert an diese Thatsache. 1785 fand man den Leichnam des Ermordeten noch unversehrt, ohne Moder und Verwesung in seiner Gruft.

1797 wurde die Kirche erweitert. 1832 brannte der Niederhof abermals ab.

Geibsdorf, ein Laubaner Kämmereidorf seit 1489, am alten Lauban, das größte Dorf im Laubaner Kreise, hat 432 Privat-Wohnhäuser, eine freundliche Kirche, 3 massive Schulhäuser, 3 Wassermühlen, 2525 Einwohner, die sich zum großen Theile mit Lein- und Kattunweberei beschäftigen. Es werden meist weiße Schnupftücher mit bunten Kanten gewebt. Den früheren Absatz der gewebten Waaren schätzt man auf jährlich 100,000 Thlr. Es ist das einzige Dorf unter den im Pönfalle 1547 eingebüßten 10 Kämmereidörfern, welches die Stadt Lauban 1549 auf vieles Bitten vom Kaiser wieder zurück erhielt.

Es war inzwischen von dem böhmischen Hauptmann Dr. Nostitz an Hans von Nostitz auf Tzschocha um 5000 Thlr. verkauft worden; dieser hatte es, aus Besorgniß, daß es ihm nicht bleiben würde, wieder an Herrmann von Salza auf Lichtenau abgetreten, ohne jene Summe bezahlt zu haben. Als dies nun der Magistrat zu Lauban erfuhr, so versäumte er diese Gelegenheit nicht, durch Bitten wieder in den Besitz des Dorfes zu gelangen.

Dasselbe hat 58 Bauergüter. Die alte Kirche wurde 1525 evangelisch; erster Pastor war C. Schneider. 1798 wurde sie erweitert.

Der Pfarrer Peter Bock wurde 1488 im Pfarrhofe von dem Sohne Albrecht von Haugwitz auf Geibsdorf mit blanker Waffe aufgesucht, um dessen Vergehen gegen seine Schwester zu rächen. In Lichtenau wurde er in seinem Versteck überfallen und tödtlich verwundet. Auf dem Gange nach Lauban, um sich verbinden zu lassen, sank er auf einer Anhöhe, heutigen Tages noch der Pfarrberg genannt, todt nieder. Der von Haugwitz ging nach dieser That nach Heidersdorf und soll in einer Schlägerei erstochen worden sein.

1559 wurde der Kirchthurm gebaut; früher hatten die Glocken auf dem Thorhause gehangen. 1595 kaufte der Rath zu Lauban 4 Bauergüter in Geibsdorf und machte ein Vorwerk daraus.

Am 26. November 1646 brannte der Pfarrhof ab. 1603, den 7. Mai, tödtete eine Magd ihr unehelich geborenes Kind mit einer Scheere. Am 19. Juni wurde sie beim Galgen lebendig in ein Grab gelegt; das Herz wurde ihr mit einem spitzigen Pfahle durchstoßen. 1613 flüchtete sich halb Lauban aus Furcht vor der Pest, die ihre Opfer forderte, hierher nach Geibsdorf. 1631 Einfall der Kroaten in Geibsdorf. Sie verlangten vom Pfarrer Holstein Geld und als dieser ihnen keins geben konnte, banden sie ihn an eine Stange, hielten ihn an's Feuer und wollten ihn braten. Den 24. September 1733 wurde eine Kindesmörderin von Geibsdorf zu Lauban gerichtet, wobei 370 Bürger aufzogen. Beim Rückzuge der Preußen nach der Schlacht bei Hochkirch wurden zu Geibsdorf am 30. Okt. 1758 84 Häuser incl. 3 Mühlen niedergebrannt. 1810 löste sich Geibsdorf mit 25,000 Thlr. von den Hofediensten ab. 1841 wurde in Ober-Geibsdorf ein neues Schulhaus für 1543 Thlr. 5 Sgr. erbaut.

Zu Geibsdorf befinden sich reiche Braunkohlenlager; auch hält hier ein landwirthschaftlicher Verein seine monatlichen Sitzungen.

Neukretscham, mit 41 Häusern und 226 Einwohnern, ist ein Zubehör von Geibsdorf. Zur Bequemlichkeit der Fuhrleute, welche die Lauban-Görlitzer Straße passirten, wurde 1572 vom Magistrate zu Lauban hier ein Kretscham gebaut; nach und nach siedelten sich mehr Menschen hier an und so entstand diese Kolonie. In der Nähe liegt der Hutberg, eine vortreffliche Aussicht gewährend.

Schreibersdorf, ein Kirchdorf am Schreiberbache, aus mehreren Antheilen bestehend, zählt 309 Häuser und 1549 Einwohner, theils vom Ertrage der Landwirthschaft, theils von der Weberei und Garnspinnerei lebend. Die alte Kirche wurde ca. 1540 evangelisch; ihr erster evangelischer Geistlicher war Matth. Schneider. Die jetzige freundliche Kirche ist massiv und macht dem Orte Ehre. Der neuerdings vergrößerte Kirchhof befindet sich um die Kirche. An der hiesigen Schule arbeiten 1 Haupt- und 1 Hilfslehrer. In der Nähe sind Ueberbleibsel von Schwedenschanzen. 1433, den 3. Okt., brannte durch Unvorsichtigkeit beim Flachsdörren fast ganz Schreibersdorf ab.

Der tolerante Bischof zu Breslau, Jacob von Salza, welcher 1520 seine hohe Würde antrat und also zur Zeit der Reformation lebte, stammte aus Schreibersdorf, das Jahrhunderte lang im Besitze derer von Salza war. Er war der jüngste von 5 Brüdern, geboren 1481 zu Schreibersdorf, legte den Grund zu seinen Kenntnissen in Görlitz, ging dann nach Ferrara in Italien, wurde daselbst 1508 Doctor beider Rechte und 1510 Hauptmann des Glogau'schen Fürstenthums. Bei einem Turnier am 5. April 1511 hatte er das Unglück, einem Ungar auf der Stechbahn den Arm abzuhauen und obschon er Schutz in der Sakristei zu S. Elisabeth suchte, so wurde er von seinen rachedürstenden Verfolgern, den Ungarn, hier aufgegriffen, in ein Privathaus gebracht und gemißhandelt, durch einen Freund aber ihren Händen entrissen. Diese Begebenheit soll ihn bewogen haben, sich dem geistlichen Stande zu widmen, obwohl er auch in seinem bisherigen Amte verblieb. 1511 ward er Domherr, 1516 Propst und 1520 Bischof. Er war ein Mann von großer Geistes- und Körperkraft, ausnehmender Gelehrsamkeit und seltener Beredtsamkeit und Klugheit, genoß ein großes Ansehen bei Königen und Fürsten und starb 1539 den 24. August; zu Neiße fand er seine Grabstätte. Auf dem Kirchhofe und in der Kirche zu Schreibersdorf befinden sich mehrere Denkmale, an das Rittergeschlecht derer von Salza erinnernd; u. A. auch das Wappen des Nicol von Salza, 1482, Vater des genannten Bischofs. Am 14. April 1557 erhielt Opitz von Salza einen Besuch von den Gebrüdern Sturm aus Seifersdorf. Da sie stark gezecht hatten, geriethen sie auf dem Rückwege am Galgenberge in Streit, gebrauchten ihre Waffen und beim sogenannten elenden Kreuze stach der jüngere seinen älteren Bruder todt. Zur Strafe mußte er sein Gut Seifersdorf verkaufen, um aus der Nähe der trostlosen Wittwe des Ermordeten zu kommen, und auf der Stelle, wo die schwarze That geschehen, eine steinerne Kapelle errichten, woran die Geschichte des Brudermordes geschrieben werden sollte. Diese Kapelle stand bis 1590. 1580 kaufte der Rath zu Lauban Ober-Schreibersdorf für 7000 Thlr. und Stolzenberg für 3109 Thlr. Den 1. April 1622 kaufte die Stadt Lauban Nieder-Schreibersdorf für 5,800 Thlr.!

Hennersdorf, auch katholisch Hennersdorf genannt, da der Ort fast ausschließlich katholische Einwohner hat, 1 Meile NNW. von Lauban, an der Lauban-Kohlfurther Chaussee und in einem sanften Thale, ist der Häuserzahl nach das größte Dorf in der preußischen Ober-Lausitz, obschon seit einigen Jahren nahe an 70 Häuser abgebrochen worden sind, so hat doch der Ort immer noch 579 Privatwohnhäuser und 5 öffentliche Gebäude. Unter den 2245 Einwohnern befinden sich nur 38 Protestanten, die sich gastweise nach Schreibersdorf zur Kirche halten. Der Ort gehört dem Kloster zu Lauban und hat einige siebenzig Bauergüter. Die Kirche mit ihrem stattlichen Thurme steht auf einer Anhöhe, ist massiv und auf der Nordseite des Kirchhofes mit einem Kreuz- oder Betgange versehen. An der Schule arbeiten ein Hauptlehrer und einige Hilfslehrer. Hennersdorf war und ist noch in der preußischen Ober-Lausitz Hauptort der Garnspinnerei. Früher wurde mitunter so schönes feines Garn gesponnen, daß man ½ Stück durch einen Fingerring ziehen konnte. Die Damastfabrikanten zu Groß-Schönau kauften es zur Bereitung ihrer weltberühmten Fabrikate. — Zur Zeit lohnt die Spinnerei nicht mehr, weshalb Hennersdorf sehr viele arme, unterstützungsbedürftige Personen hat und an keinem andern Orte des Kreises soviel für's Armuth aufgebracht werden muß, als hier. Die hiesige Brauerei liefert ein gutes Bier und zahlreiche Handwerker sorgen für die Bedürfnisse ihrer Miteinwohner. Das jährliche Schulkinderfest ist zum Volksfeste geworden. 1432 im Oktober brannten 17 Bauergüter durch Verwahrlosung beim Obstauslesen ab. 1503 wurde einer Kindesmörderin aus Hennersdorf zu Lauban ein Pfahl durch's Herz geschlagen; 1581, den 7. September, wurde abermals eine Kindesmörderin aus Hennersdorf zum Tode befördert, indem sie auf dem Marktplatze zu Lauban enthauptet wurde. 1640, 10. Januar, fielen Kaiserliche in Hennersdorf ein. Der in Lauban stehende Obrist-Lieutenant Wanke schickte sogleich seine Dragoner her; bei dem Gefechte, das sich sogleich entspann, gab es auf beiden Seiten Todte und Verwundete.

1745, den 23. November, erfocht Friedrich der Große, unerwartet bei Siegersdorf und Ullersdorf über den Queiß brechend, zu Hennersdorf einen glänzenden Sieg über 6000 Sachsen (4 Regimenter), welche der Prinz von Sachsen-Gotha befehligte. Der größte Theil derselben ward getödtet und gefangen genommen. Als der Angriff erfolgte, da war kein Pferd gesattelt; Alles lag in guter Ruhe, nicht ahnend, daß der Feind da sei. Der sächsische General Buchner, dem das Kommando vom Herzog von Sachsen-Gotha, der sich glücklich durch die Feinde hindurch gehauen hatte, übergeben worden war, wurde tödtlich verwundet. Die österreichische Armee, die an der hitzigen Affaire keinen Antheil genommen hatte, brach in der darauf folgenden Nacht nach Böhmen auf; Friedrich der Große aber marschirte über Görlitz nach Dresden.

Sächsisch-Haugsdorf, früher Hugisdorf, am Queiß und gegenüber von Schles.-Haugsdorf, liegt 3 Stunden N. v. Lauban, unter dessen Kloster es seit 1756 gehört. Die Zahl der Wohnhäuser beträgt 139, die der Einwohner 794, deren Beschäftigung hauptsächlich Ackerbau und Garnspinnerei ist. Sowohl zu Haugsdorf als an dem hierher eingepfarrten, oberhalb desselben liegenden Dorfe Wünschendorf bei Lauban giebt es eine zahlreiche Bauerschaft. 1346 war die Kirche zu Hennersdorf schon dem erzpriesterlichen Stuhle Lauban untergeordnet. Als Grenzkirche wurde sie später zur Zeit des Religionsdrucks von evangelischen Schlesiern stark besucht, weshalb sie erweitert und ein Diakonus zur Aushilfe angestellt wurde. Nach 1741 schmolz das Kirchspiel wieder zusammen. Am 1. Januar 1855, dem Tage, an welchem Nachmittags ein furchtbarer Sturm mit Gewitter verbunden durch ganz Deutschland wahrgenommen wurde, traf gleich vielen andern Kirchen in Sachsen und der preußischen Ober-Lausitz die hiesige reiche und im Innern die Spuren des Wohlstandes an sich tragende Kirche ein Blitzstrahl, der das Holzwerk im Thurm zum Glimmen brachte und schließlich die Kirche in Brand setzte; Glocken und Orgel schmolzen. Die gegenwärtige in Kreuzform vom Maurermeister Augustin zu Lauban erbaute Kirche mit durchbrochenem massiven Thurm ist unstreitig die schönste Landkirche der preußischen Ober-Lausitz; mit Wohlgefallen ruht der Blick auf ihr. Zum Aeußern ist mancherlei Fabrikat aus der Thonwaarenfabrik des Erbauers verwendet worden; im Innern ist sie geräumig und hell, spricht durch Einfachheit und Schönheit an und stimmt das Herz zur Andacht. Das Altarblatt, Christus am Kreuze, vom verstorbenen Geschichts- und Portrait-Maler Effenberg aus Lauban, gereicht, wie der einfache, im gothischen Style gehaltene schöne Altar aus Sandstein der herrlichen Kirche zur größten Zierde. Die neue Orgel, vom Orgelbaumeister Iske aus Sprottau erbaut, ist eine der gelungensten und besten der Landkirchen der Ober-Lausitz.

1626 brannte der Hof ab, indem der damalige Müller, ein guter Schütze, auf einen Storch schoß, der schon in Lauban verfolgt worden war. 1662, 20. Juni, brannte der Pfarrhof ab. 1689, den 20. November, ward in der hiesigen Kirche eine Türkin getauft.

Haugsdorf gehörte vor dem Pönfalle der Stadt Lauban. 1549 kaufte es Nickel von Tzschirnhausen auf Kieslingswalde mit vortrefflichem Gehölze für 1800 Thlr.

Bei Haugsdorf findet man schönen Töpferthon und Schilf, das zu Rohrdecken gesucht wird. Der hiesige Torf soll von besonderer Güte sein. Auf dem Dominio hat der Pächter Grun eine Käserei eingerichtet. Seit vielen Jahren wurden in hiesigem Kantorate Präparanden für's Schulamt gebildet.

Die oberlausitzer Enclaven im Kreise Lauban sind:

Wingendorf, am rechten Ufer des Queißes, 3/4 Stunden S. von Lauban, hieß früher seiner Kleinheit halber „Wenigendorf“ und lag im Weichbilde Löwenberg. Es hat 46 Häuser und 306 Einwohner. 1420 erwarb es Hartung von Klüx auf Tzschocha und wurde damit belehnt. 1427 war es nach Steinkirch in Schlesien eingepfarrt. Da man auch hier 1654 den Evangelischen ihre Kirche wegnahm, so begab sich der dasige Pfarrer nach Wingendorf auf sächsisches Gebiet, woselbst zuerst 6 Jahre lang auf dem Boden eines Bauerstalles und 16 Jahre in einem Schoppen evangelischer Gottesdienst gehalten wurde, bis 1677 mit kurfürstlich sächsischer Erlaubniß eine hölzerne Kirche, meist durch die Herrschaft zu Steinkirch und Wingendorf erbaut wurde, wozu sich außer der Kirchgemeinde Steinkirch mehrere bedrängte evangelische schlesische Gemeinden hielten, als: Langenöls, Thiemendorf; 1715 wurde sie massiv erweitert. Als auch jene Gastgemeinden durch die Gnade Friedrich des Großen die Erlaubniß erhielten, Bethäuser zu erbauen und von Wingendorf abfielen, dessen Pfarrstelle nun an Einkommen viel verlor, so grämte sich der damalige, ohnehin zur Schwermuth geneigte Pfarrer, M. Nerger, so sehr, daß er sich 1742 am 5. September in seinem Sommerhause erhängte. Bis 1677 begrub man nach Holzkirch.

Zu Wingendorf ist seit 1699 eine Papiermühle, deren Fabrikat seiner Güte wegen sehr geschätzt und gesucht wird; sie liefert Büttenpapier. Wingendorf hatte in früherer Zeit 13 Bauergüter, jetzt nur 4. Vor 1815 wurde hier ein lebhafter Paschhandel getrieben. Der Ort hat eine Jugendbibliothek.

Friedersdorf a. Q. und an der Chaussee von Greiffenberg nach *Lauban*, ½ Stunde W. von Greiffenberg, früher ebenfalls im Weichbilde Löwenberg liegend und bis 1404 im Besitze der Gebrüder von Spiller. Hartung von Klüx auf Tzschocha erwarb es 1420; mit Wingendorf wurde es aber erst um das Jahr 1520 unter Hans von Nostitz auf Tzschocha ein Theil der Oberlausitz. Von 1453—1651 hatte es Nostitze zu Besitzern. In letztgedachtem Jahre kam es an den Kornet Hans Ernst von Warnsdorf, der das Dorf Neu-Warnsdorf gründete, Friedersdorf aber nur bis 1660 behielt. Sein Besitznachfolger war Hans Sigismund von Festenberg. Dessen Schwiegersohn, Hans Christoph von Schweinitz, legte 1680 Neu-Schweinitz an. 1787 erwarb Friedersdorf mit Zubehör der sächsische Geheime Rath Graf von Breßler. 1845 ging die Herrschaft an den preußischen Ober-Tribunalrath Blumenthal über.

Friedersdorf hat 183 Häuser und 1138 Einwohner, die sich mit Ackerbau und Lein- und Kattunweberei beschäftigen. Die Ausfuhr an Leinwand betrug zu sächsischen Zeiten jährlich an 30,000 Thlr. Der damalige Kaufmann Linke überreichte einst der Kurfürstin bei der Geburt der Prinzessin Auguste eine äußerst feine, den Battist noch übertreffende Webe Leinwand mit rothen Streifen zu Windeln, als Beweis, was oberlausitzer Kunstfleiß vermöge. Die Webe war so fein, daß sie mit der Hand umfaßt werden konnte. Hierdurch erwarb sich Linke den Kommerzienrath-Titel; er starb 1697 den 9. Juni.

Friedersdorf hielt sich fast 200 Jahre lang zur Kirche in Greiffenberg. 1654 wurde der Bau einer eigenen Kirche beschlossen und in Angriff genommen, so daß am 20. Februar 1656 die schöne neue Kirche, erbaut auf Paul Elsels wüste gelegenem Bauergut, eingeweiht werden konnte; sie erhielt den Namen: „zum Jesusbrunnen“. Bei ihrer Anlegung fand man an der Stelle, wo jetzt das Altar der Kirche steht, einen Quell, dem man wunderthätige Wirkungen beilegte. Der 1654 aus Greiffenberg vertriebene evangelische Pfarrer, Christian Adolph, flüchtete sich hierher und ward der erste Geistliche an dieser neuen Kirche. Da sich die Kirchfahrt besonders durch schlesische Gemeinden vergrößerte, so war die Kirche bald zu klein, weshalb im Jahr 1668 eine Erweiterung derselben vorgenommen werden mußte. 1680 wurde der steinerne Thurm erbaut. Von 1654—1722 bestand neben dem Pastorat noch 1 Diakonat. Unter dem Patron der Kirche, Moritz Christian von Schweinitz, wurde, besonders der sich mehrenden schlesischen Kirchengäste halber, in den Jahren 1723 und 24 die jetzige schöne Kirche von Grund aus geräumig und regelmäßig erbaut, auch 1738 der Thurm ansehnlich erhöht. Seine Gemahlin stiftete die Katechetenstelle. Der erste Katechet, Georg Winzer, amtirte von 1731—1733. Nach Wegfall des Diakonats 1742 wurde der Katechet zugleich Nachmittagsprediger; auch wurde ihm der Unterricht in der Oberklasse der Schule zugewiesen. An der evangelischen Schule arbeiten ein Hauptlehrer und 1 Hilfslehrer.

Friedersdorf hat ein schönes Schloß mit Park und 1 Ziegelei mit Cylinderofen.

VI. Der Rothenburger Kreis.

Er grenzt O. an den Görlitzer Kreis, S. ebenfalls an diesen und die Königlich sächsische Ober-Lausitz, sowie an den Hoyerswerdaer Kreis, N. an den Saganer Kreis und die Nieder-Lausitz; ist 22 Quadratmeilen (633,333 Morgen) groß und der größte unter den Kreisen der Lausitz und Schlesiens. Er ist reich an fließenden und stehenden Gewässern. Neiße und kleine Spree mit dem schwarzen Schöps sind die bedeutendsten Flüsse. Teiche giebt's in Menge und von namhafter Größe. Der Kreis ist eben; nur im Westen, bei Kollm und Radisch, ist ein Höhenzug und an der Südgrenze berühren ihn die Vorhöhen des Königshainer Gebirges. Er hat bedeutende Kieferwaldungen, fast die Hälfte des Kreises bedeckend; die größten sind: die Muskauer Heide (114,000 Morgen), Rietschner (10,000 Morgen), Daubitzer, Rothenburger, Trebusser und Crebaer Heide. In ihnen befindet sich ein nicht unansehnlicher Wildstand. Der Boden ist meist sandig, doch wächst auf dem Sandboden, obschon unzulängliches, schönes, reines, zu Saamen geschätztes Getreide. Hirse und Heidekorn, Knörich, Lupinen rc. werden hier schon sehr angebaut. Alaun, Torf (jährlich 40 Millionen Stück), Braunkohlen werden in großen Lagern, Eisenstein noch an mehreren Orten gefunden. Viele Einwohner beschäftigen sich mit Garnspinnen, Holzschlägerei, Torfgräberei, Kohlen- und Theerfabrikation; noch Andere finden Verdienst in den Ziegeleien, Eisenhüttenwerken, Bergwerken. Der Kreis zählt 2 Städte, 1 stadtähnlichen Brüdergemeindeort, 127 Dörfer, worunter 5 mit Marktgerechtigkeit versehen sind, 157 Gemeinden, 29 Pertinenz-Ortschaften, 69 (73) Rittergüter, 8384 Privat-Wohnhäuser und 49,312 Einwohner, die bis auf ca. 14,497 Wenden (ca. $^1/_3$ der Gesammtbevölkerung) der deutschen Zunge angehören. Die Wenden, in 66 größern und kleinern Ortschaften, bewohnen den nördlichen und westlichen Theil des Kreises. Der Konfession nach giebt es 48,974 Einwohner, 356 Katholiken, 2 griechische Christen und 37 Juden. Das größte Dorf ist Nieder-Seifersdorf mit 218 Häusern, 1160 Einwohnern, das kleinste ist Linda mit 6 Häusern und 31 Einwohnern.

Die freie Standesherrschaft Muskau hat nebst ihren Vasallen-Dörfern 7—8 Quadratmeilen Flächeninhalt, hauptsächlich mit Wald erfüllt, wovon 6 Quadratmeilen unmittelbares Eigenthum des Standesherrn sind. In derselben liegen 1 Stadt und 47 andere Ortschaften, 20 Meierhöfe; die Zahl der meist wendischen Einwohner in derselben beträgt ca. 12,000.

Städte.

Rothenburg, 1267 Rothenberg, auch Rottenberg, Rotimbourg geschrieben, ist Kreisstadt, liegt am linken Ufer der Neiße in einer Seehöhe von 529 Fuß, ist von Liegnitz WNW. 13 Meilen entfernt. Die 211 Häuser der Stadt bilden hauptsächlich 2 Gassen und einen zwischen ihnen befindlichen Marktplatz. Inklusive Dominii zählt der Ort 1618 Einwohner, welche sich vom Ackerbau, Handwerksbetrieb und Handel nähren. Rothenburg hat ein Königliches Landrath-Amt, 1 Königliches Kreis-Gericht, 1 Königliches Steuer-Amt, 1 Königliche Post-Expedition. Die hiesigen Töpfereien, welche ihre Masse aus dem Bihainer Bruche und aus Mückenhain nehmen, liefern ein beliebtes Geschirr, das bis Stettin und Breslau spedirt wird. Im 14. Jahrhundert gab's hier viel Messerschmiede und Tuchmacher. Rothenburg hat eine schöne, große, bethürmte Kirche, die ihrer Lage wegen meilenweit gesehen wird, mit einem herrlichen Altarbilde, Jesus mit den Jüngern zu Emmaus darstellend, gemalt von Adolph Zimmermann zu Düsseldorf, das er ihr zum Geschenk verehrte, weil er, aus Neu-Sorge gebürtig, in ihr die heilige Taufe empfing. Der neue Thurm, 180 Fuß hoch, wurde 1838—40 vom Maurermeister Kiesler zu Görlitz und dem Maurermeister Mischke zu Rothenburg gebaut. 16 ländliche Ortschaften sind in die schöne, geräumige, massive Kirche eingepfarrt. Im Süden vor der Stadt befindet sich die 1778 erbaute Begräbnißkirche mit altem und ihr gegenüber mit dem neuen Kirchhofe. Das Dominium betreibt auch den Rübsen- und Kardendistelbau.

Der Ort hat seinen Namen von der alten Grenzwarte Rotenberg oder Rottenburg. 1389 hatten u. A. Thyme und Nikol von Rothenburg zu Rothenburg einen Grenzstreit mit Hans von Hakenborn zu Priebus. 1392 versammelten sich die streitenden Parteien zu Rothenburg und verglichen sich. Die Burg, 1427 von den Hussiten zerstört, stand als Ruine bis 1805; sie machte dem gegenwärtigen bethürmten Schlosse Platz. 12 große Brände suchten die arme Stadt heim, von denen sieben jedesmal eine gänzliche Verheerung der Stadt herbeiführten. 1427 Brand durch Hussiten, 1489 und 1578 durch Flugfeuer vom Tormersdorfer Hofe, 1608 durch boshafte Anlegung, desgleichen 1613 und 1614; eine Manns- und Kindesmörderin war die Thäterin, die binnen 6 Jahren dreimal Feuer angelegt hatte. Am 19. August 1619 wurde sie zu Rothenburg verbrannt. 1640, 50, 79, 89, 1714, 1764 Brände durch Verwahrlosung. Da die unglücklichen Bewohner auf diese Weise sich nicht erholen konnten, so wanderten sie meist aus. Fremde, namentlich um der Religion willen hartbedrängte Schlesier bauten die Stadt wieder auf. Unter allen Bränden war der letzte, den 21. Juli 1798, der schrecklichste; binnen 2 Stunden lagen bei heftigem Winde 92 Häuser, incl. Kirche, Pfarr-, Schul- und Dominial-Wirthschaftsgebäude, in Asche. Der Accise-Einnehmer Petzold kam in den Flammen um und seine Frau starb in Folge erlittener Brandwunden 3 Tage nachher. Da viele Bürger mit der Ernte beschäftigt waren, so konnte nur wenig gerettet werden. Die Kirche, 1313 erbaut, mehrmals zwar aus- aber nicht abgebrannt, wurde auch diesesmal ein Raub des Feuers; ein Fäßchen Pulver, was zur Bergung in den Thurm gebracht worden war und das durch die starke Hitze sich entzündete, trug zur Vernichtung der Kirche bei. Beim Grundgraben zur neuen Kirche stieß man auf ein steinernes Kreuz, auf dessen rechtem Arme 3 senkrechte

Striche (Mille bedeutend?) eingehauen waren, denen zufolge man schließen kann, daß um's Jahr 1000 schon die Grundsteinlegung einer Kirche erfolgte; es wurde am 8. Juni 1797 wieder mit vermauert. In der Nähe von Rothenburg fand man an mehreren Orten Urnen.

Muskau, wendisch Muzakowa (von Muzak = der Mannhafte, also: eine Stadt, die sich stets mannhaft gehalten (Männerstadt), Hauptort der freien Standesherrschaft Muskau, dem Prinzen Friedrich der Niederlande, vordem dem Fürsten Pückler-Muskau gehörend. Die Stadt liegt am linken Ufer der Neiße, 365 Fuß über dem Spiegel der Ostsee und ist seit dem letzten Brande von 1766, 2. April, schön und massiv aufgebaut worden, hat 250 Privat-Wohnhäuser und 2469 Einwohner und ist folglich größer als die Kreisstadt. Von den 2 evangelischen Pfarrkirchen ist eine für den wendischen Gottesdienst bestimmt. Die deutsche Pfarrkirche ist 1605—22 durch den Grafen Wilhelm zu Dohna und dessen Sohn E. Christian vom Italiener Bevilaqua neu erbaut worden, 1766 brannte sie ab, wurde aber bis 1782 wieder hergestellt. Sie hat ein schönes Altarbild, die Auferstehung Christi darstellend. Vor der Kirche steht ein 14 Fuß hohes, 33 Centner schweres Denkmal von Eisenguß mit Urne vom Grafen Hermann von Callenberg den edlen Wohlthätern zu Ehren, welche seinen Unterthanen in der großen Theuerung 1771, 1772 so hilfreich beigestanden. Die Kirche S. Andreas, bis 1622 Pfarrkirche der Stadt, aber nach Vollendung der neuen Stadtkirche der wendischen Gemeinde überlassen, weil deren Kirche im nahen Berg zu klein war, brannte 1766 wieder ab und der wendische Gottesdienst wurde wieder in Berg abgehalten. 1788 erfolgte die Einweihung der abgebrannten aber wieder aufgebauten Andreaskirche. Die Kirche in Berg ist jetzt Ruine. Muskau hat 1 Begräbnißkirche und 1 Saal, worin katholischer Gottesdienst gehalten wird; ferner: 1 deutsche und 1 wendische Schule. Die Töpferei, deren Ruf ein weit verbreiteter ist, beschäftigt an 20 Meister und liefert ein sehr geschätztes braunes Kochgeschirr, zierliche Vasen, Tabakdosen, Tabacköpfe, Flaschen, Kolben, Milchgefäße, Drain-Röhren ꝛc. Zu Muskau lebt der erste Dichter der Gegenwart, der Stolz der Lausitz, Leopold Schefer.

Zu Muskau Burglehn befindet sich das 4 Stock hohe prinzliche Schloß mit 2 Thürmen und 1 Kapelle mit schönem Altarblatt und ist wohl das schönste und höchste Schloß in der Ober-Lausitz. In dessen Nähe befindet sich die Schloßbrauerei mit Felsenkellern. Weltberühmt ist der Park zu Muskau; er ist eine Schöpfung des weltberühmten Reisenden und Schriftstellers Fürsten Pückler-Muskau, Herrn der Herrschaft Branitz bei Kottbus in der Nieder-Lausitz, umfaßt einen Flächenraum von 1100 Morgen (n. A. 5000), ist über 3 Meilen chaussirt, von der Neiße durchflossen, und umgiebt jetzt ganz Muskau. Er gehört zu den geschmackvollsten und großartigsten Anlagen dieser Art in Europa und überrascht um so mehr, da er mitten in einer Sandwüste, umgeben von trockenem Nadelholze, liegt. Ein ausgezeichnet schönes Plätzchen ist das in dem Parke befindliche englische Haus. Fürst Pückler ist auch der Begründer des im Park liegenden Hermannsbades. Bei ihm sind zwei Mineralquellen, die zu den stärksten salinischen Stahlwassern gehören. Die Moorbäder daselbst haben Ruf erlangt. Auch sind hier Douche-, Tropf-, Regen- und russische Dampfbäder zu bekommen. In der Nähe des Bades befindet sich das kombinirte Alaun- und Braunkohlenwerk und vor der Neu-
it 1857 errichtete Hammerwerk, „Friedenshütte" genannt. Das

stabt das ſe

Bergwerk liefert jährlich 5000 Centner Alaun und ebensoviel Eisenvitriol und 60—70,000 Tonnen Braunkohlen.

Die Anlage der Stadt, im 10. Jahrhundert, wird den Wenden zugeschrieben. 1319 gehörte sie zu Polen. Die ältesten bekannten Besitzer der Standesherrschaft Muskau sind die Herren von Ileburg. 1361 wird Heinrich von Kittlitz auf Baruth, ein Schwiegersohn des Plotho von Ileburg, von Karl IV. mit der Herrschaft Muskau belehnt. 1391 besaß sie Hans von Penzk (Penzig) und nachdem sie eine zeitlang Eigenthum dieser weitverzweigten angesehenen Adelsfamilie gewesen war, ging sie in den Besitz der mächtigen Familie von Biberstein über, die sie ein volles Jahrhundert besaß. 1551, nach dem Tode des letzten Biberstein, fiel sie als erledigtes Lehn an den König von Böhmen. Ferdinand V. verpfändete sie 1553 an den Markgrafen von Brandenburg und verkaufte sie 1558 an den Saganer Landes-Hauptmann Fabian von Schönaich für 60,000 Thlr. Als J. Georg von Schönaich 1590 ohne männliche Erben starb, fiel die Herrschaft Muskau an den Oberlehnsherrn, Kaiser Rudolph II., der sie 1597 an Wilhelm, Burggrafen von Dohna, verkaufte und das Lehn in Erbe verwandelte. Curt Reinecke, Freiherr von Kallenberg, heirathete 1645 (1644?) Ursula Katharina von Dohna und erhielt mit ihr die Herrschaft. Seitdem ist sie im Besitze des Mannesstammes dieser Familie bis 1785 verblieben, wo der letzte Callenberg bei seinem Tode nur eine Tochter hinterließ, die als Besitzerin der Standesherrschaft den Grafen von Pückler-Branitz heirathete und zum Besitznachfolger ihren Sohn, den nachmaligen Fürsten Pückler-Muskau, hatte. Durch Verkauf kam die Standesherrschaft in den Besitz der Grafen von Hatzfeld und Nostitz, bald darauf aber an den Prinzen Friedrich der Niederlande.

Stadtbrände fielen vor: 1033, 1212, 1503, den 30. Mai, beim Seifesieden, wobei 50 Häuser und 20 Scheunen verzehrt wurden. 1532 brannte durch einen unvorsichtigen Schuß die ganze Stadt ab. 1546 predigte Lazarus Welcke die evangelische Wahrheit. 1564 wurde die Begräbnißkirche auf dem Kirchhofe vor der Stadt erbaut. 1586 Schloßbrand während der Christnacht durch ein angeklebtes Licht. 1631 Einquartierung von Kroaten, welche das Schloß und die Stadt plünderten; auch schlugen sie die zinnernen Särge in den Grüften auf, in der Meinung Geld und Kostbarkeiten darin zu finden; das Landvolk marterten sie zu Tode. 1634, den 24. September, Totalbrand bis auf beide Kirchen. 1637 greuliche Plünderung durch Kaiserliche und Sachsen; die Einwohner wurden dadurch alle verscheucht. 1637 ereignete sich ein 6 Wochen andauernder Heidebrand. 1643 den 7. April Schloßbrand durch die Schweden. 1686 den 1. Dezember brannten 30 Häuser ab. 1766 Totalbrand. 1822 Erhebung des Standesherrn Grafen Pückler in den Fürstenstand. Dieser hat mehrere Welttheile bereist und durch seine schriftstellerische Thätigkeit sich den Dank der Mit- und Nachwelt erworben. 1609, 1703, 1804, den 14. Juni, und 1858, den 2. August, große Neißfluth. Bei der Ueberschwemmung im Jahr 1804 wurden mehrere Gebäude und die neuerbaute Neißbrücke weggerissen; auch ertranken 38 Stück Schweizervieh auf dem Schloßvorwerk. 1639, 1771, 1772 große Theuerung und Hungersnoth. 1847 Begründung einer Mädchenschule. In der Nähe von Muskau sind zahlreiche Erdwälle, muthmaßlich Schanzen, oder was eben so wahrscheinlich ist, Grabhügel aus der Vorzeit. Oder sollten es Ueberreste römischer Vertheidigungslinien sein? Von Muskau bis Rothenburg soll sich ein uralter, oft unterbrochener Erdwall befunden haben, von dem noch an vielen Stellen Ueberreste zu sehen sind. In der Nähe von Muskau liegt das Dörfchen Heide, mit kaum anderthalbhundert Einwohnern, woselbst in einem Birkenthale Schwedenschanzen wahrzunehmen sind.

Niesky (wendisch Nieskej, d. h. Niederung) ist eine Kolonie der Brüdergemeinde auf dem Dominio Trebus, der Brüdergemeinde gehörig, liegt 1¼ Meile W. von Rothenburg und 574 Fuß über dem Meeresspiegel und ist 1742 gegründet worden. Der reinliche, freundliche Ort hat 76 Häuser und 1025 Einwohner. Inmitten des Orts befindet sich ein großer, 4eckiger Rasenplatz mit Gängen, zu deren Seiten sich Buchenhecken befinden. An diesem Platze befinden sich das Brüderhaus, der schöne Betsaal, das Schwestern- und Wittwenhaus, die Post-Expedition, das Pädagogium mit der Unitäts-Knaben-Erziehungsanstalt, die Apotheke und das Gemeinde-Logis. Das hiesige Kunst- und Naturalien-Kabinet, bereichert durch Missionare der Brüdergemeinde, ist sehenswerth. Die Tischler liefern ausgezeichnete Arbeiten. An den freundlichen Ort, den die Straße nach Löbau durchschneidet, stoßen im O. und W. Plantagen für Spaziergänger. Der Gottesacker ist sehr freundlich. Zwischen Lindengängen befinden sich die mit Leichensteinen bedeckten Grabfelder. 1763 wurde ein Neger hierselbst beerdigt. 1842, am 8., 9. und 10. August, wurde das 100jährige Jubiläum der Entstehung des Orts sehr feierlich begangen. Vom Belvedere hat man eine weite und namentlich nach S. eine schöne Aussicht; man überschaut die lange Kette der Sudeten von der Elbe an bis in die Grafschaft Glatz. Im nahen Neuhof, Pertinenz von Trebus, befindet sich ein Rettungshaus für sittlich verwahrloste Mädchen der Ober-Lausitz, eröffnet am 26. April 1859.

Als Stamm- und Hauptort aller Brüdergemeinen auf der Erde ist Herrnhut in der sächsischen Ober-Lausitz zu betrachten. Dieses ward 1722 von einigen mährischen Brüdern, Nachkommen der Hussiten, unter dem Schutze des nachmaligen Bischofs der Brüdergemeinde, Grafen Nikolaus von Zinzendorf und Wattewil auf und zu Berthelsdorf, auf dessen Grund und Boden am Hutberge, zu erbauen angefangen. Bald kamen mehr böhmische und mährische Brüder, der Religion wegen in ihrem Vaterlande hart bedrängt und verfolgt, hierher und suchten bei dem edlen Grafen von Zinzendorf die Erlaubniß nach, sich zu Herrnhut, so hatte man die neue Kolonie genannt, anbauen zu dürfen. Allmählich wuchs der Ort zu seiner jetzigen Größe heran. Die Brüdergemeinde bekennt sich übrigens zur evangelischen Kirche, hat aber eine eigenthümliche Verfassung im Kirchen- und Gemeindewesen. Ihre Mitglieder zeichnen sich durch Fleiß, Sittlichkeit, Ordnungsliebe, Frömmigkeit und Gehorsam gegen die Obrigkeit aus; auch ist ihr Eifer, das Evangelium Jesu den Heiden zu bringen, bekannt. In allen Welttheilen haben sie Kolonieen und Missionsstationen.

Dörfer.

a) mit Marktgerechtigkeit.

Diehsa, wendisch Dzjeza = Backfaß, Backtese, dessen oberer Theil in einem sanften Thale liegt, von Rothenburg 2½ Meilen SW., von Niesky 1 Meile südlich, hat 176 Häuser, 832 deutsche Einwohner. Der Pferdemarkt wird stark besucht. Um Diehsa befinden sich Alaun-, Braunkohlen- und Torflager. Die Kirche war schon 1354 vorhanden und wurde 1539 evangelisch; der erste evangelische Geistliche war der Pastor Richter; dahin eingepfarrt sind die Ortschaften Caana, wendisch Kanja = Hünergeier, und Quitzdorf am schwarzen Schöps, welches einen Erdwall besitzt, der der Vermuthung Raum gegeben hat, daß ehedem hier ein Raubschloß gestanden habe. 1346 hieß Diehsa Dese. 1819 wurde hier 1 römische Kupfermünze in einem Bauergehöfte — ein Antonius pipus — und 1820 eine zweite — ein galba — sowie 1731 Bracteaten gefunden. Diehsa hat ein Schloß, mehrere Handwerker und 1 Kalksteinbruch.

Daubitz, wendisch Dubz = Eichenwald, ein Kirchdorf am Ebersbacher Wasser, 2 Meilen NW. von Rothenburg mit 158 Häusern, 1 Schloß, 1 Dampfbrennerei, 1 Brauerei, 1 Mehlmahlmühle, 1 Ziegelei, 1 Kirche, 1 Schule mit 2 Lehrern, 3 Gasthöfen, 1 Schäferei, 1 Pechhofen, ein Gewandhaus für Marktfieranten. Durch den Ort führt die Land- oder Kreis-Chaussee zwischen Rothenburg und Rietschen. Die Abdachung ist unbedeutend nach Westen zu. Die Oberfläche des Bodens ist, soweit Felder und Wiesen gehen, ganz eben, eine halbe Stunde gegen N. von gebirgiger Heidegegend und eine halbe Stunde gegen S. von den Teichaer, ebenfalls mit Heide bewachsenen Bergen eingeschlossen und bei schnellem Thauwetter und anhaltendem Regen sind die Felder Ueberschwemmungen ausgesetzt. Moor- und Sandboden, mit mehr oder weniger fruchtbaren lehmigen Theilen vermischt, ist vorherrschend, überall aber tragbarer Boden und guter Graswuchs. Früher hatte Daubitz viele Eichen, wovon es auch seinen Namen erhalten hat. In der Heide sind mehrere ergibige gute Torfstiche. Das Ebersbacher Wasser, auch weiße Schöps genannt, fließt an der Mittagseite des Dorfes durch fruchtbare Wiesen und berührt blos am Niederhofe das Dorf; mitten durch das Dorf geht die nicht unbedeutende Dorfbach, welche unterhalb des Dorfes bei den sogenannten neuen Brücken vor Neuhammer in das Ebersbacher Wasser mündet. Auf der Mitternachtsseite, am Heiderande, fließt das Räcklitzer Wasser, das in den Biehainer Brüchen seinen Ursprung hat und sich hinter Hammerstadt in das Ebersbacher Wasser ergießt. Die meisten von den vielen Teichen sind trocken gelegt oder urbar gemacht worden. Die Karpfen in den noch vorhandenen Teichen sind von vorzüglicher Güte. Fischottern und Störche, letztere auf den Häusern zu Daubitz nistend, machen den Teichen Besuche.

In Daubitz werden jährlich 3 Kram- und Viehmärkte gehalten, die stark besucht werden. Der lebhafte Ort hat eine Menge Handwerker, als 3 Schmiede, 1 Färber, mehrere Schneider, Schuh- und Pantoffelmacher, Lein- und Zeugweber, Weißgerber, Kürschner, Maurer, Zimmerleute, Böttcher, Tischler, Stellmacher, Horndrechsler, Riemer und Bäcker, die fast alle Bedürfnisse der Einwohner befriedigen. Pech, Kohlen und Holz werden bis in's Ausland verfahren. Im Orte wird viel Bienenzucht getrieben.

Der Ursprung der Kirche ist unbekannt, doch, wie der Ort selbst, sehr alt; sie gehört zur Ephorie Rothenburg II. 1546 wurde Thomas Cernick, gebürtig von Baruth, woselbst er Schullehrer war, als erster evangelischer Geistlicher nach Daubitz berufen, nachdem er am Sonntage Palmarum von Dr. Bugenhagen zu Wittenberg ordinirt worden war. Bis 1858 wurde hier deutscher und wendischer Gottesdienst gehalten. Nach Abzweigung der wendischen, zur Standesherrschaft Muskau gehörenden Dorfschaften Mochholz, Altliebel, Viereichen, Nappatsch und Zweibrücken, vom 1. Januar 1858 ab, nach Reichwalde eingepfarrt, gehören zur Parochie Daubitz außer diesem noch 10 deutsche Ortschaften. Der Schulverband besteht aus den Dörfern Daubitz, Neuhammer, Walddorf, Teicha und Tränke. Die jetzige hölzerne Kirche wurde 1714 gebaut. Den 25. Juni 1794, Abends 10 Uhr, traf ein Blitzstrahl den Kirchthurm und entzündete das Gebälcke, das jedoch wieder gelöscht wurde.

1755 starb hier Anna Sophia von Raben. Sie errichtete eine milde Stiftung von 500 Thlrn., wonach die Zinsen von 300 Thlrn. an 3 arme adelige Wittwen und Waisen und die Zinsen von 200 Thlrn. an andere Personen vertheilt werden sollten. Seit 1772 empfängt der Lehrer zu Hammerstadt die Zinsen der letztgedachten 200 Thlr. 1830 brannten 7 Häuser ab.

Walddorf, am Heiderande, ist ein Pertinenzort von Daubitz und von diesem etwa ½ Stunde entfernt und hat ca. 100 Einwohner. Das noch bestehende Vorwerk, verbunden mit Schäferei, war der Anfang des Orts, der sich durch Anbauer nach und nach vergrößerte.

Reichwalde, wendisch Rychwald, von der Kreisstadt 3 Meilen westlich, am schwarzen Schöps, mit 147 Häusern und 720 Einwohnern, die sich meist mit Ackerbau beschäftigen. Der Ort hat drei stark besuchte Jahr- und Viehmärkte. 1527 nahm Reichwalde die Reformation an; erster Pastor war ein gewisser Johann Art. 1747 wurde die hölzerne Kirche in eine massive verwandelt. In ihr wird deutscher und wendischer Gottesdienst gehalten. Seit 1. Januar 1858 ist die kleine Parochie verstärkt worden, da die wendischen Ortschaften Mochholz, Altliebel, Viereichen, Rappatsch und Zweibrücken von Daubitz aus- und nach Reichwalde, der Nähe halber, eingepfarrt wurden.

Leipa, wendisch Ljipje = Lindenfeld, ¾ Meilen N. von der Kreisstadt, rechts von der Neiße und nahe an der Saganer Kreisgrenze, zählt 123 Häuser und 832 Einwohner, welche zum Theil in der hiesigen Glashütte Beschäftigung finden. Der Marktplatz ist bei Heidehaus, fast 1 Stunde von Leipa, nahe beim schlesischen Marktflecken Freiwaldau gelegen.

Die nach Priebus eingepfarrte Gemeinde Leipa hielt sich nach Wegnahme der dortigen Kirche 1668 nach Podrosche. Als sie sich 1746 nicht einpfarren lassen wollte, wurde sie ausgewiesen und hielt sich nach Rauscha, Sänitz und Freiwaldau, 1752 aber wieder zu Podrosche. 1804 wurde durch den Besitzer von Eiche eine eigne Kirche projektirt, 1807, den 25. Mai, wurde hierzu der Grundstein gelegt und 1809, den 2. Februar, konnte die Weihe der massiven Kirche stattfinden. Der erste Pastor an selbiger war Menzmann. Dobers ist dahin eingepfarrt. Zum Schulverband gehören außer Leipa die Orte Sichdichfür und Traunicht. 1813 den 17. September wurde Leipa von den Russen ganz ausgeplündert. 17 Kosacken, welche den Pfarrer und die Herrschaft beraubt und gemißhandelt hatten, bekamen dermaßen die Knute, daß 2 von ihnen auf Wagen fortgeschafft werden mußten.

Podrosche (wendisch Podrohsy — am Wege, an der Straße liegend), am linken Ufer der Neiße, worüber eine hölzerne Brücke nach dem gegenüber liegenden Priebus führt*), 2 Meilen nördlich von Rothenburg. Es hat 39 Häuser und 261 Einwohner, die meist im Walde durch Holzschlagen, Kohlen- u. Theerfabrikation Beschäftigung finden. Von 1829—1860 ist die Marktgerechtigkeit nicht ausgeübt worden. Podrosche, bis 1668 nach Priebus

---

*) Ehedem führte die große Straße aus Sachsen nach Polen hier vorbei. Die Neiße soll früher ihr Bett da gehabt haben, wo jetzt die Häuser stehen.

eingepfarrt, besitzt seit 1671 eine eigene Kirche. Als 1668 den Priebussern ihre Kirche entzogen wurde, flüchteten die Geistlichen nach Podrosche und fanden hier durch Verwendung des damaligen Besitzers von Podrosche, des Landvoigts von Callenberg, Herrn der Standesherrschaft Muskau, beim Kurfürsten Joh. Georg liebreiche Aufnahme. Anfänglich wurde der Gottesdienst in einem Schoppen des Ortsrichters und zum Theil unter freiem Himmel, seit 1671 in der achteckigen hölzernen, mit Bäumen umgebenen Kirche „zum Berge Christi“ abgehalten, welche der edle Grundherr aus eignen Mitteln bauen ließ. In ihr betete 1706 Karl XII. von Schweden und ließ in seinem Lande eine Kollekte für sie sammeln. Beim Bau der Kirche, die auf einem Todtenhügel liegt, wurden sorbenwendische Grabhügel und Urnen entdeckt; ebenso zu Buchwald bei Podrosche. 1745 trennte sich Priebus, 1807 Leipa, 1839 auch Dobers.

Zibelle (wendisch Zibula = Zwiebel), Ober-, Mittel-, Nieder-, mit 133 Häusern und 849 Einwohnern, ist eine Enclave auf schlesischem Gebiete und gehört zur Standesherrschaft Muskau. Zibelle hat 1 Kirche, deren Ursprung unbekannt ist; der erste Geistliche an ihr führt den Titel Propst. 1551 wurde hier die Reformation eingeführt. Wenzel Bruccatius wurde als erster Geistlicher am 4. Sonntage post Epiphanias ordinirt. Es werden hier alljährlich 2 Jahrmärkte (Kram- und Viehmärkte) abgehalten. Im vorigen Jahrhunderte fand man hier im Walde viele Urnen und 1805 bei dem Bau des Schlosses zu Mittel-Zibelle unter dem Bauschutte einen Runenstab. Hier hat man auch Urnen und einen muthmaßlichen Opferstein, versehen mit sonderbaren Zeichen, entdeckt.

In Zibelle bestand in früheren Zeiten die Sitte, daß die junge Frau den Sonntag nach der Hochzeit ein ganzes Brot mit in die Kirche brachte, es während des Gottesdienstes bei der Kanzel liegen und nach der Kirche unter die Ortsarmen vertheilen ließ*).

b. Dörfer ohne Marktgerechtigkeit.

Nieder-Neundorf, 1 Stunde S. von Rothenburg, an der Neiße und an der Straße nach Görlitz, hat 69 Häuser und 418 Einwohner, welche Landbau treiben, und ist als Fundort von Urnen und Brakteaten bekannt. So wurden 1836 in dem Gehöfte des Bauers Neußig eine Menge Münzen, meist Prager und Maleigroschen, Regenbogenschüsselchen, erstere aus den Jahren 1560—1640, aufgefunden. In der Nähe des Orts sind bedeutende Torflager. Ein Fußweg, der Kirchsteig genannt, welcher sich hinter dem Dorfe über die Felder durch die Gemeindeheide auf die grüne Tanne (ein Wirthshaus) zuführt, erinnert daran, daß man im 15. Jahrhundert nach Ebersbach zu dem gerösteten Fleische und Gebeine des heil. Laurentius wallfahrtete. 1569, den 10. Januar, wurde Balthasar Fröhlich von Görlitz-Hammer auf hiesigem Fiebige gehenkt, zuvor aber vom Görlitzer Scharfrichter mit der Tortur belegt, weil er die Schöppenlade von Neundorf mit dem darin befindlichen Gelde — 11 Mark — gestohlen, auch zu Penzig mehrere Diebstähle verübt hatte. 1631 wurde der Kretscham und 3 Bauergehöfte von kaiserlichen Soldaten in Asche gelegt. Im Jahre 1765, als die Gemeinde der Herrschaft

*) Brot und Salz waren bei den Slaven wichtige Symbole. Das Erstere galt ihnen als Zeichen eines friedlichen, häuslichen Lebens; das Andere als Sinnbild der angelobten Treue.

des Krieges halber 1198 Thlr. schuldete, ward ein eignes Schulsystem gegründet. Der damalige Erbherr Friedrich von Nostitz erließ der Gemeinde diese Schuld unter der Bedingung, daß sie den Lehrer ganz allein salarire. 1780 brannte ein Gärtnerhaus aus. Da in selbigem eine Leiche lag und im ersten Schreck Niemand an selbige dachte, so wäre selbige mit verbrannt, wenn sie nicht vom Scharfrichter aus Rothenburg bemerkt und aus den Flammen herausgetragen worden wäre. 1813 ertrank ein wendischer Bauer in der Berglache. Die Kommunalheide, 1400 Morgen umfassend, wurde 1835 unter die Berechtigten vertheilt. Der frühere Möhrenbau hat aufgehört. 1813 litt der Ort durch Einquartierungen, Plünderungen und Lieferungen sehr viel.

Tormersdorf, am rechten Ufer der Neiße, Rothenburg gegenüber und mit der Stadt durch eine hölzerne Brücke verbunden, hat 100 Häuser, 563 Einwohner, 1 Schule, 1 Bleiche. Die 1840 hier errichtete Steingutfabrik, die vorzügliches Fabrikat lieferte, ist außer Betrieb gekommen und die Räumlichkeiten sind zu Privat-Wohnungen eingerichtet worden. 1578 am 6. Oktober brannte der herrschaftliche Hof ab. Der starke Ostwind trieb das Flugfeuer nach Rothenburg, das durch die Flammen total verheert ward. 1804 richtete die Neiße große Verwüstungen an. 36 Menschen kamen in große Lebensgefahr, aus welcher sie ein braver Mann, der Zimmermeister Richter aus Ober-Tormersdorf, mit Aufopferung seines Lebens mittelst eines in größter Schnelligkeit gefertigten Kahnes glücklich rettete. Frau von Kölichen auf Rothenburg belohnte den Braven damit, daß sie ihm und seinen Nachkommen Abgabenfreiheit verlieh. 1811 rettete Richter wieder 4 Personen aus Nieder-Neundorf vom Tode des Ertrinkens, welche, bei seinem Kinde Pathe stehend, bei hohem Wasserstande der Neiße vom Pächter des Wehrvorwerks und einem Knechte sich übersetzen ließen. In der Mitte des Neißeflußes brach die Ruderstange; der Kahn ging mit den darin befindlichen Personen die wogende Fluth hinunter und über das tobende Wehr hinab. Als Richter die in Lebensgefahr sich Befindenden erblickte, eilte er ihnen mit seinem Kahne zu Hilfe und rettete abermals mit Hintenansetzung seines Lebens seine Gevattern und die beiden Fährleute. Nach der Schlacht bei Bautzen traf am 22. Mai 1813 das Korps des General Lanskoi zu Rothenburg und Tormersdorf ein, das hier bivouakirte. Nachts erschien aus dem Lager ein Haufen Soldaten, welche unter dem Vorwande, Lebensmittel aufzusuchen, plünderten. Am 24. Mai, Nachmittags, rückte die Avantgarde des Herzog Bellunoi'schen Korps von Niesky her ein. Drei Regimenter französischer Kavallerie rückten über die Neiße vor und es entspann sich zwischen ihnen und den Russen ein Kampf, der bis Abens 7 Uhr mit der größten Erbitterung fortgesetzt wurde. In diesem sehr ungleichen Gefechte blieben auf beiden Seiten Todte und Verwundete. Die abziehenden Kosacken schossen ihre Pistolen auf die Strohdächer ab, um das Dorf in Asche zu legen, was aber durch Gottes Schutz verhindert wurde. Den Schaden, den Tormersdorf 1813 außer den regelmäßigen Lieferungen durch willkürliche Requisitionen, Erpressungen und Plünderungen erlitten hat, beläuft sich auf 3475 Thlr.

Noës, am linken Ufer der Neiße, dicht unter Rothenburg und zur Herrschaft Rothenburg gehörig, hat ca. 100 Häuser mit ca. 600 Einwohnern, 1 Schule und ein herrschaftliches Vorwerk. Eine halbe Stunde davon westlich, am Hutgraben, liegen die zu Noës gehörigen Dunkelhäuser. Das Kriegsjahr 1813 verursachte dem Orte einen Schaden von 6,278 Thlrn., ungerechnet das, was durch Lieferungen, Erpressungen und Einquartierungen hingegeben werden mußte.

Die Grünspanfabrik zu Noës besteht nicht mehr.

Lodenau, liegt am linken Ufer der Neiße, ca. 1½ Stunde N. von der Kreisstadt, hat 84 Häuser, 1 Schule, 472 Einwohner, meist vom Ackerbaue lebend. Es zeigten sich hier Spuren von Alaun.

Steinbach, am linken Ufer der Neiße, 1 Meile unterhalb Rothenburg, ein kleines Dorf mit ca. 250 Einwohnern, die sowohl vom Landbaue, als von Handarbeit im Walde und in den Torfstechereien daselbst leben. Das Rittergut Steinbach enthält sowohl in der Dominial- als bäuerlichen Forst ziemlich umfangreiche Lager von Eisensteinen und Raudensteinen*). In früherer Zeit fand ein Verkauf an die Eisenhämmer der Nachbarschaft statt; in letzter Zeit wird der Eisenstein als Baumaterial verwandt. Auf dem Rittergute Steinbach befindet sich eine Torfgräberei von großer Mächtigkeit. Nach der Analyse des berühmten Chemikers, Hofrath Dr. Stöckhardt in Tharandt, enthält der Steinbacher Torf:

Theer 12—14%,
Kooks 56—60%,
Stickstoff 1,33—1,67%,
Ammoniak 0,15—0,16%.

Die Asche enthält außer Kiesel- und Thonerde Eisenoxyd-Kalk in ziemlicher Menge, Schwefelsäure und geringe Mengen von Alkalien und Phosphorsäure. Der Theer ist reich an Paraffin und es ward bei der Analyse leichtes und schwereres Photogenöl gewonnen. Aus dieser Analyse geht zur Genüge hervor, daß dieser Torf nicht nur ein vorzügliches Brennmaterial liefert, sondern auch die Asche desselben zur Verwendung für Kompost und Wiesendünger sehr geeignet ist. Jährlich werden einige Millionen Torf gestrichen, die außer dem für die hiesige, im starken Betriebe befindliche, Dampfbrennerei nöthigen Quantum zum Verkaufe kommen.

Sänitz, rechts von der Neiße, an einem Bache ohne Namen, mit 89 Häusern, 1 Schlosse, 1 Kirche, 1 Schule und 1 Papiermühle, mit 504 Einwohnern, meist dem Ackerbaue sich zuwendend. Das Hammerwerk ist längst eingegangen; der Hammerteich und vorhandener Lech erinnern noch daran.

1370 war hier schon 1 Kapelle, die 1525 evangelisch und seit 1564 vom Diakonus in Rothenburg versorgt wurde. 1566 erfolgte ein Neubau derselben und 1740 eine Erweiterung mit neuem Altar und einer Orgel. Seit 1772 ist sie eine selbstständige Parochialkirche. Alle 14 Tage hält der Diakonus von Rothenburg hierselbst Gottesdienst mit Predigt und Kommunion. Steinbach ist Gastgemeinde; auch halten sich die nach Rothenburg gehörigen Zoblitzer und die zum Kirchenkreise Rothenburg II. gehörigen Doberser als Gäste hierher.

Die Schule besteht schon seit 1386 zugleich für Steinbach und Dobers.

Am 17. September 1813 plünderten Sänitz 70 Kosacken und die sächsischen Trainknechte fouragirten auf den Wiesen und Feldern auf die empörendste Weise. Der Ort litt durch den Krieg sehr viel.

---

*) Der Rauden- oder Ortstein ist ein ockerfarbner, zuweilen stark mit Sand vermengter Eisenstein, der meistens im Sande lagert und oft so geringen Eisengehalt hat, daß er nur als Baustein verwendet wird.

Bihain, ein unbedeutendes, an der aus den hiesigen Brüchen entspringenden Räcklitz, von Rothenburg 1 Meile WSW. gelegenes Dorf mit 47 Häusern, 1 Schule und 246 Einwohnern, hatte im 17. Jahrhunderte 3 Höfe, 9 Bauern und 10 Gärtner; jetzt ist nicht 1 Bauergut mehr vorhanden. Der Ort verdankt wahrscheinlich seinen Namen dem wendischen Götzen Bielbog, der in einem Haine hierselbst verehrt worden sein mag. Die Namen: „der kleine und große Krieghübel", mehrere Schanzen und Laufgräben, Zeltplätze bei Bihain deuten an, daß es von dem Kriege nicht unverschont geblieben ist. Nicht weit von Bihain befindet sich der sogenannte Sachsenberg. Zu Bihain sind beträchtliche Torfstiche.

Im Jahr 1615 ließ die Herrschaft Stöcke und Gebische in einem trocken gelegten Teiche verbrennen. Das Feuer lief weiter, zündete 40 Stöße Holz an und lief immer weiter in die von Moorboden erfüllte Waldung hinein, überschritt sogar die Bihainer Waldgrenze. Selbst aufgeworfene Gräben hielten den 1 Meile weit gehenden Waldbrand nicht auf.

Gehege, an der Räcklitz, Angesichts Rothenburg und von diesem W. 1 Stunde weit gelegen, hat 47 Häuser, 244 Einwohner. Es gehört zur Herrschaft Rothenburg, ist wendischen Ursprungs und hat erst seit Anfang des 15. Jahrhunderts deutsche Einwohner erhalten. Es besaß vor einer Reihe von Jahren noch ein wendisches Schöppenbuch in Oktav und kam 1620 durch Theilung an Sigmund von Rostitz auf Rothenburg. 1824, den 14. Okt., brannten 7 Häuser ab. Das Feuer kam in einem Hause aus, woselbst ein Kindtaufen Statt hatte und zwar während dem die Pathen mit dem Täufling zu Rothenburg in der Taufe waren. Seitdem hat der Ort noch mehrere Brände zu bestehen gehabt. 1854 wurde hier ein Stück Golddraht von hohem Werthe gefunden; nach dem Urtheile Sachverständiger rührt es aus der Sorbenwendenzeit her.

Bremenhain, 1 Stunde N. von Rothenburg, an der Räcklitz und an der Straße nach Muskau. Der Ort hat einige fünfzig Häuser mit ca. 300 Einwohnern und liegt, wie die meisten Dörfer des Rothenburger Kreises, zu beiden Seiten der von alten Linden beschatteten Dorfstraße. 1821, den 15. Februar, brannten 7 Häuser und das Dominialgehöfte ab. Am 11. Februar 1836 brannten die Schmiede und 4 Häuser nieder. Die Umgegend ist reich an Torf. Im Besitze des Dominii ist z. Z. der Königlich preuß. Premier-Lieutenant a. D. von Winterfeld, ein Nachkomme des am 7. Sept. 1757 bei Mons gefallenen General von Winterfeld.

Neu-Sorge, an der Räcklitz und an der Straße von Rothenburg nach Muskau, $^{6}/_{4}$ Stunden von Rothenburg mit 40 Häusern und 192 Einwohnern, ist ein Urnen-Fundort. In der Nähe sind 3 Schanzen, die Brustschanzen genannt. Das verschwundene Dorf Langholz, im Hussiten- oder im 30jährigen Kriege verwüstet, soll unweit Neu-Sorge gestanden haben. Ein Busch, das lange Holz genannt, worin man Mauern und Gewölbe entdeckt hat, deren Steine von den Bewohnern von Neu-Sorge zu Bauten verwendet worden sind, macht das einstige Vorhandensein des verschwundenen Dorfes zur Gewißheit. In der Nacht vom 16. bis 17. August 1813 lagen 14,000 Mann französischer Kavallerie und Artillerie in und um Neu-Sorge; sie fouragirten Hafer und Kartoffeln, holten das Getreide aus den Scheunen, um Hütten zu bauen. Auch Sachsen quartierten hier, aus 1314 Unteroffizieren und Gemeinen mit 1433 Pferden bestehend. Neu-Sorge ist der Geburtsort des berühmten Geschichtsmalers Adolph Zimmermann, der vor einigen Jahren zu Düsseldorf starb. Zu seiner Ausbildung machte er Kunstreisen nach Rom und Florenz. Die Kirche zu Rothenburg erhielt ein vortreffliches Altargemälde, Christum und die Jünger zu Emmaus darstellend, im Werthe von 300 Thlrn. zum Geschenk.

Cunnersdorf, 1 Meile NW. von Görlitz und $1\frac{1}{2}$ Meile SSW. von Rothenburg, an der Spremberg-Görlitzer Chaussee und am Ebersbacher Wasser oder weißen Schöps, ist auf allen Seiten von Bergen eingeschlossen, von denen der nördlich gelegene Geiersberg der höchste ist. Hinter diesem beginnt die große norddeutsche Ebene, daher die Aussicht nach drei Seiten hin fast nur durch die fernliegende Heide beschränkt wird. Die östlich gelegenen Höhenzüge bilden die Meeresscheide zwischen Ost- und Nordsee, oder die Stromscheide der Oder und Elbe. Der größte Theil des Dorfes liegt am *rechten* Ufer des weißen Schöpses; das Dominium, 2 Gärtner- und 9 Häusler-Nahrungen auf dem linken; 6 Bauergüter jenseits des Geiersberges, die sogenannten Feldbauern, auf Karten auch Neu-Cunnersdorf genannt, die Kalksteinbrüche, Ziegelei und die aus 4 Häusler-Nahrungen bestehende Kolonie Friedrichsfeld, $\frac{3}{4}$ Stunden östlich vom Dorfe; die Windmühle auf dem südlich gelegenen Kapellenberge. Zum Dorfe gehören 1 Dominium, 19 Bauergüter, wovon jedoch 4 dismembrirt worden sind und eins an das Dom. Ober-Rengersdorf verkauft worden ist, 21 Gärtner, 30 Acker- und 44 *Leerhäusler*, überhaupt incl. der Kirche, Pfarre, Schule, Gemeinde- und Spritzenhaus 126 Haus-Nummern. Außerdem liegt im Dorfe die zu Königshain gehörige Niedermühle und die dem Dominio gehörige Obermühle.

Die Zahl der Einwohner beläuft sich auf 823 Seelen, die ihre Beschäftigung beim Ackerbau, Kalkbrechen und Brennen finden. 4 im Betriebe befindliche Kalkbrüche befinden sich auf Bauergütern; auf 2 andern Bauer*gütern* ruht seit Jahren der Betrieb; zwei Brüche sind an auswärtige Unternehmer verpachtet, ein Bauer betreibt das Geschäft selbst und auf einem ist von Alters her das Dominium gegen 1 Thlr. Forst pro Stoß berechtigt, zu brechen, während der neueste Pachtkontrakt bei einem Andern auf 3 Thlr. pro Stoß lautet. In der Kalkbrennerei des W. Siebörger mit Cylinder-Kalköfen, in welchen durch Stichflamme der feinste Kalk gewonnen wird, werden die blauen, marmorähnlichen Kalksteine gründlich durchgebrannt und haben keine Beimischung von Asche. Der Kalkbruch am Geiersberge ist seit 20 Jahren erschöpft. Sämmtliche Kalkbrüche sind $\frac{1}{2}$ Stunde östlich vom Dorfe entfernt. In diesen Brüchen fand man zu verschiedenen Zeiten merkwürdige Versteinerungen. Auf den Ackerbau wirkt die Beschäftigung in den Kalksteinbrüchen insofern nachtheilig ein, weil die Arbeitskräfte fehlen und die gewonnenen theuer bezahlt werden müssen. Ein Tagearbeiter erhält auch bei der Feldarbeit durchschnittlich pro Stunde 1 Sgr. und in der Ernte noch mehr. An Handwerkern sind u. A. auch 6 Tischlermeister und mehrere Brunnenbauer vorhanden. Die Berge um Cunnersdorf enthalten Thonschiefer.

Cunnersdorf, wendisch Kundrata = Konrad, hat seinen Namen wahrscheinlich von seinem Erbauer Kundrad oder Konrad erhalten und kommt in alten Schriften unter dem Namen Konradsdorf vor. Die Zeit der Ortsentstehung ist nicht zu ermitteln; indeß läßt sich vermuthen, daß Cunnersdorf bereits gegen das Ende des 10. Jahrhunderts seinen Anfang genommen hat; denn Cunnersdorf giebt bis dato Decem nach Jauernick und daraus geht hervor, daß Cunnersdorf's Einwohner sich zur dortigen Kirche gehalten haben mögen. Sie würden sich gewiß zu der weit nähern Nikolai-Kirche zu Görlitz begeben haben, wäre diese schon vorhanden gewesen. Bekanntlich fand man vor dem Brande derselben, 1642, ein Glöcklein mit der Jahreszahl 1031; hat nun Görlitz 1031 schon eine Kirche gehabt, Cunnersdorf aber sich nicht zu dieser, sondern zu einer weit entlegneren gehalten, so wird es wahrscheinlich, daß es damals bereits vorhanden gewesen ist, wozu noch kommt, daß die Erbauung der Kirche zu Jauernick bis vor das Jahr 1000 zurückgeführt werden muß. Demnach wäre Cunnersdorf so alt, als die Dörfer, aus denen Görlitz zu einer Stadt geworden ist, und hätte gleiches Alter mit den umliegenden Dörfern, die jetzt noch nach Jauernick, resp. Cunnerwitz Dezem geben, als Ebersbach, Langenau, Biesnitz, Rauschwalde u. a. m. Die Namen der Besitzer sind erst seit dem 14. Jahrhundert bekannt, da man erst im 13. und 14. Jahrhundert in der Lausitz angefangen hat, Etwas aufzuschreiben. Die ältest bekannten waren die von der Dome, im 15. Jahrhunderte Heintze von Kottwitz, Nik. Bortschmann, 1505 Hanns Freutzel, dessen Sohn und Enkel, Daniel und Paul von Liedlau, gestorben 1655. Von da ab Jakob von Schachmann, Franz E. von Schachmann, † 1720. Franz Ad. von Schachmann, † 1719. Fr. Ernst von Schachmann. Johanne Eleonore von Gustädt. Von Broitzen seit 1740, von Kleist bis 1820, Gotthold von Schmidt bis 1838, Baron von Steinäcker bis 1847, Freiherr von Buddenbruck bis 1849, Freiherr von Oven. Seit 1851 ist es im Besitze Sr. Excellenz des Freiherrn Johann Baptist von Nothomb, Königlich belgischen Staatsministers, außerordentlichen Gesandten und bevollmächtigten Ministers des Königs der Belgier am Königlich preußischen Hofe.

In kirchlicher Hinsicht hielt sich Cunnersdorf früher zu Jauernick, wurde aber später mit Vergünstigung des Bischofs zu Meißen zur Kirche in Ebersbach geschlagen. Cunnersdorf hatte eine Kapelle (vielleicht auf dem Kapellenberge, nach Ebersbach zu), wo blos Messe gelesen wurde und die vom Parocho in Ebersbach durch einen Kaplan versorgt ward. 1501 war dies Mathias Lehmann. Die Reformation soll hier früher als in Görlitz Eingang gefunden haben. Die Görlitzer sollen viel herausgekommen sein und der Weg soll den Namen: „Luthersteig" erhalten haben. S. Möller war der erste evangelische Pastor. Seit 1550 (1545) war in Cunnersdorf an Stelle der Kapelle eine Parochial-Filialkirche. 1613 wurde das Diakonat in Ebersbach gestiftet und der dortige Diakonus war zugleich Pastor in Cunnersdorf. Die Collatur ist erst laut Rezeß um das Jahr 1732 auf das hiesige Dominium gekommen. Von der Zeit an trachtete man darnach, auch den Diakonus hier wohnend zu haben und es wurde um 1748 die hiesige Parochie gegründet. Man suchte zwar die hiesigen Pfarrer ganz vom Diakonate in Ebersbach zu lösen, dies wurde aber nicht genehmigt und es ist daher noch jetzt der jedesmalige Pastor in Cunnersdorf zugleich Diakonus in Ebersbach; seine Funktionen beschränken sich aber, seit Aufhebung der dritten Feiertage und der Privatbeichte am Sonnabende, nur noch auf die jährlich dort zu haltende Kirmespredigt. Der erste Pfarrer M. Joh. Christian Kammerhof zog schon 1749 nach Waldau; sein Nachfolger, Karl Gottlob Täschner, starb 1757; ihm folgte Joh. Gottlob Klien. Er wohnte, wie seine Vorgänger, anfänglich auf der Schule, 1756 aber ward eine Gärtnerstelle gekauft und ein neues Pfarrhaus gebaut. Die Wiedmuth umfaßt nur 6 dresdner Metzen Land. Er erhielt zuerst aus dem Kirchen-Aerar, welches vor dem von 1787—91 erfolgten Kirchenbaue gegen 18,000 Thlr. betrug, jetzt aber bis auf 8000 Thlr.

reduzirt ist, 100 Thlr. Zulage; dieselbe ist später aber nach und nach bis auf 181 Thlr. erhöht worden, so daß das Einkommen des Pfarrers gegenwärtig ca. 450—500 Thlr. beträgt. Klien starb 1785. Von ihm und seinem Sohne, welcher als Sub-Diakonus in Görlitz gestorben ist, hat Cunnersdorf ein Legat von 200 Thlrn. Die Zinsen werden zur Hälfte alljährlich vom Pastor an Arme der Parochie vertheilt; von der andern Hälfte werden Bibeln für arme Schulkinder angeschafft. 1786—1818 war hier Pfarrer Christian Karl Gottlieb Gössel und von 1819—1827 Karl Ludwig Gössel, 1828—33 Wilhelm Pfeiffer, der als Pfarrer in Rengersdorf starb, dann bis 1851 Gottlob Traugott Leberecht Hirche, endlich Joachimsthal, z. Z. Pfarrer in Rengersdorf, und Rötzschke.

Die Kirche besitzt eine von Buckow 1851—52 völlig umgebaute Orgel mit 21 Stimmen. Die Glocken sind 1860 von Pühler in Gnadenberg umgegossen und stimmen rein Fis-Moll-Dreiklang. Die alte große und mittlere Glocke waren 1591, die kleine 1681 gegossen. Letztere hatte merkwürdiger Weise eine französische Inschrift: „Le bon dieu la consere par sa grace divine. Amen.“ Die Schulmeister sind den Namen nach seit 1451 bekannt und kommen in den alten Urkunden als Schulmeister, Schuldiener und Schösser vor. Mehrmals folgen die Söhne und Schwiegersöhne den Vätern. Die Schule zählt gegenwärtig 202 Kinder und wird von einem Haupt- und Hilfslehrer versehen.

Als historische Merkwürdigkeit verdient noch das große eiserne Kreuz mit der Inschrift: „Ehre sei Gott in der Höhe“ auf dem Kapellenberge Erwähnung. Die ehemalige Besitzerin, Friederike von Kleist, geb. Gräfin Hoffmannsegg, ließ es nach dem letzten Kriege aufrichten. Veranlassung hierzu war eine glücklich vorüber gegangene Gefahr für Cunnersdorf; denn dort hatte sich 1813 eine Abtheilung Franzosen und hinter dem Dorfe eine Abtheilung Russen aufgestellt. Man erwartete jeden Augenblick den Beginn eines Gefechts, plötzlich aber marschirten die Franzosen ab, nach Reichenbach zu, und Cunnersdorf war gerettet.

Rengersdorf, Ober- und Nieder-, am Ebersbacher Wasser, 1 Meile NW. von Görlitz mit 181 Häusern, 1 Kirche, 1 Schule mit 2 Lehrern und einem Schlosse des von der Gemeinde erworbenen und dismembrirten Dominii, hat 887 Einwohner, wovon auf Nieder-Rengersdorf 534 kommen. Die Kirche, zur Ephorie Rothenburg I. gehörig, ist eine der ältesten in der Ober-Lausitz, was daraus zu schließen ist, daß auf der größten der 1834 umgegossenen 3 Glocken die auf ihr befindlichen Buchstaben das Jahr 1195 andeuteten. Um das Jahr 1530 ward die Kirche evangelisch; sie ist gewölbt und freundlich. Im Jahr 1730 erfuhr sie eine bedeutende Vergrößerung. Dahin eingepfarrt sind außer Ober- und Nieder-Rengersdorf Klein-Krausche, Kodersdorf mit ca. 700 Einwohnern, Särichen mit ca. 400 Einwohnern und Wiesa mit über 300 Einwohnern.

Der Ort litt 1813 in Folge der Kriegsereignisse viel von den Franzosen, indem sie in den Häusern plünderten und auch Vieh erpreßten. Ein Theil desselben ist ihnen von den Eigenthümern wieder abgekauft worden. Bei der Plünderung sind die Quittungen über Lieferungen verloren gegangen; die Papiere und Rechnungen, welche in französische Hände kamen, wurden theils zu Emballage gebraucht, theils zerrissen. Es waren in Rengersdorf mit Torga 1813 im Quartier 6 Generale, 25 Stabsoffiziere, 198 Ober-Offiziere, 6574 Unteroffiziere und Gemeine, 5473 Pferde.

Horka, was im Wendischen mit Bergchen, Hügel gleichbedeutend ist, ein Kirchdorf am Ebersbacher Wasser, welches sich bei Ober-Horka theilt und links den Namen „Neugraben“ annimmt, sich aber bei Nietschen wieder mit Ersterem vereinigt. Horka ist das längste Dorf im Kreise, wird in Ober-, Mittel-, Nieder-Horka eingetheilt, wovon Ober-Horka, wie Mittel-Horka in 2 Antheile zerfällt, so daß also im Ganzen in Horka 5 Dominien sind. Es hat 275 Häuser und 1501 Einwohner, die theils beim Landbau, theils in den dort vorhandenen großen Torfstechereien und in der Ziegelei Beschäftigung finden. Zu Horka sind ergiebige Thonlager, aus denen die Töpfer zu Rothenburg die Masse beziehen. Das Hammergut zu Mittel-Horka ist vor 200 Jahren eingegangen. Auch zu Ober-Horka befand sich ehedem ein Hammerwerk. Im Schöppenbuche von Ober-Horka kommt 1577 Joh. Heinrich und 1580 Jorge Hippel als Hammermeister vor. 1837 wurde auf der Stelle des ehemaligen Hammerwerks eine Mühle angelegt. Der Ort war 1539 noch wendisch.

Die schöne massive, aus dem 12. oder 13. Jahrhunderte stammende Kirche mit herrlichem Geläute befindet sich zu Ober-Horka. In Jakob Klitsch erhielt sie 1539 den ersten evangelischen Geistlichen, nachdem er Dom. I. Adv. zu Wittenberg von Dr. J. Bugenhagen ordinirt worden war. Mückenhain, Bihain und Kaltwasser sind hierher eingepfarrt. Die Parochie Horka gehört zur Ephorie Rothenburg I. Horka selbst ist zur Zeit Superintendentursitz. Die Kirche besitzt eine von Abraham von Gerßdorf auf Mückenhain 1683 gestiftete Bibliothek, die an 1300 Bände enthält. Von demselben Wohlthäter rühren auch mehrere Armenstiftungen her.

„1446 am 3. post Exaudi wurde der Bauer Kaspar Weber zur Staupen geschlagen, weil er das Spottlied gegen die Stadt Görlitz:

„„Ihr lieben Herrn zu Zitta, wollt ihr hör'n ein neu Gedicht,
Wie es die Görlitzer ha'n angericht?
Es ist nicht wohl gelungen,
Die Zitter (Zittauer) ha'n ihn die Kühe genummen““,

zum Aerger der Görlitzer gesungen hatte.“

1689, den 31. Mai, wurde ein türkischer Knabe von ca. 8 Jahren vor zahlreicher Versammlung hierselbst getauft; er hatte 10 Adelige und den Pastor Wießner zu Rengersdorf zu Pathen und war 1686 bei Eroberung der Stadt Ofen mit seiner Mutter gefänglich nach Deutschland gebracht worden; sein Vater war Hauptmann über 200 Janitschaaren gewesen und im Kriege geblieben. Er kam mit seiner Mutter nach Mückenhain, woselbst der Landesälteste, Wolf Abraham von Gerßdorf, dem Knaben Schulunterricht ertheilen ließ. 1693, den 2. Februar, wurde eine Türkin, das Weib eines türkischen Unteroffiziers, Fatina, getauft. Auch sie wurde bei Einnahme der Festung Ofen gefangen genommen und fand den Weg nach Mückenhain. 1732 vergiftete sich der Pfarrer Brückner. Der 30jährige Krieg brachte dem Orte viele Leiden; viermal wurde der Ort geplündert. 1631 am Sonntage nach Trinitatis fielen die Kroaten ein und plünderten überall, auch sogar die Kirche; erbrachen Schlösser und Thüren, raubten das vorräthige Geld, zerschlugen die Kirchfenster und nahmen selbst die Glockenstränge, so wie die bei Beerdigungen gebräuchlichen Stricke mit. Sie hausten 3 Wochen lang, während die Einwohner sich ihnen durch die Flucht entzogen hatten. Nicht besser erging es dem Orte 1633 und 34, wo sowohl kaiserliche als kurfürstliche Truppen sich einquartierten. Sie plünderten die Kirche und Sakristei, zerschlugen die Thüren, zerrissen die Kirchen-Register und raubten einen Kelch. 1643 hausten Schweden schrecklich. Am 13. März 1643 wurden von ihnen auf dem Dominio Mittel-Horka (damals C. Christian von Gerßdorf gehörig) 10 Menschen mit Aexten und Spießen getödtet. In der Advents- und Weihnachtszeit mußte der Gottesdienst eingestellt werden. Der Pastor J. Georg Greyff zu Horka hat den ganzen 30jährigen Krieg durchlebt. Im Jahr 1800 im Herbste wurde eine starke Diebes- und Räuberbande, die der ganzen Gegend ein Schrecken war, von einem Kommando sächsischer Dragoner aufgehoben und da die Uebelthäter Nichts eingestehen wollten, barbarisch mit der Klinge gehauen. Der Hauptanführer dieser Bande war aus See, den die Dragoner aus der Kirche abholten. Die am meisten Gravirten erhielten lebenslängliche Freiheitsstrafe. Den 5. März 1837, Mittags 1 Uhr, enstand beim Bauer Jakob zu Mittel-Horka, welcher an diesem Tage ein Kind taufen ließ, Feuer, wodurch sein und des Bauer Firl Gehöfte ein Raub der Flammen wurde. Den 1. Pfingstfeiertag 1724 brannte das Schloß zu Nieder-Horka ab.

Bei Ober-Horka liegt östlich der Weinberg, von dem die Sage geht, daß sich von Zeit zu Zeit ein weißer Ochse sehen lasse, der aber sofort verschwinde, sobald man spreche; eine andere Sage knüpft sich an das Grab „des bösen Jägers" in einer Ecke des Kirchhofes.

Uhsmannsdorf, 1 Stunde westlich von Rothenburg, am Ebersbacher Wasser und an der Rothenburg-Nieskyer Straße, ist ein sehr altes Dorf, aus 54 Häusern, einem Schlosse, einer Schule, einer Mühle und 276 Einwohnern, die größtentheils sich mit Ackerbau beschäftigen, bestehend. Der Ort litt in den Kriegsjahren viel, da er an der Etappenstraße liegt. Im 7jährigen Kriege zog die Herrschaft 3 Bauergüter von den 6 vorhandenen ein, da ihre Besitzer ganz ruinirt worden und außer Stande waren, fernerhin Abgaben zu entrichten. Das Jahr 1813 kostete der Gemeinde 1425 Thlr. 15 Sgr., ungerechnet die Lieferungen ꝛc.; zuletzt war's nicht möglich, auch nur das Geringste für die fremden Gäste aufzubringen.

Vom Uhsmannsdorfer Territorio umgeben sind zu merken a) der dicht hinter dem Dorfe nach Westen zu gelegene, als Wiese benutzte, zum Dominio Ober-Horka gehörige Leopoldsteich, worin die Uhmannsdorfer und die Viehbesitzer von Ober-Spreehammer im Frühjahr und Herbst ein Hutungsrecht ausübten, das nunmehr abgelöst worden ist. Die Bewohner von Ober-Horka wollten sich die Mitbenutzung erzwingen und brachten eines Tages ihr Vieh in den qu. Teich getrieben. Der damalige Besitzer von Uhsmannsdorf, ein gewisser Herr von Nostitz, erschoß ihnen aber den Bullen. Die „Borngrube", 150 Schritte im Umfange und 16—18 Fuß tief, einst das Fluthbette des Leopoldteiches, ist ein Wetterprophet. Sobald dieselbe sich rostfarbig zeigt, erfolgt Wind und Regen; wird das Wasser wieder farblos, so ist auf baldiges schönes Wetter zu rechnen.

Der ehemalige Herr von Posadowsky auf Uhsmannsdorf, ein außerordentlicher Liebhaber der Jagd und Fischerei, wollte einst die Borngrube ausfischen und ließ deshalb mehrere Tage lang Wasser schöpfen, da aber fast so viel quoll, als ausgeschöpft wurde, so mußte er von dem Vergnügen abstehen. b) Der sogenannte Heideteich, an der Trebusser Grenze, dem Dominium Mittel-Horka gehörig, in welchem die Gärtner von Spreehammer vor erfolgter Ablösung freies Hutungsrecht und die Gräserei ausübten. Die sogenannte Gerßdorfer Heide, auf der Ostseite des Dorfes, war vordem auch eine Enklave; der Herr von Ohnesorge auf Uhsmannsdorf kaufte sie für 1500 Thlr.

Auf dem hiesigen Dorfanger befindet sich eine vom vormaligen Lehrer J. Christian Mischke zu Trebus am 12. April 1830 gepflanzte Eiche, „die Gedenkeiche", und zwar an derselben Stelle, woselbst die Schäferfrau Ladasch vom Scharfrichter an die Staupsäule gebunden, den Staupbesen erhielt, weil sie den Vogt Christian Mischke am 21. Oktober 1746 mit einem Schafhürdenpfahle tödtete.*)

Uhsmannsdorf war der erste Ort im Rothenburger Kreise, in welchem zu Anfange dieses Jahrhunderts die Kuhpockenimpfung Eingang fand; ihm folgte Lodenau 1802, Rothenburg 1803.

1802 legte der vormalige Lehrer J. Christian Mischke in seinem Garten zu Uhsmannsdorf eine Obstbaumschule von 1381 Stück an, aus welcher die Nähe und die Ferne mit veredelten Obstbäumen und sehr guten Obstarten versorgt wurde. Viele Alleen von Pappeln und Kastanien gingen gleichfalls aus ihr hervor. Die Anlage der Baumschule erwarb dem 2c. Mischke vom Kurfürstlich sächsischen Hofe eine Prämie von 40 Thlr. und die Anlage einer Buchenhecke um den Garten eine Prämie von 20 Thlr. Der Prämiirte war nicht nur ein geschickter Obstbaum-, sondern auch ein sehr verständiger Bienenzüchter, der die verbesserte Korb- und Magazin-Bienenzucht im Orte und in der Umgegend einführte.

Das Herrenhaus wurde 1818 erbaut. Eine Viertelstunde westlich von Uhsmannsdorf liegt das Dörfchen Ober- und Nieder-Spreehammer am Neugraben, theils nach Uhsmannsdorf, theils zum Dominio Trebus gehörig. Das längst eingegangene Hammerwerk stand da, wo die Mühle sich jetzt befindet und es gehörten wohl die, jetzt zum Vorwerke von Nieder-Spreehammer gehörigen Grundstücke dazu.

Spree, am Ebersbacher Wasser, $^3/_4$ Stunden WSW. von Rothenburg, ein zu beiden Seiten der Rothenburg-Rietschner Straße gelegenes Dorf mit 87 Häusern, einem Schlosse, einer Mühle, einer Schule und 507 Einwohnern. Spree ist ein Urnenfundort; die Urnen kamen auf einem Felde beim Ackern zum Vorschein; wahrscheinlich war hier in grauer Vorzeit ein heidnischer Begräbnißplatz. Der Ort hat große Karpfenteiche, die wie der über 3000 Morgen große Wald dem Dominio gehören. Das gefällige Schloß ruht auf einem Rost. Auf dem Schulhause befindet sich ein Thürmchen mit Glocke, die alle Morgen geläutet wird und von einer Kapelle herrühren soll, deren Bau 1520 begonnen, aber vom Pfarrer zu Rothenburg nicht gern gesehen und deshalb vom Weiterbau Abstand genommen wurde.

Unweit des Spreer Heidehauses, eines Vorwerks mit Schäferei, stand vor mehreren Jahren auf einem Teichdamme eine Eiche, die wohl zu den Riesenbäumen der preußischen Ober-Lausitz gehörte. Sie ging in einer Stärke von 12 Ellen über 14 Ellen hoch fort; ein Ast, welchen ein Sturmwind 1834 brach, gab 5 Klaftern Brennholz.

Hähnchen, wendisch Kokotek = Hahn, liegt unterhalb Spree, am Ebersbacher Wasser, hat 60 Häuser, 1 Kirche, 1 Schule, 1 Pfarrhaus, 1 Schloß,

*) Der Ermordete war der Urgroßvater des Verfassers dieses Werkes.

1 Mühle. Der Ortsname verräth, daß einst hier ein Hain existirt habe, vielleicht gar ein Götzenhain. Diese Vermuthung wird durch die in der Nähe der Kirche bei niedrigem Wasserstande im Flußbette der Bach zu Tage tretenden Ueberreste starker Eichbäume, durch Auffindung großer Stücke eichenen Holzes beim Grundgraben zum jetzigen herrschaftlichen Schafstalle, sowie durch die zu Ende des vorigen Jahrhunderts hier ausgegrabenen Urnen und eines aufgefundenen Piedestals von Marmor, auf dem ein Bild gestanden, unterstützt. Die Kirche war 1346 schon vorhanden; der erste Pastor, Luc. Priebusser, wurde 1579 von einem zum Islam übergetretenen Uhrmacher Kluge, aus Görlitz gebürtig, ermordet. Die jetzige massive Kirche ist 1708 und 9 erbaut worden. Die kleine Glocke, ohne Aufschrift, ist sehr alt und in Form minder gefällig, als ihre Schwestern, hat aber einen schönen, hellen Klang. Die große Glocke ist zu Gnadenberg von Pühler umgegossen worden. Die Orgel ist neu und von Biesterfeld aus Rothenburg erbaut. Eingepfarrt sind: Quolsdorf mit ca. 500 Einwohnern, Neuhof mit ca. 200 Einwohnern, Trebus mit 439 Einwohnern, Neu-Särchen mit ca. 300 Einwohnern. Letztgedachte Ortschaften haben resp. seit 1838 und 1843 eigne Kirchhöfe.

Hähnchen wurde den 22. Mai 1794 vom Herrn von Lutz an den Grafen von Schulenburg-Glaucha und 1798 an Hans Heinrich VI., Graf von Hochberg und Freiherr zu Fürstenstein verkauft.

Rietschen, wendisch Rieczjza, Rjeczka = Flüßchen, Bach, am Ebersbacher Wasser, womit sich hier der bei Ober-Horka abgehende Neugraben wieder verbunden hat, 1 Meile nordwestlich von der Kreisstadt, eine Königliche Domaine, zählt 36 Häuser und 242 Einwohner. Daselbst ist eine Königliche Post-Expedition, eine Königliche Oberförsterei, ein Königliches Domainen-Amt und eine Königliche Forstkassen-Verwaltung. In der großen Rietschner Heide befinden sich Theerschwelereien und Kohlen-Meilereien. Die Umgegend ist reich an Torf. Im alten Herrenhause zu Rietschen übernachtete Friedrich V. von der Pfalz nach der Schlacht am weißen Berge bei Prag. Seifried von Rabenau, der in dieser Schlacht gefallen, scheint Besitzer von Rietschen gewesen zu sein. Nach dem Kriege von 1813—15 besaß es der noch auf Zobten bei Löwenberg lebende General der Kavallerie und Flügel-Adjutant Sr. Majestät des Königs, Graf von Nostitz, der als vormaliger Adjutant Blücher's diesem in der Schlacht bei Ligny, woselbst ihm das Pferd unter dem Leibe erschossen wurde, das Leben rettete.

Tränke, in der Rietschner, resp. Tränker Heide, an der Straße von Rothenburg nach Muskau, mit 16 Häusern und 96 Einwohnern, ist eine Pertinenz der Königlichen Domaine Rietschen.

Das Bedürfniß, hier das Zugvieh zu füttern und zu tränken, rief die Erbauung eines Wirthshauses in's Leben, diesem scheint der Ort seinen Namen zu verdanken. Die früher hier im Betrieb befindliche Rußhütte ist seit einigen Jahren eingegangen, dagegen ist in der Tränker Heide ein Torfstich seit mehr als 20 Jahren im Betriebe; der hier gestochene Torf ist von vorzüglicher Güte.

Hammerstadt, wendisch Hammerz oder Hamorjisstja = Hammerstellen, am Ebersbacher Wasser, mit 31 Häusern, 1 Schule, 197 Einwohnern, in sandiger, waldiger Gegend, hatte in früherer Zeit ein Hammerwerk.

Am 20. April 1794 brannten die Schänke, Schmiede und 9 Nahrungen ab.

Linda, wendisch Podljena, das kleinste Dorf im Rothenburger Kreise, mit 6 Häusern und 31 Einwohnern, liegt links am Ebersbacher Wasser und ist ein Zubehör von Hammerstadt.

Viereichen, wend. Syri dubby, rechts am Ebersbacher Wasser, Mocholz, links am Ebersbacher Wasser, Rappatsch, Zweibrücken, gehören in die Standesherrschaft Muskau und sind unbedeutende wendische Ortschaften, umgeben mit Wald- und Sandboden. In Mocholz suchten viele Leidende und Kranke Hilfe bei der „blinden Hanne", die aus dem Hemde des Kranken die Krankheit beurtheilte und für wenige Dreier diverse Sorten Thee verabreichte. Der Zulauf war groß.

Trebus, 1 Meile westlich von Rothenburg, zwischen dem weißen und schwarzen Schöps, ein von Deutschen bewohntes Dorf mit 74 Häusern, einem Schloß, einer Schule und 439 Einwohnern. Das Dominium Trebus ist Eigenthum der Brüdergemeinde. Im hiesigen Schlosse befand sich vordem eine der Brüdergemeinde gehörige Bibliothek, welche die Räumlichkeiten der zweiten Etage einnahm. Die vielen Dominialteiche liefern schöne Karpfen. Die Brauerei liefert ein gutes Bier, das sich sonst eines solchen Rufes erfreute, daß man zu Festzeiten Meilen weit herkam, um hier Festbier füllen zu lassen. Die „Taubenbörner" auf dem Taubenberge, ½ Stunde nordwestlich vom Schlosse gelegen, führen dem Dominio ein gutes Trinkwasser zu. Vor einer Reihe von Jahren wurden hier eine alte Streitaxt und im nahen Walde zwischen Trebus und Stannewisch in einer Sandgrube Urnen und Thränenkrüge gefunden. Das Dominium schenkte zur Anlegung einer Baumschule der Schule ein Stück Gartenland und der vormalige Lehrer Mischke hierselbst richtete diese ein und unterwies seine Schüler auch im Setzen, Verpflegen und Veredeln der Obstbäume. Trebus ist nach Hähnchen eingepfarrt; vor der Reformation hielt es sich in die Kirche zu See. Ein altes Kirchenbuch von See führt an: „1521 haben die von Trebus beim Rath zu Görlitz geklagt, wie der Pfarr von See, dahin sie eingepfarrt, seiner Vernunft entsagt, daher sie die Sakramente nicht bekommen könnten. Es wären auch zum See in diesen schweren Leuften viel Leute ohne alles Gottesrecht und die heiligen Sakramente als das Vieh dahingestorben. Und als sie einander nicht hätten wollen begraben*), hätte der Pfarr in thörichter Weise die Todten mit den Füßen an ein Ortheil gebunden, und also mit einem Pferde zu Grabe geschleppt, und nicht eines Knie's tief begraben, daß sie auch die Hunde ausgescharrt und befressen hätten, wie sie auch eine todte Sechswöchnerin mit einem Kinde in einer Kammer befressen. Bitten, ihnen behilflich zu seyn, damit sie vom Pfarr von Henichen möchten versorget werden."

Kosel, Ober- und Nieder-, wendisch Koßlo oder Koßle = aufgeworfener Hügel, vordem ein wendisches, jetzt deutsches Kirchdorf, zwischen dem weißen und schwarzen Schöps, 2¼ Meile westlich von Rothenburg, in waldiger Gegend, hat in Allem mit Neu-Kosel 123 Privatwohnhäuser, 1 Kirche, 1 Schule, 2 Dominien mit Schlössern, 1 Windmühle und 722 Einwohner, von denen Viele in den bedeutenden Torfstichen Beschäftigung fin-

*) Wahrscheinlich grassirte damals in der Kirchfahrt die Pest.

den. — Der Gewittersturm am 5. Mai 1797 richtete an Gebäuden und in den Waldungen großen Schaden an. In dem Forste von Nieder-Kosel gab es 700 Klaftern Windbruch.

Die Kirche ist alt. 1540 wurde die Reformation eingeführt. Martin Tornow, geb. aus Kosel, Aedituus zu Fürstenwalde, wurde von Dr. Bugenhagen in Wittenberg ordinirt und war der erste evangelische Geistliche zu Kosel. Muthmaßlich hat der Ort seinen Namen wegen den daselbst früher befindlichen heidnischen Grabhügeln erhalten.

Der Ort gehört dem Direktor der Görlitzer Fürstenthums-Landschaft, Herrn L. von Gersdorff.

Stannewisch, ein zur Herrschaft Trebus gehöriges, nach Kosel eingepfarrtes Dorf, liegt an der Chaussee von Görlitz nach Muskau, hat 32 Häuser, 203 Einwohner, eine große Ziegelei mit mehreren Brennöfen, deren Fabrikat, namentlich Dachziegeln, guten Absatz, selbst bis Sachsen, findet. Die abgebrannte böhmische Stadt Schluckenau wurde bei ihrem Wiederaufbau meist mit Ziegeln aus hiesiger Ziegelei gedeckt. Stannewisch ist ein Urnenfundort. In einer Sandgrube fand man einen Topf mit alten Münzen und ein Aschenkrügel.

Die Töpferei liefert bei der Güte des Thons gesuchtes Geschirr; auch befindet sich hier ein ergibiges Braunkohlenbergwerk.

Teicha, wendisch Hatk, ein Teichel, liegt am sogenannten Neugraben und nördlich zur Seite des langen Mühlteichs entlang, zwischen welchem und der einen Häuserreihe die Dorfstraße geht, welche nur am westlichen Ende des Dorfes mit 2 Reihen Häusern besetzt ist. Außerhalb des Dorfes gehören noch die Bleiche, die höchst romantisch gelegene Buschmühle mit einigen Häusern und die herrschaftliche Ziegelei zu demselben. Es liegt eine Viertelstunde westlich von Daubitz, wohin es eingepfarrt ist und 1¾ Meilen nordwestlich von Rothenburg, zählt 37 Privat-Wohnhäuser und 236 Einwohner. Die Felder sind Flachland, zum vierten Theile sandig, aber größtentheils durch Kultur sehr verbessert worden, die Wiesen sind planirt und durch Ueberrieselung reich an üppigem Graswuchs. Torf findet sich an vielen Stellen. Die südlich mit Wald bestandene Seite ist bergig und an Lehm, Ziegelerde und Töpferthon unerschöpflich. Auch vermuthet man in diesen Bergen Lager von Stein- und Braunkohlen. Es ist daher schon 1828 darnach gegraben und bergmännisch ein Schacht mit Stollen eingeschlagen worden. Man traf auf Schwefelkies, fand aber damals weder Stein- noch Braunkohlen und das Unternehmen wurde aufgegeben, weil es an Mitteln fehlte, das Wasser zu bewältigen und den angefangenen Bau fortzusetzen. Jetzt hat man wieder an andern Stellen Bohrversuche gemacht, welche Ausbeute von Braunkohlen hoffen lassen, wenn das Wasser nicht zu große Schwierigkeiten entgegensetzt. Die Teichaer Hügelkette, lauter angeschwemmtes Land, ist das letzte Glied des zur Bergkette des Lausitzergebirges gehörigen Gebirgsfußes, mit der Landeskrone beginnend und in der Muskauer Heide sich gänzlich verlierend.

Das Dominium, im Besitze des Herrn Albert von Lengerke, ziert ein neues, herrschaftliches Schloß mit Gartenanlagen, hat eine große Ziegelei mit 2 Oefen und eine Schweizerei. Obwohl die meisten Einwohner wendischer Abkunft sind, so sprechen sie doch blos deutsch. Sie sind fleißig und betriebsam, denn es sind in Teicha, abgesehen von der vielen Arbeit, die das

Dominium giebt, 2 Mühlen, 1 Garnbleiche, 2 Töpfereien. Die eine Mühle mit einem Brettschneidegatter steht im Dorfe am Neugraben, der durch den vor der Mühle liegenden Mühlteich fließt, die andere Mühle mit Oelpresse, welche die Buschmühle genannt wird, steht in einiger Entfernung südlich vom Dorfe in einer romantischen Gegend am Abhange des vorerwähnten Gebirgsausläufers.

Das Wasser, welches diese Mühle treibt, entspringt nur etwa eine halbe Viertelstunde oberhalb derselben und wird durch eine freistehende, hölzerne Rinne von 130 Schritt Länge und blos 6 Zoll Breite in einer Wasserhöhe von nur 1 Zoll auf das 25½' hohe Wasserrad geleitet. In einiger Entfernung von dieser Mühle dient dasselbe Quellwasser zum Betriebe der Garnbleiche.

Bemerkenswerth ist noch, daß im Frühlinge 1854 in Teicha ein sorbenwendischer Begräbnißplatz entdeckt und mehrere Urnen, umgeben mit Thränennäpfchen, ausgegraben worden sind. Centnerschwere Decksteine schützten die Urnen. Bei Anlage des Kohlenbergwerks im Jahre 1828 fand man 60—100' unter der Berghöhe in dem daselbst abgelagerten Triebsande und darunter befindlichen Thon eine Menge Schwefel-Arsenik und Wasserkiese, deren zum Theil totale, zum Theil partielle Ausfüllung thierischer Körperformen merkwürdige Exemplare, einer grauen Vorzeit angehörend, an's Tageslicht brachte. Außer diesen Thierformen fand sich ein wirkliches Stück Kokusnußschale, 18—20 Zoll breite Meerschilfblätter, in der Mitte 3 Zoll stark, mehrere mit Schwefelkiesmasse ausgefüllte Formen von größeren und kleineren Früchten, Pisang- und Pomeranzenfrüchten am ähnlichsten.*)

Neuhammer (Nowy Hammor), ein Dorf mit einem ehemaligen Rittersitze, zu Daubitz gehörig, ist von Daubitz eine Viertelstunde entfernt, liegt am Neugraben, welcher sich unterhalb des Ortes mit dem Ebersbacher Wasser vor Rietschen verbindet und an der Kreis-Chaussee zwischen Rothenburg und Rietschen. Es hat 163 Einwohner. Neben der Mühle befindet sich der Mühlteich. An der Stelle der jetzigen Mühle hat in früheren Zeiten ein Eisenhammer gestanden, was der daneben liegende viele Lech bezeigt.

Am schwarzen Schöps liegen:

Nieder-Seifersdorf, 2 Meilen südwestlich von Rothenburg, ist das größte Dorf im Rothenburger Kreise. Es zählt 218 Privatwohnhäuser und 1160 Einwohner. Aus den hiesigen Karpfen-Saamenteichen wird alljährlich eine bedeutende Quantität Karpfensaamen verkauft. Der Ort gehört dem Kloster Marienthal in der sächsischen Ober-Lausitz.

Die Kirche stammt aus dem 12. Jahrhundert und wurde ca. 1560 evangelisch. Der erste evangelische Geistliche führte den Namen Laubig. Der 1693 erbaute Altar ist mit kunstreichem Schnitzwerk versehen. Altendorf, Baarsdorf und Oedernitz sind hierher eingepfarrt.

Ullersdorf, 1½ Meile südwestlich von der Kreisstadt, hat mit Zubehör 97 Häuser, ein Schloß, eine seit 1508 bekannte Kirche (seit Einführung der Reformation (1540) Filiale von Jänkendorf). Besitzer des Dominii daselbst ist z. Z. der vormalige Landrath des Rothenburger Kreises, Herr Graf von Fürstenstein, Königlich preußischer Kammerherr. Die Kirche bewahrt die Trauerfahne auf den 1632 zu Görlitz verstorbenen Nickel von Nostitz mit

*) Neue lausitzer Monatsschrift 1833, Seite 322.

Wappen und Blumen. Von ihm ist die hiesige aufbewahrte Standarte, die er in der Schlacht am weißen Berge 1620 geführt haben soll. In einer Gruft ist das Ritterbild des Elias von Nostitz, 1634 gestorben, bemerkenswerth. Er trägt eine Brustschärpe und hat 4 Wappen, war Landesältester und Stifter des Ullersdorf'schen Majorats von 5000 Thlr. und wurde als Thäter des 1608, den 8 August, bei Schlauroth auf dem Hochzeitswege erstochenen Samuel von Gersdorf angeklagt, aber vom Kaiser Rudolph II. freigesprochen.

1744 fand man beim Grundgraben eines Gebäudes ein sonderbares metallenes Idol, ein Gesteck silberne Messer mit dem Wappen Gersdorf's und Minkwitz's aus dem 17. Jahrhundert. Jenes Bild, sehr alt, mag wohl durch einen Nostitz aus den Kreuzzügen mitgebracht, später aber mit den Messern hierher vergraben worden sein. Zu Ullersdorf befindet sich ein fast 600 Jahr altes Schwert von 2¾ Ellen Länge mit der Jahreszahl 1274 und dem Namen „Maria"; vielleicht hat es einen Kreuzzug mitgemacht.

Jänkendorf, 1½ Meile SW. von Rothenburg gelegen, hat 133 Privatwohnhäuser, ein schönes Schloß mit Park, eine große Bierbrauerei, eine Kirche, eine Schule und 611 Einwohner. Im Besitze des Dominii ist der Fürst Reuß, Heinrich LXXIV. Die Kirche war schon 1346 vorhanden, litt 1725 durch Brand, 1756 durch Blitz und wurde 1801 neu erbaut. Das an Stelle des im Brande 1725 verloren gegangenen Geläutes getretene hat insofern etwas Interessantes, weil ein Theil des Glockenmetalls früher von den Wällen der türkischen Festung Silistria auf die Russen herabdonnerte. Türkische, von den Russen 1828 vor Silistria erbeutete Kanonen fanden nämlich den Weg bis in die berühmte Glockengießerei zu Klein-Welka bei Bautzen, woselbst jenes Geläute 1839 gegossen ward. Zu Jänkendorf wurde 1838 der erste Mäßigkeitsverein in der preußischen Ober-Lausitz und vom Herrn Fürsten Reuß eine Dorfbibliothek gestiftet. Seit vielen Jahren besteht hier ein landwirthschaftlicher Verein, der seine regelmäßigen Sitzungen daselbst abhält. Das 1757 gestiftete Waisenhaus ist später wieder eingegangen. Zu Jänkendorf lebte 1792—1809 als Pastor J. Gottlieb Müller, Verfasser der oberlausitzer Reformationsgeschichte. (Görlitz, 1801.)

Am 23. März 1633 wurde Kaspar von Nostitz zu Quitzdorf von einem schwedischen Trompeter, der ihm hinter einem Strauche auflauerte, tödtlich verwundet. Ursache war ein Händel, in den er nach dem Begräbniß einer Frau von Gersdorf auf Quitzdorf mit einem schwedischen Rittmeister von Taltitz gerathen, so daß es zum Duell kommen sollte. Der Trompeter half Letzterem damit aus diesem Handel, daß er sich gegen Ueberlassung der Börse des Rittmeisters erbot, den Ritter Kaspar von Nostitz zu tödten. Die Trauerfahne wurde in der Kirche bis zum Neubau der Kirche 1801 aufbewahrt und war eine der ältesten Trauerfahnen.

Sproitz, wendisch Sprojtza, in früheren Zeiten Spreewitz, Sprauwitz, Sprautz, Sprochtz geschrieben*), ca. 2 Meilen südwestlich von Rothenburg, zerfällt in 3 Theile: Hinter-Sproitz, Sproitz und Rjesak (d. i. Brettmühle), mit einigen 60 Häusern, einer Schule, einem herrschaftlichen Schlosse, einer Mühle und zählt noch nicht 300 Einwohner.

---

*) Der schwarze Schöps wurde auch die kleine Spree genannt.

1641 starb Georg Nowotnez in einem Alter von 95 Jahren und 1649 „der alte Büttner", wahrscheinlich von Njesak, 100 Jahr alt.

1718, den 4 Juni, entstand hier ein Feuer, wobei ein Kind verbrannte.

1442 ermordete der Richter Jentsch mit etlichen Anderen den Erbherrn Michael von Bellwitz.

1632 grassirte die Pest. Der damalige Pastor Krüger in See mußte deshalb im Freien Gottesdienst halten; es geschah auf dem, zwischen Sproitz und See liegenden, Berge, der seit jener Zeit der Sproitzer Kirchberg heißt. Gepredigt hat Krüger unter einer Eiche, die, zuletzt hohl, von Hirtenknaben angezündet worden ist. Graf zur Lippe errichtete am 3. Mai 1832 auf jener Stelle einen Pestaltar von Basaltsteinen.

Am 9. Sonntage nach Trinitatis 1663 wurde Hans Pinkau aus Sproitz mit Anna Wenke, ein zu Falle gekommenes Paar, getraut, „nachdem sie beide 3 Sonntage nacheinander gebüßet am Pranger stehende und vor dem Altar knieende."

1828 ist auf dem zu Sproitz gehörenden Kirchberge ein Basaltsteinbruch entdeckt worden, 1853 ward ein neues Schulhaus erbaut und am 18. Juni 1854 eingeweiht.

200 Jahre lang, 1416—1646, befand sich Sproitz im Besitze derer von Bellwitz. Besitznachfolger waren die adeligen Familien von Metzradt, von Rabenau, von Kottwitz, von Reiffenstein, von Spiller, Anna Sophie von Temritz, geb. von Döbschütz, Susanna von Gersdorf, von Nostitz, von Bischofswerder, Paul Marquis d'Huc de Bethusy, von Schirnding, von Nostitz-Drzewiecki, Graf von Hohenthal, Reichsgraf zur Lippe-Bisterfeldt-Weißenfeld.

Horscha, ein wendisches Dörfchen am rechten Ufer des schwarzen Schöpses, mit 28 Häusern und 145 Einwohnern, nach Kollm eingepfarrt, hat durch einen hier entdeckten heidnischen Begräbnißplatz, woselbst eine Menge Urnen ausgegraben wurden, einige Berühmtheit erlangt.

Creba*), 1¾ Meilen westlich von Rothenburg, ein Kirchdorf, hat 91 Häuser und 665 deutsche und wendische Einwohner. Die hiesige evangelische Kirche erhielt 1540 in Petrus Sutorius von Muskau den ersten evangelischen Geistlichen, nachdem er von Dr. Martin Luthern ordinirt worden war.

1681 brannte die Kirche ab, 1685 ward die neue Kirche eingeweiht. 1825 wurde dieselbe renovirt. In ihr wird deutsch und wendisch gepredigt. In der Schule wird deutsch und wendisch unterrichtet.

1721 errichtete Herr von Rückhardt ein Eisenhüttenwerk hierselbst, welches bis 1860 bestand; an seine Stelle ist eine Brettschneidemühle getreten. Creba ist reich an großen Teichen und an Torfstichen. Zu Creba befindet sich eine Königliche Posterpediton.

1799 vergiftete sich der 5jährige Sohn des Gärtner Zischang durch genossenen Wasserschierling, den er für Kalmus hielt.

Boxberg, wendisch: te Hammorn, zur Standesherrschaft Muskau gehörig, liegt am rechten Ufer des Schöpses, 4 Meilen WNW. von Rothenburg, hat 46 Privatwohnhäuser und 370 Einwohner, von denen viele in

*) Creba soll ein schlesisches Götzenbild gewesen sein; im 6. Jahrh. n. Chr. Geb. sollen in einigen Gegenden Schlesiens auch Wenden gewohnt haben.

dem hiesigen Eisenhüttenwerke, im vorigen Jahrhundert von einem gewissen Glöckner errichtet, Beschäftigung finden.

In der Standesherrschaft Muskau liegen ferner:

Sagar, wendisch Sagor, Zagorj = hinter dem Berge, ein kleines, 3/4 Stunden südöstlich von Muskau, am linken Ufer der Neiße gelegenes Dorf mit ca 40 Häusern und drittehalbhundert wendischen Einwohnern, von denen viele im Park zu Muskau Beschäftigung finden. In der Nähe lag der große Bienengarten der oberlausitzischen Bienengesellschaft, die hier 100 Stöcke von einem Bienenvater beaufsichtigen ließ. Noch gegenwärtig besteht hier ein Bienengarten, obschon gedachter Verein nicht mehr existirt. In der Nähe ist ein Pflanzentorfmoor, genannt Gosk oder der Sagarsche Bruch.

Köbeln, wendisch Kobjelje, von Kojelja = Kober, unterhalb Muskau an der Neiße, mit 52 Häusern und 440 Einwohnern, hat eine der Wittwe Fischer gehörige Papierfabrik, welche früher beliebte Pappen für Buchbinder, jetzt jährlich 500 Ballen Maschinen-Druckpapier für eine Zeitungsredaktion liefert.

In der Nähe wurde ein heidnischer Begräbnißplatz mit Urnen und Knochenfragmenten entdeckt.

Weißkeisel, wendisch Wuskidz, 3/4 Meilen südlich von Muskau, in der Nähe des großen Dammteiches, ein wendisches Dorf mit 86 Häusern und 591 Einwohnern, bedeutender Torfgräberei und Bienenzucht.

Keula, wendisch Küja, Kij = Keule, nahe an Muskau, mit 51 Häusern und 437 wendischen Einwohnern, hat ein an der Lucknitza befindliches, von einem gewissen Glöckner im vorigen Jahrhundert errichtetes, in gutem Ruf stehendes Eisenhüttenwerk. Das Eisen hat einen Silberbruch und wird für's beste in der preußischen Ober-Lausitz gehalten. In der Nähe ist ein bedeutender Pflanzentorfmoor, reich an Schwefelkies.

Seitwärts von Keula, in der Heide, liegt ein Platz, das alte, in einem Kriege zerstörte Schloß genannt. Bis dorthin soll Muskau einst gegangen sein. Bei Nachgrabungen fand man altes Mauerwerk, eiserne Thüren, einen Kelch von Gold und Silber und mehrere andere Kleinigkeiten.

Nochten, wendisch Wochoez = der Umgang, Kreisweg, rechts vom schwarzen Schöps, ca. 2 Meilen südwestlich von Muskau, ein wendisches Kirchdorf mit ca. 70 Häusern und 443 Einwohnern. Nachdem Nochten Filial von Gablenz und Tzschelln Filial von Schleife gewesen, wurden sie 1588 verbunden und Nochten die Hauptkirche. Der erste bekannte evangelische Geistliche war ein gewisser Czabran 1740 brannte die Kirche in Nochten ab. Ihr massiver Wiederaufbau wurde 1748 vollendet. Jeden dritten Sonntag und am zweiten Feiertage ist Nachmittags Gottesdienst in Tzschelln, einem kleinen wendischen Dorfe am schwarzen Schöpse mit ca. 250 Einwohnern. Der Pastor zu Nochten ist zugleich Vicar perpet. zu Sprey, einem kleinen wendischen Dörfchen an der Mündung der kleinen Spree mit dem schwarzen Schöpse, von einigen 20 Häusern und etwas über 100 Einwohnern, wo er jährlich zweimal Gottesdienst hält, auch alle andern Amtshandlungen verrichtet, dafür aber nur die Stolgebühren bezieht, während der Dezem dem Archidiakonus zu Muskau, als eigentlichem Pastor zu Sprey, zufällt. Dieser hält hier jährlich dreimal Gottesdienst.

Unter Nochten heißt eine Anhöhe Welcza zibenza, der Wolfsgalgen, weil die Wölfe daselbst, als in der dicksten Waldgegend, gefangen, erlegt, an einen Baum nach uralter Sitte zur Schau aufgehängt wurden.

Gablenz, wendisch Jablonj, Jablonz = Apfelbaum, ein wendisches Kirchdorf, eine halbe Meile südwestlich von Muskau, an einem kleinen Bache (Radoschnitza) und der Muskau-Spremberger Chaussee, hat 120 Häuser, eine Kirche, eine Schule, 797 Einwohner. In der Nähe ist ein kleiner See, 14' tief. Auch hier sind Urnen und Urnenscherben gefunden worden. Der Name Gablenz kommt daher, daß ursprünglich hier gute Aepfelbäume gepflanzt wurden.

Die Entstehung der Kirche ist unbekannt; die Aufschrift der großen Glocke, 1442, eine uralte Taufschüssel, deren Schrift Niemand lesen kann, sprechen für ihr hohes Alter. 1520 wurde in ihr der evangelische Gottesdienst eingeführt. Jakob Weiß wird zuerst als Pastor genannt. Die jetzige geschmackvolle von 1757—59 erbaute massive Kirche ist ein Denkmal der Pietät und Milde der Standesherrn Alexander von Kallenberg.

1590 wurde hier eine Erderschütterung verspürt.

1631 erhielt der Ort Einquartierung von den Oesterreichern. 1632 grassirte die Pest. Im 30jährigen Kriege große Theuerung und Hungersnoth; ein Scheffel Korn galt 9 Thlr., ein Scheffel Gerste 10 Thlr. Die hiesigen Einwohner sollen sich mit Mergelerde erhalten haben.

1657 fand im Februar eine so warme Witterung statt, daß man die Bienen zeidelte, auf den Acker zog und die Saat bestellte; die Bäume blühten; die Ernte traf zeitig und fiel so ergibig aus, daß ein Scheffel Korn nur 12 Groschen galt.

1680, den 16. Juni, furchtbarer Hagelschlag; die Schloßen lagen im Schatten 8 Tage lang und verursachten auf Feldern und an Bäumen großen Schaden. Dieser Schloßenschlag hatte die Abhaltung einer Betstunde alljährlich an diesem Tage zur Folge, die später aus Mangel an Theilnahme wegfiel. 1725 starben 5 Personen des Hungertodes. 1733 starb Hans Hupko, der „Alte aus Gablenz" genannt, in einem Alter von 102 Jahren; ein von ihm geweidetes Füllen schlug ihn zu Boden, daß er Sprache und Augenlicht verlor und bald darauf starb.

1785, 27. März, als am ersten heiligen Osterfeiertage, brannten 8 Bauer- und 2 Büdnerwohnungen ab. 1799 wurde der Kirchthurm umgedeckt; ein Sturmwind im März hatte Spille und Fahne herabgeworfen.

1812 rückten 1500 Westphalen ein; die Einwohner flohen in die Heide. 1817, 16. Oktober, wurde auf der Jagd beim Jagdhause im Thiergarten eines Bauern Sohn von einem verfolgten Hirsch gespießt und getödtet. 1825 und 26 wohlfeile Zeit. Der Scheffel Korn galt 1 Thlr. 8 Gr., ein Dresdner Scheffel Hafer 16 Gr.

Nach Beendigung des deutschen Freiheitskrieges, der dem Orte ebenfalls schwere Opfer auflegte, machte sich Viehmangel geltend. Ein ordinairer Ochse galt 70—80 Thlr.; eine Kuh 40—50 Thlr.

Schleife, ein wendisches Kirchdorf an einem kleinen Bache, welcher der kleinen Spree zufließt, liegt ¾ Meilen westlich von Muskau, nahe an der Grenze der Standesherrschaft mit der Nieder-Lausitz, mit 85 Privatwohnhäusern und 532 Einwohnern. Die alte, 1346 schon vorhandene Kirche wurde ca. 1564 evangelisch. Der steinerne Thurm wurde später, als die Kirche, erbaut.

Groß-Düben mit ca 300 Einwohnern, Halbendorf mit 250 Einwohnern, Mühlrose mit 350 Einwohnern, Mulkwitz mit 200, Rowne mit 300, Trebendorf (Kreis Hoyerswerda) mit 300, Neustadt und Lieskau im Spremberger Kreise, mit je 200 Einwohnern, sind nach Schleife eingepfarrt.

Zwischen dem schwarzen Schöpse und dem Neugraben liegen:

See mit Neu-See, wendisch Jusor, d. i. der See, an der Straße von Niesky nach Hoyerswerda, und eine halbe Stunde südwestlich von Niesky und ca. 1½ Meile südwestlich von Rothenburg, an einem ganz versumpften See gelegen, zählt 97 Häuser und 548 Einwohner, 1 Kirche, 1 Schule, 1 schönes Schloß des Reichsgrafen zur Lippe-Bisterfeldt-Weißenfeld. Dieses Schloß führt den Namen Kaiserschloß, weil ein Kaiser darinnen nachtete*), eine Anzahl Teiche umgiebt den Ort.

Der Jakobsbrunnen liefert ein gutes Trinkwasser, womit See übel versehen ist. Ein Hungerbrunnen, der gewöhnlich versiegt ist, füllt sich in trockenen Jahren, während andere Brunnen vertrocknen. Die Zeit der Entstehung des Ortes ist unbekannt. Die ältesten Besitzer von See werden 1389 genannt und es ist nicht unwahrscheinlich, daß der Ort im 11. oder 12. Jahrhundert entstanden. Die Bewohner, theils deutscher, theils wendischer Abkunft, beschäftigen sich mit Ackerbau, Handarbeit in Niesky oder mit Torf- und Ziegelfabrikation und erreichten viele unter ihnen ein Alter von 80 bis 100 Jahren. 1707 starb Anna Hurbanske, 97 Jahr alt.

Zur Parochie See, schon 1346 bestehend, gehören See, Moholz und Sproitz; Horscha soll sich zur Pestzeit 1632 von See ausgepfarrt haben. Die Kirche, dem Apostel Petrus geweiht, hat die Form der Basilika. 1547 wurde Simon Opitz aus Muskau, Schreiber bei Christoph v. Gersdorf auf See und Baruth, als erster evangelischer Prediger hier angestellt, nachdem er am 4. Sonntage nach Epiphanias von Dr. Bugenhagen ordinirt worden war. Es ist nicht unwahrscheinlich, daß schon früher (1540) die evangelische Lehre hierselbst Eingang gefunden hat.**) „Die adeligen Besitzer der Lehn- und Rittergüter richteten sich größtentheils nach dem Landesherrn. Und ob sie wohl in der Lehre eines Besseren überzeugt waren, so war doch die Furcht vor der Ungnade ihrer Obern so groß, daß sie nicht nach ihrer Erkenntniß handeln konnten. Jedoch hatte das Evangelium bei einigen eine solche Kraft, daß es aus den heftigsten Feinden die treuesten Freunde und Bekenner machte. Ein ausnehmendes Exempel ist hiervon Gotzsche v. Gersdorff und Baruth auf See. Dieser bezeigte sich bei dem Aufgang der evangelischen Lehre unter den Wenden so heftig, daß er von derselben bei seinen wendischen Unterthanen nicht das Geringste leiden wollte. Ja, sein Haß gegen Luther und seine Lehre war so groß, daß er sich öfters hören ließ: „Wenn man in Wittenberg nicht Holz hätte, den Ketzer Luther zu verbrennen, so wollte er aus seiner See'schen Heide dasselbe dahin führen lassen, damit es geschehen könnte." Allein Gott kehrte ihm sein Herz so um, daß er wegen seiner Rede und Bezeigens in große Gewissensangst gerieth, an Luther schrieb und ihm seinen innern Seelenzustand entdeckte, welchen hernach Luther in einem Gegenschreiben tröstete. Er aber wurde darauf ein großer Beförderer

*) Vergleiche Döbschütz Seite 117.

**) Wendische Kirchengeschichte von Knauthe, Seite 210 ff.

des Evangelii unter den Wenden. Die Kirche besitzt mehrere merkwürdige Denkmäler, so unter Andern das Epitaphium des Christoph von Gersdorf, † 1549, welcher die Reformation einführte; ferner den Leichenstein des Ludwig von Gersdorff, der 26 Jahr alt, in seinem Hause durch einen Degenstoß eines von Zabeltitz ermordet wurde (1664, den 27. Juli). Es war sonst dieser von Zabeltitz (Zobeltitz) sein vertrauter Freund, wie das See'sche Kirchenbuch sagt. Der Mörder nahm zwar die Flucht; aber die See'schen Bauern jagten ihm nach und schlugen ihn mit Stangen vom Pferde herunter, führten ihn zurück auf's Schloß, steckten ihn in den Keller und befestigten ihn mit Ketten an ein eichenes Klotz. Zuletzt überlieferten sie ihn an das Amt, welches ihn zum Todtengericht abholen ließ. Er saß lange auf dem Schlosse zu Budissin, schwur sich los, wurde entlassen, mußte aber bald sein Leben beschließen. An der Außenseite der Seeer Loge gewahrt man den Degen, mit welchem Zabeltitz Mörder wurde.

An der Brustwehr der Sproitz-Moholzer Loge befinden sich 9 Wappen, z. B u. A. das des Herrn von Bchtricz zvr Steinkirche; das von Doberschicz zv Vorschwicz ꝛc.

1711, den 28. Oktober, an der Kirmß kam auf dem adeligen Hofe Nachmittags 2 Uhr Feuer aus; 1720, den 21. November, gleichfalls.

1399 wird Nycz de Sch oder einer seiner Söhne erschlagen.

1485 erschlug Hans Rackel czum See seinen Bruder Hans Rackel zu Teicha.

1641, den 21. Februar, wurde der Bauer Christoph Grossack von Hans Christoph von Gersdorff erstochen, weil er seinen ihn anfallenden Hund mit einem Stecken abgewehrt und geschlagen hatte.

1640 hausten die Schweden gar arg.

1765 Dom. I. p. Trin. wurde die wendische Betstunde und das Examen eingestellt. Seit dem Reformationsfeste 1817 hörte der wendisch Gottesdienst auf.

1840 Gründung einer Dorfbibliothek. 1843 Stiftung eines Enthaltsamkeits-Vereins. 1845, 23. April, wurde ein jüdischer Proselyt, Markus Salomon Ball, in hiesiger Kirche getauft.

See hat folgende Besitzer gehabt: seit 1389—1480 Herren von Schof (Schaffgotsch), von Bellwitz, von Haugwitz, von Tschirnhaus, Rackel, von Schreibersdorf, von Gersdorff (von Anfange des 16. Jahrhunderts bis 1670), von Uechtritz, von Nostitz (1705—1766), von Bischoffswerder, d'Huc de Bethusy, von Schirnding, von Nostitz-Drzewiecki, von Jecze, von Hohenthal, zur Lippe.

Moholz, wendisch Wuhelz, d. i. Kohlenstädte, nach See eingepfarrt, hat 103 Häuser und 545 Einwohner, mächtige Braunkohlen-, Alaun- und Chamotte-Thonlager, eine Ziegelei, eine Menge Teiche, eine Brauerei. Das Dorf macht einen angenehmen Eindruck; der Ort ist als Fundort von Urnen bekannt.

Das Braunkohlenbergwerk liefert ein ausgezeichnetes Material und ist sehr mächtig.

1442 tödtete Michel von Moholtz (Michel von Bellwitz?) einen Mann. Der Thäter ward in die Acht gethan.

1643, 14. Juni, wurde der Großbauer Hoschatt von 2 Brüdern aus See erstochen.

1732, 26. Januar, schlug der Blitz in den herrschaftlichen Stall und legte die ganze Hofröthe in Asche. 1788, 18. Oktober, brannten durch Verwahrlosung 15 Wohnhäuser, 6 Scheunen und 8 Nebengebäude ab. 1834 schlug der Blitz in die Dominialställe und es wurden dieselben ein Raub der Flammen.

1652, 5. Juni, wurde ein 12jähriges Mädchen von einer Otter gebissen; der Biß hatte den Tod zur Folge.

1732 starb ein Maurer in Folge Sturzes vom Gerüste.

1808, 6. August, wurde ein dreijähriges Kind von den Windmühlflügeln so geschlagen, daß es nach wenig Stunden starb.

Die adeligen Familien von Gersdorf, von Metzradt, von Nostitz sind längere Zeit im Besitze von Moholz gewesen. Von 1813—1834 besaß das Dominium Moholz der Königlich sächsische General-Stabs-Chirurgus und Professor Dr. Ohle, der hierselbst der leidenden Menschheit unentgeldlich gern mit ärztlicher Hilfe beistand und lange noch in gutem Andenken bleiben wird. Er hatte den Grundsatz: „Dank schmeißt man unter die Bank, Bezahl's Gott! nimmt man mit sich in den Himmel."

Petershain, wendisch Wiki = Markt, Schacher, ein wendisches Kirchdorf, 1¼ Meile westlich von Rothenburg, mit 94 Häusern und 586 Einwohnern, meist vom Ackerbaue lebend. Sowohl Urnen, als andere slavische Alterthümer wurden hier gefunden. In der Nähe befindet sich ein Pest-Altar mit der Jahreszahl 1632. Die damals auch unter den Wenden grassirende Pest vertrieb Lehrer und Hörer und verhinderte ihr Zusammenkommen in den Kirchen; unter freiem Himmel wurde daher Gottesdienst gehalten; selbst Taufen und Kommunionen wurden auf freiem Felde verrichtet. So predigte denn auch in dem Pestjahre 1632 der Pfarrer zu Petershain auf einem Steine hinter den Moholzer Bergen, unweit der „Börner" auf Petershainer Gebiet. Der qu. Altar erinnert hieran.

Die Kirche, anfänglich nur eine Kapelle, wurde 1539 evangelisch und bis 1665 Filial von Kollm. 1670 wieder mit der Mutterkirche vereinigt, trennte sie sich 1843 auf's Neue. Der Gottesdienst wird in deutscher und wendischer Sprache gehalten. Dr. Martin Luther soll bei der Ordination und Installation des ersten evangelischen Pastors Kisitz 1539 in hiesiger Kirche gepredigt haben.

An dem Bauernaufstande im Jahr 1540 betheiligten sich auch 14 Petershainer Bauern. Sie wurden gleich den 35 Bauern von Ober-Berthelsdorf zu Görlitz eingesetzt und einer von ihnen mit den Berthelsdorfern gerichtet. Die andern wurden ihrer Haft entlassen, nachdem sie gelobt hatten, bei Leib und Gut nie wieder Aufstand zu erregen.

Als Pön mußten sie 50 rhein. Fl. Botengeld zahlen. „Die Petershainer haben drei Vierteljahre im Gefängniß gesessen und geloben müssen, sich für (vor) den König wieder zu stellen gen Prag, barhäuptig, ohne Schuhe, ohne Gewehr und in einem leinenen Kittel. Da sie aber sind auskommen, sind ihrer viele ohnmächtig worden und einer ist davon gestorben."*)

Zwischen dem schwarzen Schöps und der kleinen Spree liegen:

---

*) Siehe Neues L. Mag. 1838. Pag. 196.

Gebelzig, Ober- und Nieder-, mit Groß-Saubernitz, ein Kirchdorf, 3 Meilen südwestlich von Rothenburg und nahe an der Grenze mit der Königlich sächsischen Ober-Lausitz, mit 140 Häusern und 741 wendischen und deutschen Einwohnern. Der Ursprung der Kirche ist nicht bekannt. 1346 war sie jedoch schon vorhanden. 1540—50 wurde die Reformation hier eingeführt; als erster Pastor wird Plateau, ordinirt von Dr. Bugenhagen, genannt. Gottesdienst findet in deutscher und wendischer Sprache statt. Saubernitz mit ca. 200 Einwohnern und Praußke mit noch nicht 200 Einwohnern, durch sein Braunkohlenbergwerk berühmt, Sandförstchen und Jerchwitz gehören zur Parochie.

Groß-Radisch, wendisch Radssow, 3 Meilen SW. von Rothenburg, ein Kirchdorf mit 85 Häusern und 477 Einwohnern, die meist Wenden sind. Der Ortsname weist wahrscheinlich auf den ehemaligen Dienst des wendischen Götzen Radegast, des rathgebenden oder Kriegsgottes hin, der besonders in der Meißner Gegend in Hainen verehrt wurde und dem zu Ehren weiße und schwarze Pferde gehalten wurden. In der Nähe befindet sich der mit Kirschbäumen bepflanzte Monumentberg, von welchem aus man eine weite Aussicht genießt. Zur Kirschenreife findet hier das Schulkinderfest statt, das immermehr den Charakter eines Volksfestes annimmt.

Die 1346 schon bekannte Kirche wurde 1530 evangelisch, bis 1800 war sie hölzern, seit 1802 ist sie massiv. Ehedem war sie ein Filial von Gebelzig (1646—59).

Collm, wendisch Cholm, Klume = Hügel, unweit Radisch am Fuße der Collm'schen Weinberge, 2 Meilen SW. von Rothenburg gelegen, mit 80 Häusern, 1 deutsch-wendischen Kirche und Schule, 1 herrschaftlichen Schlosse und 477 meist wendischen Einwohnern. Auf dem herrschaftlichen Weinberge wird seit alter Zeit Weinbau betrieben und auf dem Gemeindeberge wurden Urnen entdeckt.

Die Reformation wurde um 1539 in hiesige Gemeinde eingeführt. Der erste evangelische Pastor, Martin Kißitz, von Dr. Martin Luther ordinirt, war früher ein Kürschner gewesen und hatte, wie dies von mehreren anderen evangelischen Geistlichen jener Zeit gesagt werden kann, keine Gelehrtenbildung genossen. Bis 1665 und von 1670—1843 war Petershain Filial von Collm. Alle Sonn- und Festtage findet deutscher und wendischer Gottesdienst statt.

Weigersdorf, ein kleines wendisches Dorf an der sächsisch-oberlausitzischen Grenze, ca. 3 Meilen SW. von Rothenburg, mit ca. 200, seit 1847 von der evangelischen Landeskirche sich getrennt haltenden Einwohnern, die ihre eigne Kirche und Geistlichen haben. Neben-Parochieen sind zu Klitten und Dauban, Rothenburger Kreises.

Förstchen, ein Kirchdorf am Fließ, 3 Meilen SW. von Rothenburg, hat 89 Häuser und 434 Einwohner deutscher und wendischer Abkunft, weshalb in der sehr alten, 1706 renovirten Kirche allsonntäglich wendisch und deutsch gepredigt wird. Ober- und Nieder-Oelsa, am Fließ gelegen und als Urnenfundort bekannt, Mücka (Mjekow = Aalraupe), Leipgen, halb Tauban und Tauern sind eingepfarrte Dörfer.

Klitten, am Fließ, $2^1/_2$ Meile westlich von Rothenburg, mit 78 Häusern und 400 wendischen und deutschen Einwohnern, ist ein Kirchdorf. Die 1555 evangelisch gewordene Kirche ist massiv. Die Parochie umfaßt 12 Dörfer, u. A. Jahmen, Kaschel, Dürrbach, Zimpel, Boxberg; Gottesdienst wird in deutscher und wendischer Sprache gehalten. Zu Klitten befindet sich ein Königliches Steuer-Amt, 1 Post-Expedition und seit 1846 ein Bethaus der nicht unirten Lutheraner.

IV. Der Hoyerswerdaer Kreis.

Er ist der westlichste des Markgrafthums, grenzt O. an den Rothenburger Kreis, S. an die sächsische Ober-Lausitz, W. an die Provinz Sachsen und N. an die Nieder-Lausitz. Bis zur Abtretung an Preußen, 1815, gehörte er zum Bautzener Kreise. Nach der Besitzergreifung Preußens machte er einen Theil des Frankfurter Regierungsbezirks aus und gehörte zum Spremberger Kreise. Seit 1825 ist er ein selbstständiger Kreis und der Provinz Schlesien, insonders dem Liegnitzer Departement einverleibt. Seine Größe ist 16¼ Quadratmeilen. Er besteht aus der, in den Besitz des Domainen-Fiscus übergegangenen, 6 Quadratmeilen umfassenden, zu den ältesten Besitzungen der Ober-Lausitz gehörenden freien Standesherrschaft Hoyerswerda mit der Stadt gleiches Namens und 42 Ortschaften*), aus der, dem sächsischen Cisterzienser-Nonnenkloster Marien- oder Morgenstern gehörigen Herrschaft Wittichenau mit 1 Stadt und 8 Dörfern, aus der Mediatstadt Ruhland und 54 anderen Vasallengütern. Flüsse sind: Spree, schwarze Elster. An Teichen ist der Kreis reicher, als irgend einer der anderen in der preußischen Ober-Lausitz. Der Boden ist eben und sandig. Ein großer Theil ist mit Kieferwaldungen bedeckt, wovon einige meilenlang sind. In ihnen findet ein großer Theil der Kreisbewohner Beschäftigung mit Holzschlagen, Kohlen- und Pechbrennen. Haidekorn und Hirse werden gebaut. Die Fluß- und Teichfischerei ist beträchtlich. Der Kreis hat 3 Städte, 90 Dörfer, 93 Gemeinden, incl. Stadtgemeinden, 39 Kolonieen, 34 Dominien, 5,178 Privatwohnhäuser, 30,607 Einwohner, worunter 17,307 Wenden (ca. ⅔ der Gesammtbevölkerung) sich befinden. Der Kreis zählt 26,589 evangelische und 4018 katholische Christen. Die größte Stadt des Kreises ist Hoyerswerda mit zwar nur 291 Privatwohnhäusern, aber mit 2518 Einwohnern. Das größte Dorf ist Bernsdorf mit 58 Privatwohnhäusern und 709 Einwohnern.

Städte.

Hoyerswerda, wendisch Wojerecy, Wojrjèzy, d. h. Wasserstadt, umflossen von der schwarzen Elster, ist Kreisstadt, von Liegnitz 22 Meilen, von Bautzen 3 Meilen entfernt, hat 291 Privatwohnhäuser und 2518 Einwohner. Daselbst ist 1 Königliches Landrath-Amt, 1 Königliches Kreis-Gericht, 1 Königliches Steuer-Amt, 1 Königliches Post-Amt, 1 Königliches Domainen-Rent-Amt, 1 Kirche für deutschen und wendischen Gottesdienst, 1 Begräbnißkirche in der Vorstadt, 1 deutsche und 1 wendische Schule. Strumpfstrickerei, Fischhandel und Schuhmacherei sind Hauptgewerbe.

Hoyerswerda stand schon im 12. Jahrhundert. 1382 besaß Hoyerswerda der oberlausitzische Landvogt Benes von der Duba (Eiche). 1429 Erbauung der Kirche. 1448 verkaufte der Landvogt Hinko Birke von der Duba die Herrschaft Hoyerswerda an den Kurfürsten Friedrich von Sachsen. 1467 ward die Burg von den Sechsstädten belagert und nach zehnmonatlicher Belagerung von den Bautznern zerstört. 1540 nahm Hoyerswerda die Re-

*) Nach K. 34 Dorfgemeinden.

formation an. Basilius Laurentius war der erste evangelische Geistliche hier. 1550 wollten die Standesherren von Maltitz den evangelisch-wendischen Gottesdienst wieder verdrängen, als sie mit den Bürgern in einen Streit wegen der bürgerlichen Freiheit geriethen. Allein als solches an den Kaiser Rudolph II. gelangte, schützte Seine Majestät die Stadt in einem gnädigen Reskripte de dato 14. Mai 1550 bei ihrer Religion, ihren Freiheiten und Statuten. In Folge dessen wurde bis heutigen Tages beim Frühgottesdienst „Herr Gott Dich loben wir" gesungen. 1589 brannte die Burg ab, 1592 ward sie 3stöckig und in Hufeisenform vom Grafen von Promnitz wieder aufgebaut. Die Fürstin von Teschen ließ 1727 ein Gebäude, das auf der Südseite mit dem Schlosse zusammenhing, abtragen und dafür ein anderes 3 Etagen hohes, das neue Schloß, in Form eines Triangels aufführen und mit dem Hauptschlosse vereinigen. 1593, den 7. Juli, brannten 43 Häuser ab, 1735 ging die Hälfte der Stadt in Flammen auf. 1759 wurde hier der österreichische General Mehlau mit seinem Korps durch den Prinzen Heinrich von Preußen überfallen und besiegt.

Im hiesigen Weinberge wurden nicht nur Urnen, sondern auch andere slavische Geräthe gefunden.

Ruhland, an der schwarzen Elster, WNW. von Hoyerswerda und davon 3³/₄ Meilen entfernt, hat 236 Häuser, 1569 Einwohner, Fisch-, namentlich Aalhändler. Die Fischhändler bilden eine Zunft, holen die Aale meist aus Berlin und Wriezen a. O. und verfahren sie nach Dresden, Prag, Regensburg ꝛc. In der Elster selbst gibt's Aale und große Krebse. Unter den Handwerkern befinden sich viel Schuhmacher, deren Arbeit geschätzt wird. Hierselbst befindet sich 1 Königliches Steuer-Amt und 1 Post-Expedition.

Die Stadt ist eine der ältesten in der Lausitz. Sie soll von Kaiser Karl dem Großen 790 gegründet worden sein und zu Ehren seines Sohnes, Rohland, den Namen erhalten haben. 1548 brannte die Kirche ab, desgleichen 1624, 1637, 1661, 1768 und wurde nun massiv wieder aufgebaut. 1702 Erbauung der Begräbnißkirche. Der 1583 an der Pest hierselbst verstorbene Pastor Janus ist als Verfasser eines schönen lateinischen Gedichtes auf Melanchthon's Zurückkunft von dem Religionsgespräch zu Worms, 1557, bekannt. 1637 Verheerung durch die Kaiserlichen; 1644 und 1661 Brand, 1768 brannte sie fast ganz ab.

Wittichenau (Kulow) an der schwarzen Elster, 1 Meile S. von Hoyerswerda, unweit der sächsischen Grenze, hat 3 Vorstädte, 459 Häuser, 2254 Einwohner und zwar meist katholische Wenden. Sie gehört unter das Kloster Morgenstern, hat viele Schuhmacher und bedeutende Roßmärkte. In der hiesigen katholischen wendischen Schule haben die Schüler, einer reichen Fundation zufolge, unentgeltlichen Unterricht.

Die Gründung der Stadt wird dem Sachsenkönige Wittekind, 770, zugeschrieben, die Befestigung dagegen Wittekind II. um's Jahr 805. Die Burggrafen von Wittig schenkten sie dem Kloster. 1429 Plünderung und Verheerung durch Feuer und Schwert seitens der Hussiten. Nachdem zu Wittichenau die Reformation Anhang gefunden und 1620 auf Befehl Friedrich V. die Abtissin des Klosters Marienstern die Kreuzkirche eingeräumt hatte, wurde Diakonus Matthäi aus Hoyerswerda als Pastor berufen. In Folge der unglücklichen Schlacht am weißen Berge verloren die Evangelischen 1621 diese Vergünstigung wieder und sahen sich zur Uebergabe der Kirchenschlüssel genöthigt. 1654 brannte Wittichenau bis auf die Kirche und 6 Häuser nieder, desgleichen 1701. 1780, den 23. April, brannten $^{2}/_{3}$ der Stadt ab; 1799, den 19. Mai, abermals 350 Häuser nebst Scheunen; nur 30 Häuser blieben stehen. 1823, den 28. Mai, brannte die innere Stadt ab.

Dörfer.

Uhyst, wendisch Wujesd, an der kleinen Spree, 3 Meilen südöstlich von der Kreisstadt, mit 87 Häusern und 480 Einwohnern, 1 Kirche, 1 Schule, 1 schönen Schloß mit Park. 1342 war hier eine von der Kirche zu Klix abhängige Kapelle. 1551 nahm Uhyst die Reformation an und erhielt in Donat Müller von Wittichenau den ersten Pastor. 1592 wurde eine größere hölzerne Kirche gebaut. Die jetzige Kirche wurde 1716 erbaut und zugleich von Klix getrennt. Nachdem das in Klix 1736 angelegte wendische Seminar aufgelöst, fand die Verlegung desselben in's Uhyster Schloß statt und eine vom Graf Dohna in's Leben gerufene Mädchen-Erziehungs-Anstalt wurde damit verbunden, welche unter Aufsicht der Brüdergemeinde stand. 1751 wurde die Anstalt nach Niesky verlegt, woraus das dasige Pädagogium entstand.

Märzdorf, an der kleinen Spree, ein Dörfchen mit etlichen 30 Häusern und ca. 150 Einwohnern. Schon lange vor der Reformation bestand hier eine Kapelle am Ende des Dorfes mit eignem Kapellan. 1611 wurde die jetzige Kirche gebaut. In der Umgegend sind Eisensteinlager. Nach Märzdorf ist eingepfarrt:

Bärwalde, an der kleinen Spree, 3 Meilen östlich von Hoyerswerda mit 23 Häusern, 183 Einwohnern und einem Eisenhüttenwerk mit Hohofen.

Lohsa, an der Spree, ein wendisches Kirchdorf, 2 Meilen SO. von Hoyerswerda, mit ca. 90 Häusern und 600 Einwohnern. In die hiesige Kirche sind 14 Ortschaften eingepfarrt. Selbige war schon 1346 Parochialkirche. 1637 brannte sie ab, 1751 stürzte sie ein, worauf sie 1753 auf einem andern Platze neu aufgebaut wurde. Allsonntäglich wird deutscher und wendischer Gottesdienst gehalten. An der 250 Kinder zählenden Schule arbeiten 1 Haupt- und 1 Hilfslehrer.

Burghammer, an der Spree, $^{6}/_{4}$ Meilen NO. von Hoyerswerda, hat 21 Häuser und 118 Einwohner. Das Eisenhüttenwerk Burghammer zählt 12 Privatwohnhäuser und 132 Einwohner. Hierselbst befindet sich eine 1797 gegründete Filialkirche von Spreewitz, in welcher alle Sonntage Nachmittag deutsch gepredigt wird; auch werden jährlich 12 Katechisationen mit der Jugend darin abgehalten.

Scheibe, an der Spree, O. von Hoyerswerda, ist das kleinste Dorf im Hoyerswerdaer Kreise, denn es besteht nur aus 9 Häusern mit 58 Einwohnern.

Spreewitz, am Zusammenfluß der großen und kleinen Spree, mit 46 Häusern und 301 Einwohnern, ist ein Kirchdorf. Unweit des Orts an der Spree befindet sich ein Eisenhüttenwerk. Die Kirche wurde wahrscheinlich um das Jahr 1540 evangelisch. Der erste evangelische Pastor soll Matth. Lehmann gewesen sein. 1688 wurde die Kirche von Grund aus neu gebaut. Allsonntäglich wird deutscher und wendischer Gottesdienst abgehalten.

Groß-Särchen, an der schwarzen Elster, $^{3}/_{4}$ Meilen südwestlich von Wittichenau mit 86 Häusern, 504 Einwohnern und großen Teichen, ist als Urnenfundort bekannt. Der hier entdeckte sorbenwendische Begräbnißplatz ist einer der schönsten dieser Art. Die alte Kirche ward 1540 evangelisch;

erster evangelischer Geistlicher war Urban Henetz. 1781 Neubau der Kirche. Gottesdienst wendisch und deutsch. Der Ort ist wegen der bedeutenden Gänsezucht bekannt, da sich hier jährlich an 1000 Stück befinden, die von Händlern nach Dresden, Berlin ꝛc. verkauft werden.

Geierswalde, an der schwarzen Elster, 2 Meilen NW. von Hoyerswerda, mit etwa 350 Einwohnern, ist ein Kirchdorf. Die Kirche ward 1540 evangelisch; vorher war sie ein Filial von Hoyerswerda; in J. Simon erhielt sie 1542 ihren ersten evangelischen Prediger. 1674 brannte die Kirche ab; 1679 war ihr Wiederaufbau vollendet. Alle Sonntage findet deutscher und wendischer Gottesdienst statt.

Groß-Partwitz, ein Kirchdorf mit ca. 400 Einwohnern, 3 Meilen nordwestlich von Hoyerswerda, besaß eine Kapelle, die ehedem von Hoyerswerda aus versorgt wurde. 1542 erhielt Groß-Partwitz einen besondern Pastor. 1643 brannte die Kirche ab; in ihr wird deutscher und wendischer Gottesdienst gehalten.

Bluno, 3 Meilen nördlich von Hoyerswerda, mit ca. 450 Einwohnern, besitzt seit 1673 eine Parochialkirche, worin allsonntäglich deutsch und wendisch gepredigt wird. Der Sub-Diakonus zu Hoyerswerda ist Parochus und hält abwechselnd mit dem Archi-Diakonus daselbst den Gottesdienst zu Bluno.

Schwarz-Collm, 1 Meile WSW. von Hoyerswerda, mit ca. 80 Häusern und 300 Einwohnern, hat einen Granitbruch. Die Kirche, muthmaßlich aus dem 15. Jahrhundert, wurde 1540 evangelisch, 1701 renovirt und erweitert und hat seit 1823 erst eine Orgel. Allsonntäglich wird deutscher und wendischer Gottesdienst gehalten.

Hohenbocka, 2 Meilen westlich von Hoyerswerda, ist ein Kirchdorf mit ca. 500 Einwohnern. Die wahrscheinlich zu Anfange des 15. Jahrhunderts erbaute Kirche war früher ein Filial von Ruhland. 1540 erhielt sie in Martin Koch den ersten evangelischen Geistlichen. Der Oberpfarrer zu Ruhland predigt jährlich viermal gegen Empfang eines großen Theils des Roggen-Decems.

Bernsdorf, 2 Meilen SW. von Hoyerswerda, an der sächsischen Grenze, mit 58 Häusern und 709 Einwohnern, hat seit 1793 ein Eisenhüttenwerk, 1 Mineralquelle, 1 Glashütte, Ludwigshütte genannt, und 1 Filialkirche von Hohenbocka seit 1842, indem das ehemalige Zollhaus gekauft, zu gottesdienstlichem Gebrauche eingerichtet und mit einem Thurme versehen ward.

Guteborn, 1½ Meile südöstlich von Ruhland, hat seinen Namen von seinem guten Quellwasser. In der Nähe sind schöne Sandsteinbrüche. Guteborn hat 76 Häuser und 468 Einwohner. Im dasigen fürstlichen Schlosse ist eine Kapelle, worin allsonntäglich Gottesdienst und vom Diakonus zu Ruhland eine Predigt gehalten wird.

Janowitz, wendisch Janecy (Johann), am Schwarzwasser, 3½ Meile WSW. von Hoyerswerda, mit 55 Häusern und 292 Einwohnern. Auf hiesigem Dominio wurden unter Anleitung des aus dem Siegenschen (Westphalen) herbeigerufenen Wiesenmeisters Winkler die ersten großartigen Anlagen, Kunstwiesenbau betreffend, betrieben und jungen Oekonomen praktisch gelehrt. Der Oekonomie-Inspektor Patzig hielt Vorträge über die Theorie des Wiesenbaues, indeß Winkler die Handverrichtungen lehrte. Die sächsische, russische und schwedische Regierung schickte 1840 Scholaren hierher, auch hospitirten sogar kur- und liefländische Gutsbesitzer hier. Seit jener

Zeit gewann der Kunstwiesenbau in der preußischen Ober-Lausitz immer mehr Verbreitung.

Hermsdorf, wendisch Hermanecy = Hermann, 1 Meile südlich von Ruhland, ein Kirchdorf mit ca. 400 Einwohnern. Das Alter der Kirche und Einführung der Reformation sind unbekannt. Pastor ist der Archidiakonus von Ruhland. Der Oberpfarrer von Ruhland predigt jährlich viermal zu Hermsdorf.

Kroppen, an der Pulsnitz, dicht an der sächsischen Grenze, 4 Meilen WSW. von Hoyerswerda, zählt ca. 500 Einwohner, hat schon seit 1346 eine Parochialkirche, später ward die Kirchgemeinde nach Ruhland eingepfarrt, zu Ende des 17. Jahrhunderts aber wieder getrennt. 1770 erhielt Kroppen in Andreas Kluge den ersten Pastor.

In Frauendorf, mit 102 Häusern und 559 Einwohnern, befindet sich eine Filialkirche, die früher herrschaftliche Kapelle gewesen sein mag.

Frauendorf ist in Betreff der Häuserzahl das größte Dorf im Hoyerswerdaer Kreise.

Lindenau, ein Kirchdorf an der Pulsnitz, welche hier die Grenze zwischen der preußischen und sächsischen Ober-Lausitz macht, ist das westlichste Dorf in der preußischen Ober-Lausitz resp. in der Provinz Schlesien. Es hat 90 Häuser und 555 Einwohner, vom Acker- und Flachsbaue lebend. Der an das Schloß stoßende Garten ist mit sehr bedeutenden Kosten an Stelle eines Morastes angelegt worden. Die Kirche war schon vor der Reformation vorhanden und es hielt damals der Pfarrer in Ruhland hier einen Kapellan. 1550 wurde hier die Reformation eingeführt; als erster Pastor wird Wolfgang Menken genannt. Die jetzige Kirche erhielt am 16. Mai 1668 ihre Weihe, im Jahre 1841 im Innern eine Erweiterung und besitzt ein schönes Monument der Familie von Minkwitz. Vermöge einer Stiftung per 1000 Thlr., nach Abzug von 1 Prozent Zinsen für Kirche, Pfarre und Schule erhält jeder Arme, Alte und Gebrechliche aus Lindenau, Tettau und Burkersdorf am heiligen Charfreitage 1 Thlr. aus der Kirchenkasse. Auch ist hier zur Vermehrung einer Gemeindebibliothek, gestiftet vom Herrn von Minkwitz, eine Summe von 25 Thlr. jährlich ausgesetzt.

V. Oberlausitzer Dörfer, welche zum Bunzlauer Kreise geschlagen worden sind.

Der Zahl nach sind ihrer 14, mit 11 Pertinenzörtern, 14 Gemeinden und 6 Dominien. Das größte Dorf der preußischen Ober-Lausitz, Waldau, befindet sich in diesem Kreistheile.

Ullersdorf am Queiß, welcher es von Naumburg trennt, hat Marktgerechtigkeit, 153 Privatwohnhäuser und 795 meist katholische Einwohner (72 Evangelische), welche größtentheils vom Ackerbaue leben; ein Theil findet in den nahen Sandsteinbrüchen und in den Thongruben, westlich vom Orte, auf Bauerfeldern gelegen, Beschäftigung. Der hiesige Sandstein wird meist zu Häuserbauten verwendet, der ausgezeichnete feine und weiße Thon liegt sehr tief und wird bergmännisch gewonnen. Viele 1000 Centner Thon werden jährlich per Eisenbahn in die Steingutfabriken Schlesiens, der Mark, des Großherzogthums Posen und Herzogthums Preußen versendet. Die daraus gefertigten, zum Theil kunstvollen glasirten und bronzirten Gegenstände zeichnen sich durch Schönheit und Haltbarkeit aus. Der auf der Westseite des Dorfes gelegene Radelberg, Rädelberg, ist als die letzte Anhöhe des Gebirgshöhenzuges zwischen Queiß und Tzschirne zu betrachten. Seine Grundfeste besteht aus Sandstein. Von ihm genießt man eine reizende Aussicht auf die lange Kette der Sudeten und auf die umliegende Gegend. Er war unstreitig ein Opferort der heidnischen Bewohner, die in grauer Vorzeit hier wohnten; darauf läßt mit Sicherheit die auf ihm gefundene Opferplatte mit 5 Blutrinnen schließen. Diese große Steinplatte wurde, um sie vor neuen Beschädigungen zu schützen, vor ca. 20 Jahren auf den Kirchhof zu Ullersdorf gebracht, woselbst sie an der Kirchhofmauer lagert. Dem Radelberge und in einer kleinen Entfernung von diesem südlich gegenüber, befindet sich ein Sandberg, welcher einst ein heidnischer Begräbnißplatz gewesen sein mag, da man auf ihm mehrere Urnen gefunden hat. Die hiesige katholische Kirche ist sehr alt, sowohl äußerlich als im Innern, aber recht freundlich und ist dem heiligen Nikolaus gewidmet. Der von Zeit zu Zeit darin gefeierte Gottesdienst wird von Naumburg aus besorgt. An der äußeren Südseite des Thurmes befindet sich der steinerne Altar, der einst als Hochaltar gedient hat; die Bildhauerarbeit hat künstlerischen Werth. So hat auch die Kirche mehrere sehr alte Gemälde von Werth. Der Ort gehört dem Kloster zu Lauban.

Siegersdorf, am Queiß und an der Breslau-Dresdener Chaussee, hat Marktgerechtigkeit und ist ein belebter Ort mit 101 Häusern (mit Zubehör 214 Häuser) und 1166 Einwohnern, zumal sich hier eine Haltestelle an der in der Nähe vorüberführenden niederschlesisch-märkischen Eisenbahn befindet. Die ansehnlichen Torfstiche gewähren gutes Brennmaterial; die auf dem Dominio sich befindende Spiritusbrennerei ist eine der größten in der Oberlausitz. Der Bau der gewölbten, massiven Eisenbahnbrücke über den Queiß, 403' lang, 46' hoch, wurde mit 97,400 Thlr. veranschlagt. 1854 kam auf ihr ein Eisenbahnunfall vor, indem die Lokomotive aus den Schienen gerieth und mehrere mit Mehl, Kaffee und Zucker beladene Wagen in den Queiß stürzten.

Beide Höfe resp. Dominien zu Siegersdorf sind aus Bauergütern hervorgegangen und zu Rittergütern erhoben worden. Siegersdorf besitzt mehrere Gasthöfe, eine Brauerei, eine Mahlmühle und Brettschneidemühle, eine evangelische Kirche und Schule.

Die Kirche war schon vor 1346 vorhanden. Im Hussitenkriege brannte sie ab; 1470 wurde sie massiv und 1606 der steinerne, unschöne Thurm gebaut. Damals soll die Kirche eine Zeit lang mit Tzschirna verbunden gewesen sein. Auf vormals sächsischem Boden liegend, war sie eine Zuflucht für viele ihrer Kirchen beraubten Schlesier. 1745, den 22. November, brannte die Kirche abermals ab; ihre Wiederherstellung erfolgte 1749.

Als Kaiser Ferdinand I., König von Böhmen und Ungarn, 1538 von Görlitz bis nach Bunzlau reiste, wurde er vom Landeshauptmann, Herrn Ulrich Schaf Gotsche bei Siegersdorf mit einigen 30 Pferden empfangen.

1542 kaufte der Rath zu Lauban das Gut Siegersdorf mit Zubehör für 4000 ungarische Gulden oder 6000 Thlr. Im Pönfalle ging es für die Stadt verloren.

Thommendorf, am Queiß, worüber hier eine hölzerne Brücke führt, in sandiger Gegend, hat 108 Häuser, 590 Einwohner und eine, nach dem

Brande (1835) der alten 1346 schon vorhandenen, 1529 unter dem Pleban Johann Schneider evangelisch gewordene, durch Gnade des Reichsgrafen Solms auf Klitschdorf erbaute schöne, neue Kirche mit neuer, vortrefflicher, von Biesterfeld erbauten Orgel.

Gegen Ende des 30jährigen Krieges stand die Kirche wüste und erst 1651 wurde sie wieder mit einem Geistlichen versorgt. Zur Zeit des Religionsdruckes in Schlesien hielten sich die evangelischen Bunzlauer und mehrere andere schlesische Gemeinden in die hiesige Grenzkirche; ein hölzerner Anbau wurde die Bunzlauer Kirche genannt.

Zu Thommendorf befinden sich bedeutende Torfstiche und eine Ziegelei. Der Boden ist schon sehr sandig, daher in trockenen Jahreszeiten für den Getreidebau ungünstig.

Auf dem Kirchhofe befinden sich mehrere alte, höchst merkwürdige Leichensteine. Des Pfarrers Andreas Rothe, gestorben 1758, zahlreiche Lieder haben in vielen Gesangbüchern Aufnahme gefunden. Von ihm ist u. A. das Lied: „Ich habe nun den Grund gefunden &c."

1727 gründete Graf von Promnitz, als damaliger Grundherr von Thommendorf, hierselbst eine Waisen-Anstalt für schlesische arme Kinder, die später wieder eingegangen, obschon das Gebäude noch vorhanden ist. An der Anstalt wirkten 1 Adjunct, ein Kollaborator, ein Waisenvater und eine Waisenmutter. Der jedesmalige Pastor des Ortes war Inspektor des Waisenhauses.

Wehrau, am Queiß, hat 106 Häuser, 881 Einwohner, ein Eisenhüttenwerk mit 2 Frischfeuern, welche Reif- und Stabeisen für Schmiede liefern, eine Papierfabrik, welche Maschinenschreibpapier liefert. In den 2 Glasfabriken, mit je 2 Feuern, werden alle Glassorten verfertigt; eine 3. Glashütte ist im Entstehen. Sowohl der Sandstein- als auch der Kalksteinbruch mit Ofen beschäftigen gleichfalls eine Menge Menschen. Hier findet man rothen, gelben Thon, Eisenstein, Bergkrystalle, Rauchtopase, Amethyste und Achate. Der Queiß bildet in der Nähe des Hüttenwerkes einen 16 Fuß hohen Wasserfall über ein von der Natur gebildetes Wehr, das Teufelswehr.

Zu Wehrau wurde 1750, den 25. September, Abraham Gottlob Werner seinem Vater, Abraham David Werner, gräflich Solms'scher Inspektor der Eisenhüttenwerke zu Wehrau und Lorenzdorf, geboren. Ersterer hat sich um die Mineralogie und das Bergwerkswesen große Verdienste erworben. Er starb 1817, den 13. Juni, als Königlich sächsischer Bergrath zu Dresden und wurde am 3. Juli in der Domkirche zu Freiberg auf Staatskosten feierlichst bestattet. Sein Name war in allen Ländern der gebildeten Welt bekannt, geehrt und hoch gefeiert, was auch daraus hervorgeht, daß ihn einst ein Brief unter der Adresse: „Werner in Europa" richtig erreichte. Er hatte 22 Diplome von verschiedenen gelehrten Anstalten aller Orten und Länder. Seine mineralogische Sammlung überließ er der Berg-Akademie zu Freiberg für 40,000 Thaler.

Schöndorf am Queiß und am Saume der Wehrauer Heide mit 41 Privatwohnhäusern, 1 Kirche, 1 Schule und 380 Einwohnern. Der Ort gehört zur Herrschaft Klitschdorf und Wehrau und hat Marktgerechtigkeit. In Folge der Wegnahme der Kirche zu Lorenzdorf, welches Schöndorf gegenüber liegt, mit Filial Klitschdorf und zu Alt-Oels 1654 wurde sowohl für die nach Lorenzdorf eingepfarrten sächsischen Dörfer: Schöndorf, Prinzdorf, Dohms,

Lipschau, als auch für die ihrer Kirchen beraubten Evangelischen in Lorenzdorf, Borgsdorf, Alt-Oels, Kosel, Strans ꝛc. 1657 eine Kirche in Schöndorf erbaut. Sie stand bis 1826, hatte aber 1742 einen großen Theil ihres Sprengels verloren, als in Alt-Oels 1 Kirche gegründet wurde. Jetzt ist sie massiv und eine der freundlichsten Landkirchen der Ober-Lausitz.

Tzschirna, an der großen Tzschirna, die hier entspringt, ein uraltes Dorf mit 151 Häusern und 1052 Einwohnern, das vor dem Pönfalle (1547) der Stadt Lauban gehörte. Seinen Namen verdankt es dem slavischen Götzen Czernibog, d. i. dem schwarzen oder bösen Gotte, dessen Bild in der Nähe der Scholtisei, woselbst noch ein uraltes, steinernes Kreuz steht, verehrt worden ist. Bei jedem Gastmahle wurde ihm zu Ehren ein Becher geleert. In der Umgebung von Tzschirna sind Thon- und Braunkohlen-Lager und seit langer Zeit gute Ausbeute gewährende Torfgräbereien. Im August, zur Zeit der Heideblüthe (erica vulgaris), bringen viele Bienenväter aus dem Laubaner und Bunzlauer Kreise ihre Bienenvölker hierher auf einen gemeinschaftlichen Bienenstand, um ihnen den Honiggenuß vom Heidekraute zu verschaffen. Ein Bienenwärter bewacht sie während der Trift, die 4—5 Wochen anhalten kann. Ein volkreicher Bienenstock trägt, wenn die Heide guten Genuß gewährt, an 30 Pfund Honig ein.

Die Kirche zu Tzschirna ist alt und es soll dieselbe einst eine Klosterkapelle gewesen sein. 1290 soll der Bischof von Meißen hier Visitation abgehalten haben; zwischen 1524—30 wurde sie evangelisch. Eine Erweiterung, resp. einen Umbau erfuhr dieselbe 1704. Zur Zeit ist Tzschirna Sitz der Superintendentur für den Kirchenkreis Bunzlau II. An der Schule arbeiten 1 Haupt- und 1 Hilfslehrer. Der Ort hat 28 Bauergüter, 34 Gärtner- und eine Menge Häuslerstellen, 1 Schölzerei.

Waldau, an der Breslau-Dresdner Chaussee und an der Niederschlesisch-Märkischen Eisenbahn, ist das größte Dorf in der Königlich preußischen Ober-Lausitz, indem es 527 Privatwohnhäuser, 15 Fabrikgebäude, Mühlen ꝛc., 2858 Einwohner zählt und fast 1 Meile lang ist. Seine Lage erstreckt sich von Süd nach Nord; der unterste Theil, Heidewaldau, in der Nähe der Eisenbahn, gehört der Stadt Görlitz. Waldau hat eine sehr freundliche Kirche, die schon im 12. Jahrhundert vorhanden war, 1527 wurde sie evangelisch, 1629 in Kreuzform neu erbaut und 1786 erweitert. Bis 1562 war Rothwasser ein Filial von Waldau. Ferner sind hier 1 schönes Schloß, 1 Dampfbrennerei, 1 Königliche Post-Expedition; seit April 1861 auch eine Neben-Sparkasse, 2 Schulen, mehrere Bleichen, Mühlen und viele Handwerker. In dem, einem Bauer und der Kirche zu Waldau gehörigen, Sandsteinbruche wird vortrefflicher Sandstein, der den Pirnaer an Güte übertreffen soll, gebrochen. Er wird meist von Bildhauern verarbeitet. Zu Pfingsten hält die Schützengilde Auszug und Scheibenschießen ab.

1521 kaufte der Rath zu Lauban das Dominium Waldau von den Gebrüdern von Haugwitz für 4000 ungarische Gulden (6000 Thlr.!) und nachdem Lauban es durch den Pönfall verloren, wurde es 1568 nochmals und zwar diesmal für 13,000 Thlr. gekauft; da es das dafür verwandte Kapital nicht verzinste, verkaufte es die Stadt abermals. 1813, den 22. April, übernachtete hier König Friedrich Wilhelm III., mit Seinem Heere die Franzosen verfolgend, woselbst Ihm die Stände des Markgrafthums ihre Aufwartung machten. Am folgenden Tage zog Er in Görlitz ein. 1813, nach der

Schlacht bei Bautzen, brannten durch Feindes Hand 110 Gebäude hierselbst nieder.

Heide-Gerßdorf mit Zubehör, ein Kirchdorf, zählt 270 Häuser und 1657 Einwohner, welche letztere zum Theil noch feine Garnspinner sind. Die älteste Geschichte der Kirche ist unbekannt; vor 1590 wurde sie evangelisch. 1704 erhielt sie den jetzigen Thurm. Altar, Kanzel und Orgel sind übereinander. Dominialbesitzer ist der kaiserlich russische Hof-Pianist Henselt.

1572, den 22. Januar, wurde aus Heide-Gerßdorf zu Lauban ein Muttermörder, Hans Meyer, abgethan; man riß ihn mit glühenden Zangen, hierauf wurde ihm die rechte Hand abgehauen, der übrige Körper wurde geviertheilt und diese Theile an den Galgen gehängt. Die abgehauene Hand wurde angenagelt und das Eingeweide unter den Galgen vergraben. 1739 wurden hier 6 Urnen, 1 Klapper, 1 Ring und 1 Näpfchen aufgefunden.

Günthersdorf, vormals böhmische Enclave, ein uralter Bestandtheil der Ober-Lausitz, wurde erst in Folge Verwirrung der Lehnsverhältnisse vom Mutterlande getrennt und der Krone Böhmen überwiesen. Die Veranlassung hierzu war folgende: Als ursprüngliches Afterlehn von Seidenberg und nachdem das Amt von dort nach Friedland verlegt worden war, suchten die Besitzer von Günthersdorf die Verreichung des Lehns stets in Friedland nach, von wo aus sie auch erfolgte, selbst als die Ober-Lausitz an Sachsen gefallen war. 1720 entstand bei Gelegenheit der Lehnsverreichung zwischen dem Grafen Clam-Gallas, als Herrn von Friedland, und der Gutsherrschaft von Günthersdorf ein Streit, der die letztere veranlaßte, sich über den Grafen Clam in Prag zu beschweren. Dort wußte man aber von einem landtäflichen Gute Günthersdorf gar nichts, fand dasselbe auch nirgends verzeichnet und benutzte diese Gelegenheit zur Inkorporation von Günthersdorf, wogegen weder von Seiten des damaligen mit Oesterreich vielfach verbundenen Landesherrn, noch von Seiten der Stände irgendwie protestirt worden wäre. Auf solche Weise entstand jene ganz ungehörige böhmische Enklave in der Ober-Lausitz und wahrscheinlich war es ähnlich auch bei der böhmischen Enklave Nieder-Gerlachsheim im Winkel der Fall*). Sowohl in ständischer, als in provinzieller Beziehung gehört die Enklave Günthersdorf zu Schlesien. Günthersdorf, 1½ Meile N. von Lauban, hat übrigens 140 Privat-Wohnhäuser, 1 sehr alte katholische Kirche, seit 1833 neu hergestellt, 1 katholische Schule und 802 Einwohner, die bis auf 162 evangelische Christen, katholisch sind.

Der Ort gehört seit 1736 dem Kloster zu Lauban. Das Günthersdorfer Kraut, dessen Köpfe die Größe eines Apfels haben, ist ein Handels-Artikel. Als der Ort noch böhmisch war, fand ein lebhafter Paschhandel statt. Von Friedland führte eine Straße, die sogenannte „Kaiserstraße", hinter Gerlachsheim, Oertmannsdorf ꝛc. bis Günthersdorf; was aus Böhmen hierher versendet wurde, mußte diese Zollstraße passiren.

VI. Ortschaften der Königlich preußischen Ober-Lausitz, welche seit 1816 zum Saganer Kreise geschlagen sind.

Solcher gibt es im Ganzen acht, als 1 Stadt, 5 Dörfer und 2 Pertinenzorte mit 343 Privatwohnhäusern und 2388 Einwohnern, worunter 20 Katholiken. In diesen Ortschaften befinden sich 2 Dominien und 6 Gemeinden.

*) Siehe: Der Grundbesitz ꝛc., dargestellt von Ludwig Jakobi. S. 94.

Halbau, eine freundliche, regelmäßige, fächerförmig gebaute Stadt im nördlichsten Zipfel der preußischen Ober-Lausitz, an der kleinen Tzschirne und an der Niederschlesisch-Märkischen Eisenbahn gelegen, hat 137 Häuser und 1171 Einwohner, von denen viele Ackerbürger sind; ferner befinden sich hier ein schönes, 1626 vom Breslau'schen Kammerpräsidenten, Christoph von Schellendorf, erbautes Schloß des Grafen von Kospoth mit Park, eine geschmackvolle Kirche, 1720—25 durch Balthasar, Graf von Promnitz, vom Italiener Siemonetti erbaut, 1 Königliche Post-Expedition, 2 Schulhäuser mit Lehrerwohnungen und eine Haltestelle an der gedachten Eisenbahn.

Außer Ackerbau werden Tuchweberei, Leinweberei, Töpferei und andere Handwerke mehr betrieben. Berühmt ist der hiesige Pfefferkuchen. Das Vorhandensein von Lech und der Name „Hammermühle" erinnern an den ehemals hier bestandenen, aber längst eingegangenen Eisenhammer. 1679, den 7. Mai, erhielt Halbau vom Kurfürsten Johann Georg II. Stadtrecht. Bedeutende Brände erlebte der Ort 1725, 1749 und 1796. Karl Gottlieb Plato aus Halbau, gestorben als Direktor der Freischule zu Leipzig, war einer der lausitzer Liederdichter. Aus Halbau stammt auch der Schriftsteller Karl G. Prätzel, z. Z. in Hamburg sich aufhaltend. Bekannt sind die Gedichte des verstorbenen Bäcker- und Bürgermeisters W. L. Pohl zu Halbau. Der kleine Ort hat überhaupt eine nicht geringe Anzahl gelehrter oder wissenschaftlich gebildeter Männer aufzuweisen.

Als Vorstadt von Halbau ist das Dorf Halbau, auch „Kühzahl" genannt, theils auf lausitzer, theils auf schlesischem Boden liegend, zu betrachten; es hat nur 35 Häuser und 220 Einwohner. Diesen Namen gab man ihm deshalb, weil vor Einverleibung der Ober-Lausitz mit Preußen das herrschaftliche Vieh zu Halbau (vor 1816 gehörte der Ort zur sächsischen Ober-Lausitz) bisweilen auf Weideplätze, im schlesischen Theile der Herrschaft gelegen, getrieben und zur Verhütung Einschmuggelns von Vieh aus Schlesien nach der Lausitz am Grenzflusse, der Tschirne, von einem hier wohnenden Beamten gezählt wurde. In der Nähe der Mühle zeigt man noch das Häuschen, worin der Beamte gewohnt haben soll.

Nach dem Verluste ihrer Kirche, 1668, verpflanzte die Gemeinde Kunau, vordem zur ansehnlichen Herrschaft Halbau gehörend, unter Pastor Frenzel und dem Schulmeister Kniensky, welcher schon einmal der Religion wegen aus Böhmen vertrieben worden war, ihren Gottesdienst in das nahe sächsische Dorf Halbau. Anfänglich versammelte sich die Gemeinde unter einer großen Linde zum Gottesdienste, bis dicht an der schlesischen Grenze die Kirche erbaut wurde. Der damalige Grundherr, Max von Schellendorf, erwiderte auf die Beschuldigung der Ketzerei: „Ich bin ein guter Katholik, aber deswegen kann ich meine armen Unterthanen, die mir allen Gehorsam beweisen, nicht plagen und ängstigen". Da auf diese Weise Seitens der den Evangelischen feindlich gesinnten Katholiken Nichts zu erlangen war, so behaupteten letztere: Der Platz, wo die Kirche stände, wäre schlesisch, kamen und schlossen die Kirche 1669 zu. Die daneben wohnenden Hammerweiber schlugen aber das Schloß ab; hierauf hielt der Schulmeister Erbauungsstunde. 1670 wurde die Kirche wieder eröffnet. 1679 wurde der um die Kirche her entstandene Ort zur Stadt erhoben. Am 5. Februar 1725 brannte die hölzerne Kirche ab, aber schon war eine massive soweit fertig, daß sie am folgenden Sonntage eingeweiht wurde. Zur neuen Kirche hatte 1712 der Grundherr, Graf von Promnitz, 2000 Thlr. geschenkt. Zu ihrer Erhaltung besteht ein Legat von 1103 Thlrn. Kunau hat sich 1803 wieder von Halbau getrennt und die 42 Jahre wüste gestandene Kirche durch Königliche Gnade wieder erlangt.

Die einst große Herrschaft Halbau gehörte bis in's 16. Jahrhundert den Herren von Kottwitz. Heinrich von Kottwitz, mit dem Zunamen Bok, besaß sie 1428. Witte oder Wittig von Kottwitz 1431, Matthe von Kottwitz 1434, Hans von Kottwitz kommt 1494 vor. Noch 1551 gehörte die Herrschaft diesem Geschlechte. Ihm folgten im Besitze von Halbau die Freiherren von Schellendorf. Von der Freifrau von Friesen, wahrscheinlich eine Geborene von Schellendorf, kauften sie die Grafen von Promnitz. Die Wittwe des letzten dieser Grafen hinterließ die Herrschaft ihrem Gemahl, Fr. A. Graf von Kospoth, dessen Wittwe, Amalie Helene Charlotte geb. Gräfin von Reichenbach-Goschütz, sie 1782 in Besitz nahm. Sie starb 1817 und hinterließ die Herrschaft ihrer Tochter 1. Ehe, Karoline, verwittwete Gräfin von Kospoth, geborene Gräfin Dohna. Diese trat die Herrschaft bei Lebzeiten an ihren zweiten Sohn, den Grafen Karl von Kospoth, ab, der seinerseits im Jahr 1830 einen Theil derselben, nämlich Halbau, oberlausitzisch, und das schlesische Erbgut Halbau seinem jüngern Bruder, dem Königlichen Obrist-Lieutenant, Grafen Erdmann von Kospoth, verkaufte und für sich die schlesischen Güter Burau, Kunau, Freiwaldau ꝛc. behielt.

In der Mitte des 15. Jahrhunderts war die Gegend um Halbau, der Wegelagerer und Räuber halber, sehr unsicher. Da sie ihren Aufenthalt zum Theil im dasigen Schlosse hatten, so schickten die Görlitzer 1440 ihren Rathsherrn Siegmund Menzel mit 30 Pferden und 20 Trabanten hierher. Sie erstürmten das Schloß, brachen es als Raubnest ab, nahmen einen gewissen von Schley gefangen und führten ihn mit nach Görlitz, woselbst er hingerichtet wurde. Hierdurch hatten die Görlitzer ein Feuer unter dem großen Geschlechte der von Kottwitz angezündet, die aus Rache alle Straßen für die Görlitzer unsicher machten.

Nicolschmiede, an der Tzschirne, zählt 42 Häuser und 221 Einwohner, von denen mehrere im hiesigen Kupferhammer mit Walzwerk, welchem die Kupfererze aus Schlesien zugeführt werden, Beschäftigung finden. An der Stelle des Kupferhammers befand sich früher eine Brettmühle und vor dieser ein Eisenhüttenwerk. Der Lechberg lieferte gutes Straßenbau-Material.

Lippschau mit Dohms hat 72 Häuser und 448 Einwohner, von spärlichem Ackerbau und vom Verdienste, den ihnen verschiedene Verrichtungen in der Heide gewähren, lebend. Die Kirche befindet sich in dem, in einer Sandwüste liegenden Dörfchen Dohms. Nach Schliessung der Kirche in Eisenberg erbat sich die Gemeinde mit mehreren schlesischen Edelleuten vom Kurfürsten von Sachsen die Erlaubniß, auf sächsischem Boden, in Dohms, eine Kirche zu erbauen: schon 1668 oder doch 1669 fand Gottesdienst, den der Pastor Adam Hertel leitete, in dem Bethause vor Dohms (Dohms selbst blieb nach Schönborf eingepfarrt) Statt und man kam aus Sprottau und der ganzen Umgegend zum Gottesdienste. Nach 1740 trennten sich mehrere schlesische Gemeinden und bauten eigne Kirchen. 1774 ward die baufällig gewordene Kirche bis unter's Dach neugebaut.

Die vielen Nachtigallen im niederen Queißthale bringen im Frühling und Sommer etwas Leben in diese todte Gegend.

VII. Die Enclaven Haasel und Zilmsdorf, im Sorauer Kreise gelegen.

Beide Enclaven liegen, von der Nieder-Lausitz begrenzt, ca. 5/4 Meilen NW. von Sorau, gehören als Subvasallen-Güter zur Standesherrschaft Muskau und in ständischer Beziehung zum Rothenburger Kreise.

Haasel, an der Chaussee von Sorau nach Triebel und Muskau, 5/4 Meilen nordwestlich von der Kreisstadt Sorau, hat 58 Privatwohnhäuser, 1 Dominium, 1 Schule mit 80 Kindern, 351 Einwohner, die sich mit Ackerbau und Leinweberei beschäftigen.

Haasel ist nach Zibelle eingepfarrt, hält sich aber auch zur Filialkirche zu Tzschacksdorf bei Triebel, woselbst einer der Geistlichen zu Zibelle alle 3 Wochen Gottesdienst hält.

Zu Haasel wurde ein sorbenwendischer Begräbnißplatz entdeckt und mit ihm eine Menge Urnen und andere Gefäße.

Zilmsdorf, 3/4 Meilen von Triebel entfernt, dort hin eingepfarrt und nach Helmsdorf eingeschult, besteht aus 38 Privatwohnhäusern mit 226 Einwohnern, die von Ackerbau und Tagelohnarbeit, wozu sich auf hiesigem Dominio viel Gelegenheit darbietet, leben. Das Dominium, seit längerer Zeit in der Familie von Reibnitz, besitzt eine Schäferei, 1 Ziegelei, 711 Morgen Wald, 25 Morgen Hutung mit altem Eichenbestande, 25 Morgen Teiche und ca. 500 Morgen Acker- und 151 Morgen Wiesenland. Der Boden ist meist gutes Roggenland. 31 Rustikalbesitzer besitzen zusammen ca. 300 Morgen Acker-, Wiesen- und Gartenland. Zilmsdorf ist als Urnen-Fundort bekannt.

Nachträglich mögen noch nachfolgende Bemerkungen, resp. Berichtigungen, hier Platz finden:

Seite 2, Zeile 39, wolle man statt: „Kroaten" „„Chorwaten oder: Chrowaten"" lesen, obschon neuere Geschichtsforscher bestreiten, daß die chorwatischen Slaven unsere Lausitz inne gehabt haben, wohl aber die polabischen; vide Schafarik's slav. Alterth.

Wenn Seite 13, Zeile 41, gesagt ist, daß König Friedrich August für seinen Beitritt zum Rheinbunde den Kottbusser Kreis erhalten habe, so fügt Verf. d. berichtigend hinzu, daß Friedrich August diesen Gebietstheil nur für die Ihm auferlegte Abtretung werthvollerer Landestheile, nämlich für die Abtretung von Mannsfeld, Gommern und Barby an das Königreich Westphalen erhielt und daß Er den Königstitel nur annahm, weil nach der ohne Sein Zuthun eingetretenen Auflösung des deutschen Reiches die Kurwürde ihre Bedeutung verlor.

Die etwa noch vorkommenden Druckfehler wolle der verehrliche Leser geneigtest entschuldigen und gefälligst verbessern.

Nachstehende statistische Tabelle enthält schließlich die Nachrichten von den Gebäuden, der Volkszahl und dem Viehstande der gesammten preußischeh Ober-Lausitz auf Grund der Zählung vom 3.—5. Dezember 1858.

Namen des Kreises.	Gebäude.								
	Oeffentliche Gebäude.						Privat-Gebäude.		
	Zum öffentlichen Gottesdienst bestimmte Versammlungshäuser, als Kirchen und Bethäuser.	Schulhäuser für den öffentlichen Unterricht.	Zur Aufnahme und Verpflegung von Waisen, kranken, altersschwachen und verlassenen Personen bestimmte Gebäude.	Gebäude zur Versammlung und Geschäftsführung der Landeskollegien, Justiz-, Polizei-, Steuer-Behörden, Magisträte u. Gemeinde-Vorstände.	Zu andern Zwecken der geistlichen und weltlichen Civil- und Kommunal-Behörden und Anstalten bestimmte Gebäude.	Militair-Gebäude mit Einschluß der zu Militair-Vorräthen aller Art bestimmten, so wie auch die Militair-Lazarethe.	Privat-Wohn-Gebäude.	Fabrik-Gebäude, Mühlen und Privat-Magazine.	Ställe, Scheunen und Schoppen.
	1.	2.	3.	4.	5.	6.	7.	8.	9.
Hoyerswerda . . .	24	58	59	4	28	—	5,178	153	12,035
Rothenburg . . .	37	68	47	15	25	—	8,384	308	7,559
Görlitz	49	60	55	14	136	6	8,992	392	7,912
Lauban	33	53	39	27	86	—	10,095	254	3,981
Bunzlau (Oberlausitzer Kreisantheil) . .	8	13	5	1	10	—	1,950	62	1,067
Sagan (Oberlausitzer Kreisantheil) . .	2	2	2	1	3	—	343	15	430
Sorau (Oberlausitzer Kreisantheil . .	—	1	—	—	1	—	96	5	70
Summa	153	255	207	62	289	6	35,038	1,189	33,054

Namen des Kreises.	Menschen. Dem Alter und Geschlechte nach									
	Kinder bis zum vollendeten 5. Lebensjahre.		Kinder vom Anfange des 6. bis zum vollendeten 7. Lebensjahre.		Kinder vom Anfange des 8. bis zum vollendeten 14. Lebensjahre.		Personen vom Anfange des 15. bis zum vollendeten 16. Lebensjahre.		Personen vom Anfange des 17. bis zum vollendeten 19. Lebensjahre.	
	Knaben.	Mädchen.	Knaben.	Mädchen.	Knaben.	Mädchen.	Männlich.	Weiblich.	Männlich.	Weiblich.
	10.	11.	12.	13.	14.	15.	16.	17.	18.	19.
Hoyerswerda	2,164	2,198	737	737	2,267	2,232	628	720	677	766
Rothenburg	3,465	3,502	1,110	1,218	4,085	3,930	1,007	1,012	1,259	1,376
Görlitz	4,116	4,071	1,375	1,365	4,736	4,751	1,423	1,407	1,833	1,926
Lauban	3,072	3,100	1,084	1,084	3,790	3,977	1,077	1,085	1,322	1,511
Bunzlau (Oberlausitzer Kreisantheil) . . .	784	728	262	270	970	957	238	236	244	292
Sagan (Oberlausitzer Kreisantheil) . . .	164	177	63	53	190	196	63	43	39	65
Sorau (Oberlausitzer Kreisantheil) . . .	43	32	12	12	51	50	12	13	9	12
Summa	13,808	13,803	4,643	4,739	16,089	16,093	4,448	4,516	5,383	5,948

Namen des Kreises.	Menschen. Dem Alter und Geschlechte nach											
	Personen vom Anfange des 20. bis zum vollendeten 24. Lebensjahre.		Personen vom Anfange des 25. bis zum vollendeten 32. Lebensjahre.		Personen vom Anfange des 33. bis zum vollendeten 39. Lebensjahre.		Personen vom Anfange des 40. bis zum vollendeten 45. Lebensjahre.		Personen vom Anfange des 46. bis zum vollendeten 60. Lebensjahre.		Personen über 60 Jahre.	
	Männl.	Weibl.	Männl.	Weibl.	Männl.	Weibl.	Männl.	Weibl.	Männl.	Weibl.	Mnl.	Wbl.
	20.	21.	22.	23.	24.	25.	26.	27.	28.	29.	30.	31.
Hoyerswerda . . .	879	1,203	1,654	1,724	1,569	1,492	1,182	1,165	2,119	2,105	1,129	1,265
Rothenburg . . .	1,365	1,860	2,438	2,896	2,327	2,506	1,760	1,856	3,078	3,604	1,643	2,015
Görlitz	2,390	3,205	4,046	4,509	3,672	3,594	2,647	2,542	4,481	4,593	2,324	2,615
Lauban	1,631	2,262	2,868	3,531	2,692	3,164	2,339	2,399	4,022	4,373	2,095	2,371
Bunzlau (Oberlausitzer Kreisantheil) . .	302	415	590	714	518	617	442	431	744	853	406	485
Sagan (Oberlausitzer Kreisantheil) . .	56	85	110	128	107	132	111	96	161	164	82	98
Sorau (Oberlausitzer Kreisantheil . . .	21	21	32	23	21	30	25	26	32	39	27	34
Summa	6,644	9,051	11,738	13,525	11,906	11,535	8,506	8,515	14,637	15,731	7,706	8,883

Namen des Kreises.	Menschen.												
	Zahl aller Einwohner. (Kol. 10—31.)			Anzahl der Familien.	In der Ehe leben		Dem Religions-Verhältnisse nach						
	Männl.	Weibl.	Summa.		Männer.	Frauen.	Evangelische Christen.	Katholische Christen.	Griechische Christen.	Mennoniten.	Mitglieder der freien Gemeinden u. Deutschkathol.	Juden.	Muhamedaner.
	32.	33.	34.	35.	36.	37.	38.	39.	40.	41.	42.	43.	44.
Hoyerswerda . . .	15,005	15,602	30,607	6,380	5,714	5,760	26,589	4,018	—	—	—	—	—
Rothenburg . . .	23,537	25,775	49,312	10,367	8,567	8,689	48,917	356	2	—	—	37	—
Görlitz	33,043	34,578	67,621	15,915	11,882	11,906	65,506	1,882	—	1	—	232	—
Lauban	25,992	28,856	54,848	13,877	10,714	10,722	49,733	5,065	—	—	10	40	—
Bunzlau (Oberlausitzer Kreisantheil) . .	5,500	5,998	11,498	2,744	2,116	2,152	10,532	962	—	—	—	4	—
Sagan (Oberlausitzer Kreisantheil) . .	1,135	1,253	2,388	552	448	454	2,350	20	—	—	—	18	—
Sorau (Oberlausitzer Kreisantheil) . .	285	292	577	123	102	104	575	2	—	—	—	—	—
Summa	104,495	112,353	216,851	49,958	39,543	39,787	204,202	12,305	2	1	10	331	—

Namen des Kreises.	Taubstumme.									Blinde.						
	Dem Alter und Geschlechte nach								Zahl aller Taubstummen.	Dem Alter und Geschlechte nach						Zahl aller Blinden.
	Kinder vor vollendetem 5. Lebensjahre.		Nach dem 5., aber vor vollendetem 15. Lebensjahre.		Nach dem 15., aber vor vollendetem 30. Lebensjahre.		Nach vollendetem 30. Lebensjahre.			Kinder vom frühesten Alter bis zum vollendeten 15. Lebensjahre.		Nach dem 15., aber vor vollendetem 30. Lebensjahre.		Nach dem vollendeten 30. Lebensjahre.		
	Mnl.	Wbl.	Mnl.	Wbl.	Mnl.	Wbl.	Mnl.	Wbl.		Mnl.	Wbl.	Mnl.	Wbl.	M.	W.	
	45.	46.	47.	48.	49.	50.	51.	52.	53.	54.	55.	56.	57.	58	59.	60.
Hoyerswerda . . .	—	—	3	4	7	5	11	11	41	1	1	4	1	8	4	19
Rothenburg . . .	—	—	4	—	3	2	8	7	24	5	—	—	2	8	12	27
Görlitz	1	—	2	1	3	7	10	4	28	1	1	1	2	13	21	39
Lauban	—	—	3	1	12	5	6	14	41	—	1	3	1	22	20	47
Bunzlau (Oberlausitzer Kreisantheil) . .	—	—	2	1	—	—	—	1	4	1	2	—	—	5	8	16
Sagan (Oberlausitzer Kreisantheil . .	—	—	—	—	—	—	—	—	—	—	—	—	—	—	1	—
Sorau (Oberlausitzer Kreisantheil) . .	—	—	—	—	—	—	—	—	—	—	—	—	—	—	—	1
Summa	1	—	14	7	25	19	35	37	138	8	5	8	6	56	65	149

Namen des Kreises.	Viehstand.								
	Pferde.					Rindvieh.			
	Füllen bis zum vollendeten 3. Jahre.	Pferde vom Anfange des 4. bis zum vollendeten 10. Jahre.	Pferde über 10 Jahre alt.	Maulthiere.	Esel.	Stiere (Bullen).	Ochsen.	Kühe.	Jungvieh.
	61.	62.	63.	64.	65.	66.	67.	68.	69.
Hoyerswerda	153	697	784	—	2	389	3,128	10,153	5,365
Rothenburg	45	462	1,079	—	8	182	3,166	12,583	5,646
Görlitz	104	1,209	1,417	—	8	298	1,659	15,495	4,589
Lauban	107	765	954	—	4	163	864	10,058	2,479
Bunzlau (Oberlausitzer Kreisantheil)	25	136	221	—	4	28	587	2,509	965
Sagan (Oberlausitzer Kreisantheil)	—	7	30	—	—	—	48	327	127
Sorau (Oberlausitzer Kreisantheil)	—	3	13	—	—	4	27	166	57
Summa	434	3,279	4,498	—	26	1,064	9,479	51,291	19,228

Namen des Kreises.	Viehstand.					Bemerkungen.
	Schafstand und zwar Böcke, Hammel, Schafe, Lämmer zusammengenommen.			Ziegenböcke und Ziegen.	Schweine.	
	Merino's und ganz veredelte Schafe.	Halbveredelte Schafe.	Unveredelte Schafe.			
	70.	71.	72.	73.	74.	75.
Hoyerswerda . . .	1,801	6,868	6,218	728	5,477	—
Rothenburg . . .	3,782	14,683	4,672	1,222	3,262	—
Görlitz	4,552	12,584	2,079	1,533	3,316	—
Lauban	4,681	13,398	746	3,309	1,841	—
Bunzlau (Oberlausitzer Kreisantheil) . .	54	520	7	283	383	—
Sagan (Oberlausitzer Kreisantheil) . .	—	250	16	72	116	—
Sorau (Oberlausitzer (Kreisantheil)	—	640	1	3	61	—
Summa	14,870	49,943	13,739	7,150	14,456	—

Register.